陆南泉 著

苏俄经济改革
二十讲

生活·讀書·新知 三联书店

图书在版编目（CIP）数据

苏俄经济改革二十讲／陆南泉著．—北京：生活·读书·
新知三联书店，2015.4
ISBN 978－7－108－05155－4

Ⅰ．①苏…　Ⅱ．①陆…　Ⅲ．①经济改革－研究－苏联
Ⅳ．① F151.29

中国版本图书馆 CIP 数据核字（2014）第 243481 号

责任编辑　徐国强　李学军
装帧设计　康　健
责任印制　徐　方
出版发行　**生活·讀書·新知** 三联书店
　　　　　（北京市东城区美术馆东街 22 号　100010）
网　　址　www.sdxjpc.com
经　　销　新华书店
印　　刷　北京隆昌伟业印刷有限公司
版　　次　2015 年 4 月北京第 1 版
　　　　　2015 年 4 月北京第 1 次印刷
开　　本　635 毫米×965 毫米　1/16　印张 26
字　　数　310 千字
印　　数　0,001－7,000 册
定　　价　42.00 元
（印装查询：01064002715；邮购查询：01084010542）

目　录

前　言

2012 年 1 月，三联书店出版了吴敬琏与马国川合著的《中国经济改革二十讲》一书，我应邀参加该书的首发式暨有关经济改革的研讨会。该书在总结中国三十多年经济改革的同时，又指出了今后的改革方向与思路，是一部十分重要的论著。受该书出版的启发，在会上我产生了撰写一本《苏俄经济改革二十讲》的想法，当时受到吴敬琏教授等与会学者和三联书店领导的赞同与支持，认为这是值得做的一件事。

新中国成立后，我们搬用了斯大林模式的经济体制，但历史证明这一体制行不通，它缺乏生命力，日益成为阻碍社会经济发展的重要障碍。邓小平主政后决心推行改革，以摆脱斯大林模式。经过三十多年的改革，我国取得了举世瞩目的成就，与此同时亦出现了不少问题。而解决问题首先要弄清问题产生的原因，是改革过了头还是改革不到位，是在通过总结经验教训的基础上进行反思，还是否定改革。当今中国正站在新的十字路口，为了避免改革过程中出现的种种问题进一步发展，避免社会危机的发生，应下决心重启改革议程。2013 年 11 月，中共十八届三中全会进一步确定了全面深化改革的总目标。

本书内容涉及两个不同的历史时期。一个是苏联时期，即从

1917 年 10 月革命后，根据斯大林的理论形成与不断发展的高度集中的指令性计划经济体制谈起，接着论述苏联各个时期经济体制改革的进程、问题及失败的原因。在此基础上分析苏联剧变的体制因素，得出的结论是：不进行根本性改革只能是死路一条。从而亦向人们表明，一个社会主义国家的成败、兴衰，归根到底取决于其选择的体制模式，以及能否在不同历史时期，根据变化了的情况对选择的模式进行正确和及时的改革。另一个是苏联剧变后的俄罗斯时期。俄罗斯是苏联的继承国，由于在苏联时期历次改革未取得成功，斯大林体制模式没有发生根本性的变化，因此，俄罗斯新的执政者叶利钦上台时所面临的迫切需要解决的问题，乃是如何通过根本性改革实现体制转型。新执政者认为，人们对旧体制带来的严重恶果已看得清清楚楚，并且也认识到，如果改革还像苏联时期一样，只是修修补补，那就会使人们失望，难以取得成效。因此，俄罗斯新执政者上台后，在经济体制转型方面，采取的政策有两个明显的特点：一是加速转型进程，尽快消除苏联时期留下的经济体制基础，使得向市场经济过渡变得不可逆转，为此采取了被称为"休克疗法"的激进转型方式；二是经济体制转型与政治体制转型紧密相结合，转型与制度变迁同时进行，或者说经济体制转型是整个制度变迁中的一个重要组成部分。也就是说，俄罗斯的体制转型，是要在政治上建立民主体制，在经济上建立市场体制。不论是苏联时期的经济体制改革，还是俄罗斯时期的经济体制转型，都有不少值得我们思考的问题。

本书研究的问题历史跨度很大，从 1917 年"十月革命"到 1991 年底苏联解体，就经过了 74 年，俄罗斯独立执政后亦有 23 年。因此涉及的内容十分广泛，笔者只是就一些重要问题加以论述。

由于笔者水平有限，书中缺点、错误肯定不少，恳望同行与广大读者批评指正。至于对书中有些观点有不同的看法，笔者十分愿意听取不同的学术观点，也非常希望与大家讨论和交流。

2014 年 3 月

第一讲

苏联计划经济体制的形成

关于苏联计划经济体制形成的原因，在过去很长一个时期，往往用以下的传统观点来加以解释：苏联是世界上第一个社会主义国家，如何建设社会主义，建立什么样的体制无先例可循；由于资本主义国家对苏联的包围，苏联是处于世界资本主义汪洋大海中的一座"孤岛"，受到严重的战争势力的威胁，为此，苏联不得不实行高度集中的指令性计划经济体制来发展自己，壮大自己，把具有国防意义的工业部门搞上去；等等。这种完全用客观因素来解释的观点来源于《联共（布）党史简明教程》。以上看法只能说明在"十月革命"胜利后的初期，由于面临复杂的国外局势，采用高度集中的指令性计划经济体制的缘由，但并不能说明这种经济体制的形成有其历史必然性或是唯一的选择，更不能证明这一体制的长期有效性。实际上，形成苏联传统的经济体制模式，有其十分复杂的原因，它涉及多方面的问题，是各种因素综合作用的结果，也有个历史发展过程。如果只是从客观因素去研究苏联经济体制形成的问题，那就难以解释苏联长期坚持这种体制的原因。

一、理论渊源

（一）先从马克思、恩格斯对未来社会主义的设想谈起。

马克思（1818—1883）和恩格斯（1820—1895）都生活在资本主义初期的 19 世纪，并没有亲眼见到社会主义。恩格斯在《反杜林论》著作中，是在批判当时资本主义的基础上提出未来社会主义设想的。他指出资本主义社会存在的基本矛盾，首先是社会化生产与资本主义占有之间的矛盾，他说："新的生产方式越是在一切有决定意义的生产部门和一切在经济上起决定作用的国家里占统治地位，并从而把个体生产排挤到无足轻重的残余地位，**社会的生产和资本主义占有的不相容性，也必然越加鲜明地表现出来。**"①他接着指出："社会的生产和资本主义占有之间的矛盾表现为**个别工厂中的生产组织性和整个社会中生产的无政府状态之间的对立。**"②恩格斯认为："社会的生产和资本主义占有之间的矛盾表现为**无产阶级和资产阶级的对立。**"③他在上述分析基础上，得出的结论是："……在把资本主义生产方式本身炸毁以前不能使矛盾得到解决，所以它就成为周期性的了。资本主义生产造成了新的'恶性循环'。"④这就是指必将出现周期性经济危机。

那么，未来的社会如何消除资本主义所存在的基本矛盾呢？按马克思、恩格斯的观点是，首先要消灭一切罪恶之源的私有制，即改变资本主义占有方式，如《共产党宣言》中说的："……共产党人

---

① 《马克思恩格斯选集》第三卷，人民出版社 1995 年版，第 621 页。
② 同上书，第 624 页。
③ 同上书，第 622 页。
④ 同上书，第 626 页。

可以把自己的理论概括为一句话：消灭私有制。"①其次，随着私有制的消灭，在未来社会商品生产也应消除，价值关系必将消失。马克思在《哥达纲领批判》一书中写道："在一个集体的、以生产资料公有为基础的社会中，生产者不交换自己的产品；用在产品上的劳动，在这里也不表现为这些产品的**价值**，不表现为这些产品所具有的某种物的属性，因为这时，同资本主义社会相反，个人的劳动不再经过迂回曲折的道路，而是直接作为总劳动的组成部分存在着。"②而恩格斯在其《反杜林论》一书中曾断言："一旦社会占有了生产资料，商品生产就将被消除，而产品对生产者的统治也将随之消除。社会生产内部的无政府状态将为有计划的自觉的组织所代替。"③他接着说："社会一旦占有生产资料并且以直接社会化的形式把它们应用于生产，每一个人的劳动，无论其特殊的有用性质是如何的不同，从一开始就直接成为社会劳动。那时，一个产品中所包含的社会劳动量，可以不必首先采用迂回的途径加以确定；日常的经验就直接显示出这个产品平均需要多少数量的社会劳动。……因此，在上述前提下，社会也不会赋予产品以价值。生产100平方米的布，譬如说需要1000劳动小时，社会就不会用间接的和无意义的方法来表现这一简单的事实，说这100平方米的布具有1000劳动小时的**价值**。……人们可以非常简单地处理这一切，而不需要著名的'价值'插手其间。"④从上面马克思、恩格斯的论述可以看到，未来的社会主义社会是自觉调节的，即以生产资料公有制为基础、有计划的、没有商品生产的自治的社会。这样，社会可以

① 《马克思恩格斯选集》第一卷，人民出版社1995年版，第286页。
② 《马克思恩格斯选集》第三卷，人民出版社1995年版，第303页。
③ 同上书，第633页。
④ 同上书，第660—661页。

十分简单地直接计划生产与计划分配。这就是计划经济理论的渊源。在这种产品经济观支配下，就出现了无产阶级取得政权后，可以立即地、全面地实现"一个国家＝一个工厂"的设想，整个社会的生产与分配可以按照预先经过深思熟虑的计划来进行。

20世纪所有社会主义国家实践表明，马克思、恩格斯对未来社会主义提出的否定商品经济（市场经济）而实行计划经济模式的设想，是不符合社会发展实际的。如何看待这种认识上的偏差，对此，笔者有以下的看法。

首先，正如上面一开始提到的，马克思、恩格斯都未亲眼看到社会主义社会，因此，他们提出的有关未来社会的设想，具有预测性，在考察商品货币关系问题时往往带有一般的推论性质。正如有的学者指出的，"这一部分理论尚属于'未来学'的范畴"[①]。我们不能要求他们在不具备解决这些问题的材料时得出明确无误的理论结论。

其次，在马克思、恩格斯看来，资本主义早期出现的种种社会经济弊病，一般都与私有制和在这个基础上存在的商品生产、市场经济等范畴有关，并把它们视为产生各种罪恶之源，因此，要想方设法在未来的社会主义社会摆脱它们。

再次，马克思、恩格斯在设想未来的社会主义社会时，之所以否定市场经济，还有其历史原因。在二百多年前，社会经济的市场化、工业化和资本主义化是在同一个历史时期发生的。因而，正如熊映梧教授指出的，这引起一场全球性的误解：市场经济成了资本主义的同义语、专利品。所以，马克思、恩格斯在设想未来社会

---

① 熊映梧著：《中华民富论》，江苏人民出版社1998年版，第107页。

时，必须消除商品（市场）经济。①十分遗憾的是，这个历史误解延续的时间太长了，一直到原社会主义国家纷纷向市场经济转轨时才得以消除。

（二）列宁的设想。

对于考察苏联模式及其重要组成部分的经济体制，研究列宁有关社会主义的设想是非常重要的。

在"十月革命"前夕的 1917 年 4 月 3 日，流放瑞士的列宁回到了俄国，次日，列宁发表演说，后被称为《四月提纲》，4 月 7 日《真理报》发表了这一演说的提纲，题为"论无产阶级在这次革命中的任务"。《四月提纲》中除了分析当时俄国形势的特点和革命无产阶级的任务等问题外，还提出了布尔什维克的经济纲领，其主要内容有：

1. "在土地纲领上，应把重点移到雇农代表苏维埃。"办法是："没收地主的全部土地。把国内**一切**土地收归国有，由当地雇农和农民代表苏维埃支配。单独组织贫苦农民代表苏维埃。把各个大田庄（其面积为 100 俄亩至 300 俄亩，根据当地条件和其他条件由地方机关决定）建成示范农场，由雇农代表进行监督，由公家出资经营。"②

2. "立刻把全国所有银行合并成一个全国性的银行，由工人代表苏维埃进行监督。"③

3. "……立刻过渡到由工人代表苏维埃**监督**社会的产品生产和

---

① 熊映梧著：《中华民富论》，江苏人民出版社 1998 年版，第 111 页。
② 《列宁选集》第三卷，人民出版社 1995 年版，第 15 页。
③ 同上书，第 16 页。

分配。"①

随着革命形势的变化，列宁上述经济纲领在"十月革命"前也发生了大的变化。简单地说，在土地问题上放弃了把没收来的地主大田庄改建为由原雇农领导的国营农场，而提出通过土地国有化所没收的土地，按劳动或消费定额在劳动者中间平均分配，并把这一点写进了"十月革命"胜利后通过的第一个《土地法令》中。在对待工商业方面的变化，集中反映在列宁1917年9月10日—14日写的《大难临头，出路何在》一文中。当时列宁看到"规模空前的灾难和饥荒是不可避免的"②，加上"资本家一直故意在暗中破坏（危害、停止、破坏和阻挠）生产"③，因此，为了对工商业实行真正的监督，列宁提出，要把所有银行合并成一个银行，并由国家监督它的业务，或者说实行银行国有化；采取步骤把各个辛迪加即资本家最大的垄断组织（糖业、石油业、煤业、冶金业等辛迪加）收归国有；取消商业秘密；强迫工业家、商人以及所有企业主辛迪加化（即逼迫他们参加各种联合组织）；国家调节消费，规定消费定额，实行面包配给制等。④

应该说，上述经济纲领是列宁针对当时情况提出的对俄国旧经济制度进行改造的初步设想。

"十月革命"后，年轻的苏维埃政权赢得的和平喘息时间是很短的。1918年春，俄国内反革命叛乱和外国帝国主义势力对苏维埃政权发动了武装干涉，企图把它扼杀在摇篮里。这样，刚刚开始的和平经济建设被迫停了下来。当时，列宁提出了"一切为了前线"

---

① 《列宁选集》第三卷，人民出版社1995年版，第16页。
② 同上书，第232页。
③ 同上书，第232页。
④ 同上书，第238，254页。

的口号，把整个经济转向军事轨道，实行军事共产主义的政策。

从思想理论上讲，"十月革命"前一直到俄国开始社会主义建设为止，列宁一直赞成马克思、恩格斯有关社会主义社会是没有商品生产的观点。列宁早在1906年就提出："只要还存在着市场经济，只要还保持着货币权力和资本力量，世界上任何法律都无法消灭不平等和剥削。只有建立起大规模的社会化的**计划经济**，一切土地、工厂、工具都转归工人阶级所有，才可能消灭一切剥削。"①（黑体为本书作者所加）这里可以看到，首先明确提出"计划经济"的是列宁。在1908年列宁提出："社会主义……就是消灭商品经济。……只要仍然有交换，谈论什么社会主义就是可笑的。"②"十月革命"后的初期，列宁关于社会主义应该是没有商品、没有货币的观点变得更加巩固。特别要指出的是，由列宁制订基本原则并经1919年3月俄共（布）第八次代表大会通过的俄共（布）党纲草案规定，坚定不移地继续在全国范围内用有计划、有组织的产品分配来代替贸易，并采用最激进的措施，来准备消灭货币，并把上述措施列入纲领。1921年第1—2期的《国民经济》杂志文章中说："社会主义是实物经济，它的发展不需要货币。"当时被认为这是不可争辩的真理。在俄共（布）第二个纲领中写道："在分配领域，苏维埃政权当前的任务是，要坚定不移地继续在全国范围内以有计划的、有组织的分配产品代替商业。目的是把所有居民都组织到消费公社的统一网络之中……"③为了更快地消灭货币，列宁还拟定了下列措施："俄共将力求尽量迅速地实行最激进措施，为消灭货币做好准备，首先是以存折、支票和短期领物证等来代替货币，规定

---

① 《列宁全集》第十三卷，人民出版社1987年版，第124页。
② 《列宁全集》第十七卷，人民出版社1988年版，第111页。
③ 《苏共代表大会、代表会议和中央决议和决定汇编》第2卷，莫斯科1970年版，第55页。

货币必须存入银行等等。"①在俄共（布）纲领中提出了把银行机构变为苏维埃共和国的统一核算和总簿记机构的任务。"随着有计划的公有经济的建立，这一切就会导致消灭银行，并将银行变成共产主义社会的总会计部门。"②1918 年 11 月 21 日颁布法令把商业收归国有，并用强制性、国家有组织的分配来取而代之。1920 年 1 月取消了人民银行，而在财政人民委员部系统建立了预算结算局。③

在否定与消灭商品生产和货币的同时，产品生产与分配中的实物化迅速发展并日趋扩大。这主要是通过以下途径实现的：

首先是实行余粮征集制。其次，随着货币结算的取消，国家与企业之间、企业互相之间的经济关系实物化。第三，在分配领域逐步把货币关系排挤出去，日益实物化。

在军事共产主义时期，苏维埃国家随着形势的变化，从对大企业实行逐步国有化发展到加速全面国有化。1918 年 5—6 月召开的全俄国民经济委员会第一次代表大会作出决定：从个别企业的国有化转向全行业的国有化。在 1918 年 6 月 1 日前，国有化大企业还只有 500 家，但在 1918 年底举行的全俄国民经济委员会第二次代表大会宣布："工业国有化已基本完成。"通过国有化把基本生产资料集中在国家手里，并形成大量的国有企业，从而建立了计划经济制度的基础。

在管理机构及其职能的设置方面，建立了符合战争形势要求的、权力高度集中的经济领导机构：最高国民经济委员会。该委员会具有领导、组织与管理国民经济的十分广泛的权力。

军事共产主义时期经济体制模式的主要特点是：

---

① 《列宁全集》第三十六卷，人民出版社 1985 年版，第 91 页。
② 《苏共代表大会、代表会议和中央决议和决定汇编》，莫斯科 1970 年版，第 56 页。
③ 转引自尤里·阿法纳西耶夫编，王复士等译：《别无选择》，辽宁大学出版社 1989 年版，第 489 页。

第一，除了农业外，几乎对全部经济（包括对超过5人的小企业）都实行国有化，以此来达到最大限度地扩大国有制企业。对农民，通过余粮征集制征收全部农业剩余产品集中在国家手里。

第二，对从生产到分配的全部经济活动，其决策与管理权都集中在国家手里，实行强制的行政方法进行管理。

第三，在消灭商品、货币的条件下，经济关系实物化。

第四，国有企业与国家（总管理局）的关系是一种行政隶属关系，各企业从国家那里获得全部物资供应，而企业生产的全部产品上缴国家，是完全的"统收统支制"。

第五，分配上实行高度的平均主义。

第六，实行劳动力的强制分配和普遍劳动义务制。

第七，对当时很不发达的对外经济完全由国家控制，这与"十月革命"后不久列宁对外贸实行国家垄断制的措施有关。

1921年初，战争结束了，苏维埃政权取得了胜利。但这期间经济遭到了严重的破坏，整个国民经济处于极端困难时期。

国内战争使本来就十分落后的俄国经济又倒退了十年。十分明显，战争结束后，苏维埃国家急切需要以最大的努力和最快的速度医治战争创伤，恢复经济。在此情况下，以列宁为首的布尔什维克党，面临着以什么方式和政策来恢复与发展经济的决策选择问题。1921年3月召开的俄共（布）第十次代表大会通过了由军事共产主义过渡到新经济政策的决议。这样，苏维埃俄国转入到在整个苏联时期显得最符合客观实际与富有成效的新经济体制时期。

新经济政策的实质是发展商品货币关系，要在社会主义发展过程中，运用市场机制，通过市场和贸易、工农业之间的经济交流，达到从经济上巩固工农联盟，活跃和迅速恢复濒于崩溃的经济的目的。

可以说，列宁从1921年提出新经济政策到1924年逝世这段时间，他一直在着力研究这一政策的制定与如何有效地付诸实施。但由于列宁过早地逝世，他没有来得及在对新经济政策头几年实施的情况进行总结的基础上，进一步完善与发展设想，使其系统化。并且，没有时间去解决新经济政策与当时布尔什维克党一些领导人在社会主义观念及未来经济体制模式设想方面存在的矛盾乃至冲突。这也是新经济政策过早地被斯大林推行的高速工业化与农业全盘集体化政策取代的一个重要原因。

（三）斯大林在商品货币关系问题上的教条主义。

计划经济的理论源于马克思、恩格斯有关未来社会是不存在商品货币、市场的理论，列宁在实行新经济政策前也与马克思恩格斯持相似的看法，他们都把社会主义经济视为一种产品经济。但到了实行新经济政策时期，列宁改变了上述看法。后来，在工业化、农业集体化过程中，一直到斯大林经济体制模式最后形成的历史时期，有关商品货币关系的理论，尽管中间有所变化与发展，也有不少争论，但总的来讲，产品经济观，即否定社会主义经济是商品经济，否定价值规律、市场的调节作用的观点，一直居主导地位，从而，牢牢地成为斯大林计划经济体制的理论基础，成为斯大林逝世后苏联难以对经济体制进行根本性改革的一个重要原因。

列宁在总结军事共产主义后，果断地改行新经济政策，并认为，新经济政策就是要充分利用商品货币关系，对货币、商品等问题的看法有了很大的变化。但在所有制改造任务完成之后，即在社会主义经济基础建成后如何对待商品货币关系与商业等问题，列宁没有作出明确回答。但列宁毕竟否定了长期存在的、社会主义与商品货币关系不相容的观点，这不能不说是个重大进步。这也为党内坚决拥护新经济政策的领导人正确理解与对待市场关系提供了理论依据，如布哈林指出："过去我们认为，我们可以一举消灭市场关系。而实际情况表明，我们恰恰要通过市场关系走向社会主义。"① "市场关系的存在——在某种程度上——是新经济政策的决定因素。这是确定新经济政策实质的重要标准。"②

但斯大林不从俄国实际情况出发，积极主张取消商业，他说："国家、国营工业不经过中介人直接成为农民的商品供应者，而农民也不经过中介人直接成为工业、国家的粮食供应者，这有什么不好呢？"③很清楚，斯大林这里说的取消"中介人"就是指取消商业，商业没有了，就不存在商品流通了，也不存在商品货币关系了。在斯大林看来，资本主义的根就"藏在商品生产里"④，也正是这个原因，斯大林急于结束新经济政策，急于搞农业全盘集体化，尽快消灭在他看来迫使苏维埃从事商业和商品流通的小生产者。就这样，斯大林在工业化与农业集体化过程中，以此理论为基础，一步一步地建立起了高度集中的指令性计划经济体制。

在 20 世纪 20 年代中期到 30 年代，斯大林坚持产品经济观，竭力限制与消灭商品货币关系，也是为其在这一期间推行的经济政策服务的。

第一，为了保证超高速工业化需要的财力、物力与人力资源，斯大林认为，必须利用高度集中的计划经济体制达到控制经济的目的。因此，就不能通过市场，不能通过批发贸易，而是通过集中分配的办法来实现对整个经济的控制。这样的条件下，商品货币关系、商业原则自然就受到最大限度的挤压。

---

① 《布哈林文选》上册，人民出版社 1981 年版，第 441 页。
② 《布哈林文选》下册，人民出版社 1981 年版，第 392 页。
③ 《斯大林全集》第十二卷，人民出版社 1955 年版，第 43 页。
④ 《斯大林全集》第十一卷，人民出版社 1955 年版，第 196 页。

第二，在很大程度上可以说，农业全盘集体化是超高速工业化合乎逻辑的产物，是从农村榨取资金与粮食的重要办法。如果在这个时期提出社会主义经济是商品经济，应该按照商品交换原则运行经济，重视市场的作用，那么，客观上就要求工农业之间、城乡之间的等价交换，取消集体农庄向国家的义务交售，不允许对农庄这样的集体经济下达几百个指令性指标，更不允许工农业产品存在十分严重的剪刀差。这样国家就难以从农村获得大量的粮食与资金，从而也就无法保证工业化的超高速发展。这是斯大林绝对不允许出现的情况。

第三，在 20 世纪 20 年代末 30 年代初，从实际经济生活来讲，经济联系的实物化趋势在发展，国家正想方设法直接控制经济，特别像对粮食等农畜产品采取了十分严厉的控制手段，为此，甚至不惜造成大量农民的死亡。另外，还实行配给制。在理论方面，这一时期流行的一种说法是，苏联经济已进入了商品货币关系不断消亡的阶段。有的学者甚至说，在苏联价格不是价值规律的表现，而是自觉的计划领导的工具。[①]大多数人确信，社会主义是一种没有货币的实物经济。十分自然，在实物经济中没有、也不可能有价值规律这一商品生产规律的地位。

第四，强化计划原则与计划权力是实现政治集权的保证。列宁逝世后，联共（布）党内展开的种种斗争，虽然涉及一些理论问题，但往往与权力之争密切相关，斯大林通过党内斗争，把各个反对派逐一击破，在这过程中把权力日益集中在自己手里，在政治权力集中的同时，必须牢牢地控制经济，其最重要的途径是建立高度集中的指令性计划经济体制。这在当时来说，从商品货币关系理论

---

① ［苏］A. H. 马拉菲耶夫著，马文奇等译：《社会主义制度下的商品生产理论今昔》，中国财政经济出版社 1979 年版，第 63 页。

来讲，就必须解决一个十分迫切的问题，即谁是生产的调节者：是价值，还是计划性。从官方到大多数经济学家认为，苏维埃经济的调节者是计划。一般是这样解释这个观点的：既然有计划发展是市场自发势力的最明显的对抗者，那么，计划也就是苏维埃经济的调节者，首先在社会主义成分中能起最大的作用。同时，计划不仅同自发势力相对立，而且还同价值规律本身相对立，因为这一规律只能是自发的。为了使计划性（或计划原则）在调节经济中得到强化并富有理论色彩，经济学家们把计划性变成规律，即国民经济有计划按比例发展规律，这样就可以与它的对立面价值规律处于同等地位了，就是说这两者都是客观规律了，并且在理论上可解释为：发生自发作用的价值规律代表资本主义商品经济；具有计划性作用的有计划按比例发展规律代表社会主义产品经济。计划原则的绝对化，把计划性提升为规律，不只意味着斯大林计划经济体制的强化，也意味着大大提高了对经济控制的有效性和合法性，并使斯大林在政治上实行极权体制有了经济基础。

20 世纪 20 年代末到 30 年代，不断地把计划原则绝对化，产生的一个严重问题是：在社会经济发展中主观主义的唯意志论大大发展了，所谓计划调节实际上变成了一些经济领导机关、少数领导人乃至个别领导人的意志来进行调节。

尽管斯大林执政时期的苏联，商品货币关系理论有所变化，但从本质上来讲，其目标是要使苏联朝着逐步取消商品货币关系的方向发展，用教条主义的态度坚持产品经济观。因此，在斯大林时期，实际上对社会主义社会生产理解的出发点是：直接社会的、有计划的生产。而商品货币关系是被迫利用的形式而已。至于市场经济，在斯大林时期是绝对不允许使用的概念。这也说明产品经济观是斯大林计划经济体制的直接理论基础。

这里顺便要指出的是，斯大林在以教条地对待马克思主义的同时，往往对马克思主义还采用实用主义的态度。正如尤·波利亚科夫在列宁诞辰 120 周年前夕举行的讨论会上指出的："斯大林主义的一个特点是……根据自己的需要加以剪裁，以便首先能够证明他的学说的正确。为了达到这一目的，有些事要略而不计，有些事巧而掩饰，有些事要秘而不宣，有些事则干脆一笔勾销。"斯大林在推行他的政策或提出理论时，"最不光彩的就是，这一切都是打着列宁主义的旗帜做的"①。

二、一系列重大经济政策的直接影响

苏联高度集中的指令性计划经济体制的形成有个历史过程，在形成过程中，与以下一些经济政策直接有关。

（一）对军事共产主义的错误认识与否定新经济政策。

在 1924—1929 年，苏联党内展开的大论战涉及多方面的内容，但主要围绕如何建设社会主义这一中心问题，而其中尤为突出的争论是按列宁提出的新经济政策建设社会主义，还是回归到军事共产主义道路上去。争论的结果是：

第一，虽然列宁一再指出军事共产主义时期的不少政策超过了限度，多次加以批判性的总结，但应看到，俄共（布）领导层和一般党员干部中仍有不少人把这个时期实行的那套高度集中、用行政命令、排斥商品货币关系的经济体制视为长期有效的政策。这也是以斯大林为首的新领导下决心取消新经济政策，向军事共产主义政策回归的一个不可忽视的因素。

---

① ［苏］《党的生活》，1990 年第 7 期。

第二，随着新经济政策的中止，布哈林被击败并清除出党，斯大林的主张逐步成了党的指导思想，这标志着斯大林的经济体制模式初步确立，按照新经济政策建设社会主义、建立经济体制的可能性已被排除。也就是说，又回到了"军事共产主义"的向社会主义"直接过渡"方式上来了。

第三，1929年斯大林提出的"大转变"有着深刻的含义，涉及各个领域，可以说是包括经济、政治、意识形态领域的全方位的"大转变"。斯大林在1924—1929年党内斗争中的胜利，以这个"大转变"为标志，其影响十分深远，他在结束新经济政策的同时，就大胆地提出了自己发展社会主义的一套政策，从而为建立斯大林体制模式开辟了道路。

第四，两种社会主义模式（军事共产主义模式与新经济政策模式）、两种社会主义观念的斗争，在这个时期显得特别明朗。这种斗争在整个苏联发展历史中没有停止过，苏联各个阶段状况的变化一般都与两种模式斗争的结果有关。但同时也不得不承认，斯大林的社会主义观，他逐步确立起来的体制模式，在苏联解体前，虽然遭到多次冲击，但长期居统治地位。

第五，也正是在这个时期，苏联社会主义开始变形。可以认为，1924—1929年是斯大林主义奠定前提的时期。①这时的斯大林主义"是比较简单的、有点庸俗的、没有被理解透的马克思主义。""当时革命人民中明显有两派：一派虽然有些左的情调，但仍可称为革命现实主义派、革命民主派；另一派是左倾革命派、兵营共产主义派。早期斯大林主义更多依靠的是后一派革命群众。""兵

---

① 斯大林于1922年4月担任总书记，但独立领导全党工作是在1924年1月到列宁逝世之后。

营共产主义派则是那些被抛弃在最底层、比较封闭的劳动群众，他们憎恨现存社会，具有很大的破坏性。涅恰也夫分子就认为，'我们的事业就是可怕的、彻头彻尾的、无处不在的、无情的破坏'。他们想借助'火和剑'，借助强大的暴力来完成自己的事业。当时有一个革命领袖说过：'如果太阳只照亮资产阶级，那就把它弄灭！'"
"斯大林主义把这种否定的价值和冒险主义方针固定下来了，并且提升为理论及党和国家的政策。"①

（二）工业化运动对最后形成苏联计划经济体制具有特别重要的作用。

苏联在工业化开始后，一方面加强计划性，加强对经济的计划领导，靠行政命令的指令性计划来管理经济；另一方面着手对工业管理体制进行调整与改组，改组的目的是加强对工业的计划领导与计划工作。

工业化时期工业管理体制的主要变化反映在以下几个方面：

首先，形成指令性计划制度。从1930年"一五"计划第三个年度计划开始，国民经济年度计划不再是一些控制数字，而是国民经济各部门和各地区必须执行的国家计划，从而也就改变了计划的性质。斯大林在评价实施第一个五年计划的意义时说："我们的计划不是臆测的计划，不是想当然的计划，而是**指令性**的计划，这种计划各领导机关**必须执行**，这种计划能**决定**我国经济在**全国范围内将来**发展的方向。"②在斯大林看来，指令性计划是社会主义经济制度的一个本质特征。后来，苏联经济界对否定计划的指令性的观点加

---

① 转引自《国外社科信息》，1992年第4期。
② 《斯大林全集》第十卷，人民出版社1954年版，第280页。

以批判，说是一种"左倾"理论与"投降主义"。[①]

其次，不论是部还是总管理局，作为国家行政组织对企业生产经营活动的直接管理与指挥，都是通过行政方法实现的。

第三，与上述特点相关，企业实际上是上级行政机关的附属品或派出单位。1929 年通过的《关于改组工业管理》的决定，虽然把工业基本管理环节落到了企业，形式上企业成了独立法人，但实际上随着核算单位变为企业之后，更便于国家加强对企业的集中控制，其手段是加强指令性计划。企业的收入几乎全部上缴国家财政，而企业需要的大部分资金由财政无偿拨给；企业所需的重要物资由国家物资管理部门统一供给；企业所生产的产品由国家统购统销；企业所需的劳动力由国家统一分配；绝大部分产品的价格由国家物价管理部门统一定价。

第四，形成部门管理原则，这有利于中央对分布在全国各地的企业实行集中领导。

第五，由于工业管理体制的上述变化，使得工业化时期力图实现扩大企业权力和加强经济核算的目的实际上都落空了。企业在人、财、物方面基本上没有决定权的情况下，经济核算只能徒具形式。

第六，1920 年 3 月俄共（布）通过的决议中明确提出在工业管理方面逐渐推行一长制，但并没有得到认真的执行。在推行工业化政策期间一长制得以实际执行。与一长制相适应的工业管理系统实行垂直单一领导制，即下级只接受上级行政首长的指令，上级各职能管理机关只是行政首长的参谋和助手，不能越过行政首长给下级下达指令。这些措施，加强了领导体制的集中程度。

---

① 参见苏联科学院经济研究所编，王逸琳等译：《苏联社会主义经济史》第三卷，生活·读书·新知三联书店 1982 年版，第 42—43 页。

第七，在工业化时期，企业国有化迅速发展。第一个五年计划的头一年（1928 年），私人经济成分在工业总产值中还占 17.6%，而到了五年计划的最后一年（1932 年）就只占 0.5%。可见，苏联在工业化时期的工业管理体制是建立在单一的国家所有制基础上的。这是苏联全面推行指令性计划的基础，也是使计划范围充分扩大和国家成为工业管理的主体与中心的必要条件。

如果说，1929 年全面中止新经济政策和斯大林思想占主导地位标志着斯大林模式得以初步确立，那么，斯大林工业化方针的全面贯彻和到战前的 1941 年，斯大林社会主义模式已全面建立并扎了根。这是因为：第一，在工业化运动期间，斯大林不只在苏联创造了"世界上所有一切工业中最大最集中的工业"，并且使其成为"按照计划领导"的"统一的工业经济"；[①]第二，在工业化运动过程中，对整个经济的计划性管理大大加强了，行政指令的作用大大提高了；第三，1929 年全盘农业集体化的快速推行，农业也受到斯大林经济体制的统制；第四，工业化运动时期，斯大林不仅一个一个地打败了他的政敌，并且接着在 30 年代搞大清洗，最后形成了高度集权的政治体制模式，并把这一模式一步一步地推向极端，斯大林成了独揽大权的最高统治者，他凭借手中掌握的权力与专政机器，使全党、全国人民服从于他一个人。从而使社会主义遭到了极大的扭曲。

（三）农业全盘集体化使农业成为苏联计划经济体制的一个重要内容。

斯大林推行农业全盘集体化运动的结果是，把占人口最多的农

---

① 《斯大林全集》第十卷，人民出版社 1954 年版，第 258 页。

民与国民经济中居重要地位的农业纳入了计划经济体制之中，在全苏形成高度集中的、全面统制的经济。同时也意味着苏联向建成完整的斯大林模式社会主义的迈进。

在斯大林全盘集体化的思想指导下，通过强大的政治压力，用粗暴的命令和暴力强迫农民与中农参加集体农庄。1933 年 1 月，联共（布）中央宣布："把分散的个体小农经济纳入社会主义大农业轨道的历史任务已经完成。"

斯大林之所以用强制与暴力的办法加速农业集体化，其主要目的有：控制粮食与取得资金；全面建立社会主义的经济基础；消灭"最后一个资本主义阶级"的个体农民；随着集体农庄的建立，国家开始对农业实行直接的指令性计划管理，从而最后形成包括计划经济体制在内的完整的斯大林模式。

苏联在农业集体化过程中形成的农庄计划体制具有以下特点：一是计划的指令性，即国家下达的指标，集体农庄必须执行；二是指标繁多；三是完全忽视集体农庄是集体经济的特点，实质上实行的是与国营企业同样的计划制度；四是从农业集体化时期开始一直到斯大林逝世前，国家在规定集体农庄生产计划制度时，都以有利于国家控制粮食为基本出发点和原则。

三、政治与历史因素的重大影响

（一）30 年代的"大清洗"是形成与巩固高度集中的指令性计划经济体制的一个重要因素。

苏联计划经济体制的形成，也是与围绕社会主义发展道路、方针与政策所展开的政治斗争紧密联系在一起的，也就是说，它是在苏联特殊历史条件下、在复杂斗争过程中形成的。20 世纪 30 年代的"大清洗"又最为集中地反映了政治斗争对形成高度极权政治体制的影响，这种政治体制又反过来使高度集中的计划经济体制日益巩固与发展，进一步保证了斯大林模式的巩固与发展。

我们通过对工业化与农业集体化运动的研究，十分清楚地看到，这两个运动不只是通过行政命令进行的，而是在相当程度上借助强制和暴力，从而导致社会关系和党群关系紧张，党内外的强烈不满。仅1930年1—3月全苏发生了2200多起骚乱，大约有80万人参加。[1]斯大林为了坚持推行他的工业化与农业集体化运动的各项政策，在20年代末，用压制、批判等办法，已把一个一个的党内反对派打下去。但这并不意味着党内不同意见和矛盾就不存在了，而在斯大林的高压政策下，它们以别的形式表现出来。这就使得20世纪30年代"公开的"政治审判与秘密的镇压事件大量出现，并且规模越来越大，镇压的手段也越来越残酷，从而构成了30年代的"大清洗"运动。"大清洗"运动不仅是实现工业化与农业集体化的重要政治保证的手段，也是最终形成斯大林模式的不可分割的重要因素。

斯大林的"大清洗"涉及各个阶层的人，既包括原反对派领导人及其成员，也包括苏联党、政、军的高层领导人和广大干部队伍和人民群众。不论是"大清洗"的规模之大还是手段之残酷，都可以说是苏联历史上最可怕的悲剧。

斯大林"大清洗"运动的目的究竟是什么？我赞成这样的看法：不要把它说得太复杂了。斯大林的目的是为了保持自己无限的权力。在20世纪30年代初，他的影响已经很大了，但他想要获得的是无限的权力和对他绝对的服从。同时他也很清楚，要做到这一

---

① 姜长斌等：《读懂斯大林》，四川人民出版社2001年版，第206页。

点肯定会遭到和他一起在革命和国内战争年代造就的党与国家领导人的反对。正因此，就不难解释为什么"大清洗"首先冲向中央领导干部。

与此同时，由于斯大林工业化和农业集体化政策出现的种种措施对党和国家造成的困难，斯大林与党的基本骨干领导之间的关系有了很大的变化。党中央许多有威望的活动家到了1934年意识到，对于党来说，斯大林作为领导人已经不被需要了。正如十七大所反映的情况说明"党内正在形成的不正常现象使部分党员，特别是列宁时期的老干部十分忧虑。大会的许多代表，首先是知道弗·伊·列宁'遗嘱'的那部分同志认为，已到了把斯大林从总书记岗位上调到另一岗位上的时候了"①。敏感的斯大林对党的领导层中的这种情绪变化不可能不觉察到。在这种背景下，1934年12月1日，基洛夫在列宁格勒被害，斯大林抓住这个时机，开始了"大清洗"运动。而爱记仇、疑心重的斯大林，在这个运动中创造了"人民的敌人"这个宽而广的概念，为自己破坏法制与践踏民主大开闸门，消灭反对他的政治敌人和他所怀疑的人。在这个过程中，在全国造成一种政治斗争十分尖锐的非常局势，以便利用这种局势把权力更加集中在自己手里。

斯大林搞"大清洗"，用"人民的敌人"等种种罪名消灭"敌人"，其另一个重要目的是为他在工业化和农业集体化运动中由于政策失误而造成的严重政治与经济困难寻找"替罪羊"。

这次"大清洗"运动结束了夺权过程。由于大规模的镇压，集中制发展到了专制主义，使全党全国服从于斯大林一个人的意志，

---

① 转引自［苏］罗·亚·麦德维杰夫著，赵洵等译：《让历史来审判》（上），人民出版社 1981年版，第251页。

按照他的思想在苏联建设斯大林模式的社会主义。到了这个时候，凡是限制斯大林个人权力的制度都将被抛弃，凡是他不喜欢的人都将被撤职或消灭。"大清洗"运动已经使苏联的社会主义建设理论和实践，都遭到严重的扭曲。麦德维杰夫远在 1974 年就谈到，这场"大清洗"可能断送"十月革命"的成果。[①]不幸而言中！由于"大清洗"导致斯大林个人专权的形成和巩固，并最后形成斯大林模式，而这个模式在斯大林之后又未进行根本性的改革，这样，斯大林模式最后成为 20 世纪 80 年代末 90 年代初苏联发生剧变的根本性、主导性原因。换言之，斯大林模式的失败是 20 世纪社会主义遭到严重挫折的根本原因。

（二）俄国长期实行专制制度，集权与扩张等历史传统，对斯大林建立高度集中的经济体制，潜移默化地产生着影响。

要对苏联"十月革命"之后出现的种种重大问题有个深刻理解，就必须把这些问题的研究，与"十月革命"前俄国在漫长的发展历史过程中形成的传统联系起来考察。

从俄国发展的历史可以发现，革命前的俄国曾是一个长期集权统治的国家。当世界资本主义进入垄断阶段以后，列宁还一再称俄国是"军事封建帝国主义"，是"军事官僚式的帝国"。在经济上，在"十月革命"前，俄国的资本主义经济还带有浓厚的封建关系。这就是说，俄国虽已进入垄断资本主义即帝国主义阶段，但在经济与政治方面仍保留着浓厚的封建传统的特点。正如列宁所说的：俄国的"现代资本帝国主义可以说是被前资本主义关系的密网紧紧缠

---

① ［苏］罗·亚·麦德维杰夫著，赵洵等译：《让历史来审判》（下），人民出版社 1981 年版，第 740 页。

绕着"①。在这种政治经济条件下，沙皇长期实行的是专制制度，国家最高权力操在沙皇一人手中。正如列宁在十月革命胜利五年以后还指出的，苏维埃国家机构仍是"从沙皇制度那里接收过来的，不过稍微涂了一点苏维埃色彩罢了"②，它们"仍然是一些最典型的旧式国家机关"③。斯大林所继承的俄国历史传统，最主要是沙皇的**集权与扩张**。这些，都要求有一个以高度集中的政治、经济体制为主要内容的统治模式，依靠它把政治经济权集中在少数人乃至斯大林一个人手里。

（三）斯大林个人品性对产生斯大林模式的特点，不可能不起作用。

斯大林作为苏联最高领导人，执政长达三十年，因此，斯大林个人品性对斯大林模式形成的影响是不能不考虑的。

不少学者认为，坚毅、刚强和政治敏感是斯大林个人品性的一个方面，而粗暴任性、强烈的权力欲，冷酷无情、崇尚暴力，主观片面、妒贤嫉能和孤僻，是斯大林个人品性的另一个方面。斯大林是苏联历史上一个十分重要的人物，也是一个十分复杂的人物，因此，他的个人品性对体制模式形成所产生的影响也表现在很多方面。

斯大林的粗暴使他容易犯滥用权力、破坏法制等错误，从而使政治体制中的这一弊端不断发展。

斯大林的强烈权力欲，使得他不顾一切地破坏民主集中制原则，独断专行，排除不同观点的人，甚至从肉体上把他们消灭。

斯大林崇尚暴力、冷酷无情，导致大规模的镇压。1934 年 7 月斯大林与英国作家威尔斯谈话时说："一种社会制度被另一种社会

---

①　《列宁选集》第二卷，人民出版社 1995 年版，第 644 页。
②　《列宁选集》第四卷，人民出版社 1995 年版，第 755—756 页。
③　同上书，第 779 页。

制度所代替的过程，在共产党人看来，并不简单的是自发的和平的过程。而是复杂的、长期的和暴力的过程。"①对"大清洗"运动中滥杀那么多无辜，他从不检讨自己，从不后悔，他考虑的只是为了不间断的"革命"和扩大自己的权力而拼命向前，不惜用火和剑粉碎任何反抗，哪怕是最轻微的反抗，即使来自最亲密的战友。因此，斯大林之所以在很多场合下赞赏伊凡四世、彼得一世、叶卡捷琳娜二世是"伟大而英明的统治者"，也就不奇怪了。

斯大林妒贤嫉能也是他个人品性中不可忽视的一个弱点。他一方面把与他同时代的革命领导人通过各种手段排挤出去，垄断了对列宁主义的解释权；另一方面他竭力压制知识分子，特别是党内知识分子。

在苏联国内再版三百多次，译成31个国家的文字，在世界共发行了约4.7亿册的《联共（布）党史简明教程》也反映出斯大林个人的品性。这部书的主要观点无疑是属于斯大林的。该书的特点是：伪造历史、教条主义、公式化和民族主义（在不少情况下变成大俄罗斯沙文主义）。

以上分析说明，高度集中的指令性计划经济体制在斯大林时期形成并不断巩固与发展，有其复杂的原因，研究这一问题切忌简单化。

---

① 《斯大林选集》下卷，人民出版社1979年版，第361页。

苏联计划经济体制的特点和弊端

作为斯大林社会主义模式一个重要组成部分的计划经济体制，在第二次世界大战前已牢牢地确立。

一、构成苏联模式的主要内容

斯大林模式是一个大的概念，是指斯大林按照他的社会主义观在苏联建立的社会主义制度，人们一般简称为斯大林模式或苏联模式。

根据苏联的实践在斯大林执政时期建立的斯大林模式，包括的主要内容是：

1. 决定社会经济基础和生产方式性质的是生产关系的性质，而生产关系的组成中，起决定性作用的是生产资料占有方式，即生产资料归谁所有的问题。在斯大林看来，苏联建立的公有制有两种形式：一是以国有企业为代表的全民所有制，被认为是社会主义公有制的最高形式；二是以集体农庄为代表的集体所有制，它是公有制的低级形式，应该尽快向全民所有制这一最高形式过渡。国有企业是社会主义公有制的最高形式这一理论，实际上并不来源于马克思主义，而是来自斯大林主义。从斯大林的苏联社会主义实践中可以看到，在国有制条件下，劳动者并没有取得他们用于集体劳动的生产资料的个人所有权，支配生产资料的是党、国家和斯大林。

2. 政治上，斯大林模式主要包括实行一党制，主要问题都由党决定；党政合一，党国合一；实行不受法律限制的无产阶级专政；贯彻民主集中制原则过程中，实际上搞的是没有广泛民主（包括党内民主）基础的集中制，把权力集中在少数人手里，最后集中在斯大林一个人手里；对文化和意识形态严加控制，斯大林垄断了马克思列宁主义的解释权。在这些条件下形成的是高度集权的政治体制模式，最后发展成斯大林个人集权主义或专制主义。

3. 在社会主义建设与社会主义改造过程中，在强大的阶级斗争压力下，用强制乃至暴力的手段，实行称之为斯大林的工业化与农业集体化的道路。

4. 以公有经济为基础和以产品经济观为理论，建立起与高度集权的政治体制模式相适应的高度集中的、指令性的计划经济体制模式。

5. 在民族问题上，斯大林实际上是把联邦制度变形为事实上的单一制，各加盟共和国的独立自主权大大削弱，民族自决权的原则实际上流于形式。

6. 在对外关系方面，表现为实行扩张与霸权主义。斯大林的扩张与霸权主义有以下几个明显特点：一是在国际主义和世界革命的旗号下进行的；二是重点放在意识形态方面，把社会主义观强加给别人，让别国接受，俯首听命；三是国内高度集中的经济体制是其推行霸权主义最为有效、最稳妥的手段。

7. 一系列赖以形成斯大林模式的理论：如"一国社会主义"；不受法律限制的无产阶级专政；"阶级斗争尖锐化"；国有企业是社会主义公有制最高形式；社会主义是产品经济；个体农民是"最后一个资本主义阶级"等等。

上面所列举的构成斯大林模式的一些主要方面，它们相互之间有着密切的联系，互相促进，相互制约，互为条件。

二、斯大林模式的总体评价与主要特点

随着对苏联社会主义模式研究的深入，对斯大林模式的认识也有了很大变化，占主导地位的看法是：它是社会主义的严重变形和扭曲。

在苏联 1989 年"有关社会主义的现代概念"专题讨论会上，有学者根据从列宁晚期著作中描绘出来的轮廓，把列宁的社会主义模式的主要特征归纳为以下几点：

——在国家计划范围内，为了劳动者的利益利用价值规律和商品货币关系；

——根据劳动的质和量付给报酬的原则；

——允许多元化的社会主义所有制形式存在；

——承认合作社是社会主义生产的一种形式；

——在防止官僚机构为所欲为的条件下保持"坚强有力而灵活的"国家机关，人民对它的监督；

——考虑劳动者利益的多样性；

——实行生产者同公民之间的横向联系而不一定非通过国家不可，允许建立社会主义的公民团体；

——劳动者积极参加管理国家和社会事务；

——坚持不懈地扩大民主；

——在多民族国家条件下公正地解决民族问题。[1]

有关斯大林模式主要特点的看法，国内外学者较为一致，或者

---

① 参见［苏］《真理报》，1989 年 7 月 18 日。

说大同小异。《消息报》政治评论员鲍文认为，需要彻底改革的斯大林模式最明显的特征是：

——在生产资料广泛、彻底公有化基础上政治权力和经济权力最大的硬性集中；

——社会实践划一，不考虑地方条件的多样性、群众利益的分散性以及精神、智力领域不可避免的、有益于发展的多元化；

——经济过程行政命令式的管理方法，忽视价值规律；注重粗放式经济增长，极力追求数量和有损于质量的标准；

——党和国家生活的民主准则形式化，不实行公开性，抛开"下层"和党员基本群众通过重大决议；从肉体上消灭被怀疑为对"领袖"、对政治制度不规矩者；

——文化贫困，社会科学瘫痪，历史自我意识、自我批评衰退，为现实辩护，在意识形态上编造神话。①

从上面的材料可以看到，斯大林搞的社会主义，与马克思、恩格斯所设想的是不相同的，是不民主的、不人道的、极不尊重人的社会制度。与列宁晚期对社会主义所设想的轮廓也是不相同的。

三、斯大林经济体制模式的主要特点

对 20 世纪二三十年代形成的苏联计划经济体制模式的特点，国内外曾有不少研究。特别在 20 世纪 60 年代中期，苏联、东欧各国进行经济体制改革后，国内外学者对这一问题更加关注。笔者认为斯大林建立起来的高度集中的指令性计划经济体制模式，其最大特点可以简单地归结为：**管理权限的高度集中化，管理方法的高度**

---

① ［苏］尤里·阿法纳西耶夫编，王复士等译：《别无选择》，辽宁大学出版社 1989 年版，第 724—725 页。

行政化。这一特点反映在苏联经济活动的各个方面。

（一）管理权限高度集中化，国家对整个经济实行统制。

与整个高度集权的斯大林模式相适应，其经济管理权限也是高度集中的，具体来说，把管理经济的权力高度集中在按专业划分的中央经济管理部门，由它们来统制全国的经济。1936 年全苏工业总产值中，中央管理的工业占 90%，地方管理的工业只占 10%。这种部门管理体制，也是一种"条条专政"的体制，在此，企业的全部生产经营活动由中央各部门决定，甚至"每一千块砖头，每一双皮鞋或每一件内衣，都要由中央调配"。[①]这种集中管理模式，必然要求建立大量的管理机关，到 1950 年，苏联部长会议直属的国家委员会与主管局共有 7 个：国家计委、国家经委、国家物资技术供应委员会、国家先进技术委员会、中央统计局、国家银行与国家建设委员会；全联盟工业部就有 19 个；联盟兼共和国工业部共 6 个。

（二）实行无所不包的计划经济管理体制。

苏联实行的计划经济是一种包揽国民经济整个生产过程和分配过程的国家计划。这种计划不仅决定宏观经济，也决定微观经济。也就是说，中央计划定下来，基本上也等于企业计划定下来。另外，对外经济关系也严格实行计划控制和国家垄断。对企业经营活动成果，基本上实行由国家包下来的办法，即获得利润大部分上缴国家财政，亏损由财政补贴，企业所需资金再由国家财政进行拨款。物资由国家统一分配，产品由国家商业部门统销，价格由国家统一规定，等等。在这种经济管理体制下，企业的权限很小，它的

---

① 《联共（布）第十七次代表大会速记记录》，俄文版，第 422—423 页。

任务只限于使国家计划具体化和寻找完成计划的方法。苏联的计划管理制度渗透到社会经济生活的各个领域。古比雪夫曾说过："在我们的计划制度中，我们已经走得这样远，这样深，以致我们确实没有任何经济、文化和科学研究部门还在计划之外和在计划工作范围之外。"①

为了实行无所不包的计划经济管理，一是必须建立庞大的计划管理机构体系。在苏联，这个庞大的体系主要由两大系统组成：各级政府的计委系统与部门计划机构系统。各级政府的计委系统又分中央一级（苏联部长会议下设的苏联国家计划委员会）和地方一级〔各加盟共和国、州（边疆区）与市（区）三级政府所设的本地区计划委员会〕。二是设置计划指标体系。国家规定的计划任务具体体现在各种计划指标上。计划指标体系按其性质和表现形式可分为：数量指标与质量指标；实物指标与货币指标；指令性指标与核算指标。计划指标的数量在各个历史时期是不相同的。在斯大林逝世前，国家下达给企业的指标有九大类：生产计划、生产技术发展计划、基本建设投资计划、物资技术供应计划、劳动计划、原材料消耗计划、生产费用和成本计划、财务计划和其他（详见下表）。

1953 年前国家下达给企业的主要计划指标

（一）生产计划	2. 新技术采用
1. 主要产品品种数量	（三）基本建设投资计划
2. 总产值	1. 基本建设投资额
其中：主要产品总产值、主要协	2. 基本建设工作总量
作产品产值、新产品产值	3. 生产能力和其他工程项目交付
3. 商品产值	使用
其中：主要产品商品产值	4. 固定基金大修理
（二）生产技术发展计划	（四）物资技术供应计划
1. 新技术增产	1. 上级机关分配给企业的物资

---

① 《古比雪夫言论选集》，莫斯科苏联国家政治书籍出版社 1953 年俄文版，第 226 页。

2. 企业按协作等方式自行采购的物资	（八）财务计划
（五）劳动计划	1. 固定基金总值
1. 劳动生产率	2. 固定基金折旧
其中：全员劳动生产率	3. 固定基金利用状况
工人劳动生产率	其中：设备利用率
2. 企业人员编制数（工人、工程技术	4. 流动资金总额
人员和职员等）	其中：生产用流动资金、流通资金
3. 工资基金	5. 流动资金周转速度
4. 平均工资	6. 自有流动资金和借入资金
5. 干部培养	其中：银行信贷
（六）原材料消耗计划	7. 利润总额
1. 主要产品原材料消耗定额	8. 盈利率（成本利润率）
2. 原材料储备定额	9. 预算拨款
3. 原材料节约额	其中：基本建设与固定基金大修
（七）生产费用和成本计划	理拨款、增补企业流动资
1. 生产费用总额	金、弥补事业费及其他生
其中：直接费用、间接费用	产外支出
2. 主要产品工厂成本	10. 预算缴款
3. 主要产品商业成本	其中：周转税、上缴利润、上
4. 可比产品成本的降低	缴多余自有流动资金
	（九）其他

资料来源：金辉、陆南泉、张康琴主编：《论苏联经济：管理体制与主要政策》，辽宁人民出版社 1982 年版，第 33 页。

（三）实行全面直接的指令性计划管理。

赋予计划经济以指令性的特征，是苏联传统经济体制的一个重要内容。中央制定的十分详细的计划，是通过国家下达几十项"指令性"指标的形式逐级下达的，而下级机关和企业必须执行。长期以来，在苏联一直把中央指令性与计划经济等同起来。指令性就是：计划作为经济政治指令，具有法律的效力。不完成指令性计划，国家可以追究行政责任乃至法律责任。在斯大林时期，经济计划一般是以年度计划为主，并按季度、月度和天数划分，至于五年计划或时间更长一点的远景计划，实际上只是反映国家经济政策的纲领，主要起宣传动员作用，对企业没有约束力。由于实行严格的指令性计划，又以年度计划为主，因此，年度计划完成情况成为衡量企业工作成绩的主要标准。

（四）对经济的管理主要靠行政方法。

既然计划是通过指令性的方式下达的，决策权主要集中在中央，因此，管理经济主要靠行政方法，即整个经济的运转主要靠各种行政指令和指示，而不重视经济方法，忽视经济规律和经济刺激的作用，排斥市场机制经济的调节作用。在管理经济高度行政化的条件下，国家行政机关与企业的关系是行政上的隶属关系，企业实际上成了国家机关的一个派出机构。国家机关对经济的管理更多是考虑行政上的方便，并习惯通过强制性的各种指令来达到管理经济的目的。因此，逐步使国家的行政管理职能与经济管理职能日益密切地结合在一起，而这两种职能又是通过各级行政首长来行使的。

（五）实物计划占主要地位。

苏联在编制计划时，虽然一直是把产量计划与产值计划结合起来的，但由于国家下达大量的指令性指标，注重实物数量，因此，实际上在产品生产和分配中突出的是以实物单位计算的数量计划。另外，在国营企业内部，货币的作用十分有限，企业所需的原材料不能自由选择，价格对企业也不起作用，经济核算往往徒具形式。在这种经济管理体制下，货币流通基本上是消极和被动地反映按计划调节的物资运动，货币、价格、财政等对经济活动所起的杠杆作用很小，往往只是监督计划执行的工具。由于货币计算、货币关系作用被忽视，因而导致了经济上的浪费和低效率。

（六）带有明显的等级性和矛盾性。

在高度集中的指令性计划经济体制下，苏联的经济过程由国家通过生产和分配计划来控制，但苏联国家是按等级（或层次）划分的各级国家机关组成的，国家的集中计划，并不意味着中央一级能够安排国民经济发展的全部过程和各个方面。这是因为：第一，中央计划机关不可能了解国民经济各方面的情况，并从下面迅速得到经济信息，对信息进行及时处理；第二，由于各级国家政治和经济机关之间存在利益上的矛盾，而这种矛盾，在经济管理权限上不可避免地要反映出来，这就会导致各级机关会从自身的利益出发，用各种办法来对付上一级的指令和控制，各级都这样做，就形成管理体制上的等级性和矛盾性。这说明，传统的经济管理体制，在存在高度集中一面的同时，实际上又不可避免地存在摆脱国家集中控制的分散一面。也是我们常说的：上有政策下有对策。因此，国家要通过计划来控制整个经济生活，这只能是一种幻想。传统体制的这一矛盾，也是导致在苏联经济中出现种种问题的根由之一。

这种高度集中的斯大林经济体制模式，西方学者往往称之为"命令经济"。这指的是资源无论是短期的还是长期的分配，都主要由中央发指示（命令），而不是通过一般的市场机制运转的一种体制。

四、主要弊端

高度集中的指令性计划经济体制，在苏联特定的历史时期，曾对经济发展起过积极作用，这主要表现在：第一，最大限度地集中全苏的人力、物力和财力，建设一些重大项目，特别在工业化时期，建成了大量具有重要意义的项目。在战前的三个五年计划时期，共建成九千个大型工业企业。第二，通过行政手段（往往是强制性的）调整经济结构，快速建起苏联的基础工业，这在工业化时期更为明显。第三，通过对落后地区加大投资等办法，较快地实现了调整生产力布局的战略意图。加速对资源丰富但经济又十分落后的西伯利亚与远东地区的开发，就说明这一点。第二个五年计划时期，用于重工业新建项目的投资约有 50% 用于这一地区，1928 —1937年，西伯利亚工业的总产值增长了 8 倍，几乎为全苏工业总产值增长速度的两倍。这一地区的加速发展，满足了工业化所需的原料，也使东部地区在卫国战争中发挥了后方基地的作用。第四，这种体制对一些落后的民族地区的经济发展也起过一定的作用。

在谈到斯大林经济体制模式的积极作用的同时，应清醒地认识到：第一，它只是在特定历史时期：如革命胜利后的初期，经济目标单一，在落后国家从事基础工业的发展和备战或战争时期（西方往往称苏联经济是备战经济）；第二，在这体制发挥积极作用的同时，它潜藏着深刻的矛盾和严重的问题，从而给今后的经济发展带来了一系列的困难；第三，相对于斯大林经济体制在 30 年代与 40年代所取得的成就，苏联人民为此付出了沉重的代价。因此，很难说 20 世纪 30 年代与 40 年代的成就，是苏联历史上光辉的篇章；第四，随着历史的发展，斯大林经济体制模式的弊端也在发展，越来越突出，越来越阻碍社会经济的发展，离科学社会主义也越来越远，最后，它与构成斯大林模式的其他各个因素联系在一起，导致苏联发生剧变。鉴于此，有必要对斯大林经济体制的弊端进行集中分析，以便正确地总结经验教训。

（一）难以克服异化问题。

苏联在高度集中的指令性计划体制下，在生产活动中的异化处处存在。例如，劳动者只按行政指令从事生产活动，实际只能充当"螺丝钉"的作用，并没有感到劳动成为"自己的"自由的劳动，他们也没有参加管理生产的权力，因此，在工矿企业，旷工、怠工十分严重；又如，在对待劳动成果方面，劳动者并不感到自己是劳动产品的主人，因此，在生产中的浪费远远超过资本主义国家。按照奥塔·希克的说法，第一个指出当代"社会主义"国家仍继续存在着异化的是亚当·沙夫，[1]但他并没有从这个事实出发对现存社会主义制度的性质提出异议。奥塔·希克本人对斯大林时期建立起来的经济体制与异化关系做过深刻的分析，他指出：依靠权力建立起来的制度，其特点是既没有克服那些已成熟的资本主义矛盾和异化现象，相反，还加深了这些矛盾和异化现象。只有当劳动人民"在经济上与企业、与生产的相异化真正被克服了，他们能够参与对企业的管理，享有对企业、企业管理和生产成果的共同决定权，了解宏观经济的发展情况，并能通过其他的抉择来影响决定，国家对他们来说已不再是异己的了，那么，那里的生产条件才算是真正实现了社会化"。他还说："如果在一个制度中，大多数的劳动者继续只对个人消费和工资感兴趣，丝毫不关心资本，如果在这个社会中，劳动者对企业的发展剩余价值的分配和使用情况，国家的经济政策、政治机构的组成，重要的政治决定，既不能参与决定，也对此漠不关心，那么，这个社会就不是社会主义社会。"他最后得出的结论是："实际上，在今后的'社会主义国家'中，劳动者的严重异化已成为制度本身内在的问题，如果继续保持这种制度的基本特点，异化就不可能克服。尽

① 亚当·沙夫系波兰哲学家。参见[捷]奥塔·希克著，张斌译：《第三条道路》，人民出版社1982年版，第92页。

管这个制度的执政者仍坚持用社会主义的称号，但这个制度并不具备社会主义特征。"①

上述分析说明，高度集中的经济管理体制，加上利用依靠政权力量排斥市场的作用，再加上集权体制下劳动者长期处于无权地位并逐步养成的依赖于和服从于"上面"指示的习惯，就难以解决资本主义存在的异化问题，无法解决生产者与生产资料的结合。正如俄罗斯一些学者指出的，斯大林的体制模式，"不可避免地导致了劳动人民一方面同公有制的异化，另一方面同政权的异化。除了新的无可弥补的损失及危机状态，这种道路不能有别的结果"②。

（二）国家、企业和个人三者利益难以结合。

在高度集中的指令性计划经济体制条件下，由于企业缺乏经营自主权，只是完成上级规定计划的机械执行者，因此也就缺乏生产积极性。企业和劳动者往往感到，对国家有利的，并不一定对企业和职工有利。这样，使国家、企业与个人三者利益难以结合。从企业的角度看，斯大林经济体制，其弊病突出表现在：一是往往对上级隐瞒企业的生产成果和生产能力，以提防国家对它提高计划指标，想方设法追求"轻松的计划"；二是企业在完成生产计划时，一般都把数量置于首位，把质量放在次要地位，因为在这种体制下，各级所关心的是数量指标，企业也是根据这一指标获得奖金的；三是企业为了提防国家临时给它提高计划任务以及防止出现各类生产资料供应的中断，而采取各种办法储备过多的生产资料，从而产生积压和浪费；四是为了确保数量计划的完成，企业不愿采用

---

① ［捷］奥塔·希克著，张斌译：《第三条道路》，人民出版社1982年版，第86，91，92页。
② ［苏］尤里·阿法纳西耶夫编，王复士等译：《别无选择》，辽宁大学出版社1989年版，第908—909页。

新技术、生产新产品，产品缺乏竞争能力。

(三)违背客观经济规律。

在高度集中的指令性计划经济体制下，经济的运行，主要靠由上级（主要是中央）下达的大量指令性计划指标，采用的是强制的行政手段。从企业来说，它一直是政府的附属品，不是独立的商品生产者，从而必然导致官僚主义的管理。市场的作用必然被排除在外，竞争机制也建立不起来，经济活动以上级领导者的意志为转移，这些，最终导致经济发展违背客观经济规律。

(四)浪费型经济。

严重浪费，这是苏联计划经济体制模式的一大弊病。这种浪费表现在资源、人才和时间等各个方面。在生产过程中，原材料和工时的耗费多少，与生产者无关，因此谁也不关心原材料和工时的浪费。企业在生产经营活动中，往往采用牺牲浪费者的利益来提高产值，如通过增加原材料的消耗、无根据地使用昂贵材料、生产利润高的产品等办法来提高产值。由于经济主管部门只关心在实物数量方面完成任务，产品的最终消费情况如何无人过问，结果造成大量产品积压在仓库里。决策失误造成的浪费也很大，如基本建设项目的安排缺乏经济根据，经济比例失调，产品不符合市场的要求等，都会造成严重浪费。而伴随浪费而来的则是低效率的经济。所以，在斯大林经济体制模式下的经济，完全可以说是一种浪费型经济。

(五)出现一批缺乏主动精神的"传声筒式"的经济领导干部。

由于长期实行高度集中的管理体制，使苏联各级管理机关中，不可避免地出现一批"传声筒式"的干部，①这些人只是机械地执行上级下达的任务，例行公事，而对承办的事情表现为不负责任，缺乏主动精神。这样一批"传声筒式"干部的存在，加上普遍存在的广大生产者的惰性，对苏联在政治和经济上产生的消极影响是极其严重的。

以上列举的高度集权体制的种种弊病，归结到一点，那就是广大劳动者与生产资料和政权难以相结合，从而不可能形成经济民主，而经济民主又是政治民主的基础，在这种条件下，就不可能发挥广大劳动群众对社会主义事业的主动性、创造性和负责精神。可以认为，斯大林创建的经济体制模式只能使广大劳动者疏远所有制与政权，因此，如果不进行根本性改革，社会主义是没有希望的，只能走进死胡同。1991 年年底苏联发生剧变的历史史实已给出证明。

---

① ［苏］《苏维埃国家与法》，1981 年第 5 期。

第三讲

"二战"后斯大林不思改革

苏联在"二战"前逐步形成与最后确立的高度集中的指令性计划经济体制,为了适应战争的需要,在卫国战争时期空前地强化。战后,这一体制日渐凝固化,并推广到东欧等国,使其阵营化。

1941年6月22日,德国向苏联宣战。苏联的和平建设被打断了,进入了伟大的卫国战争时期。为了保证战争的胜利,苏联采取了一系列重要措施,最大限度地强化经济的集中管理。主要表现在:一是战争开始后,于1941年6月30日成立了国防委员会,它集中了国家的所有权力,包括全部生产、计划工作的最高领导权。国防委员会的一切决议与指示具有战时的法律效力,全国各组织必须执行。国防委员会利用对经济的高度控制权,对物力、财力和劳动力进行有利于国防工业的再分配,使全部经济转入战时轨道,并把民用生产部门快速转向军用产品的生产。二是通过高度集中的中央财政体制最大限度地把大量国民收入集中在国家预算中。国家预算收入占国民收入的比重从1940年的15%,急剧上升到1942年的55%。在1941—1945年整个战争时期,苏联的直接军费支出为5824亿卢布,占同期国家预算支出总额的50%以上。三是对居民消费品实行配给制。

一、"二战"后不思改革的原因

在战争期间，德国侵略者使苏联遭受到巨大损失：完全或部分地破坏和烧毁了1710座城市和7万多大小村庄，使大约2500万人无家可归，毁坏了3.185万家工厂及其他工业企业，破坏了6.5万公里铁路、4100座火车站，炸毁1.3万座桥梁，洗劫并完全破坏了9.8万个集体农庄、1876个国营农场，2890个机器拖拉机站。最为严重的是损失了2000万人。[1]

战争胜利后，人们强烈地希望能有一个和平、稳定的环境，重建国家经济与家园，尽快地提高物质文化生活水平。人们意识到，不能简单地再回到战前的状况，而必须在对各种政策进行深刻反思与认真总结的基础上，并根据战后出现的新情况和新形势，在社会主义发展方向、目标与实行的政策等方面，进行重大调整。这必然涉及包括经济体制在内的斯大林模式的改革。实际上，斯大林经济体制模式的严重弊端，在这一体制形成过程中就已明显地暴露出来了。战前，苏联的经济问题与人民生活的困难已非常明显。战争使这些困难暂时被掩盖起来了，但战争结束后，这些问题很快就会凸显出来。另外还要看到，在战争时期，苏联与美、英、法等西方发达资本主义国家是反战同盟国，自然会发生各种交往，这对苏联中上层人士的思想不可避免地会产生影响。而下层士兵也由于战争越出国家，并与盟国的士兵和人民来往，从而看到了外部世界的真实情况。战争结束回国后，这些士兵很自然地相聚在小饭馆与小酒店，议论在国外的所见所闻，后来被人们称为"小酒店民主"。[2]这

---

① ［苏］B.T.琼图洛夫等编，郑彪等译：《苏联经济史》，吉林大学出版社1988年版，第211页。

② 转引自张盛发：《斯大林与冷战》，中国社会科学出版社2000年版，第86页。

也反映了人们渴望改革的心理，人民期待着改革机会的出现。

从改革的客观条件看，当时取得战争胜利的苏联，在国际上的地位大大提高了，它的地位空前的巩固。苏维埃政权在战争时期产生的凝聚力尚未消失。斯大林个人的威信因战争的胜利空前提高。如果斯大林能利用这个有利条件，以战争胜利为契机进行改革，那么，苏联就会出现崭新的局面。

但遗憾的是，斯大林不仅不思改革，而且继续强化战前的体制。下面我们分析一下经济体制方面的情况。

战争胜利后，在经济体制方面，采取的主要措施是废除战时实行的管理体制，以适应和平时期经济发展的需要。这主要有：取消国防委员会，扩大苏联部长会议与国家计划委员会在改组经济、技术进步与加强生产集约化基础上进一步发展经济的权力，把国家领导国民经济的基本职能划分为三种，并由三个经济机构执行：编制国民经济计划并监督其执行，这由国家计划委员会改组为苏联部长会议国家计划委员会（苏联国家计委）负责；物资技术供应，这由苏联部长会议国家国民经济供应委员会（苏联国家供应局）负责；将新技术应用于国民经济，这由苏联部长会议国家经济应用新技术委员会（苏联部长会议国家新技术委员会）负责。各部有权在规定的工作人员数的范围内批准企业与建筑单位行政管理机构的结构的编制，可以在工资基金构成中变动某些工作人员的工资等级。同时扩大加盟共和国在管理和编制计划方面的权力，那些保证地方需要的许多部门的工业企业，联盟都交给共和国管理；进行价格改革，主要是取消补贴制度与提高许多重工业部门产品的价格。从1949年1月起，规定了新的批发价格，使整个工业部门的批发价格平均提高50%以上；扩大企业支配利润的比例，主要是改变战争时期企业利润全部上缴的制度。改革后，基本建设费用中企业自有资金所占的比重和计划规定的企业自有流动资金均有大的增加。在 1949 年基本建设投资比 1948 年总共增长 59.4％ 的情况下，经济机构用于基本建设投资的自有资金的比重提高了 185.5％。

十分明显，以上一些措施，只是恢复战前的体制。而且，战时的某些管理体制并未及时取消，如对 1940 年颁布的处罚旷工和迟到的命令，1941 年颁布的《关于军工企业工人和职员擅离企业的责任法》（该法规定擅离企业者处以剥夺 5—8 年自由的刑罚），到 1948 年 5 月才正式宣布废除，但实际一直存在到 1956 年。

斯大林在战后仍坚持原来的体制，并不断强化，其主要原因有：

第一，斯大林把战争的胜利归结为苏维埃社会制度的优越性。他在 1946 年 2 月 9 日《在莫斯科市斯大林选区选举前的选民大会上的演说》中指出："苏维埃社会制度比非苏维埃社会制度更有生命力，更稳固，苏维埃社会制度是比任何一种非苏维埃社会制度更优越的社会组织形式。"[①]斯大林在这个演说中，还列举了战前 1940 年苏联可以依托战争的经济基础。[②]苏联之所以能在短短的 13 年取得这些物质条件，在斯大林看来最为重要的是两条：一是依靠了苏维埃的国家工业化政策；二是依靠了农业集体化。尽管农业集体化对农业生产力造成的严重破坏是无可争辩的历史事实，但斯大林在这个演说中却说："毫无疑问，如果不实行集体化政策，我们就不能在这样短的时期内消灭我国农业历来落后的状况。"[③]

---

① 《斯大林选集》下卷，人民出版社 1979 年版，第 492 页。
② 指的是 1940 年生产了 1500 万吨生铁、1830 万吨钢、1.66 亿吨煤、3100 万吨石油、3830 万吨商品谷物、270 万吨籽棉（参见《斯大林选集》下卷，人民出版社 1979 年版，第 495 页）。
③ 《斯大林选集》下卷，人民出版社 1979 年版，第 497 页。

第二，战后，斯大林个人迷信大大发展了，达到了神化的程度。战争之所以取得胜利，主要是四个因素作用的结果：一是苏联的反法西斯战争是正义的战争；二是广大苏联人民与苏联红军强烈的爱国热情，誓死保卫祖国的决心；三是战前已建立起来的实际上主要是适合战争需要的战备体制；四是不应忽视参与反法西斯战争的盟国的作用，这既有西方发达资本主义国家，还有像中国这样的穷国。没有这些国家和人民的全力支持，苏联取得战争的胜利将会困难百倍。至于斯大林的功劳，虽然有不同评价，但大量史料表明，苏联军队取得反法西斯德国的历史性胜利，主要归功于斯大林善于领导的看法是站不住脚的。由于斯大林在 1941 年春对军事战略形势所做的不正确估计，对战争一开始造成的严重损失，已被历史证明。造成这一严重失误的根本原因，正如前海军人民委员 H. T. 库兹涅佐夫在回忆录中指出的，还是斯大林的领导制度问题，他写道："斯大林有一种追求无限权力的欲望，他把军事工作掌握在自己手里。在战争的情况下，即使个别人可能在极其关键的时刻伤亡，制度应当保证作战行动不能中断。但当时我们却没有这样的制度。战争到来的时候，我们这方面是没有准备的。"①在这种情况下，那些掌握着确凿情报材料的机构与权威人士，没有可能向斯大林证明当时局势的危急程度，更没有权力去采取足够的措施，防止这种危险局势的出现。赫鲁晓夫在苏共二十二大所做的报告中谈及，战争突然爆发之后的最初几天，斯大林实际上是临阵脱逃。据赫鲁晓夫证实，斯大林得悉苏军遭受重创的溃败之后，认为已经彻底完蛋了，苏联已无可挽回地失去列宁所创造的一切了。后来斯大

---

① ［苏］罗·亚·麦德维杰夫著，赵洵等译：《让历史来审判》（下），人民出版社 1981 年版，第 765 页。

林实际上长时间没有领导作战，而且根本不予过问，只是在一些政治局委员去找他并要求他应当毫不迟延地采取措施扭转前线的局势之后，他才重新领导作战。不仅所有的苏联元帅，而且当时苏共中央主席团委员莫洛托夫、马林科夫、卡冈诺维奇、伏罗希洛夫和布尔加宁都出席了苏共二十二大，但他们并没有更正赫鲁晓夫的讲话。[1]赫鲁晓夫揭示的上述情况，也许像莫洛托夫等重要领导人，在当时不便反驳赫鲁晓夫，那么，在后来苏联出版的《莫洛托夫访谈录》中证实上述情况是事实。[2]下面我们看看访谈录是怎样讲的：

战争爆发的头几天，"他（指斯大林——本书作者所注）两三天没有露面，待在别墅里。不用说，他难过得很，郁郁不乐，人们全都不自在，他尤其如此"。

1941 年 6 月 22 日，"大家来到斯大林别墅，请他发表告人民书，但遭到断然拒绝。众人遂请莫洛托夫……"莫洛托夫回答："是的，是这样，大致是对的。"

丘耶夫问："（大家）提议让斯大林领导红军最高统帅部，可是他拒不接受。"莫洛托夫回答："他拒绝了，这当然是对的。"[3]

我们在指出斯大林在战争中所犯严重错误时，并不是完全抹杀斯大林在战争中的作用。不少苏联军事领导人与学者认为，到了1943 年春苏联红军打了一次大败仗之后，斯大林才能够较正确地了解苏德战场力量对比的真实情况。1943—1945 年斯大林对军队所下

---

① ［苏］罗·亚·麦德维杰夫著，赵洵等译：《让历史来审判》（下），人民出版社 1981 年版，第 780 页。

② 访问者是丘耶夫，似一位历史学教授，从 1969—1986 年 17 年间，前后访问了 139 次。根据录音访谈后的整理实录而成书，于 1991 年莫斯科出版。

③ ［苏］丘耶夫著，军事科学院外国军事研究部译：《莫洛托夫访谈录》，吉林人民出版社1992 年版，第 395，394 页。

达的指示是比较深思熟虑和比较正确的。而且，由于个人迷信，对于广大人民群众与士兵来说，斯大林的名字和人民对他的信任，在相当程度上已成为团结人民、赢得胜利的希望。战争的胜利，不仅掩盖了斯大林的所有错误，不论是战前的还是战争时期的，并且使得斯大林的个人迷信进一步发展了，斯大林被神化了，斯大林模式也被神化了。个人迷信的基础是高度集权，而高度集权的政治经济体制，又促进了个人迷信的不断发展。完全可以说，个人迷信已是苏联制度的一个组成部分。所以，战后斯大林不可能考虑政治经济体制改革，而更多考虑的是进一步强化高度集中的体制，从而使国家政治权与经济权作为他的个人工具，把无产阶级专政变成他的个人专政。

第三，从斯大林思想深处来看，战后他并没有离开战备的政策。"二战"结束后，对苏联来说，已不存有来自外部的现实的战争危险，因此，完全有可能来调整它战时的经济结构，压缩军费开支。由于战后苏联人民生活极度困难，斯大林不得不在这些方面做些调整。如1946年武装部队人数从1100万减到280万人，直接的军费开支在国家预算支出中的比重，从1945年的54.3%降到1946年的24%，1947年的18%。但随着"冷战"的开始和战时联盟的瓦解，苏联的军事预算与军队编制也随之增加。据苏联官方的材料计算，战后第一个五年计划时期（1946—1950年），国民经济军事化吞没了近1/4的国民收入。战后第一个五年计划规定，机器制造业和金属加工工业产值要比1940年增加115%，在规定工业总产值增长72%的情况下，机器制造业要增长135%，这些指标提前超额完成了。1952年，党召开十九大前夕，在为大会准备的文件中谈到苏联的成就时说："国防工业取得了相当的成就。1950年与1940年相比，航空工业增长了33%，武器工业增长了75%，造船工业增长了140%，在战后五年间按计划总产值，航空工业完成102.8%，武器工业完成了103.1%，造船工业完成106.2%。生产能力、工人数都在增长。"[1]而轻工业只完成计划规定的80%多，未达到战前的水平。农业情况最糟。1950年农业产值只相当于1940年的99%。粮食产量为8500万吨（原计划是1.27亿吨），在第五个五年计划头三年（1951—1953年），农业计划方面一项指标也未完成。

战后，苏联普通老百姓的生活虽有一定改善，但仍处于极低的水平，远未摆脱贫困乃至饥饿，市场供应严重不足。

战后斯大林继续推行经济军事化的政策，尽管与苏联加强国防任务的必要性有关，特别是面对美国拥有原子弹的情况下，需要考虑加强军事工业，但发展军工生产超过了一定的度，就会破坏整个国民经济的平衡发展。纵观战后到斯大林逝世前，苏联实际上一直把经济纳入战备的轨道，这不能不说与斯大林对世界形势的错误估计、与根深蒂固的扩张思想有关。

战备经济必然要求经济体制的高度集中化，把物力、财力和人力集中用于军事部门。在这种情况下，斯大林为了保证军事工业的优先发展，与美国进行军备竞赛，他不可能改革高度集中的经济体制，而是实行强化这种体制的政策。

第四，进一步统制农业与加强对农民的榨取。自斯大林推行工业化与农业集体化运动之后，农业、农民与农村情况一直处于极端困难的状况，在"二战"期间和战后第一个五年计划时期显得更加突出，特别是饥荒日益严重。当时有很多人提出，战争胜利了，农庄的主要使命(向国家上交大批粮食)已经完成了，现在应该解散农庄了。简

---

① ［俄］尼·西蒙诺夫：《20—50年代苏联军事工业综合体：经济发展的速度、结构、生产和管理组织》，莫斯科俄罗斯政治百科出版社1996年版，第192页。

言之，解散农庄的传言，是广大农民强烈愿望的一种反映。

遗憾的是，农民这种要求改革集体农庄的强烈愿望不仅没有实现，斯大林反而采取措施来进一步控制农业，巩固与发展集体农庄制度，达到统制全国经济的目的。

第五，由于斯大林对外部世界认识的错误并实行了错误政策，战后使苏联走向"闭关锁国"的经济发展道路。

在对待社会主义国家关系问题上，提出建立社会主义阵营，并建立"经济互助合作委员会"（简称"经互会"）。在对待资本主义世界关系上，提出了资本主义总危机理论与两个平行市场理论。这样，不仅使苏联难以正确认识外部世界，特别是西方资本主义世界，并且还使苏联自我封闭起来，使它的经济体制模式不断凝固化，并且还强迫其他社会主义国家接受，即阵营化。因为在斯大林看来，苏联的经济体制模式是唯一合理的、是所有社会主义国家普遍适用的。在这种背景下，斯大林怎么能改革在战前建设起来的体制模式呢！

二、苏联经济体制模式阵营化

1945 年 2 月，在反法西斯战争已临近胜利之际，苏、美、英三国在苏联雅尔塔举行了战时第二次首脑会议，这是一次具有重大历史意义的会议，因为它就战后世界特别是欧洲势力范围的划分作出了安排。后来长期被称作"雅尔塔体系"。根据雅尔塔会议的议定书和协定，有关欧洲部分的势力范围划分是：西欧仍旧保留资本主义，东欧为苏联的势力范围。既然东欧地区国家是苏联的势力范围，既然所有社会主义国家必须遵循斯大林模式，那就必须加强控制。在 1947 年前，由于国内外原因，斯大林对东欧国家虽然有巨大影响，但还没有胁迫这些国家全盘搬用斯大林模式。据多方面的历史材料来看，战争胜利的初期，斯大林授意东欧国家搞人民民主制度。当时波、捷、保、南、德等国党的领导人先后都郑重提出要通过本国独特道路走向社会主义，即实行人民民主制度。如季米特洛夫1946年2月在保加利亚工人党索非亚州委扩大会议上说："各个国家的人民向社会主义过渡，将不会照搬相同的模式，不会完全按照苏联的道路，而是根据本国的历史、民族、社会、文化等方面的条件寻找自己的道路。我们……一定能找到我们通向社会主义的道路。"[1]东欧各国共产党的领导人，普遍认为，从人民民主制度过渡到社会主义，将是一个相当长的历史阶段。从战后头几年的情况看，东欧各国从本国国情出发的人民民主道路，得到了人民的拥护，人们希望这种制度能继续下去。但1947年东西方联盟破裂后，苏联对东欧的政策发生了大的转折，针对美国"控制西欧、分化拉拢东欧、遏制苏联"的政策，苏联开始实行与美对抗的政策，而实行这种政策最为重要的一条是，要牢牢地控制东欧，使自己的"后院"不出问题。因为，一个稳固的苏联东欧国家集团才能有力地与以美国为首的西方集团抗争。苏联控制东欧各国的主要步骤与措施有：

第一，在政治上加强对东欧各国共产党的控制。为此，斯大林首先要做的是统一东欧各国党的政治思想。其次，迫使东欧各国从战后初期的多党联合体制向共产党一党制政权过渡。再次，为了加强联共（布）与东欧国家各党之间政策和行动的协调，创办情报局机关刊物并设立常设编辑部。

第二，加强经济控制。1949年成立的"经互会"，它实质上是苏联控制东欧国家经济的工具。"经互会"成员国之间经济关系的实现，实际上是苏联计划经济体制在东欧国家中的延伸，即通过计划

---

[1] 转引自李宗禹等著：《斯大林模式研究》，中央编译出版社1999年版，第376—377页。

来实现各国之间的资源配置，竞争机制是很难起作用的。苏联通过"经互会"对东欧国家经济的控制主要途径有：一是苏联加强与东欧各国的计划协调，协调的最终目的是使东欧国家的经济从属于或者说服务于苏联经济；二是大搞国际分工与生产专业化协作等办法，迫使东欧各国实行生产"定向"，使这些国家的一些部门成为苏联经济发展所需的生产基地，从而使东欧国家经济的单一化与畸形；三是苏联利用东欧国家对其燃料与原材料的严重依赖，控制这些国家的经济；四是建立一些与"经互会"同时起作用的超国家经济组织，如"国际经济合作银行"、"国际投资银行"等，直接控制东欧各国的外贸动向与操纵银行的信贷。

在东欧国家1989年先后发生剧变之后，笔者对某些国家进行访问，在询问政府经济官员与一些著名经济学家有关"经互会"的作用时，普遍持否定态度，认为最大的副作用有两个：一是由于"经互会"成员国之间的经济关系缺乏竞争，因此，这些国家经济长期处于低水平的徘徊，无法提高经济素质；二是由于苏联通过行政命令乃至强制的办法搞经济分工，因此，各国难以实行与本国国情相符的政策，造成经济结构的严重不合理，市场供应困难，人民生活水平难以提高。斯大林往往不切实际地强调苏联对"经互会"其他成员国的援助而忽视"互助"，似乎其他国家对苏联没有援助的作用。

现在回过头来看，如果放到当时世界经济发展的大背景下来考察，从深一层来分析，那么"经互会"的消极作用，远不止上面提到的两个方面。不论对苏联还是对东欧各国，"经互会"对经济发展造成的危害还突出表现在：一是由于"经互会"是个封闭性的经济集团，经贸合作主要在这个范围内进行，这样，这些国家必然与世界市场隔离，难以参与世界产业转移过程，这自然就影响各成员国的产业结构升级与经济增长方式的转变；二是难以对世界科技革命作出有效反应，去吸收世界科技革命的成果。

在谈到"经互会"与世界经济隔绝问题时，不能不提及斯大林的"两个平行市场的理论"。斯大林说："两个对立阵营的存在所造成的经济结果，就是统一的无所不包的世界市场瓦解了，因而现在就有了两个平行的也是互相对立的世界市场。"①斯大林把"两个平行市场"的出现，一方面视为两个对立阵营存在必然产生的经济结果，这样，把东欧各国框在"经互会"范围内就有了理论根据，从而导致"经互会"国家经济长期难以融入世界经济体系，忽视世界市场的主导作用；另一方面，斯大林错误地估计了"两个平行市场出现"对世界经济的影响，他认为，这会使世界资本主义体系总危机进一步加深。斯大林忽视了资本主义生产关系自我调整的可能性与潜力，忽视了科技革命对其经济发展产生的巨大影响。斯大林在这里的另一个错误估计是，把战后资本主义在国外的剥削仍主要放在掠夺原材料这一狭隘的领域，而实际上，随着科技发展，对原材料等初级产品的需求大大下降了。而斯大林仍把资本主义总危机的加深主要归结为"市场的缩小"。同时，斯大林又错误地高估了"经互会"国家经济的发展，遗憾的是，上述情况并未出现，"经互会"国家一直未能改变短缺经济的状况。

第三，在东欧国家驻军。战后，苏联对东欧的驻军，一方面根据形势发展的需要，始终保持一定的水平。驻东欧的常备军总数一直超过60万人；另一方面，苏联十分注意在东欧国家军队常规武器的升级换代。苏联在东欧国家部署军事力量，主要目的有二：一是针对美、英、法等西方国家，反映它与这些国家在战略上的

---

① 《斯大林选集》下卷，人民出版社1979年版，第561页。

对峙意图；二是针对东欧国家，即以武力为保障，使这些国家紧密地与苏联一起，实行苏联所需的内外政策，防止他们在国际上出现风吹草动时就东张西望。十分明显，苏联在东欧的驻军，对"不顺从"的势力是一种强有力的威慑作用，无疑是控制与整治东欧国家的后盾。

第四，严厉镇压"叛逆者"。在这方面最典型的例子是反映南斯拉夫问题上。由于铁托不顺从斯大林，在内外政策方面有自己主张。在20世纪40年代末50年代初，当时南斯拉夫提出改革的重要目标是建立不同于苏联的模式，这是对斯大林模式的最早的一次冲击。苏南关系破裂后，苏联军队推进到南斯拉夫边界。苏联报刊上竟然直接号召南斯拉夫进行国内战争。此后，东欧各国加快了斯大林模式的"引进"进程。十分清楚，斯大林对南的做法，是杀鸡给猴看，不允许任何其他社会主义国家脱离斯大林模式。正如斯大林在1948年致铁托的信中说的："低估苏联经验，在政治上是极其危险的，而且对马克思主义者来说这是不允许的。"[①]

划分了势力范围，确立了与西方资本主义国家相对立的、以苏联为首的社会主义阵营，一步一步地加强了对东欧各国的控制，其最终目的是，要把斯大林模式移植到东欧国家。在这里，我们只是就构成斯大林模式一个主要内容的经济体制模式向东欧国家移植的问题，做一些简要的分析。

（一）先搞国有化。

战后，东欧各国共产党仿效苏联，对工业、交通运输业和银行等部门进行部分国有化，以建立国营企业。随着生产资料所有制改

---

① 《南苏关系（1939—1973）》，第357页。

造的深化，国有经济成分在经济中的作用日益提高，并逐步确立了它的主导地位。如匈牙利，在 1946 年 11 月，就把最重要的重工业企业收归国家经营。到了 1949 年，匈牙利全国工矿企业都收归国家所有。①

（二）搬用苏联计划经济制度。

搞计划经济是斯大林经济体制模式中的一个重要内容。因此，战后各东欧国家，为了恢复经济与国家着手从事经济的管理，普遍采用苏联计划管理经济的一套办法。在这方面起步最早的是南斯拉夫，1946 年通过的新宪法就规定要实现计划经济，并从 1947 年开始实行发展国民经济的第一个五年计划。但后来因苏南关系突变，加上国内出现的经济困难，五年计划执行了一年就停止了，以后也不再制订苏联式的五年计划了。东欧其他国家先搞短期计划，有两年的也有三年的，都以恢复国民经济为计划的主要目标。从 1949 年或 1950 年开始，不少国家开始实行五年计划，并建立了国家计划委员会，负责编制与监督计划的执行。在实行计划过程中，都建立了从中央到地方的层层管理体制，逐级下达指令性计划指标加以控制。如匈牙利，1952 年基本已形成了 7 个层次的计划管理体制，1953 年由部长会议批准的计划指标有 5899 项，由各部规定的指标有 11497 项，而且在 1951 年 11 月已作出规定，主要指标的执行情况每 10 天甚至每天要上报一次。为了保证高度集中的指令性计划经济体制的贯彻，还广为宣传苏联有关"计划就是法律"的口号。②后来，苏联的计划经济体制在东欧各

---

① 姜琦等著：《悲剧悄悄来临——东欧政治大地震的征兆》，华东师范大学出版社 2001 年版，第 111 页。

② 李宗禹等著：《斯大林模式研究》，中央编译出版社 1999 年版，第 396 页。

国（除南斯拉夫外）扎了根。

（三）搞苏联式的工业化。

斯大林不顾东欧一些国家的国情，要它们搬用苏联工业化的那套政策与做法，如优先发展重工业，盲目追求高速度，提高积累率，榨取农民，把农民的"贡款"视为工业化资金的重要来源。在这方面真是亦步亦趋地走苏联道路。这种工业化道路造成的严重后果与苏联也是相同的。

（四）农业集体化是斯大林经济体制模式的一个重要组成部分，也是社会主义改造的一个主要内容。

在 1948 年 6 月前，东欧国家并不急于搞农业集体化，强调当不存在农业生产合作社代替个体经营的条件，转向合作社需要一个缓慢的过程。但在批判南斯拉夫农业集体化缓慢，农业还掌握在富农手里之后，东欧各国被迫把农业集体化作为重要任务列入五年计划。农业集体化也是以行政命令用强迫的办法推行的。1956 年波兰战后第一次发生了社会政治危机，矛盾直指斯大林模式，其中包括农业集体化。因此，当时的领导人哥穆尔卡在详细分析各种农业生产组织的实际效果后，不得不得出结论说：在波兰目前情况下，农业集体化的时机根本不成熟，波兰没有能力组织大规模的农业生产，农业生产应以个体农业为主。在以后的一年时间里，有8%以上被集体化的土地退回到个体耕种，原有的 9790 个农业合作社解散了 8280 个。[①]斯大林对东欧国家搬用其模式出现的问题如何对待

---

① 姜琦等著：《悲剧悄悄来临——东欧政治大地震的征兆》，华东师范大学出版社 2001 年版，第 44—45 页。

呢？他还是以"阶级斗争尖锐化"的理论为武器，让东欧各国进行政治镇压与清洗运动。斯大林在东欧国家推行他的模式的决心是决不会动摇的，对东欧国家控制的决心也是坚定不移的。斯大林也绝不允许东欧各国根据自己的国情走自己的道路，而必须遵循由他审定的苏联政治经济教科书中总结的"共同规律"。

三、简短结语

人们常说，"历史是不能假设的"，是的。这就是说，后人应该尊重历史，不能更改历史事实。但这绝不是说后人没有可能对历史进行评析，得出合乎历史实际的结论。如果不是这样的话，必然会陷入"存在就是合理的"泥潭之中。

从体制模式这个角度，对战后到斯大林逝世的 1953 年这段历史进行考察，有些问题是值得我们思考的。

一是由于丧失改革机遇，使社会主义更加扭曲。本来斯大林可以利用战后的良好时机，通过改革来纠正过去的错误政策，从根本上改变极权主义的、不人道的体制模式，建立起富有生命力的体制，促进社会经济的健康发展，改变被扭曲了的社会主义形象。但斯大林不仅拒绝改革，而且强化他战前建立起来的体制模式，并使其日益僵化。结果是，社会主义更严重地被扭曲，离科学社会主义越来越远，成为苏联 1991 年发生剧变的总根源。

二是所谓的"共同规律"害人匪浅。列宁晚年给人们留下了十分宝贵的、值得人们思考、学习的建设社会主义的理论财富。而斯大林晚年的著作——以 1946 年《在莫斯科市斯大林选区前的选民大会上的演说》、1952 年的《苏联社会主义经济问题》与 1954 年出版的由他定稿的《政治经济学》教学书等为代表——留给人们的是，在总结苏联社会主义建设基础上得出的"共同规律"。斯大林在二三十年代在苏联搞社会主义的一套做法，如工业化道路、农业全盘集体化、建立单一的公有制经济结构、高度集中的指令性计划经济体制、把市场经济与资本主义画等号、对外贸易的国家垄断制等，都视为所有社会主义国家的必须遵守的"共同规律"和识别真假社会主义的主要准则。这样，把本来不断发展与变革的社会主义社会，被斯大林的"共同规律"框住了，固定住了，当然也就很难进行改革了。这个"共同规律"阻碍了几代共产党人的理论创新，误导了包括苏联在内的许多国家的社会主义建设。它对社会主义发展所造成的损失是十分严重的，使不少国家出现了严重的曲折。如果斯大林能遵循马克思、恩格斯和列宁有关社会主义社会是经常变化和发展的、不存在固定不变的模式与"最终规律"的教导，能虚心地把斯大林模式视为苏联特定历史条件下的产物，并且根据客观情况的变化，对苏联的体制模式进行不断的改革，加以完善，那么，世界社会主义历史可能是另一个面目了。

三是斯大林模式强制性地移植到东欧各国，后来又不允许这些国家进行根本性的改革，使这些国家一步一步地走向绝路。如果斯大林不施加各种压力，允许东欧各国在战后根据本国国情建设社会主义，有了问题通过改革由自己来解决，那么 20 世纪 80 年代末 90 年代初苏联东欧各国一个接着一个垮台的悲剧，也就不会出现。现今世界上就有可能存在丰富多彩、多种模式的社会主义社会，展示着比资本主义的优越性，推动着人类历史滚滚向前。

赫鲁晓夫上台面临的难题与经济改革

"二战"胜利后，赫鲁晓夫忙于乌克兰的重建工作。在斯大林七十寿辰的 1949 年 12 月，赫鲁晓夫被召回莫斯科，担任莫斯科州委第一书记，并同时担任莫斯科市委第一书记。1952 年夏，斯大林考虑到自 1938 年召开联共（布）十八大以来已有十三年，卫国战争结束也已有七年之多，难以找到不召开代表大会的理由了，于是着手筹备召开十九大的工作。当时，他把中央委员会的政治报告这一任务交给马林科夫，让萨布罗夫做关于第五个五年计划的报告，赫鲁晓夫做关于修改党章的报告。1952 年 10 月召开的联共（布）十九大后不久，在斯大林主持的中央委员会第一次全体会议上，一致通过了由他提出的由 25 人组成的主席团名单，根据斯大林的建议成立主席团常务委员会，其成员包括：斯大林、马林科夫、贝利亚、赫鲁晓夫、伏罗希洛夫、卡冈诺维奇、萨布罗夫、别尔乌辛与布尔加宁。这样，在斯大林逝世前，赫鲁晓夫进入了苏共领导的核心层。

一、面临的难题

1953 年 3 月 5 日，斯大林去世。他在世的最后几年，实际上对任何人都不信任，包括最亲近的同事，并一直害怕会被推翻，因此斯大林并没有留下任何形式的政治遗嘱，明确地指定接班人。因此，不论主席团成员还是主席团常务委员会成员中的任何一个成员，都能说或敢说自己是斯大林的接班人。在这个背景下，赫鲁晓夫要达到权力的顶峰，必然面临着严峻的挑战和种种危险。但赫鲁晓夫成功了，他克服了一个又一个障碍，最终成了斯大林之后苏联历史上第一位最高领导人。[①]但同时他也面临着十分复杂的局面和艰巨的任务。正如苏联著名政论家费奥多尔·布尔拉茨基指出的，斯大林所留下的苏联是："越来越贫困的、实际上半崩溃的农村，技术上落后的工业，最尖锐的住房短缺，居民生活的低水平，数百万人被关押在监狱和集中营，国家与外部世界的隔绝——所有这一切都要求有新的政策和彻底的变革。于是，赫鲁晓夫——正是这样（像人民期望的那样）成了新时代的先驱者。"[②]赫鲁晓夫面临的难题，只能通过更新政策与根本性的改革才能找到出路。赫鲁晓夫在他执政的年代向人民表明，他对此是有深刻理解的，改革确是他的本意。尽管他的改革有时表现得反复无常，但一直到他下台前，改革一天也没有停止过。赫鲁晓夫为了推行改革，需要对斯大林的遗产有清醒的认识；要站稳脚跟，掌握权力，必须破除对斯大林的个人迷信。

（一）首先要消除政治恐怖，让人民过正常生活。

在斯大林执政时期，滥杀无辜，冤假错案的严重性达到了难以

---

① 从斯大林 1953 年 3 月 5 日去世到同年 9 月 7 日赫鲁晓夫任苏共中央第一书记这段时间中，马林科夫主持苏共中央主席团工作。

② ［苏］尤里·阿法纳西耶夫编，王复士等译：《别无选择》，辽宁大学出版社 1984 年版，第 584 页。

置信的地步。一个国家要前进，社会要稳定，经济要发展，就需要有法制，要防止斯大林时期严重破坏法制的不正常状态不再重演，消除广大人民、干部的政治恐惧。因此，在社会政治领域进行严肃的整顿与清理，成为赫鲁晓夫上台后首先要做的一件大事。为此，采取了以下一些措施：

1. 清除贝利亚，为政治领域进行整顿创造前提条件。

贝利亚在斯大林执政后期是苏联党和国家的主要领导人之一，他长期把持苏联内务部的重要职权。在苏联民众看来，贝利亚是进行恐怖活动最主要与直接的帮凶，他的权势之大，使得其他的领导人极度恐慌，处于人人自危状态。在这种情况下，如果不解决贝利亚的问题，就无法在政治领域进行整顿清理。为此，1953 年 6 月下旬，在赫鲁晓夫积极做好各方面的工作之后，苏共中央主席团决定采取措施，逮捕与处决了贝利亚。清除贝利亚，意味着苏联历史上一个恐怖时代的结束。

2. 清理冤假错案，全面平反昭雪。

据估计，在斯大林时代被关进集中营的 1200 万至 1300 万人中，到 1953 年只有 4000 人得到释放。1954—1955 年，被释放的人数增至1.2 万人，这些人中大多数曾在党和政府内担任过要职，具有广泛的社会关系，因此这些人返回工作岗位，使党内领导层的组成和政治气氛有了变化。1956—1957 年，约有 700 万人被释放回家，另有 500 多万人得到死后的平反昭雪。在集中营里被处决或死掉的军人，由国防部长朱可夫发布特殊命令，追认为烈士，与在前线牺牲的烈士同等看待，并发给家属抚恤金和特别终身养老金。①

---

① ［苏］罗·亚·麦德维杰夫等著，邹子婴等译：《赫鲁晓夫执政年代》，吉林人民出版社 1981 年版，第 25—26 页。

赫鲁晓夫从集中营释放"政治犯"具有非常重要的意义，它所产生的积极影响是不可低估的。如果继续推迟人们期待已久的大规模的平反昭雪工作，已为日益增长的强烈的公众舆论所不容，会失去民意。这些"政治犯"被释放后，必然会在两个方面提出要求：一是对那些制造冤假错案的人进行道义上的谴责；二是采取法律行动，惩罚那些历史罪人，其中有相当数量的人仍然处于重要的领导岗位上。这些被释放的人，要求有强有力的法律制度加以保证，使斯大林时期的镇压和恐怖行动不再重演。

3. 采取组织措施，改组国家安全机构和健全司法制度。

清除贝利亚后，苏联重新把内务部一分为二，即国家安全委员会（"克格勃"）和内务部。内务部的权力大大缩小，只负责维护社会治安；精简机构和编制，对这两个部门的干部进行撤换的调整。赫鲁晓夫在苏共二十大说："用经过审查的干部来加强国家安全机关"；检察机关的职权逐步得到恢复。1955 年 5 月颁布了《苏联检察长监督条例》，它规定检察机关的权力、义务和检查工作的原则与方法，它有权对一切机关、公职人员和苏联公民是否遵守法律进行监督，还规定，对侦察机关的活动实行监督，以便"使任何一个公民不致被非法地和无根据地追究刑事责任，或者在权利上受到非法的限制"，"使任何人非经法院决定或检察长批准，不受逮捕"；完善审判制度，撤销了内务部"特别会议"这种不经过法院审理刑事案件的制度，取消了侦查和审理方面的"特别程序"；等等。

还应指出的是，赫鲁晓夫上台后，苏共在采取上述措施的过程中，一方面提出了"加强社会主义法制"的口号；另一方面组织理论界批判斯大林有关苏联越向社会主义前进，阶级斗争就越尖锐的错误理论，从理论上消除了粗暴地破坏社会主义法制与大规模进行镇压的论据。

（二）反对斯大林个人崇拜是进行改革绕不过的一步。

苏联要向前发展，就必须对斯大林体制模式进行改革，因此，"非斯大林化"成了赫鲁晓夫上台后必须解决的一个重要问题，也是赫鲁晓夫执政时期的一个主要标志。

1953 年苏共中央七月全会，正式开始了批判个人崇拜。但到1953 年底，并没有以苏共或其他组织名义公开点名批判斯大林。对斯大林的批评仅在党内上层内部进行。1954 年，赫鲁晓夫在滨海边疆区对包括渔船船长在内的当地积极分子的一次讲话中说："他对斯大林时代讲了一段很尖锐的话。……当时他说：党当前面临着一项任务，这就是'要把在斯大林年代被糟蹋掉的、被轻率地消耗掉的人民信任的善意一点一滴地收集起来'。"[1]随着国内外形势的发展，反对个人崇拜、批判斯大林的呼声日益强烈。

在这种情况下，赫鲁晓夫感到再也无法容忍下去。当时赫鲁晓夫是这样描述自己心情的：大量触目惊心的事实，"沉重地压在我的心上"，"几十万被枪毙的人使我良心不安"，一种为无辜蒙冤者恢复名誉的崇高责任感和正义感使我在二十大会议的一次休息期间"鼓足了勇气"，向苏共中央主席团提出反斯大林个人崇拜问题[2]，决定在 1956 年召开的苏共二十大上，把反对个人崇拜的斗争推向高潮。在会议的最后一天，赫鲁晓夫决定由自己向代表们做具有重要历史意义的"秘密报告"，报告的题目是"关于个人崇拜及其后果"。赫鲁晓夫在报告的开头就指出："斯大林死了以后，党中央奉

---

① ［苏］亚·尼·雅科夫列夫著，徐葵等译：《一杯苦酒——俄罗斯的布尔什维主义和改革运动》，新华出版社 1999 年版，第 12—13 页。

② 张岱云等译：《赫鲁晓夫回忆录》，东方出版社 1988 年版，第 504 页。

行的政策是要详细地、彻底地阐明：绝不允许把一个人吹捧到具有神仙般那样超自然性格的超人地步。我们还指出：这种做法是没有一点马克思主义气味的。这种做法就是认为这样的人物什么都懂得，什么都了解，他能代替一切人思考，他什么都能做，他的行动绝对没有错误。"赫鲁晓夫接着说："我这个报告的目的并不在于全面地评价斯大林政治生涯及其活动，就斯大林的功绩而论，在他活着的时候已经写过无数这方面的书籍、小册子、研究性文件，就斯大林在准备和进行社会主义革命的过程中所起的作用以及他在内战时期和我国建设时期所起的作用做了大量的宣传。这是众所周知的。我们现在关心的是一个无论现在还是将来对党都是极为重要的问题，即对于斯大林的个人崇拜到底是怎样慢慢滋长起来的。而这种个人崇拜又怎样在特定的阶段成了给予党的各项原则、党内民主以及革命的法制秩序以极其严重危害的一切事情的根源。"

苏共二十大后，赫鲁晓夫的"秘密报告"引起了国际与国内的强烈反应。国际共运内部出现动荡，格鲁吉亚共和国发生骚动。在内外压力下，赫鲁晓夫转而发表了一些颂扬与肯定斯大林的话。但到 1961 年 10 月召开的苏共二十二大上，赫鲁晓夫再一次掀起公开批判斯大林个人崇拜的高潮。

通过批判斯大林个人崇拜，揭开斯大林苏联社会主义模式的严重弊端，是改革斯大林体制模式必须走的重要的步骤，因此，从体制改革角度来看，它具有十分重要的意义。

1. 人们认识到个人崇拜是斯大林——苏联体制模式的产物。

在苏联出现极其严重的斯大林个人崇拜，绝不是由最高领导人个人品性决定的，它最重要的根源在于过度集权的政治与经济体制。关于这一点，在苏共二十大之后，不少共产党的领导人有深刻的认识。南共联盟领导人铁托指出："个人崇拜，实际上是一种制度的产物。"①波兰领导人哥穆尔卡认为："个人崇拜不仅仅限于斯大林个人。个人崇拜是一种曾经流行于苏联的制度，而且它大概曾经移植到所有的共产党，以及包括波兰在内的一些社会主义阵营国家。个人崇拜的实质在于这样一个事实：产生了一个个人的和层层的崇拜阶梯。每一种这样的崇拜都包含它发挥作用的一定领域。在社会主义国家集团里，斯大林站在这个特权的崇拜阶梯的顶端。所有站在阶梯的较下层的人都向他鞠躬致敬。那些鞠躬的人不但有苏联共产党的其他领导人和苏联的领导人，而且还有社会主义阵营国家共产党和工人党的领导人。后者也就是各国党中央委员会的第一书记，他们坐在个人崇拜阶梯的第二层，也披着不会犯错误和英明的大袍。但是对他们所受的崇拜只是存在于一定国家的领土范围以内，在这些国家里，他们站在他们本国的崇拜阶梯的顶端。"因此，要解决个人崇拜问题，"……有必要在体制内部进行甚至是深刻的修改"，改革"极端的中央集权形式"。②

邓小平同志在制订中国推行改革开放政策的战略时，总结了中国与苏联的历史经验教训，特别强调要从制度上去解决问题。他说：制度问题"更带有根本性、全局性、稳定性和长期性"。"制度好可以使坏人无法任意横行，制度不好可以使好人无法充分做好事，甚至走向反面。即使像毛泽东同志这样的伟大人物，也受到一些不好制度的严重影响，以至对党对国家对他个人都造成了很大的不幸。"小平同志接着还讲："只有对这些弊端进行有计划、有步骤而又坚决彻底的改革，人民才会信任我们的领导，才会信任我们的党和社会主义，我们的事业才有无限的希望。"③

① 《铁托在普拉的演说及有关评论》，世界知识出版社 1966 年版，第 78 页。
② 《陶里亚蒂言论集》第二卷，世界知识出版社 1966 年版，第 70 页。
③ 《邓小平文选》第二卷，人民出版社 1994 年版，第 333 页。

2. 人们认识到斯大林—苏联体制模式并非是唯一正确的模式，它需要变革。

随着对个人崇拜的批判，不只消除了对斯大林的个人迷信，更重要的是使人们认识到斯大林—苏联模式并不是唯一正确的模式，从而推动了人们对社会主义模式多样化的探索。苏共二十大后，一些社会主义国家，特别是南斯拉夫、匈牙利、波兰、捷克斯洛伐克等国力图通过改革建立符合本国国情的体制模式，决定走自己的道路。意大利共产党总书记陶里亚蒂明确指出："苏联的模型已经不能并且也不应当被认为是必须遵循的模型了。"[1]哥穆尔卡指出："社会主义的形式也能够是不同的。它可以是在苏联产生的那种形式，也可以是像我们在南斯拉夫所看到的那种形式，它还可以有别的不同形式。只有通过各个建设社会主义国家的经验和成就，才能产生在一定条件下最好形式的社会主义。"[2]20 世纪 50 年代中期开始的东欧一些国家的改革，也充分体现了一些国家对社会主义不同模式的探索。在这个问题上，赫鲁晓夫是起了带头作用的。1955 年6 月，赫鲁晓夫率苏联政府代表团访问南斯拉夫，为恢复苏南关系作出努力。这次访问不仅使苏南两国建立了新型的国家关系，即两国关系应建立在相互尊重他国的主权、独立、领土完整和互相平等的基础上，而且，赫鲁晓夫认为社会主义可以有不同的道路，并承认南斯拉夫建设社会主义的独特道路。他说："如果你们认为你们的做法好，那我们祝你们成功。至于说到我们，我认为我们仍将采用自己的方法，但是，无论是我们还是你们，更深入地研究彼此的经验，学习那些被证明是有用的经验，是有好处的。但是这是一种

---

[1] 《陶里亚蒂言论集》第二卷，世界知识出版社 1966 年版，第 90 页。
[2] 《关于波兰局势》，世界知识出版社 1957 年版，第 23 页。

自愿的事情。"①在发表《两国政府宣言》中也明确地说:"互相尊重并且互不以任何(经济上、政治上或思想体系上的)理由干涉内政。因为国内制度问题,社会制度的不同和发展社会主义的具体形式的不同是各国人民自身的事情。"

3. 促进思想解放,活跃理论研究,从而为推动改革创造条件。

理论的创新与发展,是推动体制改革的重要因素。如像赫鲁晓夫在"秘密报告"中说的那样:"在斯大林总是正确的"、"他能代替一切人思考"的情况下,理论不可能发展,只能是僵化的教条。大家都按斯大林的指示办,都按斯大林的理论行动,其他社会主义国家也不能离斯大林总结的"共同规律"一步,这样,斯大林的体制模式就难以进行改革,并且越来越僵化。通过对个人崇拜的批判,在赫鲁晓夫执政时期,人们的思想得到了解放,围绕改革展开的理论讨论十分活跃(关于这个问题在本书第八讲将作专门论述)。这些,为推进体制改革无疑是重要的。

4. 直接推动了改革的进程。

在酝酿反对个人崇拜的同时,也推行了一些调整与初步的改革政策与措施。在苏共二十大前,苏联通过了大量决议,以解决斯大林时期留下的亟待解决的问题。在经济领域,1953 年苏共中央九月全会通过了《关于进一步发展苏联农业的措施》的决定,以此为契机,一步一步地推动农业的改革。对工业也进行了一些调整与改革,扩大了加盟共和国与企业的权限。②在政治领域,围绕反对个人专权,实行集体领导原则,进行了不少调整与改革,主要有:改变了自 1941 年起斯大林一人掌握党政军大权这种党政不分的状

---

① 〔苏〕《真理报》,1955 年 6 月 2 日。

② 参见《苏联共产党和苏联政府经济问题决议汇编》第四卷,中国人民大学出版社 1987年版,第 149—150 页。

况。斯大林逝世后，马林科夫以苏共中央书记兼任部长会议主席，但仅仅任职 9 天，后来只任政府首脑，赫鲁晓夫任党的最高领导人。为了恢复党内生活正常化，恢复了定期召开党代会和党中央全会的制度。

本讲一开头就说过，赫鲁晓夫并不是一上台就处于说一不二的地位。他要大力推行改革政策，需要有巩固的领导地位，需要有强有力的权力。以上一些措施虽对他巩固与扩大权力起了重要作用，但这并不意味着改革已不存在阻力了。为此，赫鲁晓夫在调整政策与进行体制改革的同时，又要与保守势力作斗争，有时是你死我活的斗争。

赫鲁晓夫首先要削弱马林科夫的权力。在 1953 年召开的苏共中央九月全会上，赫鲁晓夫被选为中央委员会第一书记，正式成为苏共最高领导人。在 1957 年 6 月 22—29 日召开的中央全会上，赫鲁晓夫又战胜了马林科夫、卡冈诺维奇和莫洛托夫反党集团。这是苏联共产党的最后一个反党集团。俄罗斯《历史档案》杂志对此评价说，这次"结束了斯大林亲信们在独裁者死后进行的权力之争"。对反党集团成员的处理完全不同于斯大林时期，没有一个被开除出党，更没有一个被杀头。马林科夫任一个水电站站长，卡冈诺维奇任一家水泥厂厂长，莫洛托夫去蒙古当大使，谢皮洛夫去大学任教。应该说，这样处理问题，是苏共历史上的一大进步，它向人们表示，斯大林的恐怖时代结束了。

然而，1958 年 3 月 27 日，在最高苏维埃会议上，赫鲁晓夫当选为部长会议主席。苏联为了加强党对军事部门的一元化领导，成立了最高国防委员会，赫鲁晓夫任主席。从此，赫鲁晓夫成了像斯大林一样的人物，把党政军大权都集中到自己手里。

二、首先着手农业改革

赫鲁晓夫上台后，在围绕巩固自己政治领导地位的斗争过程中，之所以很快赢得人心，其中一个十分重要的因素是，他首先对农业进行了一系列重大改革。这样做绝不是出于他对农业的特殊爱好，而是出于当时苏联客观情况的要求。

（一）把农业改革放在突出的优先地位。

赫鲁晓夫上台时面临的农业问题是十分尖锐的。战后苏联没有把注意力放在与人民生活密切相关的农业问题上，而是集中精力抓城市的重建与工业的恢复工作。战争期间大量从农村参军的农民，在战争结束复员退伍时，并没有回到农村的集体农庄，而主要去工厂做工了。此外，苏联对农业制度特别是集体农庄制度方面存在的严重弊端，在战后没有进行改革。这些因素，导致在斯大林逝世时，苏联农业处于严重落后状态。苏联平均单位面积产量从1913年至1953年就没有什么提高，其产量仅是欧洲其他国家平均产量的1/3，1953年的农业生产水平只达到1940年的104%。[①]

赫鲁晓夫在1953年苏共中央讨论农业问题的九月全会上，所做的《关于进一步发展苏联农业的措施》的报告中，分析了当时农业中存在的种种严重问题。他指出："我们还有不少落后的，甚至无人过问的集体农庄和整块的地区。在许多集体农庄和地区内，农作物的产量仍然很低。农业生产的产品率，特别是畜牧业的饲料作物、马铃薯和蔬菜的产品率提高得非常缓慢。"苏联畜牧业"发展

---

① ［苏］罗·亚·麦德维杰夫等著，邹子婴等译：《赫鲁晓夫的执政年代》，吉林人民出版社1981年版，第32，35页。

得特别缓慢。公有畜牧业的产品率仍然低。个别州和共和国的牛奶产品率的情况特别不能容忍"。乳牛在1953年初比1941年初少350万头，比1928年少890万头。但与此同时，苏联城市人口大幅度增加，从1926年到1952年，城市人口增加了两倍以上。 1940年到1952年工业产量增加了1.3倍，而农业总产量（按可比价格计算）只增加了10%。①这样，就形成了农业与工业及居民对农产品需求之间极不协调的局面。正如赫鲁晓夫指出的："随着劳动人民的物质福利的增进，居民的需要日益从面包转到肉类和奶类产品、蔬菜、水果等方面了。但是，正是在这些农业部门中，居民迅速增长的需要和生产的水平，在近几年来是明显地不相称的。许多重要的农业部门的落后，延缓了轻工业和食品工业的进一步发展，阻碍了集体农庄和集体农民的收入的增加。"②

赫鲁晓夫还特别分析了苏联粮食问题。大家知道，马林科夫在1952年召开的苏共十九大报告中，宣布说苏联粮食问题已彻底解决。③作为苏共高层领导中的农业问题专家的赫鲁晓夫，出于各种考虑，特别是在自己地位尚不十分巩固的情况下，并没有对马林科夫有关粮食问题这一不符合实际情况的结论进行批驳。但到他站稳脚跟之后，就用大量的材料揭示苏联粮食问题的真实情况。1954年1月22日，赫鲁晓夫在给苏共中央主席团的题为"解决粮食问题的途径"的信中集中反映了他的看法。信中说："进一步研究农业和粮食收购的状况表明，我们曾经宣布粮食问题已经解决，这是不完

---

① 参见《赫鲁晓夫言论》第三集，世界知识出版社1964年版，第317，318，327页。
② 《赫鲁晓夫言论》第二集，世界知识出版社1964年版，第318页。
③ 马林科夫在苏共十九大是这样讲的："今年（1952年），谷物的总收获量达80亿普特，而最主要粮食作物——小麦的总收获量比1940年增加了48%。以前认为最尖锐、最严重的问题——谷物问题——就这样顺利地解决了，彻底而无可改变地解决了。"

全符合国内粮食供应的实际情况的。""粮食生产现在还保证不了需求，满足不了国民经济全部需要，而国家的粮食储备量又不允许我们普遍进行数量充足的谷物产品，特别是优质谷物产品贸易和米粮贸易。""许多州、边疆区和共和国的集体农庄在完成对国家的义务后剩下来的粮食，不能满足集体农庄在公共经济的一切需要。留给农庄的谷物饲料尤其少，而没有谷物饲料，畜牧业就不可能急剧发展。"1953 年粮食的收购量同 1948 年的收购量大致相等（分别为 18.42 亿普特与 18.50 亿普特），可是消费却增加了 50% 以上。这样，1953 年的收购量满足不了国内粮食的必需消费量。这个差额不得不动用国家粮食储备粮 1.6 亿普特。赫鲁晓夫对此在信中说，这是绝对不允许的。① 由于 1953 年苏联粮食歉收，这就要求"农业产量需要大幅度提高，农产品的匮乏已经严重到即使农业以每年 10% 的速度增长，也难以解决城市的粮食供应，因为城镇人口的增长过于迅速"②。

应该说，斯大林逝世时苏联所面临的农业问题是极其严重的，一些苏联学者甚至指出："再有二三年时间，就可能发生灾难性的粮食生产危机和全国性的饥荒。斯大林没有意识到这一点。在最接近他的人当中，只有一个人真正看到了这种危险，这个人就是赫鲁晓夫。""赫鲁晓夫出身于农民家庭，他是斯大林的政治局成员中唯一经常去农村视察的人，他常与农庄主席交谈，努力了解他们的困难。"③

苏联农业问题发展到如此严重的地步，是多种原因造成的，既

---

① 《赫鲁晓夫言论》第三集，世界知识出版社 1965 年版，第 3—4 页。
② ［苏］罗·亚·麦德维杰夫等著，邹子婴等译：《赫鲁晓夫的执政年代》，吉林人民出版社 1981 年版，第 59 页。
③ 同上书，第 36 页。

有斯大林经济体制模式特别是农业制度的严重弊端对农业发展的制约作用，也有具体的农业政策对农业发展的破坏作用，这方面的问题甚多：如长期片面发展重工业而忽视农业；长期实行剥夺农民的政策；违反物质利益原则，对农产品实行高征购和低价的政策；对农村的个人副业缺乏稳定的政策；等等。

（二）农业体制改革的主要内容。

1. 以扩权为主要内容的农业计划体制改革。

如果说，苏联在战后，由于经济的恢复与发展，建设规模的不断扩大，经济联系和社会生产分工日益复杂，科技的发展异常迅速，优先发展的重点不再像过去那样单一，经济情报与信息的大量增加要求作出迅速处理等，这些生产经营条件的变化，使高度集中的指令性计划体制模式与整个国民经济发展之间所存在的矛盾，从原来的潜伏状态变得表面化了，变得比过去更加突出、尖锐了，那么，这个矛盾在农业部门显得尤为复杂，对生产的阻碍作用比其他经济部门也更加严重。这是因为，农业生产总是与一个自然的再生产过程密切联系在一起的，它在相当程度上依赖于自然条件，因此，农业生产活动更要求因地制宜。而在斯大林时期，苏联对农业生产实行的是与工业部门相同的严格的指令性计划管理。

在斯大林逝世前，由于国家对农业生产计划安排得死死的，极大地束缚了农庄、农场的主动性。对此，1953 年赫鲁晓夫在苏共中央九月全会上所作的《关于进一步发展苏联农业的措施》报告中指出：农业部门"工作中的缺点特别显著地反映在制订农业计划的工作上。计划中有许多不必要的项目，限制住地方机关、农业机器拖拉机站和集体农庄的主动性。只要指出这一点就够了，这就是分配给集体农庄的耕作业和畜牧业方面的任务总共有二百到二百五十个项目"。"由于任务所包含的项目多，数量又太大，下面就必然要制作一大堆各式各样的报告。大批农业专家和集体农庄工作人员把精力花在制作各种各样的报告、呈文和报表上。每一个集体农庄在一年中要向区农业机关交约有一万个项目的报告材料。和战前相比，集体农庄报告中的项目几乎增加了七倍。"①

在斯大林逝世前的苏联，农业计划制度，既不考虑农业生产与自然条件密切相关的特点，也没有考虑农庄这一集体经济的特点，这样，必然形成对农业生产的瞎指挥，使农业生产违背自然规律，从而破坏农业生产。

赫鲁晓夫执政后，首先着手对农业体制改革，而在改革农业体制方面，首先改革农业计划制度。1955年进行了最为重要的一次改革。这一年的3月9日，苏共中央和苏联部长会议通过了《关于修改农业计划工作的办法》的决议。②《决议》指出，苏联的农业计划制度是官僚主义的，非常脱离实际、脱离生活。这次农业计划体制改革的主要内容有：一是农业计划工作以商品产量为出发点，大大减少给农庄农场的计划指标，即只下达农产品采购量一项指标，其他生产计划均由农庄农场根据农产品采购任务与自己内部需要来确定，即有关播种面积和结构、牲畜种类与头数、作物单位面积产量与牲畜产品率，各种农艺措施等，由农业企业自行决定。但在执行农业计划新办法的相当一段时间里，苏联还规定：集体农庄全体庄员大会通过的作物播种计划和畜牧业发展计划应提交区执行委员会审核。如果集体农庄提出的计划不能保证集体农庄以相应的作物

---

① 《赫鲁晓夫言论》第二集，世界知识出版社1964年版，第369页。
② 《决议》详细内容可见《苏联共产党和苏联政府经济问题决议汇编》第四卷，中国出版社1987年版，第200—205页。

和畜产品完成义务交售额、机器拖拉机站工作的实物报酬额、预购合同和国家收购量，区执行委员会应建议集体农庄对计划做必要的修改；二是改变了农业计划制订的程序，即由过去农庄、农场从上级机关领取任务，改为直接由农庄、农场制订计划；三是计划计算的方法也做了改变，即把过去按种植作物的公顷数与饲养牲畜头数的计算方法改为按农产品、畜产品数量进行计算。

1955 年实行新的农业计划办法，目的是使集体农庄与农庄庄员、机器拖拉机站和国营农场及其工作人员充分利用生产潜力与发挥农业生产的主动精神，促进每个集体农庄和国营农场从计划给他们的农业用地上获得尽可能多的产品。但是，由于种种原因，新计划办法的实施并不顺利，有些改革措施并未得到贯彻。

2. 以提高物质利益为主要目的的农产品采购制度改革。

斯大林时期，苏联实行的农产品采购制度是剥夺农民的一种重要手段，也是严重影响农业发展的一个重要因素，它涉及一系列关系：如国家、农业企业与农业生产者三者利益关系；工业与农业关系；工人与农民的关系；城乡经济关系和工农联盟关系等。这些关系处理不好，不只直接影响农业的发展，还会产生严重的社会政治影响。

斯大林逝世时，在农产品采购制度方面的问题已异常突出，从农产品收购价格来说，20 世纪 50 年代初，苏联每公斤谷物为 4—8 戈比，这一收购价格还是 1927—1931 年间的规定。1952 年，小麦每公斤按 9.7 戈比出售，马铃薯 4.7 戈比，蔬菜 19.2 戈比，牛肉 20.3 戈比，猪肉 67.2 戈比，牛奶 25.2 戈比，蛋每千个 2 卢布。集体农庄按照这种价格交售了谷物总收获量的 20% 左右以及几乎全部的畜产品。收获量的三分之一付给机器拖拉机站。这样，致使农庄交售产品所得的收入还不够补偿生产费用。许多农庄生产 1 公担马铃薯的成本是 40 卢布，而它的收购价格仅为 3 卢布。1952—1953年谷物、牛肉、猪肉和牛奶都是赔本的。

农产品收购价格不合理，还表现在价格不能反映出用于生产各种农产品的劳动消耗的实际比价。1953 年生产 1 公担籽棉的劳动消耗比生产 1 公担谷物只高出 4.8 倍，但 1 公担籽棉的价格却是 1 公担谷物价格的 37 倍。用于生产 1 公担糖用甜菜的劳动要比生产 1 公担谷物少耗费 38%，但糖用甜菜的收购价格却超过谷物价格 25%。还有，生产 1 公担肉的劳动耗费比 1 公担谷物大 14—15 倍，而 1952 年的肉的采购价格仅高于谷物价格的 5—7 倍。

另外，农产品收购价格的不合理，还反映在与工业品、食品零售价格之间的不协调。工业品与食品零售价格 1950 年与 1940 年相比，提高了 86%，而农产品收购价格在这一期间还大致停留在原来水平上。①这自然使工农业产品价格剪刀差日益扩大，严重损害农庄、农场的物质利益，从而阻碍了农业生产的发展。

赫鲁晓夫执政后，为了调动农庄、农场的生产积极性，贯彻物质利益原则，在农产品采购制度方面采取了一系列措施。

第一，提高农畜产品价格。从 1953 年到 1963 年，农畜产品共提价 6 次。1964 年与 1952 年相比，全部农畜产品的收购价格提高了 2.54 倍，其中粮食提高了 7.4 倍，畜产品 15 倍，牛奶 3.55 倍。

第二，实行统一的国家收购制度。随着 1958 年改组拖拉机站，这就要求改革采购制度。1958 年 6 月，决定取消义务交售制和机器拖拉机站实物报酬制，实行按地区分别规定的统一收购价格。这种价格比义务交售价格提高了 2 倍。

---

① 有关斯大林逝世时苏联农产品收购价格严重扭曲的材料，参见苏联科学经济研究所编，盛曾安等译：《苏联社会主义经济史》第六卷，东方出版社 1986 年版，第 521—522 页。

第三，在取消义务交售制与机器拖拉机站实物报酬制前，逐步放宽农产品义务交售的定额和最后取消义务交售制。根据苏共中央九月全会（1953年）决议，苏联降低了集体农庄和庄员个人副业向国家义务交售畜产品、马铃薯、蔬菜的定额。1954年，免除了拥有个人副业的庄员、职工、渔业和手工业劳动组合成员谷物的义务交售任务。从1958年1月1日起，完全取消了庄员、职工个人副业的义务交售。

由于采取了上述措施，特别是农产品收购价格的提高，使农庄收入大大提高。1952—1962年，全国集体农户的收入增长了2.9倍。

另外，由于实行了按地区分别规定的统一收购价格，缩小了苏联各共和国集体农户在收入方面的差距。1952—1961年，集体农户高收入与低收入之间的差距缩小到4倍。①

赫鲁晓夫执政后，除了提高农产品收购价格、取消义务交售等措施外，还勾销了农庄在义务交售和支付机器拖拉机站实物报酬方面的积欠，勾销了各农庄和庄员在畜产品方面未完成的交售量。此外，还在所得税方面实行优惠政策，并增加了对农庄的贷款，延长了贷款期限，从1955年起利率几乎降低了1/2。从1956年起，改变了过去用于劳动日分配的大部分收入只能在经济年度年终发给农庄庄员的办法，而改为每月按庄员在公有经济中所做的全部劳动日发给预付款的办法。从1957年起，集体农庄开始逐步改行货币形式的报酬，到1960年，货币在苏联农庄庄员报酬中的比重已提高

---

① 苏联科学院经济研究所编，盛曾安等译：《苏联社会主义经济史》第六卷，东方出版社1986年版，第524—525页。

到 62%。[1]

3. 个人副业管理制度的改革。

苏联农村的个人副业，是在农业集体化过程中产生并得到不断发展的一种经济形式。个人副业主要是指农庄庄员、农场职工和农村其他居民耕种宅旁园地与自养牲畜、家禽等家庭副业。

长期以来，个人副业在苏联农业经济中占有相当重要的地位。据苏联官方公布的材料，在斯大林去世的 1953 年，个人副业生产的农产品占全苏总产量的比重是：肉为 52%，奶为 67%，蛋为 85%，粮食为 3%，土豆为 72%，蔬菜为 48%。个人副业在农庄庄员家庭收入来源中占 26%。[2]

赫鲁晓夫上台初期在个人副业的管理方面，实行积极鼓励的政策。主要措施有：免除庄员和农场职工的欠款；降低庄员职工向国家义务交售畜产品、土豆和蔬菜的定额，并最后废除经营个人副业的义务交售的制度；取消 1953 年 1 月 1 日以前的向国家义务交售私人牲畜的积欠；实行新的农业税法，税额按每 1% 公顷土地上的收入规定的固定税率计算。实行新税法，使个人副业的税率降低了 80%；要求各级领导人都要协助居民购买牲畜和家禽，并保证他们饲养牲畜所需的饲料与运输饲料的工具；等等。以上措施，使个人副业得以迅速恢复与发展。1958 年与 1953 年相比，个人副业有了较大幅度增长：土豆、蔬菜增长 14.3%，牛的头数增加了 25.3%，肉、奶产品量分别增加了 33% 和 27%，水果增加了 46%。[3]

---

① 苏联科学院经济研究所编，盛曾安等译：《苏联社会主义经济史》第六卷，东方出版社 1986 年版，第 527 页。
② 转引自陆南泉：《赫鲁晓夫、勃列日涅夫的农村私人经济政策》，载苏联经济研究会编：《苏联经济体制问题》，时事出版社 1981 年版，第 166 页。
③ 同上书，第 167—168 页。

应该说，在1958年以前，赫鲁晓夫在个人副业方面所采取的改革措施，其积极影响是不可低估的，苏联当时有人称之为一种使私人生产受益的"新经济政策"。"它带来了一定程度的民主化。即国家不再直接干预一个地区的人民生活，允许他们自己决定怎样使用实际上多少是租借来的那四分之一公顷土地。希望得到一小片菜地或果园的要求，很快超出了小镇和城郊工人的范围。大城市的机关被允许在乡村的路边、树林及铁路沿线寻找荒地，作为菜地或果园分给其工作人员，一般为1000平方米。这就是所谓工人集体园地的开端，工人们可以在业余时间和工休日来这里劳动。"①

4. 机器拖拉机站的改组。

到了1957年下半年，有关机器拖拉机站——集体农庄制度问题，成为苏联理论界讨论的热点。在讨论中，普遍认为，将机器拖拉机站的农业机器出售给农庄是必要的，在这个时候已具备了可能性。1958年召开的苏共中央二月全会通过了赫鲁晓夫《关于进一步发展集体农庄制度和改组机器拖拉机站》的报告。同年2月26日苏共中央通过相应的决议；3月31日苏联最高苏维埃通过相应的法律。这些文件对机器拖拉机站的历史作用作出评价，并对其改组的内容、部署等都做了规定。

改组机器拖拉机站的主要内容是：改变为集体农庄进行生产技术服务的现行制度，逐步把机器拖拉机站改组为技术修理站并逐渐过渡到把农业机器卖给集体农庄。

改组机器拖拉机站要解决的问题有：首先，最为重要的是要解决长期存在的、难以解决的"一块土地、两个主人"这一极不协调

---

① ［苏］罗·亚·麦德维杰夫等著，邹子婴等译：《赫鲁晓夫的执政年代》，吉林人民出版社1981年版，第39页。

的农业管理制度。其次，使得土地的主要耕作者——集体农庄与生产工具能紧密地结合在一起。第三，从制度上促进和保证以扩权为主要目的的农业计划制度改革。要通过改革农业计划制度来达到扩大农业企业的自主权，除了对农业计划制度自身进行改革外，改组机器拖拉机站具有重要意义。因为，拖拉机站一直是直接管理农庄计划的领导者，是组织农庄执行指令性计划的直接监督者。因此，如果不改组机器拖拉机站，不废除集体农庄向它支付实物报酬的制度，农业计划制度的改革就难以实现，农畜产品的采购制度的改革也同样难以进行。

5. 集体农庄劳动报酬制度的改革。

苏联集体农庄在1956年之前，一直实行自1931年起的按劳动日计酬的制度。根据这一制度，农庄在年终缴纳所得税、偿还银行贷款、提取公积金和扣除其他必要的支出之后，把收入的剩余部分作为劳动报酬基金，按每个庄员的劳动日数，并根据每个劳动日的日值以实物为主向庄员发给劳动报酬。当时苏联采取这种付酬办法的主要根据：一是认为这一制度比较能充分体现按劳分配原则；二是较适应当时农业生产的水平。但这一报酬制度有明显的缺点：首先，庄员的按劳动日获得的报酬，一般要等到经济年度结束时才能给予，这就是说，在一年内庄员没有任何固定收入。另外劳动日的日值是随着年景好坏而波动的，因此，庄员也不清楚一个劳动日能拿到多少报酬，当然更不知道经济年度结束时总共能获得的收入是多少。这种付酬制度，减弱了农庄庄员对劳动结果的物质兴趣，也就不会从物质利益上去关心农业的发展。其次，由于各种农活繁多，十分复杂，很难使劳动日记分的标准定得合理与科学。随着农业经济的发展，生产力水平的提高，为了克服上述缺点，在总结了许多农庄已采取的更先进的付酬制度基础上，苏联于1956年决定改行按庄员在公有经济中所做的全部劳动日发给预付款制度。这一制度规定，年初以卢布对劳动日单价进行估算，然后按月预支报酬，到年终结算。预付款由货币与实物两部分组成。集体农庄要建立滚存的货币基金和粮食储备。货币预付基金的来源是25%的农产品销售收入和50%的采购预付定金。为了保证每月的预付款能兑现，苏联国家银行对货币预付基金的上述两项来源列入特别往来账户。这笔钱只能由农庄管理委员会用来给农庄庄员发放预付款和按劳动日进行分配。

应该说，这次改革虽然有利于克服按劳动日年终支付报酬的一些缺点，并对提高农庄庄员对劳动成果的关心起到一定的作用，但改革之后的庄员付酬制度其基础仍是劳动日，因此，并没有解决庄员的报酬所存在的不稳定和无保障的问题。

与农庄劳动报酬制度有关的另一个问题是，赫鲁晓夫为了贯彻物质利益与经济刺激的原则，曾试验和推广国营农场和集体农庄中的机械化小组实行包工包产制度。1958年，赫鲁晓夫派基洛夫格勒州的"苏共二十大"集体农庄的拖拉机队长等人去美国农场学习三个月回来后，开始组织推广这一制度。机械化包工包产制度的实施办法是：年初，由农庄农场规定小组的计划产量（一般均以前5年平均单位面积产量为依据）、计划成本，在此基础上，根据标准小组基金确定包工劳动报酬基金。到年终进行结算，如果超产、提高质量、节约成本，则分别可给补加报酬。

机械化包工包产小组，在赫鲁晓夫推广过程中曾出现过三种形式：一是综合机械化生产队，一般规模不大；二是在综合机械化生产队中又分若干个机械化小组；三是农机手家庭承包。以上三种形式的共同点是，都是建立在经济承包基础上的，它使最终劳动成果与收入挂钩，从而有利于农业劳动生产率的提高。但在赫鲁晓夫时期，这种承包制度由于受各种因素特别是思想理论的束缚，并未成为苏联农业中的主要劳动组织形式。

赫鲁晓夫执政后，为了摆脱国家面临的农业严重落后状况，使农业有较快的发展，他在多方面采取了措施，除了对农业制度的各个领域进行改革外，还在发展农业政策方面采取了一些重大措施，比如垦荒、扩种玉米与畜产品产量赶超美国这三大政策。

三、工业管理体制改革

按照高度集中的计划经济体制模式管理经济，在工业部门表现得尤为突出。这是因为：一是到了斯大林宣布 1936 年社会主义在苏联基本建成时，工业企业几乎都国有化了，这在客观上为国家对工业企业进行直接的行政控制创造了条件；二是在苏联工业中重工业特别是军事工业占主导地位，因此，国家必须牢牢地控制工业。消除高度集中的计划经济体制模式的严重弊端，不只是要改革农业制度，工业管理体制的改革，也是赫鲁晓夫面临的极为迫切的重大任务。

工业管理体制改革大体上分两步进行：第一步是在 1957 年之前的局部性改革；第二步是当时在国内外引起轰动的 1957 年工业管理体制大改组。

（一）1957 年工业和建筑业大改组之前的局部性改革。

实际上，赫鲁晓夫上台后，从 1953 年起就已开始探索工业管理体制的改革，并着手解决工业管理中过分集中的弊端，扩大各加盟共和国经济管理权力和企业权力的问题。

战后初期的第四个五年计划时期（1946—1950 年），苏联在工业管理方面不仅没有扩大地方、各加盟共和国的权力，反而加强了各部的专业化进程，当时还新建了很多独立的部，直至建立了专业很窄的医疗工业部和调味品工业部。这样，以部为核心的部门管理体制进一步加强。与此同时，工业管理集中的程度也在提高。但"管理的过分集中意味着在经济建设中缩小了加盟共和国的权力，把它们降低到地方党组织、地方苏维埃和经济机关的地位。1953 年共和国管辖的企业提供了全部工业产值的 31%，而 69% 的工业产值是在联盟管辖的企业中生产的。为了扩大加盟共和国的权力，提高其在管理工业方面的作用，1954 年 10 月 14 日，苏共中央和苏联部长会议通过了《关于苏联各部和主管机关的结构方面的重大难点和改进国家机关工作的措施》的决议。《决议》就有关工业管理中存在的问题做了分析，指出："在所有各部和主管机关的工作中，暴露了机关的组织结构有造成文牍主义、官僚主义领导方法和大肆扩充行政管理人员编制的缺点。"由于存在过分集中的现象，"共和国部长会议和部，对所辖地区内的联盟兼共和国部所共管的许多部门，实际上无法实行领导"。另一个问题是，"统计和报表的大量增多，使会计、统计和计划经济人员大大增加，这类人员的人数，到 1954 年 1 月 1 日止已达到 191.7 万人，几乎占行政管理人员总数的 30%"。"职工总人数于 1954 年初已达到 4480 万人，其中行政管理人员为 651.6 万人，这就是说，平均每 7 名职工中，就有 1 名是行政管理人员。"[1]鉴于上述情况，苏联各部和主管机关为执行苏共中央 1954 年 1 月 25 日和 6 月 3 日的决议，对组织结构进行了改动，并缩减管理人员至少 45 万人，为此，每年可节省 50 多亿卢布。[2]

---

[1] 参见《苏联共产党和苏联政府经济问题决议汇编》第四卷，中国人民大学出版社 1987 年版，第 150—151 页。
[2] 同上书，第 151—152 页。

1955 年 5 月 4 日，苏联部长会议还通过了《关于修改加盟共和国的国家经济计划和拨款办法》的决议。目的是为了改进各加盟共和国的经济计划和拨款工作，扩大他们在编制计划、基本建设、预算问题、解决劳动与工资问题、使用折旧提成、重新分配多余的自有流动资金和建立企业基金等方面的权力与管理范围。苏共二十大后，在进一步扩大加盟共和国国民经济管理权力方面，采取了一些补充措施，如国民经济许多部门（食品工业、肉品工业和奶品、采购、轻工、纺织、鱼品、造纸及其他部门）的企业和机构，零售商业网，公共饮食业，以及汽车运输，河运、保健等企业都交给了加盟共和国管辖。1954—1956 年交给共和国管辖的企业约有 1.5 万个。[①]因此，共和国工业在整个工业产值中的比重从 1953 年的 31％上升到 1956 年的 55％。[②]

在扩大加盟共和国经济权限的同时，在 1957 年工业建筑业大改组之前，还就扩大企业经理权力采取了一些改革措施，这集中反映在 1955 年 8 月 9 日苏联部长公议通过的《关于扩大企业经理的权力》的决议中。根据决议，在计划、物资销售、企业基本建设、内部管理等方面，企业经理的权限都有了较大的扩大。

应该说，在工业部门推行的上述局部性改革，对调动各加盟共和国和地方的积极性与主动性起了一定的作用，加上农业方面采取的改革措施，有利于经济的发展。1956 年苏联的经济形势是令人振奋的，工业产值比上年增长 11％，谷物总收获量增加 20％。可以说，1956 年是赫鲁晓夫十分得意的一年。同时，对他在苏共二十大上提出的主要经济任务——在短时期内在按人口平均计算的产品产

① 参见苏联科学院经济研究所编，盛曾安等译：《苏联社会主义经济史》第六卷，东方出版社 1980 年版，第 363—364 页。
② 陆南泉主编：《苏联经济简明教程》，中国财政经济出版社 1991 年版，第 274 页。

量方面赶上和超过最发达的资本主义国家这一任务的实现充满信心。而要使整个国民经济特别是工业顺利发展，赫鲁晓夫认为，一项迫切的任务是要对工业建设进行大改组。

（二）工业和建筑业的大改组。

1. 大改组前的准备工作。

1957 年 5 月 10 日，苏联最高苏维埃通过了《关于进一步完善工业和建筑业管理的组织工作》的法令。在这一法令通过前，赫鲁晓夫先后不断召开会议，分析工业管理体制方面的种种弊端。这个改组方案还在全国范围内历经 35 天的讨论，讨论带有全民性质。各共和国、州和地方机关对大改组表示欢迎，而莫斯科的官僚特权者们则持反对态度，因这将使数以千计的部委人员失去他们在首都的职务。[①]

为这次大改组做的另一项重要准备工作是：系统和深入地说明大改组的必要性，而要说明这一点，就必须充分揭示原工业与建筑业管理体制存在的主要弊端。这主要表现在：

首先，从总的情况看，随着苏联工业和建筑业数量大大增加（1957 年已有 20 多万个国营工业企业和 10 多万人建设工地），并分散在辽阔的苏联各个地区，"在这种条件下，一个部或一个局很难对大量企业和工作进行有效的领导。"[②]

其次，部门管理原则所造成的本位主义以及它所带来的严重后果。

第三，机构庞大，平行重叠，必然造成管理机构臃肿，人浮于

---

① ［苏］罗·亚·麦德维杰夫等著，邹子婴等译：《赫鲁晓夫的执政年代》，吉林人民出版社 1981 年版，第 103 页。
② 《赫鲁晓夫言论》第六集，世界知识出版社 1965 年版，第 108 页。

事。而集中在部和管理局中的干部，大部分是有才干的工程技术人员和专家，这些人员往往不能直接参加和组织生产，而留在管理机构中处理日常事务。这既影响科技发展，也容易埋没和浪费人才。

第四，原有的工业和建筑业管理体制，不利于发挥地方领导人员的积极性。

在分析大改组的必要性时，还有两个因素是必须考虑的：一是从赫鲁晓夫本人工作经历来看，他长期工作在乌克兰共和国，这使他熟知斯大林时期的那套过度集中的管理体制存在的问题，特别看到了中央与共和国之间存在的矛盾及部门管理原则的严重弊端。所以，他一上台，就集中力量急于解决扩大地方管理经济权限的问题。二是当时苏联为了在极短的历史时期内，解决按人均计算的产品产量赶超美国的任务，但苏美之间的经济差距很大，在短期内解决这一任务是难以实现的。而赫鲁晓夫把达到这一目标的赌注押在工业和建筑业的大改组上。赫鲁晓夫确信："将要进行的改组，能够为领导我国工业和建筑业创造极好的条件，能使国民经济的巨大潜力开始发挥作用。"①

2. 大改组的主要内容与措施。

1957 年 5 月 22 日，在最高苏维埃 5 月颁布的法令后，苏联部长会议于 5 月 22 日通过《关于执行进一步改进工业和建筑业管理组织法令的有关措施的决定》，责成各部在 1957 年 7 月 1 日以前将下放的企业和经济机关全部移交有关的经济行政区国民经济委员会。接着，于 5 月 28 日，苏共中央和苏联部长会议通过《关于改进工业和建筑业管理体制而精简的管理人员的工作安置问题》的决

---

① 转引自陆南泉主编：《苏联经济简明教程》，中国财政经济出版社 1991 年版，第 273—274 页。

议。7 月 10 日，苏联最高苏维埃公布全国 105 个经济区的划分。8 月 29 日，苏联部长会议通过《关于再把一些经济和文化建设问题交给各加盟共和国部长会议处理》的决议。9 月 26 日，苏联部长会议通过《苏联各经济行政区国民经济委员会条例》，以确定国民经济委员会管理体制的组织形式。

从这些决议、决定等文件来看，这次大改组的主要内容是：变工业和建筑业管理的部门原则为地区原则，即以"条条"部门管理改为"块块"地区管理，以便把工业和建筑业管理的重心从中央转到地方。通过大改组要达到的目的是：消除部门管理原则而产生的管理过分集中等问题，扩大地方管理经济权限，使国家的集中领导与提高地方经济机关、党的机关和工会组织的作用结合起来，使全国（联盟、加盟共和国和地方）的经济协调发展；大改组后，管理工业和建筑业的基本组织形式是以经济行政区来建立国民经济委员会。

为了实现上述改组的目标，采取的主要措施有：

第一，撤销联盟和联盟兼共和国的绝大多数部。撤销了苏联 10 个全联盟部：汽车工业部、机器制造部、仪器制造和自动化工具部、机床制造和工具工业部、建筑机器和筑路机器制造部、石油工业企业建设部、拖拉机和农业机器制造部、运输机器制造部、重型机器制造部和电工器材工业部。撤销了 15 个联盟兼共和国部：造纸和木材加工工业部、城乡建设部、轻工业部、森林工业部、石油工业部、乳肉制品工业部、食品工业部、建筑部、冶金工业和化学工业企业建设部、煤炭工业企业建设部、煤炭工业部、有色冶金工业部和黑色冶金工业部。加上撤销的各加盟共和国部，总共撤销了 141 个部。与此同时，将苏联电站部和苏联电站建设部合并为苏联全联盟电站部，将苏联国防工业部和苏联普通机器制造部合并为全联盟国防工业部。进行这样的调整与撤销工作之后，保留的全联盟工业和建筑部有：航空工业部、无线电工业部、造船工业部、化学工业部、中型机器制造部和运输建筑部。被撤销的各部所管辖的企业和机构，以及保留的联盟工业部所管辖的一部分企业和机构，移交给相应的国民经济委员会。

1957 年 7 月至 9 月，拟议中的上述各部的撤销工作基本上结束。同年 12 月，最高苏维埃主席团又决定撤销航空工业部、国防工业部、无线电工业部和造船工业部。在这 4 个部的基础上成立 4 个隶属于部长会议的国家委员会。

第二，在全苏建立 105 个经济行政区（俄罗斯联邦 70 个、乌克兰 11 个、哈萨克斯坦 9 个、乌兹别克斯坦 4 个，其他 11 个加盟共和国各 1 个[①]）。每个经济行政区建立一个国民经济委员会来管理工业和建筑业。国民经济委员会由加盟共和国部长会议组建。各经济行政区的国民经济委员会受加盟共和国部长会议和加盟共和国国民经济委员会的双重领导。国民经济委员会拥有广泛的权力，其主要任务是："制定和实行长期和短期生产计划，制订企业专业化计划、生产协作计划、经济行政区内部及同其他州和共和国相互供应原料和半成品的计划；编制和实行物资技术供应计划。"[②]国民经济委员会有权解决过去由各部解决的重大经济问题。

第三，改变部的工作性质与职能。改组后保留的一些部，其主要任务是制订本部门的发展计划并保证其生产的高度技术水平，编制科研和设计工作计划并监督其执行。这些部的职能是通过各国民经济委员会来实现的，它们不再对企业进行直接管理。

---

① 1961 年调整后为 102 个经济行政区：俄罗斯联邦 67 个、乌克兰 14 个、哈萨克斯坦 9 个，其他 12 个加盟共和国各 1 个。

② 《赫鲁晓夫言论》第六集，世界知识出版社 1965 年版，第 117—118 页。

第四，改组中央经济管理机构。既然国民经济委员会已成为经济管理的基本环节，已实行地区为主的管理原则，那么，必然要求改组中央经济计划管理机关。

不论在工业和建筑业大改组之前的局部改革过程中，还是在全面开展大改组的过程中，赫鲁晓夫经常谈到国家计委等中央经济计划管理机关存在的问题。他在 1957 年 5 月 7 日向最高苏维埃第七次会议所作的报告中，用了很大的篇幅集中谈了国家计委工作中的缺点与如何改组问题。[1]根据工业和建筑业大改组的要求，苏联决定撤销原来负责短期计划的国家计委，把国家经济长期规划委员会改组为国家计委，负责全苏长短期的综合平衡工作，不再是部长会议的职能机构。在改善计划工作方面采取了一些措施，如从 1959 年起，不再实行制定和批准年度国民经济计划的办法，而规定，国民经济计划应以长期规划为根据，分别按年度、部门、加盟共和国、各经济区企业和建筑机构进行编制。另外，还大大减少了国家下达的计划指标，1958 年比 1956 年减少了一半，1959—1965 年"七年计划"的控制数字比 1958 年又减少 2/3。[2]

至于国家经委，在工业和建筑业改组后，它就没有必要存在了。它的职能由苏联国家计委和共和国计委来实现。

与工业和建筑业的大改组相适应，苏联在物资技术供应体制方面也做了较大改革。主要内容是：把原来由国家计委、供委和各部管理与分配的绝大部分物资，下放给各加盟共和国国民经济委员来管理与分配。撤销了原来负责全国范围内物资技术供应的国家供委。物资分配和供应计划也交由各国民经济委员会编制，国家计委

---

① 详见《赫鲁晓夫言论》第六集，世界知识出版社 1965 年版，第 267—277 页。
② 转引自陆南泉主编：《苏联经济简明教程》，中国财政经济出版社 1991 年版，第 275—276 页。

负责综合。以上的改革，使物资的管理体制也由部门原则改为地区原则。

工业和建筑业的大改组，一个重要的意图是克服过分高度集中管理体制所产生的严重弊病，特别是解决部门本位主义和扩大地方管理经济的权限，提高其积极性与主动性等问题。在这个意义上，这次大改组的效果很快得到了体现，表现在：到1959年，按经济行政区成立的国民经济委员会管辖的工业占全苏工业总产值的72%，地方管辖的工业占22%，而中央管辖的工业急剧地下降到6%。联盟预算与加盟共和国预算以及地方预算的关系也有了大的变化。1955年联盟预算占全国预算支出的73%，到1960年降至41.2%。而同期，加盟共和国和地方预算分别从12.5%和14.5%提高到39.1%和19.7%。[①]大改组对协调各地区经济综合发展和同一个地区内不同部门之间的协作方面，也起了一定的促进作用。另外，由于实行地区管理原则，使得在本经济区范围内可以较合理组织产销关系，互通有无，充分利用本地区物资，从而有利于节约运费和降低成本。

---

① 陆南泉等编：《苏联国民经济发展七十年》，机械工业出版社1988年版，第637页。

如何评价赫鲁晓夫时期的经济改革

至今中国国内有人认为："赫鲁晓夫领导集团……将其改革的基本方向逐步演变成对苏联社会主义基本经济政治制度的否定，这为日后苏联解体、苏共垮台这大山般的倒塌开掘了第一锄，也可被称为关键性的第一锄。"果真如此吗？如何看待赫鲁晓夫时期经济改革的历史作用？为什么这一时期改革未取得成功？导致赫鲁晓夫最后被迫下台的主要原因是什么？这些重要问题，都需要深入研究。

总的来说，赫鲁晓夫时期的经济体制改革未取得成功，造成了国民经济的混乱和严重的社会经济后果。但它在苏联改革史上留下了不可磨灭的痕迹，仍有不少方面应加以肯定。

一、赫鲁晓夫时期推行经济改革的历史作用

（一）给苏联社会留下深刻影响的改革起始阶段。

作为苏联历史上第一个改革者的赫鲁晓夫，在对斯大林过度集中体制弊端有所认识的基础上，在批判斯大林个人迷信开始解冻后，下决心在各个领域进行改革，这对苏联产生了深刻的影响。戈

尔巴乔夫在其执政时期以及下台后,多次谈及这一历史时期改革的积极意义。他在庆祝十月革命七十周年大会上的报告中说:"在50年代中期,特别是在苏共二十大之后,变革之风吹到国家上空,人民振奋起来,活跃起来,变得更大胆,更有信心。批评个人迷信及其后果,恢复社会主义法制,要求党及其以尼·谢·赫鲁晓夫为首的领导拿出很大的勇气。开始摧毁以前对内对外政策中的刻板公式。开始试图摧毁30至40年代所确立的发号施令和官僚主义的管理方法,赋予社会主义以更大的活力,强调人道主义理想和价值观,在理论和实践中恢复列宁主义的创造精神。苏共中央九月全会(1953年)和七月全会(1955年)决议的核心是力求改变经济发展的先后次序,使联系与劳动成果挂钩的个人利害关系的刺激因素起作用。于是着重注意了农业的发展、住房建设、轻工业、消费领域和满足人的需要有关的一切。"西方学者斯蒂芬·科恩在为麦德维杰夫等所写的《赫鲁晓夫的执政年代》一书所写的序中说:"赫鲁晓夫执政的年代,是苏联进行了真正的政治和社会改革的时期。尽管这些改革充满矛盾,而且毕竟是有限的,但事实上,苏联社会生活的每一领域无不受到1953年至1964年这段时期变革的影响:大恐怖的结束,千百万监押在集中营的囚犯获释,为限制一些最恶劣官僚习气和特权所采取的措施;公众的觉悟,知识界越来越多地参与政治。一系列经济和社会福利的改革,以及导致我们今天所谈的'缓和'的外交政策的变化;等等。这个常常被称为'非斯大林化'的改革过程,有许多值得注意的特点,远不只是它的发生没有引起长时间的暴力或动乱和往往出人意料这两点。"[1]

---

[1] 〔苏〕罗·亚·麦德维杰夫等著,邹于婴等译:《赫鲁晓夫的执政年代》,吉林人民出版社1981年版,第1—2页。

有关评论赫鲁晓夫的论著卷帙浩繁，众说纷纭，莫衷一是。但笔者认为，不论是赞誉还是诋毁，有一条是不能否认的：赫鲁晓夫顶住了巨大的压力勇敢地站出来揭露斯大林，破除个人崇拜，成为苏联第一个改革者，活跃了气氛，振奋了人心，使苏联历史翻开了新的一页，美国前总统尼克松说："在第二次世界大战以后的年代里，没有一位世界领袖人物的成败能像赫鲁晓夫的成败如此急剧地和决定性地改变历史的进程。"[①]这就是为什么笔者在论述赫鲁晓夫时期改革的意义时，首先是从他的改革对改变苏联历史进程的影响这个大视角来考察的。

（二）推进了经济理论的发展。

在斯大林时期，个人崇拜严重地束缚人们的思想，僵化的教条主义盛行，在理论上不可能与时俱进。而在赫鲁晓夫时期，围绕经济体制改革展开的经济理论讨论十分活跃，特别在商品货币关系等主要问题上，苏联学者提出不少新的看法。尽管这些经济理论仍有很大的局限性，但毕竟是对多少年来不容有半点怀疑的斯大林经济理论的一次巨大冲击，让人们有可能根据实际已变化了的情况去探索和发展理论，可称得上是苏联经济理论的一个重要的发展时期。赫鲁晓夫时期展开的经济理论大讨论，其重要意义还在于：为苏联以后的经济改革做了一定的舆论和理论的准备；对东欧一些国家相继在 20 世纪 60 年代中期实行经济体制改革产生了十分重要的影响。

---

① ［美］尼克松著，刘湖译：《领袖们》，知识出版社 1984 年版，第 230 页。

（三）提出社会主义各国可以有不同的体制模式。

随着经济体制改革与理论的发展，赫鲁晓夫提出，各国的社会主义建设可以走不同的道路，可以有不同的体制模式。在开展体制改革的过程中，赫鲁晓夫意识到，苏联长期以来把自己建设社会主义的道路及体制模式视为样板，不允许别国偏离一步，否则就动辄批判、开除，甚至加以镇压的做法是不可取的。1963 年 8 月，正当世界各国共产党和工人党同声谴责南斯拉夫背离社会主义复辟资本主义之际，赫鲁晓夫赴南访问，他在访问期间公开发表演说指出：南斯拉夫是一个"先进的"社会主义国家，在那里，不是"空谈革命"，而是"具体建设社会主义"，南斯拉夫的发展是"对总的国际革命工人运动的具体贡献"。[1]

南斯拉夫是社会主义国家中率先改革的国家，它第一个宣布摒弃斯大林模式。尽管它所进行的改革有不少问题，也没有形成一个成熟的体制模式，最后没有逃脱垮台的命运，但在斯大林的寒冬时期走了自己的改革之路，确实是第一枝报春花。

（四）经济体制改革本身也有一些应予肯定的方面。

在赫鲁晓夫下台时，从苏联出现的种种社会经济问题来看，他的改革的确是不成功的。苏联经济发展的"伟大十年"是在赫鲁晓夫下台前有人制造出来的一个根本不存在的神话。但是，赫鲁晓夫在改革经济体制的过程中，也确有一些值得肯定的东西。拿农业制度改革来说，在 1958 年前的一些改革思路与政策措施，正面的多一些。这主要反映在：第一，赫鲁晓夫一上台就紧紧抓住了农业的

---

[1]　参见赫鲁晓夫1963年3月30日在南斯拉夫维累涅市群众大会上的讲话。

改革，无疑是个正确而又果断的决策。这样做，使苏联躲过了很可能会出现的粮食危机和全国性的饥荒。第二，通过对农业计划制度的改革来扩大农场、农庄的经营自主权，提高物质利益原则的作用和大规模垦荒等思路，是符合当时农业发展客观要求的，特别对解决苏联当时最为关心的粮食增产问题，起了积极作用。从1953年到1958年粮食产量除个别年份外，持续呈现增长的趋势。也正是在此期间，"赫鲁晓夫赢得了农业内行的声誉"。[1]这对赫鲁晓夫在1957年苏共中央六月全会上战胜马林科夫、卡冈诺维奇和莫洛托夫反对派，并获得一致同意继续留任第一书记，都起了不可低估的作用。

至于经济改革的另一个重要内容即工业和建筑业的大改组问题，苏联自己的评价是，这不能算是一次改革，而"只是一次不成功的试验"。在赫鲁晓夫下台后不久，苏联《真理报》发表的社论批评1957年的大改组是"没有经过周密思考、没有仔细权衡、没有经过实际试验的改组"[2]。

这一评价总的来说也是符合实际的。但1957年的大改组，力图解决部门与地区管理之间的矛盾，虽然未取得成功，但赫鲁晓夫搞经济行政区建立国民经济委员会的办法，毕竟是一种试验，为后人提供了经验教训。如何使部门管理与地区管理有机结合，如何发挥地方的权限来提高其管理经济的主动性，与此同时中央又不失控，这对所有当今处于经济转轨的国家来说，仍是一个有待解决的最为复杂的问题，至今都尚在寻觅解决的途径。从苏联来看，勃列日涅夫执政后，恢复了部门管理原则，但在他执政后期，又发现部

---

[1] ［苏］罗·亚·麦德维杰夫等著，邹子婴等译：《赫鲁晓夫的执政年代》，吉林人民出版社1981年版，第38页。

[2] ［苏］《真理报》，1964年11月8日。

门管理原则存在一系列问题，后来成为阻碍工业和建筑业发展的一个重要因素。

二、赫鲁晓夫时期改革未取得成功的原因

导致赫鲁晓夫时期的经济改革未获成功的原因是多种多样的。

（一）首先要从赫鲁晓夫反斯大林的局限性谈起。不认识这一点，就难以对赫鲁晓夫时期改革出现的种种问题有深刻的理解。现在人们对赫鲁晓夫在苏共二十大反斯大林已有一个共识，即"赫鲁晓夫揭露的、批判的并力图战而胜之的是斯大林，而不是斯大林主义。也许，他真诚地相信，整个问题也就是这样，只要揭露斯大林，就解决了使社会从过去的极权主义桎梏中解放出来的全部问题"[①]。赫鲁晓夫并不理解，揭露斯大林仅是走上革新社会道路的第一步，而更重要的是对斯大林模式，必须在经济、政治、社会精神生活等方面进行根本性的重大改革。西方学者认为，赫鲁晓夫对斯大林的指控在三个重大方面有明显的局限性。"首先，这种指控集中在斯大林'对党的干部'以及其他政界精英'实行大恐怖'问题上。它反映了赫鲁晓夫在 50 年代作为恢复活力的共产党领袖执政以及他的改革主张的局限性；它只字不提在斯大林统治下无辜屈死的数百万老百姓。其次，赫鲁晓夫把斯大林的罪恶暴行说成是从 1934 年开始的，这等于为斯大林于 1929—1933 年间推行的、给农民带来极大痛苦的集体化运动辩护，把它说成是令人钦佩的必要措施；同时，这也等于宣布不准讨论关于 1929 年以前党内反对派对斯大林主义的批评这一禁令继续生效。最后，赫鲁晓夫把滥用权力

[①] ［俄］格·阿·阿尔巴托夫著，徐葵等译：《苏联政治内幕：知情者的见证》，新华出版社 1998 年版，第139 页。

说成仅仅是斯大林以及'一小撮'帮凶(这些帮凶已被揭露并受到惩办)的罪过,从而回避了广泛追究刑事责任并给予惩罚的问题。他硬说(至少是公开表示过),幸存下来的政治局委员都是无罪的。"①

上述局限性,决定了赫鲁晓夫不能从斯大林体制模式的根本性弊端这个角度去思考问题和进行改革。

赫鲁晓夫对斯大林问题的认识之所以存在严重的局限性,主要原因"在于他本人就是那个时代的产物,斯大林主义的产物"。因此,要靠他在"清除斯大林主义遗产方面做更多的事,他多半是做不到的"。这样,"在政治上他变成了'在原地跑步'"②。赫鲁晓夫这位"非同寻常的、带有悲剧性的双重意识的矛盾人物,他在苏共二十大所做的关于揭露斯大林镇压的报告,是在政治上走出的出色的一步,它在很多方面决定了斯大林去世后的过渡时期事态发展方向。他想要同斯大林主义分手,但不是同这种制度分手。他虽同这种制度的创造者决裂,可是他崇拜由这位创始者所创造的世界。这种矛盾无法解决,但他不懂得这个道理"③。赫鲁晓夫一方面"给了社会一点儿自由,后来他自己拧紧了龙头"。正如他在自己的回忆录中说的:"苏联领导决定开始解冻时期,并自觉地走去的时候,大家,也包括我在内,同时对解冻感到担心:'会不会因解冻而出现冲向我们的洪水,这就将很难处理。'"④这些都说明,赫鲁晓夫执政期间,在体制改革和重大国内外政策方面出现的摇摆、前后

① [美]斯蒂芬·F. 科恩著,陈玮译:《苏联经验重探》,东方出版社1987年版,第116页。
② [俄]格·阿·阿尔巴托夫著,徐葵等译:《苏联政治内幕:知情者的见证》,新华出版社1998年版,第141页。
③ [俄]亚·尼·雅科夫列夫著,徐葵等译:《一杯苦酒——俄罗斯的布尔什维主义和改革运动》,新华出版社1999年版,第202—203页。
④ [俄]戈尔巴乔夫著,徐葵等译:《戈尔巴乔夫对过去和未来的思考》,新华出版社2002年版,第43—44页。

不一贯、不彻底性和动摇性的原因，不能归结为纯属他个人的弱点（如虚荣心）和实用主义（争权）。

（二）与上述因素相联系，赫鲁晓夫时期的改革，从来没有离开斯大林体制模式的大框架。他在改革过程中，往往是一只脚向民主迈进，另一只脚却陷入了教条主义和主观主义的泥潭。[1]

由于赫鲁晓夫个人的经历，他在反斯大林过程中，也能感悟到战后新时代将会到来，但他又无力自觉地把握住战后时代转换的重要契机，深刻地转变斯大林留下的不能再继续推进社会经济进步的体制。很明显，他只能是个过渡性人物，而不是能担当推进苏联社会大步前进、改变旧体制的代表新生力量的人物。

从经济理论上讲，虽然改革取得了一定进展，但赫鲁晓夫时期并没有摆脱斯大林"左"的教条主义。拿讨论得最多的商品货币理论来说，到1961年通过的《苏共纲领》，也只是说它具有新内容和加以充分利用而已，根本没有提出经济体制改革要以市场经济为方向，强调的还是指令性计划。在所有制问题上，赫鲁晓夫同样是片面追求"一大二公三纯"。在他执政时期，急于消灭手工业合作社，向单一的全民所有制过渡；在赫鲁晓夫的倡导下，人们搞起扩大集体农庄规模的事来，有的地方甚至把三十来个，甚至更多的农村合并成一个大集体，也就是说，成立了根本无法管理的集体农庄。1958年砍掉农村个人副业，认为它影响了公有农业经济发展。[2]在"左"的思想支配下，赫鲁晓夫超越社会发展阶段，急于向共产主义过渡……

政治体制改革的局限性，也使得赫鲁晓夫经济体制改革难以从

---

[1] ［苏］尤·阿克秀金编，李树柏等译：《赫鲁晓夫——同时代人的回忆》，东方出版社1990年版，第3页。

[2] ［俄］亚·尼·雅科夫列夫著，徐葵等译：《一杯苦酒——俄罗斯的布尔什维主义和改革运动》，新华出版社1999年版，第16页。

传统体制中解脱出来。应该说，赫鲁晓夫在揭露斯大林问题的过程中，也力图推进苏联政治民主化进程，他针对斯大林政治体制存在的弊端，提出了反对个人集权、加强党的集体领导、加强法制、反对个人专横行为、反对干部终身制和提出实行干部任期制等。这些改革措施在赫鲁晓夫执政的头几年（1958 年前）取得了一定进展，但到执政后期，有的改革措施并没有贯彻到底，有的被赫鲁晓夫自己破坏，譬如，他自己搞集权乃至个人迷信，又如，他通过干部制度的改革，并没有建立起一套民主、科学的选拔干部制度，"他挑选干部越来越不按德才兼备的原则，而按忠实于人，叫干啥就干啥的原则"①。产生这种情况虽有多种原因，但主要的是赫鲁晓夫时期的政治体制改革没有从根本上触动其要害即权力过度集中。按照熟知苏联内情的阿尔巴托夫的说法："赫鲁晓夫完全是有意识地不想放弃从斯大林时期继承下来的政治制度，因为他作为党的头头知道这样做会直接威胁到他自己的利益，因为他想象不出用以取代这种制度的其他方法。如果你不想在政治和经济体制中实现深刻的变革（而赫鲁晓夫是不想的），掌握权力就会越来越变成目的本身。他不想放弃过去的政治制度。"②著名苏联历史学家麦德维杰夫与阿尔巴托夫在这个问题上有共同的认识。他说：赫鲁晓夫"本人肯定没把扫除他前任所建立的那种政治体制当成自己的任务，相反，为了巩固他自己的权力以及实施某些政治和经济上的改革，他还充分利用了这种体制的独裁主义结构。"③

---

① 引自解密档案材料，俄联邦总统档案全宗 3 号全宗，67 号目录，223 号案卷。

② ［俄］格·阿·阿尔巴托夫著，徐葵等译：《苏联政治内幕：知情者的见证》，新华出版社1998 年版，第 140 页。

③ ［苏］罗·亚·麦德维杰夫等著，肖庆平等译：《赫鲁晓夫传》，中国文联出版公司 1988年版，第 2 页。

以上分析说明，赫鲁晓夫执政时期，不论是经济体制改革还是政治体制改革，都没有改变斯大林模式的大框架，高度集中的指令性计划经济与高度集权的政治体制交织在一起，互为需要，从而成为阻碍体制改革的一个重要因素。

（三）经济体制改革本身存在一系列问题。一是从改革思路来讲，为了克服传统体制的弊病，在改革开始阶段，首先应把中心放在改革经济机制和调整经济关系上，即要调整好国家与企业的关系，扩权让利，重视商品货币关系与经济杠杆的作用，而1957年的工业和建筑业大改组把中心放在调整经济管理组织形式上，只是把经济管理的重心由中央转到地方，管理机构从条条搬到块块，因此，大改组的结果，只是从一种行政手段转为另一种行政手段，即从中央的行政指令方法转向地方的行政指令方法。二是从改革的步骤来看，1957年大改组确实是未经充分准备，仓促上阵，事先也未经过试验。改组的结果使企业下放过了头，权力分散过了头。赫鲁晓夫在打破原来的部门管理体制的同时，并没有建立起一套新的管理体制。三是从改革方法来看，赫鲁晓夫往往凭个人的主观愿望，依靠行政命令强制推行改革，特别是到后期，随着赫鲁晓夫领导地位的确定，他的头脑日益膨胀起来，个人专断，唯意志论增长。特别要指出的是，赫鲁晓夫对农业心血来潮的改革和对农业发展政策的瞎指挥尤为突出，他不顾条件地扩种玉米，取消农民的个人副业，停止采用草田轮作制，通过政治压力在短期内改组了机器拖拉机站……这些都对农业的发展带来了极其不利的影响。

（四）从政治角度来看，由于赫鲁晓夫的改革，涉及大量的人事变动，侵犯了很多人的利益，对此事先又没有充分考虑，也未作出应有的安排。在这方面赫鲁晓夫面临的挑战是十分严峻的。例如，他要取消领导干部终身制，对于党的选举产生的各级领导机关

（从地方到中央委员会成员），采取按一定比例经常更换的制度。每次选举时，苏共中央委员会及其主席团成员至少更换1/4，1962年苏联最高苏维埃的代表在选举中更换了近70%[1]；他还取消了高级干部（如州委书记、中央委员、报纸主编等）相当可观的月薪"津贴"，对局级干部不再配备司机，不再提供可以随意到任何地方去的专车；在工业和建筑业大改组时，引起大量领导干部的调动；在农业改革过程中，改组了从农业部、大中农业机构、农学院到试验站的整套政府结构。……如此种种必然引起原来受益者的反对。

由此可见，赫鲁晓夫在改革过程中，触犯了很多人的利益，在客观上树立了一批"政敌"或"反对派"。在这种情况下，即使是正确的改革方案，也难以贯彻和取得成功。

（五）赫鲁晓夫个人的性格，尽管对改革的失败不起主要作用，但也是不可忽视的因素。苏联著名政治家布尔拉茨基写道："赫鲁晓夫不仅是环境的牺牲者，而且也是其性格的牺牲者。急性子、过于匆忙、容易激动，这是他无法克服的缺点。"他还引证1956年赫鲁晓夫和布尔加宁访问英国期间，在苏联大使馆举行的招待会上，丘吉尔对赫鲁晓夫说的话："赫鲁晓夫先生，您在着手大规模改革，这当然好！我只是想劝您不要操之过急。靠跳跃两步跨越鸿沟是相当难的，还可能会坠入沟中。"[2]

（六）不可忽视的国际压力。赫鲁晓夫要推进体制改革，阻力不只来自国内保守势力和传统的意识形态，还来自国际的压力。1956年苏共二十大揭开斯大林盖子后，西方国家利用斯大林问题大肆攻击社会主义制度，在资本主义国家的共产党陷入了严重困境；

---

[1] ［苏］《真理报》，1962年4月25日。

[2] 转引自［苏］尤里·阿法纳西耶夫编，王复士等译：《别无选择》，辽宁大学出版社1989年版，第606页。

而在东欧一些原社会主义国家出现了混乱，发生了波兰和匈牙利事件；中苏两党因在斯大林问题上产生不同看法和加上其他因素，导致历时十年之久的有关建设社会主义道路和国际共运的意识形态的大论战。这种压力，使赫鲁晓夫反斯大林个人迷信和改革时而出现动摇。阿尔巴托夫谈到这一问题时指出："共产主义运动中的困难使得赫鲁晓夫转而放慢而不是加速去克服斯大林主义，放慢而不是加速去进行改革，首先是实行国家政治生活的民主化。""在赫鲁晓夫和当时的整个领导对东欧一些国家，尤其是匈牙利和波兰政治危机作出的反应中，这一点表现得更为明显。"而中国因素对赫鲁晓夫在这一转变中，也起了不小的作用。中国先后发表一论、再论《无产阶级专政历史经验》两篇文章和"九评"，在当时形势复杂和思想混乱的条件下："中国的宣传就不难于在一些问题上把我们吓住，迫使我们处于守势，促使我们采取前后不一贯的、或者完全错误的立场。"①

这里顺便就有关中苏大论战问题说几句。1989年5月邓小平在会见戈尔巴乔夫时说："经过二十多年的实践，回过头来看，双方都讲了许多空话。""多年来，存在一个对马克思主义、社会主义的理解问题。""马克思去世以后一百多年，究竟发生了什么变化，在变化的条件下，如何认识和发展马克思主义，没有搞清楚。"②从邓小平的谈话中可以看出，中苏大论战脱离了已经变化的历史实际，论战双方尽管都以"真正的马克思主义"自居，而实际上并没有弄懂什么是马克思主义，什么是社会主义。大论战是一场"空对空"、"左对左"的论战，后来发展到中国"极左"。从总体来说，

---

① ［俄］格·阿·阿尔巴托夫著，徐葵等译：《苏联政治内幕：知情者的见证》，新华出版社1998年版，第66，133页。
② 《邓小平文选》第三卷，人民出版社1993年版，第291页。

赫鲁晓夫不是右，而是"左"，这样就形成了中国的"极左"对赫鲁晓夫的"左"。后来，又给赫鲁晓夫扣上了修正主义帽子。邓小平曾对法共领导人马歇说："我们的错误不是个别的错误，我们的错误在于以我们的标准去评判别人的实践和是非，违反唯物辩证法。"在这样的背景下，对赫鲁晓夫进行浅层次的、不触及斯大林模式要害的改革横加批判，"九评"连赫鲁晓夫在改革经济体制过程中提出物质刺激、利润原则、改变官僚主义的农业计划制度等，都说成是在苏联复辟资本主义，是修正主义。大论战，无疑对苏联当时正在进行的经济改革会产生影响。对中国的影响是，强化了斯大林模式，理论上更加教条化。更为不幸的是，大论战和农村开展社教运动实际上为"文化大革命"做了理论、舆论和政治准备，把中国最后带入"文化大革命"的十年浩劫，全国上下到处抓大大小小的"赫鲁晓夫"。

如果要说大论战的积极意义，也许可以说，使中国彻底摆脱了苏联的控制，打破了苏共在国际共运中的霸主地位。邓小平讲："我们一直反对苏共搞老子党和大国沙文主义那一套。他们在对外关系上奉行的是霸权主义的路线和政策。"[1] "我们反对'老子党'，这一点我们是反对得对了。"[2]

三、赫鲁晓夫下台的原因

过去有人说，赫鲁晓夫下台是中国"九评"批倒的。实际上并非如此。以下史实从一个侧面也可说明这一点。赫鲁晓夫下台后，中共中央对此立即进行研究，并作出决定，派周恩来率党、政代表团赴莫斯科参加十月革命47周年庆典，了解一下情况，试探改善

---

[1] 《邓小平文选》第二卷，人民出版社1994年版，第319页。
[2] 同上书，第237页。

中苏关系的可能性。1964 年 11 月 9 日，周恩来和苏共新领导会谈时，苏共中央主席团委员米高扬说：过去苏共是集体领导的，在同中共中央分歧的问题上，苏共中央内部甚至在细节上也是没有分歧的。后来，苏共新领导在答复周恩来询问赫鲁晓夫下台的政治原因时说：赫鲁晓夫主要是在国内工作的某些方面，以及在工作作风和领导方法方面犯了一些错误。[①]这说明，苏共方面认为，赫鲁晓夫在中苏关系方面并没有错，当然，大论战也不是影响赫鲁晓夫领导地位的原因。

赫鲁晓夫下台的真正原因，苏斯洛夫在 1964 年召开的苏共中央十月全会上所做的主题报告中做了说明。他列举了赫鲁晓夫一系列的严重错误。这里，我们着重从体制、经济等苏联国内问题，分析赫鲁晓夫下台的真正原因。

（一）从政治体制角度看，赫鲁晓夫所犯的严重错误是背离列宁主义集体领导原则，把无限的权力集中在自己手里，但又不善于、不正确地运用这权力。这就造成这样的状况：对带有根本性的重大的内外政策问题，中央集体无法进行自由的、切实的讨论。赫鲁晓夫公然无视党与政府领导集体的意见，不再考虑其他领导人的主张，不把任何人放在眼里，力图建立他的个人专政；赫鲁晓夫自以为绝对正确，骄傲自满，毫无根据地企图充当马克思列宁主义的伟大理论与实践家；他到执政后期，尽量摆脱苏共中央及其主席团的监督；在工作中，不尊重别人，极端粗暴，为所欲为，任性，心胸狭窄和热衷于发号施令；赫鲁晓夫的个人迷信虽未最后形成，正处于形成过程中，处于复发阶段……一句话，在苏共中央"形成了

---

① 参见王泰平主编：《中华人民共和国外交史》（第二卷），世界知识出版社 1998 年版，第 259—260 页。

一种令人不能容忍的局面，使得中央主席团不能正常地进行工作"①。正是在这种情况下，苏共中央主席团不得不下决心让赫鲁晓夫离开领导岗位。

我们不禁要问，赫鲁晓夫上台后就把很大精力花在反对斯大林个人迷信，揭露其独裁政治产生的严重弊端问题上，后来，他为什么又走斯大林的老路呢？斯大林的一些不良品质又在赫鲁晓夫身上得到反映呢？在波利扬斯基起草的报告中，对此做了一些分析。事情的发生也是有个过程的。斯大林去世后，苏共"一面揭露对斯大林的个人迷信，一面遵循列宁的警告，并没有立即委托给赫鲁晓夫同志无限的权力。初期他仅仅领导苏共中央，担任苏共第一书记。在这一时期，尽管他犯过一些错误和失误，总的说来还是相当谨慎地使用权力，尊重领导人集体的意见的。因此，当 1957 年推举部长会议主席人选时，党中央委员会提名赫鲁晓夫，认为他在这方面也会正确地使用权力。他当时的行为没有引起人们的担心。此外，当时允许这种权力集中还出于一些国内和国外形势的考虑。""我们党及其中央委员会，在推举赫鲁晓夫同志担任苏共中央第一书记和苏联部长会议主席之后，不断地对他表示关注，使他能够出色地履行这些崇高的职责，少犯错误，少出差错，使他的威望不断提高和巩固。的确，由于苏共中央委员会和全党的努力，为他树立了不小的威望。""对斯大林个人迷信的拥护者向党发动进攻的那个时期。当然，他们也向赫鲁晓夫同志发动了进攻。我们在反击的过程中，按照斗争的逻辑，不得不说许多赞扬赫鲁晓夫的话，而且那时又不能批评他。看来，他由此得出关于他本人的、完全不正确的结论。"这里可以看到，在高度集权的政治体制没有触动的情况

---

① 引自俄罗斯联邦总统档案馆 3 号全宗，67 号目录，223 号案卷。

下，在党内没有民主、对最高领导缺乏监督机制的条件下，起初沿着正确路线前进的赫鲁晓夫，也会逐渐背离这条路线，"这首先是权力过分集中在一个人手中的结果。""权力集中在一个手中，势必潜伏着产生严重危险的可能性。"①亚·尼·雅科夫列夫对此说道："人是脆弱的：绝对的权力使人绝对腐败。"②说得多有哲理啊！

（二）从经济体制改革角度看，由于改革未取得成功，使得经济状况呈现恶化的趋势并出现了混乱的局面。下面根据波利扬斯基的报告材料做些分析。③

1. 一些国民经济综合指标下降。根据苏联科学院经济研究所提供的材料，社会总产值从 1956 年到 1963 年 8 年间，增长速度降低了一半（详见表 9-1）

社会总产值下降情况　　　　　　　　表 9-1

年份	年均增长率（%）
1950—1953	10.6
1953—1956	11.1
1956—1959	8.9
1959—1962	6.9
1962	6.0
1963	5.0

国民收入指标也出现了下降，直到 1964 年初，在 8 年中国民收入增长速度降低了三分之二（详见表 9-2）。

① 引自解密档案材料，俄联邦总统档案馆 3 号全宗，67 号目录，223 号案卷。
② ［俄］亚·尼·雅科夫列夫著，徐葵等译：《一杯苦酒——俄罗斯的布尔什维主义和改革运动》，新华出版社 1999 年版，第 18 页。
③ 表 9-1、表 9-2 和其他材料，引自解密档案材料，俄联邦总统档案馆 3 号全宗，67 号目录，223 号案卷。

国民收入下降情况　　　　　　　　表 9-2

年份	年均增长率
1950—1953	11.0
1953—1956	12.0
1956—1959	8.9
1959—1962	6.9
1962	6.0
1963	4.0

2. 一些重要的质量指标不断恶化。以固定资产的利用指标为例，在七年计划[①]的四年当中，整个国民经济中的上述指标降低了9%，而在农业当中甚至降低了21%。劳动生产率也不断下降。1950—1955 年，工业中劳动生产率年均增长 7.8%，而在七年计划的年份里，工业劳动生产率年均增长实际下降到 5.6%，1962 年为5.5%，1963 年为 5.2%。

3. 农业生产形势严峻。按七年计划规定，1959—1963 年农产品的年均增长速度应为 8%，而实际上，前 4 年的年均增长速度为1.7%，1963 年则为负增长，按价值计算的总产量低于 1958 年的水平。五年中，国营农场的农产品成本理应降低 2.1%，实际上却提高了 24%。严重缺粮和缺饲料，导致大量屠宰牲畜，结果是使肉、油、蛋及其他产品严重匮乏。到 1964 年，肉类产品在各地几乎普遍出现长时间脱销。在 1963 年苏联国内甚至连面包供应都发生了严重的困难。为此，赫鲁晓夫甚至建议实行粮食凭卡供应制度。后来动用了 860 吨黄金，从加拿大和美国进口粮食，另外还动用了国家的国防储备粮，才未实行凭卡供应粮食制度。

_____

① 1959 年召开的苏共二十一大通过的 1959—1965 年国民经济七年发展计划。

通过农业改革提高农业工作人员对物质利益的关心问题，也未能得到很好的解决。1958 年，集体农庄一个人日劳动报酬所得的货币与实物报酬合计为 1.56 卢布，而到五年后的 1963 年，仅增加到 1.89 卢布。

从赫鲁晓夫执政后期来看，苏联经济的发展状况，远没有达到改革所预期的目标。

总之，到赫鲁晓夫执政后期，他已处于极其困难的境地。"当时许多人都已感到赫鲁晓夫及其政策已经到了穷途末路、空转打滑、毫无作为的地步，虽然他离开了习惯了的斯大林政策的此岸，但无论如何也不能找到彼岸。换句话说，他失掉了人们对他的信任和个人的声望……因此，在关键时刻到来时，他没有得到任何人的支持。""鲜明的对比是，1964 年没有一个人上街维护赫鲁晓夫，而 1991 年成千上万的人起来支持戈尔巴乔夫和叶利钦，赤手空拳的群众挫败了世界上最强大的军队和秘密警察力量。"①

赫鲁晓夫是个矛盾人物，至今在我国学术界对他的评价仍存在不少分歧，直到今天还有人把苏联发生制度剧变的原因归结为三十多年前赫鲁晓夫揭露与批判了斯大林的个人迷信。这岂不是说中国通过改革从斯大林—苏联体制模式中解脱出来，是走错了。看来，"历史至今还没有对他（赫鲁晓夫——笔者注）勇敢走出的一步作出全面的和应有的评价"。②对赫鲁晓夫仍需要深入的研究。

---

① ［俄］格·阿·阿尔巴托夫著，徐葵等译：《苏联政治内幕：知情者的见证》，新华出版社 1998 年版，第 139、141、142 页。
② ［俄］亚·尼·雅科夫列夫著，徐葵等译：《一杯苦酒——俄罗斯的布尔什维主义和改革运动》，新华出版社 1999 年版，第 11 页。

勃列日涅夫时期的经济改革

于 1964 年 10 月 14 日下午召开的苏共中央全会上，在同意赫鲁晓夫"因年迈和健康状况恶化"而提出的解除他苏共中央第一书记、苏共中央主席团委员和苏联部长会议主席职务"请求"的同时，选举了勃列日涅夫为苏共中央第一书记。[①]12 月 9 日，苏联最高苏维埃举行会议，解除赫鲁晓夫部长会议主席职务，并通过了勃列日涅夫提出的由柯西金接任部长会议主席职务的建议。这样，通过一场真正的"宫廷政变"，结束了赫鲁晓夫时代。

一、第一阶段：调整与探索改革

勃列日涅夫执政十八年，时间之长仅次于执政三十年之久的斯大林。这十八年大致可分为两个阶段：从开始执政到 20 世纪 70 年代初为第一阶段；从 70 年代上半期到勃列日涅夫 1982 年逝世为第二阶段。在第一阶段，勃列日涅夫主要做三件事：一是调整赫鲁晓夫时期的政策；二是积极营造与巩固权力；三是探索改革与全面推行新经济体制。

---

① 1966 年 4 月 8 日起改称为总书记。

（一）调整赫鲁晓夫时期的政策。

这里主要指勃列日涅夫上台后到 1965 年 9—10 月，即在通过全面推行新经济体制一系列重要决议之前这一期间，在政治经济方面所采取的一些政策。

赫鲁晓夫下台时，苏联社会经济处于混乱状态。勃列日涅夫上台后，面对当时苏联的状况实行的政策是：在不使苏联社会发生大的波动的前提下，尽快对赫鲁晓夫时期的一些具体政策进行调整和纠偏。勃列日涅夫为首的新领导班子一上台，就一再强调赫鲁晓夫时期召开的苏共二十、二十一和二十二大所确定的路线方针不变。勃列日涅夫第一次向公众亮相是在 1964 年 10 月 19 日出席欢迎宇航员大会上。在会上他说："我们党第二十次、第二十一次和第二十二次代表大会所制定的我们党的总路线是列宁主义的路线。它过去、现在和将来都是共产党和苏联政府整个对内外政策唯一的、不可动摇的路线。党认为自己的最高目标是为人民服务，加强我们社会主义祖国的威力，提高它的荣誉和威信，始终如一地、坚定不渝地贯彻马克思列宁主义的伟大思路。"[1]勃列日涅夫之所以一再公开做以上的表态，一个重要的原因是，当时国内外有相当多的人，对赫鲁晓夫的被废黜，新领导会不会改变苏共二十大反对斯大林个人崇拜的立场和政策感到不安和疑惑。当时，苏共内部确实也存在为斯大林主义恢复名誉、主张回到内外政策的陈规旧套方针的人。[2]在这种情况下，勃列日涅夫上台之初，为了在重大政治问题上不出现大的反复，明确表明坚持赫鲁晓夫执政

---

① 《勃列日涅夫言论》第一集，上海人民出版社 1974 年版，第 4 页。

② ［俄］格·阿·阿尔巴托夫著，徐葵等译：《苏联政治内幕：知情者的见证》，新华出版社 1998 年版，第 164—165 页。

时期三次代表大会制定的路线方针是必要的。正是在这种背景下，1966年3月召开的平淡与保守的苏共二十三大，在官方文件中还不时提到二十大和二十二大。并且，勃列日涅夫还考虑到，应当把人们的注意力引到发展经济等问题上来。在第一次亮相会上，他说："党认为国内政策的主要任务是：发展我国社会的生产力，在此基础上不断提高苏联人民的福利，大力发扬社会主义民主。我们党希望苏联人民一年比一年生活得更好，更有保障，更有文化，希望人民充分发挥主动性。"[1]

但在保证社会稳定和安定人心的条件下，为了克服赫鲁晓夫执政时期造成的混乱，勃列日涅夫又必须对其前任的一些重要政策进行批判、调整与修改。这除了在撤销赫鲁晓夫职务的1964年苏共中央十月全会所做的批判外，勃列日涅夫上台后，在苏联报刊上对赫鲁晓夫不点名的批判还在继续进行。10月17日《真理报》发表题为"苏共不可动摇的列宁主义总路线"一文指出："列宁式的党反对主观主义和在共产主义建设中采取放任自流的态度。裙带关系，草率的结论，鲁莽冒失的、脱离实际的决定和行动，吹牛皮说大话，根本不顾科学和实际经验已经研究出来的结论，凡此种种都和列宁式的党格格不入。共产主义建设是个生气勃勃的创造性的事业，它不能容忍官府衙门的工作方法，个人单独作出决议，不能容忍无视群众实际经验的态度。"后来，"唯意志论"和"主观主义"成为苏联报刊用来批判赫鲁晓夫的代名词。

政策的调整与修改突出反映在以下几个方面：

1. 1964年召开的苏共中央十一月全会通过决议，决定重新恢复按地区生产特征建立统一的党组织与领导机关，取消赫鲁晓夫时期

---

① 《勃列日涅夫言论》第一集，上海人民出版社1974年版，第4页。

以生产原则为基础分别成立的工业党组织与农业党组织。

2. 考虑到赫鲁晓夫执政后期，党的集体领导原则遭到严重破坏，勃列日涅夫上台后，也像赫鲁晓夫上台初期一样，强调要恢复被斯大林破坏了的集体领导原则。

勃列日涅夫执政初期比较谨慎，在一段时期内他与部长会议主席柯西金和最高苏维埃主席波德戈尔内（他是在年满 70 岁的米高扬于 1965 年 12 月辞职后接任该职务的）三人，形成了被称之为三驾马车的、体现最高权力的集体领导架构。另外，勃列日涅夫上台不久，就通过决议，规定苏共中央第一书记和苏联部长会议主席职务"永远分离，不得兼任"。但后来的实际情况证明，当勃列日涅夫地位日益巩固，三驾马车的构架也逐步解体，集体领导不复存在，最后也发展到个人崇拜。因为在高度集权的体制下，党内缺乏民主，集体领导很难实现，最高领导凌驾于政治局之上的局面也很难解决。

3. 改变党的作风，强调民主与法治。

这主要是针对赫鲁晓夫时期"唯意志论"、草率决定重大问题等弊端提出来的。勃列日涅夫在庆祝十月革命四十七周年大会上的报告中强调："不大力提高群众的创造性，不发扬社会主义民主，是不可能建立共产主义的物质技术基础。""我们的制度保障劳动人民享有广泛权利和政治自由。党和国家将警惕地捍卫这些权利和自由，恪守社会主义法制。"[①]

以上三个方面的调整，主要涉及政治领域一些重要问题，这对以后有序地开展经济改革是十分重要的条件。

---

① 《勃列日涅夫言论》第一集，上海人民出版社 1974 年版，第 5、23 页。

4. 在农业方面采取一些应急的纠偏政策。

勃列日涅夫一上台，对农村个人副业即采取措施，决定取消赫鲁晓夫时期的种种限制性规定。为此，苏共中央1964年10月27日通过《关于取消对集体农庄庄员、工人和职员个人副业的不合理限制的决议》。苏共中央委托加盟共和国党中央和部长会议，审议和解决关于取消最近几年实行的对集体农庄庄员、工人和职员（在农村、城市和郊区）个人副业中生产农产品的限制的问题。1965年4月1日，苏共中央和苏联部长会议通过《关于向集体农庄提供财政帮助的决议》。目的是为进一步增加农产品产量、增加集体农庄公有基金和收入，为提高集体农庄庄员的物质兴趣创造条件。[1]在全面推行新经济体制之前，勃列日涅夫为加强农业采取了不少措施，通过了不少决议。仅1965年4月1日，苏共中央和苏维埃部长会议就通过了《关于1966—1970年供应农业拖拉机、农业机器、运输工具、挖土技术设备和化肥》、《关于1966—1970年发展农业的基建投资》、《关于1966—1970年农产品收购计划》、《关于提高集体农庄和国营农场对增加肉类产品量和国家交售量的物质兴趣》和《关于土地已交给国营农场及其他企业及组织的前集体农庄成员的优抚保障》等决议。

（二）积极营造与巩固权力。

尽管很多人认为，勃列日涅夫是个能力弱的人，但在苏联那种高度集权统治下培养出来的领导人，都懂得如何保持自己的个人领导权，在这方面勃列日涅夫也不例外。十分了解勃列日涅夫的（在

---

[1] 参见《苏联共产党和苏联政府经济问题决议汇编》第五卷，中国人民大学出版社1983年版，第631页。

"二战"期间与其共事的）阿尔祖马尼扬是这样描述新上任的第一书记的："这个人在权力斗争和安插干部方面是不用别人去教他的。"①

在勃列日涅夫看来，对他构成威胁的第一位人物是谢列平。此人在赫鲁晓夫时期受到重用，是赫鲁晓夫最为信任的人，但他也是密谋推翻赫鲁晓夫的主谋之一。谢列平野心很大，在他眼里勃列日涅夫只是个过渡性人物，将很快被他取代。当时，谢列平已成为主席团成员、中央书记、党和国家监察委员会主席与部长会议第一副主席，而且，他比勃列日涅夫小12岁。勃列日涅夫感觉到了这些威胁，并着手削弱与打击谢列平，最后，谢列平于1975年被撵出苏共中央政治局、免去苏联工会中央理事会主席的职务。

柯西金是一位较有文化修养与学识的人，还是较能接受新经济思想的人。后来随着经济体制的推行，他的影响日益扩大，又是经济政策的主要制定者。1964年赫鲁晓夫下台后，柯西金任苏联部长会议主席的头几年，他的地位是巩固的，再说他与党内握有实权的、任最高苏维埃主席的波德戈尔内有良好的关系，因此，勃列日涅夫上台执政后形成了三驾马车的集体领导体制。但时间不长，在1966年3月召开的苏共二十三大上，波德戈尔内被免去了中央书记处书记的职务，只留了一个最高苏维埃主席的虚职。与此同时，一批保守的、主张废除苏共二十大、二十二大有关反斯大林个人崇拜的决议的人如契尔年科、吉洪诺夫、谢洛科夫等，纷纷进入最高权力圈。随着改革的推行，主张改革和反对改革之间的斗争也随之展开，勃列日涅夫与柯西金的矛盾加剧。1965年5月17日《真理报》发表了斯捷潘诺夫②的文章说，改革的胜利就意味着"土豆烧

---

① [俄]格·阿·阿尔巴托夫著，徐葵等译：《苏联政治内幕：知情者的见证》，新华出版社1998年版，第154页。

② 当时任《共产党人》杂志主编。

牛肉的共产主义到来"与"马克思主义的末日",明显反对柯西金的改革主张和支持改革的人。5月21日,主张改革的柯西金的支持者、《消息报》主编斯捷帕科夫发表文章反击说:"一张工程师文凭并不是一切","当一个领袖,需要具有比某一技术或经济领域专门知识更多的东西,必须用组织的才能,对领袖的政治作用的正确理解和动员人民的能力来补文凭之不足……"文章明显是指勃列日涅夫。后来,《真理报》与《消息报》两个主编都被解职。这亦说明,当时勃列日涅夫不敢偏袒《真理报》的主编,还必须顾及柯西金的地位。但后来权力斗争的总趋势使勃列日涅夫地位不断加强,权力日益集中在他手里,反改革的保守势力一步一步地滋长。随后,勃列日涅夫与柯西金之间在经济政策乃至对外政策方面不断出现分歧,最后以1979年3月柯西金辞职告终。

(三)探索改革与为全面推行新经济体制做准备。

勃列日涅夫上台后,在调整赫鲁晓夫时期的政策与巩固自己权力的同时,出于国内经济面临种种问题的压力,也看到东欧各国都在推行经济体制改革,因此,在他执政的第一个阶段,对经济体制的改革持积极支持的态度。这一阶段的改革从时间先后的进程看,主要是在以下三个方面展开的。

1. 对赫鲁晓夫后期酝酿的经济改革继续进行试验。

勃列日涅夫上台后在采取一系列调整政策时,并未全盘否定赫鲁晓夫时期经济体制改革,也并不像有些学者所说的:"直到1964年末,赫鲁晓夫的许多改革——不论好坏——全被废除了。"[①]勃列

---

① 〔西德〕米夏埃尔·莫罗佐夫著,张玉书等译:《勃列日涅夫传》,生活·读书·新知三联书店1975年版,第346页。

日涅夫没有完全否定改革的必要性。他在 1964 年 11 月 6 日庆祝十月革命 47 周年大会上的报告中指出："在发展生产方面，我们必须广泛地采用经济刺激，这一点现在比任何时候更明显了。经济杠杆应该促使企业更好地使用生产基金，更节约地耗费原料和材料，更快地运用新技术，完善所生产的产品和提高每个企业的劳动生产率。""完成这些任务有助于保证把整个社会的利益同每个生产单位和每个劳动者的物质利益正确地结合起来。"作为主管经济的苏联部长会议主席，柯西金也一再强调，必须改善现行的经济管理体制和提高经济刺激对生产的作用。1964 年 12 月 9—11 日他在第六届苏联最高苏维埃第五次会议上说："扩大企业经营独立性、扩大企业经理、车间主任、工长的权力，采用经济核算，规定有经济根据的价格，提高利润的作用和物质鼓励是加速发展苏联经济的条件。"上述讲话可以说明：他们上台后并没有忽视经济改革的紧迫性，并在探索与酝酿下一步苏联经济改革的方案；也反映出今后经济体制改革的大体思路，例如，要使经营方法符合已达到的生产力发展水平，扩大企业权限，加强物质刺激和提高利润的作用等。

与此同时，苏共中央和苏联部长会议为了制定新的经济改革方案，继续进行赫鲁晓夫在 1964 年夏天已进行的"利别尔曼建议"的试验。1965 年 1 月 1 日，苏联最高国民经济委员会决定，在莫斯科、列宁格勒等十个大城市的全部缝纫和制鞋企业，以及哈萨克、摩尔达维亚、中亚细亚与外高加索各共和国的 400 家轻工业企业和 128 家纺织与皮革厂，推行根据商业部门直接订货进行生产的试验。试行新制度的企业，其经理有权根据订货者的需要改变计划，规定总产量、工资基金和工作人员人数等。产品销售量与赢利成为企业的两项主要计划指标。1965 年 1 月 13 日，《真理报》公布，又有 336 家企业进行改革试验。据《经济报》统计，在 1965 年，莫斯科、列宁格勒、高尔基与其他一些城市，31%的服装企业、17%的纺织工业企业、10%的皮革业试行利别尔曼改革方案。

伏尔加国民经济委员会化学和机器制造厂、中央黑土地带经济区机器制造厂、吉尔吉斯国民经济委员会房屋家具厂等企业，由1965年开始，对建造、改建与扩建现有企业所需的投资，试行由原来的财政拨款改为贷款，其目的是通过贷款的方式加强对工程的监控，以促使工程缩短工期，加快投资回收和降低造价。

1965年还先后通过了一系列有关部门与行业进行改革试验的决议。

以上改革试验与通过的决议说明：一是赫鲁晓夫下台后，"利别尔曼建议"改革方案的试验一直未停止过，并且试验涉及的部门很多；二是改革试验的中心内容是一样的：扩大企业在计划方面的自主权，用利润和奖金来加强工作人员的物质利益，从而达到增加生产和提高经济效益；三是在试验过程中，不断总结，积极酝酿改革新方案，并准备全面推行经济改革。

2. 抓农业改革。

在全面推行新经济体制前，勃列日涅夫上台后不得不先抓农业改革，这是因为：第一，一开始勃列日涅夫在农业方面只是采取了一些应急的纠偏措施，并没有重大改革措施，因此不可能解决赫鲁晓夫执政后期留下的严重农业问题。第二，农业停滞导致市场供应紧张，从而影响社会稳定，这不利于全面推行经济改革。在上述背景下，勃列日涅夫决定于1965年召开苏共中央全会，集中讨论了赫鲁晓夫下台时苏联面临的农业形势，分析当时存在的问题及解决问题应采取的措施。全会通过了《关于进一步发展农业的刻不容缓的措施的决议》。

勃列日涅夫自这次苏共中央全会后，在农业方面采取了以下的政策与改革措施。

（1）实行固定收购和超计划交售奖励的制度。在赫鲁晓夫时期，国家收购农产品的计划是每年下达一次，并且下达的时间过晚，在征购过程中还经常发生变更与追加收购任务。这样影响了农庄、农场的主动性和积极性，使他们不能正确地计划自己的生产。为此，1965年召开的苏共中央三月全会提出了实行若干年的收购农产品固定计划。后来规定五年不变的收购计划，并且降低收购计划指标。[①]同时，为了使国家能得到满足需要的农产品，实行奖励超计划交售农产品的办法。具体做法是，凡是农庄、农场超过固定收购计划指标后交售给国家的农产品，国家按比收购价格高出50%的价格收购。

（2）提高农产品收购价格。赫鲁晓夫执政时期也不断提高农产品的收购价格，但在他执政后期工业品价格也随之提价，从而使农业生产费用不断增加，造成收购价格不能抵偿生产成本。勃列日涅夫上台后，一个重要的改革措施是提高农产品收购价格。从1965年至1979年，农产品共提价七次（分别为1965、1969、1970、1975、1976、1978和1979年）。这样做，有利于社会稳定，但也出现一些问题：一是某些农产品收购价格超过了零售价格水平，出现了倒挂，从而产生一些极不正常的情况，如近郊农民拿着大麻袋到城市大量购买面包用于喂猪；二是财政补贴不断增加。1961—1965年苏联国家财政为此支出的补贴额为87.9亿卢布，占同期国家预算支出的2%；1971—1975年为860亿卢布，占9.2%。

（3）国营农场推行完全经济核算制。1967年4月13日通过了苏

---

① 《苏共中央三月全会速记记录》（1965年3月24—26日），世界知识出版社1966年版，第10页。

共中央和苏联部长会议《关于国营农场和其他国营农业企业改行完全经济核算制的决议》。农场完全经济核算制主要内容包括以下两个方面：一是扩大农场的经营自主权。为此，缩减了上级机关对这些农业企业规定的计划指标。二是改革利润分配和使用办法。在改革前，国营农场与整个国营工业企业一样，大部分利润上缴国家预算。改行完全经济核算制的农场，可以把大部分利润留为自己支配，而不是上缴预算。

（4）增加农民个人物质利益。在这方面采取的重要措施是改革农庄劳动报酬制度。农庄庄员的劳动报酬制度虽经多次改革，但其基本办法是按劳动日计酬。这种计酬制度，一是报酬水平低；二是庄员收入不稳定并得不到保障。1966 年 5 月 16 日，苏共中央和苏联部长会议通过了《关于提高集体农庄庄员对发展公有生产的物质兴趣的决议》，决定从 1966 年 7 月 1 日起，按照国营农场相应工种职工的工资标准，对庄员实行有保障的劳动报酬制（发给货币与实物）。农庄参照国营农场同类工作的现行工作定额，结合本身的具体条件，制定庄员工作定额。除了按完成工作量发给庄员有保障的劳动报酬外，还按他们劳动的最终成果（按生产的产品数量和质量或按实际总收入）发给劳动报酬。

这是苏联对农庄庄员劳动报酬制度的一次重大变革，它表现为从劳动日为基础的报酬制转为等级工资奖励制，从以实物为主转为货币现金为主。这一改革明显地提高了庄员的收入水平；在相当程度上满足了庄员按月获得现金收入的要求；固定等级工资与按最终成果发给奖金相结合，有利于促进庄员对生产与改善经营管理的关心。

（5）在农村试行和推广小组包工奖励制。赫鲁晓夫时期已进行过机械化小组包工包产制度。勃列日涅夫上台后以小组包工奖励制形式逐步加以推广。简单地说，就是实行分田到组，包工奖励的制度。它的最大特点是把劳动者的报酬与最终成果紧密联系起来。包工小组拥有一定数量的生产资料（土地、拖拉机与其他机器设备）和固定的人员，人数视生产的条件而定，从几人到几十人，小组领导人经选举产生。包工小组实行内部经济核算，要包产包工包费用，多产多得，节约为己。试行这一制度的农庄农场，在产量、劳动生产率和利润等方面，都取得了较大的效果。

但在推行这一制度过程中遇到的困难与阻力很大，一是农庄农场领导人不愿因实行这一制度而丧失自己的权力，也不愿为自己的工作"增添新的麻烦"；二是小组包工奖励制本身也不完善，一系列数据与标准计算起来很麻烦，从而难以准确反映小组内每个人的劳动贡献，容易发生纠纷；三是受到整个农业体制的制约，如计划、物资技术供应体制在未改革前，很难适应小组包工奖励制的要求。

（6）对农庄成员实行社会保障与保险制度。在1964年之前，从法律上讲，国家对农庄庄员生老病死并没有规定给予保障。1964年7月15日苏联最高苏维埃通过了《集体农庄成员优抚金和补助金法》，规定国家在集体农庄中设立养老金、残疾优抚金、丧失赡养人员优抚金以及女庄员的妊娠生育补助金，从而实行更稳定的社会保障制度。法律规定的优抚金和补助金，用农庄和国家的资金来支付，不得从农庄庄员收入中扣除。几经变更后，农庄的社会保障与保险基金，三分之一来自农庄，三分之二来自国家预算拨款。1965—1982年，按法律规定领取优抚金（主要是养老金）的农庄庄员人数由800万人增加到1080万人。

（7）增加农业投资。苏联1982年的农业投资比1965年增长了2.1倍，而同期，整个国民经济的基建投资总额增长了1.57倍。从

1973 年开始到勃列日涅夫逝世，农业投资在整个国民经济的基建投资总额中一直占 27% 左右。如果把与发展农业直接有关的化肥、农药、农机、混合饲料、微生物工业部门的投资计算在内，农业投资要占整个国民经济投资总额的 30% 以上。这一时期苏联对农业投资的数额，在世界各大国中居首位。[①]

（8）积极发展跨单位合作与农工一体化。这一组织形式始于 60 年代中期，并被视为苏联农业生产组织发展的基本方向。其主要目的是使农业进一步加深专业化，把各单位的力量联合起来，广泛利用科学技术进步的成就，以利于合理利用土地、劳动、技术设备以及集约化的其他因素，并在此基础上加速提高农业生产的产量和效率。这也就要求农业与工业部门之间联系更加紧密，形成一个有机的综合体，即农工综合体。这种综合体，基本上有两种形式：一是农工企业。它是农场、农庄和工业企业联合从事农畜产品生产和加工的企业。农工企业有统一的经营领导，农场的场长同时也是企业领导人，农工企业有统一的资产负债表，是法人。农工企业以生产水果、蔬菜与罐头的居多。二是农工生产联合公司。它是由若干农业企业与在生产上和农业有关的从事加工、废物利用、农产品保管及包装的企业和生产单位组成的。后来经过不断发展，出现了一些规模更大、社会化程度更高的农工生产联合公司。

二、第二阶段：全面推行新经济体制

勃列日涅夫在对赫鲁晓夫后期已酝酿的经济改革继续进行试验以及对农业改革的基础上，决定在工业部门推行新经济体制。

---

① 陆南泉等主编：《苏联兴亡史论》，人民出版社 2004 年修订版，第 633 页。

（一）改革的原则与目标。

1965 年苏共召开中央九月全会，时任苏联部长会议主席的柯西金在会上做了《关于改进工业管理、完善计划工作和加强工业生产的经济刺激》的报告。[1]1965 年 9 月 29 日苏共中央通过了相应的决议，决定推行新经济体制。决议提出，苏联工业管理体制之所以需要进行改革，是因为"工业中现行的管理组织结构、计划工作和经济刺激的方法，不适合现代条件和生产力发展的水平"；"在工业领导中也有严重缺点，那就是喜欢用行政方法，而厌弃经济方法。企业经济核算大多徒具形式，企业在经济活动方面的权利受到限制"；"给企业工作规定条件，但同时却妨碍了部门专业化和不同经济区企业之间合理的生产联系的发展，使科学远离生产，导致工业各部门领导的分散和层次繁多，使工作失去效能"。[2]

为了消除工业管理体制中存在的上述种种问题，并达到工业改革的目的，柯西金在报告中指出："这一切只有在集中的计划领导同企业和全体职工的经营主动性相结合、同加强发展生产的经济杠杆和物质刺激相结合、同完全的经济核算制相结合的情况下，才能达到。这样，经营管理体制才足以适应提高生产效率的任务。"

1965 年 9—10 月，苏共中央与苏联部长会议通过了《关于改进工业管理》、《关于完善计划工作和加强工业生产的经济刺激》、《社会主义国营生产企业条例》等一系列决议。可以认为，这些经济改革决议是勃列日涅夫时期所进行的各种改革的基础，以后的各种改革措施，都是这次改革的继续和修补。

---

[1] 由于全面推行新经济体制是由柯西金直接主持的，因此往往亦称之为柯西金改革。
[2] 《苏联共产党和苏联政府经济问题决议汇编》第五卷，中国人民大学出版社 1983 年版，第 667—668 页。

勃列日涅夫时期一直强调，改革要遵循以下三项基本原则进行：一是扩大企业经营管理的自主权，以利于提高企业的主动性和积极性；二是管理经济由行政方法与经济方法相结合，逐步转向以经济方法为主，加强经济杠杆作用；三是贯彻国家、企业和个人三者利益结合的原则。这三条，既是实行新经济体制的原则，也是改革要达到的目标，同时也是达到提高经济效率、克服经济增长率下降的主要措施。

（二）围绕改革目标采取的主要政策与措施。

首先，重新建立部门管理体制。柯西金在 1965 年苏共中央九月全会的报告中说，从 1957 年工业和建筑业大改组后，"随着时间的推移，工业管理开始出现巨大的缺点。工业部门在生产技术方面是一个统一的整体，但对它的领导，却分散在许多经济区，因而完全遭到破坏"。"实际上，没有一个统一的机关能够通盘地审查和解决部门的发展问题。"[①]1965 年苏共中央九月全会通过的决议中也明确指出：为了克服按地区性原则管理工业原则所产生的弊端，"必须按部门原则组织工业管理，按工业部门成立联盟兼共和国部、全联盟部"[②]。9 月 30 日通过的《关于改进工业管理》的决议，就是集中解决重建工业部门管理体制问题。决议重申："必须按部门原则组织工业管理，把领导有关工业部门的企业、科学研究组织、设计组织和支配拨给它们的物质资源和财政资源的工作，集中在统一的联盟兼共和国机关或全联盟机关进行。"决议认为，这样组织工业管理有利于："加强工业部门，使其成为国民经济中最

---

① ［苏］《真理报》，1965 年 9 月 28 日。
② 《苏联共产党和苏联政府经济问题决议汇编》第五卷，中国人民大学出版社 1983 年版，第 668 页。

重要的生产技术和经济综合体；保证该工业部的生产领导、发展科学技术的领导和经济领导的统一，改进物质资源和财政资源的使用；提高经济因素在工业企业工作中的作用；消灭现有的管理机关层次繁多的现象和它们工作中的重复现象，提高工业管理机关工作人员对他们所担负的工作的责任感。"①

在重建工业部的同时，决议决定：撤销苏联部长会议所属的苏联最高国民经济委员会、苏联国民经济委员会、共和国国民经济委员会和经济区国民经济委员会。同时，苏联国家计划委员会和国家建设委员会改为苏联部长会议直接领导，并设立国家物资供应委员会。

经过上述改组，苏联工业管理体制大体上又恢复到1957年赫鲁晓夫大改组以前的状况。当然，区别还是有的。最重要的是，1965年恢复部门管理是在推行新经济体制的大前提下进行的，这一改革涉及的内容十分广泛，而绝不是像赫鲁晓夫1957年大改组时那样只在"条条"和"块块"上兜圈子。它需要充分考虑推行新经济体制的要求。例如，新条件下恢复和发展部门集中管理，不应妨碍调整国家与企业关系和扩大企业自主权。1965年苏联在恢复部门管理原则时，还是十分注意发挥共和国和地方积极性的，力图"把集中的部门管理同共和国和地方的广泛的经营主动性结合起来"②。1965年改组后到1970年，加盟共和国（包括地方）所属工业产值与联盟所属工业产值一般各占50%左右。

其次，在加强经营独立性与经济刺激方面实行的改革措施，主要内容有：

---

① 《苏联共产党和苏联政府经济问题决议汇编》第五卷，中国人民大学出版社1983年版，第674页。
② 同上书，第669页。

一是改革计划体制。这主要涉及两项内容：

（1）扩大工业企业的经营自主性，减少上级组织为企业规定的计划指标的数目。国家给企业下达的指标，由赫鲁晓夫时期的八类二十多项减为六类九项。

（2）考核指标的变革。1965年前，考核工业企业工作的指标主要为总产值和成本两项。1965年实行新体制后考核指标改为产品销售额、利润与盈利三项。

二是企业利润分配制度的改革。1965年改行新经济体制的一个极为重要的目的，是调整或者说理顺国家、企业和职工三者之间利益关系。而要做到这一点，一个重要内容是如何合理地分配和使用企业创造的利润。这必然涉及经济关系中的一个重要关系——利益关系。正如恩格斯指出的："每一既定社会的经济关系首先表现为利益。"[①]

1965年企业利润分配制度的改革，主要涉及国家财政与企业的关系，即利润上缴财政制度与财政对企业拨款制度的改革；企业基金的建立和使用制度。改革的主要措施有：

企业向预算缴款制度的改革。1965年之前，苏联企业一直以周转税和利润提成两个渠道向预算缴款。由于周转税是商品价格中硬性规定的一部分，它不取决于企业降低产品成本和积累计划的完成情况，因此，它可以保证预算收入的稳定性。企业把创造的纯收入通过周转税渠道上缴预算后，把纯收入的另一部分以利润提成渠道上缴预算，提成率最高可达81%。由于提成率过高，使得企业的全部利润（除了少量用作鼓励基金外）都缴入了预算，这自然会影响企业及职工的积极性。这种企业利润缴纳制度在1965年前，没有发

---

① 《马克思恩格斯选集》第三卷，人民出版社1995年版，第209页。

生重大变革。

1965年实行的经济改革，把解决国家与企业利益相结合的问题作为改革的一项重要任务，在调整国家与企业关系方面下了更多的工夫。

这一改革力图体现以下四个原则：

第一，要做到国家财政收入稳定增长，又要保证企业在上缴财政后仍保留有相当数量的利润；

第二，在改革企业上缴利润的制度和方法时，既要考虑到保证国家财政收入，又要考虑到能刺激企业关心改善经营管理；

第三，在分配和使用留归企业支配的利润时，既要考虑到企业发展生产的需要，又要考虑到提高职工物质福利的需要；

第四，在用留归企业支配的利润来提高职工物质福利时，要把集体福利与个人奖励两者结合起来，并要把个人奖励放在首位。

为了体现以上四个原则，对企业原有的两个渠道上缴财政制度做了重大改革。其主要内容是，把实行新经济体制的企业由原来上缴的利润提成改为三种缴款，即生产基金付费、固定（地租）缴款和闲置利润余额缴款。

基金付费。规定企业使用固定基金及定额流动资金的付费制度。具体提取办法是：根据企业生产固定基金（不扣除磨损）的原始价值和定额流动资金的年平均定额价值的一定比例即付费率（基金付费率一般规定为生产基金总额的6%），把一部分利润上缴预算。

实行基金付费制度，主要目的是促使企业改进生产基金的使用。过去企业无偿使用国家拨给的固定基金和流动资金，造成企业争投资、争资金，而争来以后又不能合理而有效地使用，形成积压和浪费。实行基金付费，还有利于使企业的权利和责任统一，企业一方面有权使用拨给的生产基金；另一方面又要对使用基金的效果负责。另外，还可以拉平不同企业生产经营的经济条件，生产设备好、基金占用多的企业势必多付费；反之，设备差、占用基金少的企业则少付费，这有助于按实际经营成果来考核企业。

基金付费就其实质而言，是企业与国家之间分配利润的一种形式。它同过去上缴利润的提成形式不同。利润提成完全取决于企业获得利润多寡，而基金付费不管企业利润多少，都要首先缴纳。企业只有从总利润额中扣除上缴的基金付费及其他缴款之后，才能提取企业经济刺激基金。这就使企业关心有效地使用基金，以最少的基金来完成生产计划。

固定（地租）缴款。这项缴款，主要是采掘和加工工业部门，因所处自然、地理、运输和其他条件的优越而获得的收入的一种缴款形式。采取这种缴款制度，可以把不是由于企业的努力而获得的那部分利润征入国家预算，同时可以消除赢利率悬殊，避免因赢利率过高而不关心改善经营管理的情况，也为客观地评价企业经济活动创造条件。

闲置利润余额缴款。这是最终使企业经营条件均等的一种利润缴款制度，其目的是把超出企业资金需要量的那部分利润征入国家预算。

三是国家财政对企业拨款制度的改革。长期以来，由于企业利润基本全部上缴，因此，基本建设投资主要靠国家财政的无偿拨款。勃列日涅夫时期进行经济改革时，强调基建投资的资金来源与企业经营活动结果之间要挂钩，并且有相当一部分利润留归企业，这样，基建投资的资金来源除了国家财政拨款外，还有一部分是企业自有资金和银行长期贷款。但是，财政拨款一直是企业增加固定基金的一项重要来源。

四是企业内部的利润分配和使用制度改革。

1965 年之前的企业基金或经理基金，在刺激企业集体和职工个人的生产积极性方面所起的作用是十分有限的。首先，由于基金数额太小，加上有半数的企业没有能力靠自身的利润来建立这项基金，所以，就很难发挥这项基金的刺激作用；其次，在基金形成制度方面又有严重缺点，即超计划利润的基金提成定额大大高于计划利润的基金提成定额，这就导致企业有意压低计划任务，为超额完成计划提供方便，以便更多地提取基金。

通过经济改革，一方面要着重解决使企业在人财物、产供销方面具有较大的自主权；另一方面，要加强对企业和职工的经济刺激，调整留归企业支配的那部分利润的分配和使用制度。勃列日涅夫力图通过改革建立各种经济刺激基金来调整企业与国家的关系。企业经济刺激基金包括：物质鼓励基金、社会文化措施和住宅建设基金及发展生产基金。

物质鼓励基金主要用于对工人、工程技术人员和职员进行奖励；支付给工人、工程技术人员和职工全年工作总成果奖金；对企业职工进行一次性补助。经济改革后，奖金在职工工资中的比重从 1965 年的 8.7%，后来逐步提高到 16%。

社会文化措施和住宅建设基金就其经济内容而言，属于社会消费基金的一种形式。所不同的是，一般社会消费基金是通过国家预算对国民收入再分配来形成的，它为全国居民服务；而企业设立的社会文化措施和住宅建设基金，是在一个企业范围内使用和分配的，是改善该企业职工劳动和生活条件的主要资金来源，它是靠该企业的利润提成建立的。

发展生产基金是专门用于改善和发展生产的基金。当时苏联认为，要加强企业的独立性和主动性，如果国家不给企业以足够的资金用于改进技术、改善经营管理，用于设备现代化，那么，就不能实现企业在经济上的独立性和主动性。另外还考虑到，随着科技进步，生产条件变化也很快，很多问题需由企业独立自主地解决，不能都依靠国家预算拨款，这也需要在企业设立专门的基金解决这一问题。

发展生产基金在经济刺激基金中的比重日益提高，后来占首要地位，1982年工业企业的发展生产基金占当年经济刺激基金总额的42.9%，它在刺激企业改进生产和经营方面起了一定的作用。

另外，为了适应扩大企业自主权与刺激其积极性的要求，在推行新经济体制时，苏联对物资技术供应体制与工业品批发价格制度也做了一些改革。

应该说，对长期实行高度集中的指令性计划经济体制、处在改革起步阶段的苏联来说，勃列日涅夫推行改革的三项原则与目标，具有合理性与必要性。勃列日涅夫一上台，为了调整经济结构，改变落后的粗放型的经济增长方式，尽快抑制赫鲁晓夫执政后期经济增长速度下滑的趋势，他对改革还是持积极态度的。由于这些因素，在勃列日涅夫推行新经济体制的"八五"计划时期，从总体来看，经济形势有所好转，一些综合性经济指标（除工业产值外）年均增长率要高于上一个五年计划，从"八五"计划时期的经济增幅来看，一些重要指标也高于上个五年计划，如社会总产值增加了43%（上一个五年为37%）；国民收入增长分别为45%与37%；农业产值增长分别为23%与12%。[①]俄罗斯学者菲利波夫对第八个五年计划的评价是，它"是作为斯大林时代以来最成功的一个五年计划载入苏联历史的"。他在分析上述成效的原因时指出："尽管犹豫

---

① 根据苏联有关年份公布的统计资料。

不决和保守主义不允许改革者的计划得以彻底地实施"，但"新办法开始在绝大部分工业企业实行，并波及运输业和其他一些国民经济部门"，因此，"到 1960 年代末期，还是取得了一些成就"。①阿尔巴托夫谈到这个时期时说，在勃列日涅夫执政"早期"，他懂得改革的必要："他与柯西金一起进行了在农业与工业方面的某些改革，使得第八个五年计划（1966—1970 年）成为我国历史上最好的一个五年计划。"②但俄罗斯学者都同时看到，这个时期的改革并没有使传统的体制发生根本的变化，后来，改革实际上停了下来。

① ［俄］亚·维·菲利波夫著，吴恩远等译：《俄罗斯现代史》，中国社会科学出版社 2009 年版，第 167 页。
② ［俄］格·阿·阿尔巴托夫著，徐葵等译：《苏联政治内幕：知情者的见证》，新华出版社 1998 年版，第 172 页。

勃列日涅夫时期经济改革停滞的原因

勃列日涅夫执政的头几年，改革取得了一些进展，社会经济情况较好，也在这一时期，随着其领导地位日趋稳固，他的一些亲信也逐步进入各级领导岗位。勃列日涅夫在执政初期对问题的处理持谨慎的态度，后来，他开始越来越自信并发展到自以为是，在这方面不少阿谀奉承者起了作用。依赖于旧体制获得与保持既得利益的官僚权势阶层，反对改革的影响力日益增强，而作为本质上较保守、怕承担责任，也从来不想对传统体制进行根本改革的勃列日涅夫来说，对改革的态度开始消极起来，后来实际上取消了改革。在1971年的苏共二十四大后，就不准用"改革"一词了，而改用"完善"一词，认为苏联对原有的体制不需要改革。俄罗斯学者说得好，这一改变是苏联向"停滞"过渡的标志。

一、经济体制改革停滞的突出表现

如果说，赫鲁晓夫时期的改革主要在"条条"与"块块"之间兜圈子，那么勃列日涅夫时期的改革，则是在减少还是增加几个指令性指标之间扭来扭去，一直迈不出大步。改革停滞在工业领域的突出表现是原来确定的改革三项目标未能实施。

首先，企业自主权问题未能取得实质性解决。经过改革，企业自主权有了一定程度的扩大，但并未得到实际解决，企业的地位并未发生根本性的变化。据苏联调查，大多数经理认为，改革的主要问题是，企业权限太小，企业条例中规定的一些权限经常遭到上级机关的侵犯。这一直是苏联改革过程中存在的主要矛盾之一。扩大企业自主权问题得不到实际解决的主要原因有：第一，从计划制度来看，尽管减少了下达给企业的指令性指标，但一些主要指标仍由国家控制。并且，减少下达指令性指标的数量，这毕竟只是量的变化，并没有使计划制度发生质的变化。第二，改革以来，企业的法律地位在理论上和实际上都未得到解决，企业实际上仍面对几十个"婆婆"，各上级机关不时地发出各种指示或某些禁令，但对企业执行它们的种种指示所需要的资金和条件却不加过问，而且对执行的后果也不负任何责任。第三，没有解决企业实现经营自主权的客观条件。在高度集中的管理体制下，极大地限制了企业经营自主权和主动性。

　　其次，经济方法在领导经济中作用十分有限。经过十八年的改革，并没有改变按老一套行政指令下达计划任务的做法。各种经济杠杆的作用往往被忽视，加上苏联长期存在的随意给企业下达指标的做法，使得计划难以符合市场需要等客观条件。苏联对经济改革过程中存在的问题，一般也是通过一些强制性的条例、法令等行政措施解决。在这样的条件下，经济方法在经济管理中的作用必然会受到很大限制。

　　第三，国家、企业和个人三者利益仍处于矛盾状态。从企业和职工的关系来看，主要是通过物质刺激制度来促进劳动者个人的生产积极性。经济改革后，苏联虽然建立了名目繁多的奖金，但奖金对职工的生产积极性并没有起多大作用。这是由于长期以来没有真正解决奖金与企业的最终成果挂钩问题，而且日益出现了平均主义的倾向，奖金慢慢成为固定的附加工资，另外，一些企业领导人，经常利用职权和非法手段捞取奖金。这些都使得奖金难以起到调整企业和职工利益关系的作用。从国家与企业的关系来看，由于行政方法领导经济仍然盛行，这就往往造成行政领导，强制企业违背自己的切身利益去从事他们认为社会需要的各种经济活动。其结果是，使企业活动在经济上的动机消失了，过多的是行政杠杆起作用。

以上分析说明，1965 年改革时确定的一些原则并没有实现，一些问题也未得到解决，因此，改革也就不可能达到预期的目标，收效不大。到勃列日涅夫执政后期，认为 1965 年的改革已经失败的议论多了起来。有的学者在《真理报》公开发表文章说："往往可以听到这样的议论，似乎经济改革已经失败，不得不放弃这一改革。"①西方学者对勃列日涅夫时期经济改革的评价比较一致：一方面认为，1965 年的经济改革完全是必要的；另一方面认为，这次改革和后几年实行的改革措施所带来的变化，只是触动了经济计划和管理的具体制度安排，但没有触动苏联经济运转机制。谈到改革成效时，西方的一般结论是：收获甚微。1977 年 12月美国中央情报局全国国际情况估计中心编写的以"苏联经济的组织与管理——无止境地寻找灵丹妙药"为题的研究报告，亦持类同看法。

在农业领域，勃列日涅夫一上台首先进行了改革，但原来高度集中的统制农业的思想与体制并没有大的变化。

首先，长期以来苏联农业生产力水平与生产关系不相适应的问题未能改变。"左"的生产资料越公越先进、生产规模越大越优越的

---

① ［苏］《真理报》，1977 年 11 月 10 日。

思想，在勃列日涅夫执政时期仍占统治地位。突出反映在不断合并集体农庄，把农庄改为国营农场。勃列日涅夫执政十八年间，集体农庄由 1965 年的 3.63 万个减至 1982 年的 2.64 万个，而国营农场由 1.1681 万个增加到 2.2 万个；对农业中生产资料公有制的两种形式——全民所有制的国营农场和集体所有制的集体农庄，实际上不加区分，国家对它们下达一样的指令指标，领导人实际上均由国家委派，不尊重农庄的自主权利。在理论上强调的是，加速集体所有制向全民所有制过渡。

其次，在管理体制方面，特别在农业计划制度方面，虽然在农业改革时明确规定国家只下达主要农产品的采购量，但实际上，农庄、农场并未摆脱上级机关的琐碎监督。仍然是从上到下，从共和国的部，经过州和区的机关，向农庄、农场下达播种计划、牲畜头数，甚至闹到向农庄下达母猪交配任务的荒谬程度。[1]在这样的情况下，农庄、农场的生产经营自主权只是一句空话。

三是农业劳动者实际上无权参与生产与经营活动。尽管勃列日涅夫上台后，亦曾批评由于农业劳动者无管理权，农庄理事会流于形式，从而影响生产者的积极性，但这个问题一直到勃列日涅夫1982 年逝世时也未发生实质性变化。苏联农业生产在自然、气候等十分多样化的条件下，特别需要农业生产者的主人翁态度，要给予他们作出决定的独立性和灵活性的可能。由于农庄农场缺乏真正的自主权，农业劳动者又没有民主决策权，在这样的情况下，物质刺激并不总是能把积极性刺激起来。

阿尔巴托夫对勃列日涅夫时期的体制改革所作的总体评价是："到这个时期，我国社会在斯大林专制的艰难年代中保存下来的向

---

① 参见〔苏〕《共产党人》，1982 年第 2 期。

前发展的潜力看来已经耗尽。而苏共二十大所激发的，而在随后的岁月中被保守主义的灭火队竭力加以扑灭的那股新的热情也已逐渐泯灭。1964年上台的领导人甚至不想去使国内政策恢复活力。经济方面的改革也是短命的，很快被我国历史上最盛行的无所不在的行政命令和官僚主义的管理作风和管理方法所代替。"①

二、经济体制改革停滞不前的原因

勃列日涅夫时期经济体制改革停滞不前，有着多方面的原因。

（一）必须充分考虑到苏联已建成发达社会主义是勃列日涅夫时期改革的大背景。

勃列日涅夫在1967年11月第一次宣布：苏联已经建成发达社会主义。②后来，把发达社会主义与逐渐发展为共产主义社会联系起来。勃列日涅夫在1977年10月4日所说的《关于苏联宪法草案及全民讨论的总结》报告中对此做了论述。他说："苏联现在已经建成了发达的社会主义，也就是说，新社会达到这样一个成熟阶段：根据社会主义内在和固有的集体性原则对全部社会关系进行的改造即将完成。从这里可以看到社会主义规律发挥作用的广阔天地，以及社会主义生活各个领域显示其优越性的广阔天地。从这里可以看到社会制度所具有的有机的完整性和活力，以及它在政治上的稳定性和牢不可破的内在统一性。从这里可以看到各个阶级、各个社会集团和各民族在日益接近，人们在我国结成了历史上崭新的国际主义的社会共同体——苏联人民。从这里可以看到新的社会主

---

① ［俄］格·阿·阿尔巴托夫著，徐葵等译：《苏联政治内幕：知情者的见证》，新华出版社1998年版，第266页。
② 《勃列日涅夫言论》第三集，上海人民出版社1974年版，第190页。

义文化的诞生和新的社会主义生活方式的确立。"①自勃列日涅夫提出苏联已建成发达社会主义并要向共产主义过渡这一理论后，有关发达社会主义的论著充斥着苏联的出版物。这些论著都在强调苏联发达社会主义社会的成熟性、社会的一致性和矛盾的统一性。有鉴于此，苏联所需要的是发达社会主义自我完善。在此背景下，勃列日涅夫不可能也不认为需要进行大的改革，更不用说根本性的改革。

（二）改革一开始就强调在不影响集中统一计划的原则下进行。

仔细研究勃列日涅夫执政后所通过的各项有关经济改革的决议、决定，就可以发现，在推行各项改革措施时，都强调不能影响国家集中统一计划的原则。1965 年全面推行新经济体制的有关决议指出："统一的国家计划对所有企业、组织的活动，对苏联人民的集体劳动，发挥保证和指导作用。""进一步改进工业的计划领导，是解决这些任务的最重要的条件。"②

（三）改革引起的权力之争使不少改革措施难以落实。

经济改革首先关系到实行改革的人，因此势必要涉及各种系统各级领导之间的权力再分配。在苏联，由于官职、地位和权势与物质利益是密切结合的，因此，改革实际上也会导致物质利益的再分配。

从苏联中央最高领导层来看，现行的管理体制虽有不少问题，但在这种体制下，可以通过国家计委、价格委员会、供委和财政部

---

① 《勃列日涅夫言论》第十三集，上海人民出版社1981 年版，第300—301 页。
② 《苏联共产党和苏联政府经济问题决议汇编》第五卷，中国人民大学出版社1983 年版，第684 页。

等这样一些中央经济机关，把全国的经济大权控制在自己手里。苏联害怕进行根本性的改革，会从根本上破坏以高度集中计划原则为基础的经济管理体制，从而影响资金聚集到国家预算中来，减少国家集中调配全国的物资和资金的可能性。

从各管理机关与企业的关系来看，自改革开始后，围绕权力问题的斗争和争论从未停止过。矛盾的焦点是，企业要求扩大经营管理的自主权，认为权力小是妨碍提高积极性和经济效率的主要障碍，而计划管理等机关则指责企业是用客观原因来掩盖自己由于经营不善而带来的损失。

20世纪70年代初，苏联决定通过合并企业和撤销管理局的办法来建立生产联合公司，把原来的四到六级工业管理体制改组为二到三级，这使改革进入了一个新的阶段。苏联原计划1975年要在工业中普遍建立联合公司，但到1975年底，联合公司的产值只占工业总产值的24.4%。1976年苏共通过的决议中，又明确规定，到1980年要完成建立联合公司的任务，但到1980年联合公司的产值还不到工业产值的一半。苏联的各个领导层，从自己切身的利益关系考虑，都想方设法阻止建立联合公司。

苏联中央领导层为了提高经济效率和精简管理机构，面对出现的各种阻力与矛盾，往往用党性、服从国家利益以及加强政治工作等办法来说服中下层干部，适当调整分享的权力以减少阻力。但是，上述种种矛盾，在官职和物质特权不可分的体制条件下是很难克服的，谁都不会轻易放弃能带来利益的权势。

（四）理论上"左"的教条主义。

在理论方面，主要障碍来自根深蒂固的"左"的教条主义。苏联各届领导，往往以"马克思主义的正统"自居并对其持"左"的教条主义态度。勃列日涅夫也显得十分突出。理论对体制的改革有着十分重要的影响。体制模式实质上是由理论决定的，有什么样的指导理论及体现这一理论的、运用在政治与经济体制上的原则，就有什么样的体制模式。因此，要想改革，首先要有理论勇气，打破旧思维的禁锢。而勃列日涅夫时期对赫鲁晓夫时期理论上开始出现的一点活跃气氛，很快就压下去了。纵观勃列日涅夫执政十八年的思想理论，从大的方面即社会主义模式来看，仍是坚持斯大林的那一套，并且使斯大林模式的社会主义在勃列日涅夫时期更"成熟"，即更加"定型"和更加"僵化"。这也是"左"的教条主义发展的必然结果。

勃列日涅夫时期"左"的教条主义反映在许多方面。他鼓吹建成发达社会主义的理论是十分卖力的，在批判"市场社会主义"是最起劲的，并且在批判时，常常挥舞政治大棒，这对体制改革影响最大和最为直接。与"市场社会主义"关系最为密切的是涉及商品货币关系理论问题。勃列日涅夫时期在这一理论问题上有了一些进步，不再简单地把商品货币关系与资本主义画等号，而是强调要利用商品货币关系。但有关这一问题的理论未取得实质性进展。

在勃列日涅夫时期，占主导地位的商品货币关系理论是"新内容论"。

"新内容论"的实质是，把商品货币关系与市场机制的作用纳入社会主义的计划体系之中，使其具有计划性的特点，从而在根本上否定了价值规律与市场机制在经济中的调节作用。

勃列日涅夫时期坚持认为，市场调节实际上是资产阶级学者所说的资本主义式的"市场社会主义"，是一种"邪说"。它会使中央计划机关只起情报中心作用，它是"右倾修正主义"作为计划工作"民主化"向"官僚主义"作斗争的借口，实际上会使经济离开党和国家的政策，造成经济混乱。1979 年苏共中央社会科学院院长麦德维杰夫发表文章强调说：要揭露借改善计划制度之名，而引到"市场社会主义"方向去的"伪善建议"，要积极地抵制这种资产阶级和修正主义的谰言。①

在生产资料所有制问题上，勃列日涅夫在整个改革过程中，一直坚持全民所有制是最高形式和最先进形式的观点，并认为，经济改革不涉及改变所有制形式问题。因此，在改革有关生产资料实际由谁来支配、决策和使用问题上，与改革前没有什么区别，在理论上也没有深入展开讨论。

关于领导经济的方法问题，也是一个争论的理论问题。在勃列日涅夫时期的经济改革过程中，竭力主张不要削弱行政方法的观点一直占主导地位。

从苏联经济改革的历史来看，围绕改革展开的理论争论一直没有停止过，但到勃列日涅夫后期，探索的问题越来越狭窄，对一些重大的理论问题日益采取回避的态度。

（五）"布拉格之春"助长了苏联国内反改革势力的滋长。

"二战"后，斯大林一步一步地加强对东欧各国的控制，其最终目的是要把斯大林模式移植到东欧国家。后来又不允许这些国家进行根本性的改革，严重束缚了其社会经济的发展。按东欧各国综合计算，经济年均增长率由 1960 —1965 年的 4.1% 下降到 1979 —1983 年的 0.3%。其中波兰是 −1.2%。

在赫鲁晓夫执政时期反对斯大林个人崇拜与推行改革的影响下，东欧各国也进行了一些改革，但都是修补性的，因此大量的社

---

① ［苏］《经济报》，1979 年第 26 期。

会经济问题日趋严重。东欧国家一些领导人意识到不摆脱斯大林模式的束缚，难以解决根本问题。在这方面，捷克斯洛伐克 1968 年试图推行的改革具有代表性。由于历次改革未能取得成功，捷克斯洛伐克 1963 年社会总产值的增长率已降至 0.54%，工、农业发展水平大大低于战前，人民生活水平下降，社会不稳定因素增加。到 1967 年，捷克斯洛伐克经济已呈现严重的困境，因而，要求改革的呼声越来越高。在此期间，在捷共党内改革与反改革势力的斗争也日益尖锐。斗争结果是诺沃提尼于 1968 年 1 月 4 日被解除捷共中央第一书记职务，杜布切克当选为捷共中央第一书记。接着诺沃提尼于 3 月 22 日又被迫辞去共和国总统职务。

新领导上台后，于 1968 年 4 月 5 日，捷共中央全会通过了《捷克斯洛伐克通向社会主义的道路》的改革纲领，一般称为《行动纲领》。1968 年捷克斯洛伐克力图推行的改革，说到底是要从根本上走与苏联模式不同的发展道路，与斯大林在"二战"后强加给东欧各国的体制模式决裂。这样的改革目标必然遭到勃列日涅夫等苏联领导人的反对，最后，苏联决定出兵镇压。镇压结束后，1968 年 9 月 26 日苏联《真理报》发表的文章说，1968 年捷共的改革是"捷克斯洛伐克人民被推上反社会主义道路"。另一方面，这一年也是苏联国内保守分子十分活跃的一年，为斯大林恢复名誉、不赞成苏共二十大反斯大林个人崇拜的政治气氛也越来越浓。按照阿尔巴托夫的看法，在"1968 年初，莫斯科已在某种程度上开始放弃二十大的路线"①。以上两个方面结合起来，对苏联推行的改革不可避免地产生严重的消极影响。阿尔巴托夫谈到 1968 年的苏联入侵捷克

---

① ［俄］格·阿·阿尔巴托夫著，徐葵等译：《苏联政治内幕：知情者见证》，新华出版社 1998 年版，第 185 页。

斯洛伐克对国内改革的影响时指出："它在助长国内的保守趋势中起了重要作用，这种趋势最终导致了一个停滞时期。"①

（六）在勃列日涅夫因循守旧、求稳抑变思想支配下，对传统经济体制不可能采取根本改变的方针。

　　勃列日涅夫的体制改革一直是在因循守旧、求稳抑变的思想支配下进行的。我们可以从几个方面分析其原因。

　　首先，从出版的有关勃列日涅夫传记等材料看，对他的评价基本上是一致的。②总的来说，勃列日涅夫是个平庸之辈，文化水平不高，不爱学习，思想上与理论上保守僵化，性格上软弱，特别爱好虚荣与阿谀奉承，生活上贪图安逸，爱好打猎与开从西方进口的高级轿车。他最大的一个弱点是，对新生事物简直就是个过敏反应症患者。他的助手给他写讲话稿时，他说："写简单点，不要把我写成理论家，否则，不管怎么样，谁也不会相信这是我写的，他们将会嘲笑我的。""他常常把复杂的、独出心裁的段落勾掉（有时他甚至删去经典作家的引语），并解释说：有谁会相信我读过马克思著作呢！"③勃列日涅夫做报告的一贯风格是："四平八稳，既无高潮，也无水平，无聊乏味，一本正经。"④对这样的人，不可能期待他不时地出现新思想，不断地改革传统的体制。

　　其次，勃列日涅夫的专长是搞组织工作，操纵权力可谓得心应手。在他上台初期，他的很大一部分精力用于积极培植亲信，在排

---

① ［俄］格·阿·阿尔巴托夫著，徐葵等译：《苏联政治内幕：知情者见证》，新华出版社1998年版，第184页。

② 同上书，第337页。

③ 同上书，第333，162页。

④ ［西德］米夏埃尔·莫罗佐夫著，张玉书等译：《勃列日涅夫传》，生活·读书·新知三联书店1975年版，第370页。

除异己方面很快取得进展。到 20 世纪 60 年代末，他的地位与权力在最高领导层中已明显地高于其他人。到了 70 年代中，随着苏联国力的增长特别是军事力量的膨胀，勃列日涅夫对苏联当时的形势估计十分乐观，并不认为苏联需要什么改革，还是认为传统的高度集中的计划经济体制是十分有效的，对柯西金的经济改革政策表现不满。

第三，如果说赫鲁晓夫只反斯大林不反斯大林主义，那么，勃列日涅夫既不反斯大林又不反斯大林主义。勃列日涅夫不想改变斯大林建立起来的政治体制，因为没有这个体制就难以保证他"个人专政"或者说个人专权和特权。而不触动政治体制，不把政治体制与经济体制改革结合起来，政治体制就必然成为经济体制改革的制约因素，这已为所有转轨国家的实践证明。

（七）实行扩张、争霸政策需要高度集中的体制。

作为苏联对外政策主要内容的苏美关系，在勃列日涅夫执政初期，出现了一定的缓和，到 20 世纪 70 年代前半期缓和有了较大发展。苏联对东欧国家的政策，主要是加强控制。在 1968 年苏联入侵捷克斯洛伐克之后，出现了控制东欧各国的理论——"勃列日涅夫主义"，特别是"有限主权论"与"国际专政论"等，像悬在东欧各国头上的一把利剑。对第三世界则是加强争夺与渗透，当然是在支援这些国家革命、民族独立的口号下进行的。在对华政策方面，继续推行反华路线，在中苏边境增兵，加强对中国的军事威胁。就勃列日涅夫时期对外政策整个内容来看，从 20 世纪 70 年代中期起，缓和政策所取得的成效逐步丧失，到勃列日涅夫逝世的 80 年代初，已经从缓和进入第二次"冷战"。究其原因，主要与苏联实行扩张、争霸的政策有关。随着经济、军事实力的增加，苏联在勃列日涅夫时期特别是后期，扩军、争霸的政策大大发展了。苏联对别国不断进行军事干涉就是例证。阿尔巴托夫指出："在安哥拉之后，我们沿着这条显得已经蹚平的道路大胆前进，实际上是沿着干涉升级的阶梯前进。这些阶梯就是——埃塞俄比亚、也门及一系列非洲国家（我不想涉及近东问题，它十分复杂，应该由专家研究），最后是阿富汗。"这样做的结果是："在70年代下半期我们对一系列国家的事务实行军事干涉和'半干涉'的政策，我们国家变成了一个扩张主义的侵略国家，促使大量国家起来反对我们，并且给缓和带来严重的打击。实际上我们是在给美国极右派伴奏。"①

苏联推行扩张、争霸的对外政策，就必须大力发展军事工业，使"军工综合体膨胀到不受政治控制的程度"②。据一般公认的估计，苏联这一时期的军费开支与美国相当，甚至还超过美国，但其国民生产总值只是美国的50%—60%。如何保证巨额军费开支所需的资金，高度集中的计划经济体制是重要保证。在勃列日涅夫时期，苏联国家预算收入占国民收入的比重呈不断上升的趋势，1966年占51.3%，勃列日涅夫逝世的1982年提高到67.4%。③预算收入的增长速度要比国民收入的增长速度快得多。20世纪70年代末80年代初的情况充分说明这一点：1979年苏联国家预算收入增长率为5.9%，而国民收入的增长率为2.2%，1980年这两个指标分别为7.5%和3.8%，1981年为5.9%和3.8%，1982年为10.1%和

---

① ［俄］格·阿·阿尔巴托夫著，徐葵等译：《苏联政治内幕：知情者的见证》，新华出版社1998年版，第273页。

② 同上书，第280页。

③ 陆南泉等编：《苏联国民经济发展七十年》，机械工业出版社1988年版，第636页。

2.6%。[①]在勃列日涅夫时期，如以工业投资为100，那么其中与军工密切相关的甲类工业一般要占85%—88%。

三、体制改革停滞产生的严重经济后果

改革停滞带来了社会经济的停滞。停滞的结果，使苏联逐步迈向衰败。利加乔夫认为，这个时期的苏联，"已处在通往社会经济绝境的轨道上"[②]。

这里，我们主要分析经济改革的停滞带来的严重经济问题。

（一）经济增长率明显递减和停滞。

1965年勃列日涅夫在推行新经济体制时，是为了通过改革来扭转当时已出现的经济增长速度下降的趋势。但结果是，十八年的改革，经济增长速度更加大幅度下降。在1971—1985年的三个五年计划时期，国民收入的增长速度下降了一半以上。其他一些综合经济指标也出现了类似的情况。

按照美国中央情报局的估计，苏联国民收入年均增长率1966—1970年为5.1%，1971—1975年为3%，1976—1980年为2.3%，而按苏联学者估计，以上三个时期国民收入年均增长率分别为4.1%、3.2%与1.0%。[③]戈尔巴乔夫在苏共中央二月全会（1988年）上的报告指出：80年代初苏联经济缓慢的增长速度很大程度上也是在不正常的基础上，靠一些临时性的因素达到的。这指的是靠在国际市场上高价出售石油，大量生产和出售对人体健康有害的酒精饮料等达到的，如排除这些因素，差不多有四个五年计划期间，

---

① 陆南泉等编：《苏联国民经济发展七十年》，机械工业出版社1988年版，第637页。

② 《政党与当代世界》，1992年第8—9期。

③ 转引自吴敬琏：《计划经济还是市场经济》，中国经济出版社1991年版，第104页。

国民收入的绝对额没有增加。

（二）农业问题十分突出。

勃列日涅夫时期，农业改革与扩大对农业的投入，并没有从根本上解决农业问题。投资大、效益低，生产稳定性差、波动幅度大，仍是苏联农业的基本特点。就粮食产量来说，勃列日涅夫执政十八年，就有十年减产。有些年份减产幅度很大，如 1975 年比 1974 年减产 5560 万吨，1979 年比 1978 年减少 5790 万吨。粮食产量也经常达不到计划规定的指标。更为严重的是，1979—1982 年出现连续 4 年歉收，这是创历史纪录的。粮食连年减产，导致苏联不得不靠进口来满足其国内的需求。1973 年，苏联在历史上第一次成为粮食净进口国，净进口达 1904 万吨。后来，粮食进口上了瘾。[①] "1981—1982年，由于购买小麦太多，震惊了世界市场，各国纷纷表示愤怒：俄罗斯简直是在吃穷人的粮食。进口食品和食品原料所花的钱，约等于每年外贸进口总额的 20%，成了苏联仅次于机器设备进口的第二项大宗商品。这种情况，使得苏联外汇更加拮据，迫使苏联以出卖黄金来弥补出卖石油的资金不足，1970 年出卖黄金 2000 多吨，使国家储备减少了一半，到 1981 年，黄金储备只剩下 452 吨。[②]农业不景气，还限制了经济结构的调整。苏联一直在设法加速"乙类"工业的发展，但苏联轻工业原料的 2/3 和食品工业原料的 80% 来自农业，这样，甲、乙两类的比例和工农业之间的比例关系很难得到改善。农业的连续多年歉收，直接影响市场供应和人民生活的提高，这使得一部分有支付能力的需求不能实现，从而使储蓄迅速增

---

① ［俄］格·阿·阿尔巴托夫著，徐葵等译：《苏联政治内幕：知情者的见证》，新华出版社 1998 年版，第 239 页。

② ［俄］А. Б. 祖波夫主编：《20 世纪俄国史（1894—2007）》，2009 年俄文版，第 479 页。

长。如 1970—1981 年，零售商品流转额增长了 82.7%，其中食品零售流转额增长了 56%，而同期居民的储蓄存款则增长了 2.56 倍。这显然是今后通货膨胀的重要潜在因素，并给以后的改革造成障碍。

（三）粗放的经济增长方式和低效的经济难以改变。

经济质量与效率低以及高浪费等问题长期得不到解决，一个重要的原因是，经济增长方式长期不能改变，而制约经济增长方式改变的主要原因是苏联传统的过度集中的指令性计划经济体制。因为，一定的经济运行机制决定着相应的增长方式，而经济运行机制基本上是由经济体制决定的。在苏联传统的计划经济条件下，从微观经济层面讲，无论是国有企业还是集体企业，经营机制不是按市场经济的要求进行，它对市场的敏感性与适应性很差，投入多产出少的情况比比皆是；从资源配置层面讲，资源配置是由指令性计划决定的，这必然导致经济结构不合理并且长期难以调整，造成资源的巨大浪费；从宏观层面讲，政府对宏观经济调控的主要方法是直接的行政命令，而不是间接的经济方法，这样就排斥了市场的作用，使官僚主义的唯意志论盛行，往往造成重大的政策失误和经济损失。这说明，落后的经济增长方式从一个重要方面反映了苏联—斯大林模式的社会主义生命力的脆弱性，它是苏联在与资本主义竞争中被击败的一个重要因素。

另外，由于长期实行粗放的经济增长方式，使经济效益日益下降，如 1960 年每卢布生产基金生产的国民收入为 72 戈比，1970 年降为 55 戈比，下降了 28%。社会劳动生产率从 1961—1965 年年均增长率 6.1% 下降到 1971—1975 年的 4.8%。70 年代初，苏联已有大量产品产量占世界第一和第二，但质次，报废率高。如钢的产量很大（1970年为1.16亿吨），但仍需进口各种钢材。拖拉机每年的报废率有时甚至高于新增产量。

苏联认识到，在不少产品数量超过美国之后，要想争取优势，必须通过科技进步，由过去的数量赶超转向质量赶超。而达到这一目标的主要途径是改变经济增长方式，实行集约化方针。但70年代初推行的集约方针，并没有取得成效。一直到勃列日涅夫逝世，苏联基本上仍是粗放经济，经济效益没有提高。如基金产值率继续不断下降，每卢布生产性固定基金生产的国民收入从1970年的55戈比下降到1980年的40戈比。苏联农业劳动生产率在1976—1980年平均只及美国的20%—25%。西方对此评论说：低效率是苏联农业"赶不掉的恶鬼"。①

勃列日涅夫时期经济增长方式未能转变，不只制约了这个时期的经济发展，而且也为以后时期的经济发展带来了严重的影响，成为苏联发生剧变的一个不可忽视的因素。

---

① 陆南泉、周荣坤：《当前苏联经济面临的主要问题》，载苏联经济研究会编：《苏联经济体制问题》，时事出版社1981年版，第370—371页。

勃列日涅夫时期政治体制倒退
及其严重后果

如果说，勃列日涅夫执政时期对经济体制还做了一些局部性改革，后来到 70 年代中期经济改革出现停滞，随后政治体制便出现了倒退，向斯大林时期建立的高度集权的体制回归。

一、政治体制倒退的突出表现

（一）恢复并逐步加强党政集中领导体制政治。

这集中表现在以下三个方面：

1. 党政不分，以党代政进一步发展。表面上各政治局委员都对自己主管的领域负责，一切决策都由政治局做出，但实际上主要还是由党的最高领导勃列日涅夫等少数几个人决定。特别随着勃列日涅夫的地位巩固与加强之后，他更是大权独揽。1977 年苏共中央五月全会决定，勃列日涅夫以总书记身份兼任最高苏维埃主席团主席。同年 10 月 7 日，最高苏维埃非常代表会议上审议通过了《苏维埃社会主义共和国联盟宪法（根本法）》。按新宪法增加的一些条款，勃列日涅夫同时又兼任国防委员会主席，这样，他就总揽了党、政、军的大权。这种党政不分、以党代政的体制，不只反映在勃列日涅夫这个最高领导人身上，苏联党的很多领导人兼任苏维埃与政府部门的重要职务。另外，在党政领导的组织机构上，苏共中央机关设置的与政府部门相应的部门比过去更多了，如国防工业、重工业、机器制造、化学工业、食品工业和农业等部门，在加盟共和国党中央委员会和地方党委也出现了类似的情况。这导致各级党组织往往对一些具体经济问题做决议与发指示，从而大大削弱苏维埃与政府部门的领导作用。

勃列日涅夫坚持党政不分的政策，其理论根据来自斯大林。勃列日涅夫在 1977 年苏共中央五月全会上决定兼任苏维埃主席团主席的讲话中解释说："这绝非是一个徒具形式的行动"，"这首先是共产党领导作用不断提高的表现"，"苏共作为执政党……在我们的日常工作中，中央政治局许多成员直接处理国家的内政外交事务"。换言之，因为苏共是执政党，因此苏共领导人可以处理苏联国内外所有事务。这种观点，直接承袭斯大林在苏共十八大报告中的下列提法："党的干部是党的指挥人员，而由于我们是执政党，所以他们也就是国家领导机关的指挥人员"。

苏联长期以来未能正确处理好党政关系，最主要的原因还是与斯大林高度集中的体制模式紧密联系在一起的。对高度集权的体制模式不进行根本性改革，党政不分的体制也难以改变。

2. 在恢复部门管理原则后，经济管理机构日益庞大，官僚主义日趋严重。全联盟和联盟兼共和国部从 1965 年的 29 个增加到 80 年代初的 160 个。 这些部门主要通过布置各种计划指标和下达文件的方式进行领导。据统计，管理国民经济的各种命令、指示和法规竟达到 20 万种之多，它们几乎为企业全部活动规定了详尽的细则，使地方和企业不敢也无法越雷池一步，严重地影响了生产者的积极性。行政命令体制的加强必然导致国家机构的臃肿和官僚主义作风的增长。苏联部长会议所属的64个部和20多个国家委员会及直属机关的正副部长级领导干部达到800多人，以黑色冶金工业部为例，这个部共有正副部长19人，其中部长1人，第一副部长3人，副部长15人。一件普通公文的传阅，经常要几个星期，甚至一两个月。①

3. 个人集权加强，独断专行现象严重。随着勃列日涅夫领袖地位和权力基础的巩固，个人集权日益发展，党内民主流于形式。在勃列日涅夫时期，虽然中央全会、政治局会议、书记处会议和苏共代表大会按规定举行，但并不意味着党内有真正的民主生活。戈尔巴乔夫在1987年举行的苏共中央一月全会上讲："让我们坦率地说，多年来，党和人民关心的许多迫切问题没有被提到全会日程上来。同志们都记得，虽不止一次地举行时间很短和形式化的中央全会，许多中央委员在其整个任期内没有可能参加讨论甚至提出建议。"这种情况在勃列日涅夫时期显得更加突出。沃尔戈诺夫所著的《七个领袖》一书中说：政治局讨论问题的程式，如由谁发言，如何发言等，事先都由党中央机关秘书班子做好仔细安排。令人难以想象的是，政治局委员们事实上经常不是进行讨论，而是相互念自己的助手写好的2—3页讲稿。大家总是表现出"英雄所见略同"，照例不会发表同事先由起草班子起草的决议草案有多少出入的意见。②戈尔巴乔夫在他的回忆录《生活和改革》一书中说：在那个时期政治局有些会议，开会的时间只有15—20分钟，用于集合就座的时间往往比用于讨论工作的时间还多。即使是十分重大的问题，也很难进行认真的讨论。主持者惯用的言辞

---

① 转引自江流等主编：《苏联演变的历史思考》，中国社会科学出版社1994年版，第51页。
② 转引自《东欧中亚研究》，1998年第1期。

是："同志们已做过研究，事先交换过意见，也向专家做过咨询，大家还有什么意见？"在这种情况下，还能提什么意见？①

（二）个人崇拜盛行。

个人集权，缺乏民主，必然产生个人崇拜。随着勃列日涅夫个人权力的膨胀，个人崇拜也泛滥起来。勃列日涅夫在这方面采取的方法很多，如用编造历史来夸大其在战争中的作用，通过各种宣传工具，大肆宣扬其工作中的政绩，给自己颁发各种勋章奖章，军衔不断晋升，从 1975—1977 年 3 年内，他由中将一跃而为苏联元帅。他拥有的勋章与奖章共达 200 多枚，死后在送葬行列中为他捧胸章与奖章的军官有 44 人之多。如果翻开 20 世纪 70 年代中期的苏联报刊杂志，对勃列日涅夫令人作呕的颂扬言论到处可见。1976 年底在为勃列日涅夫庆祝 70 诞辰时，掀起了颂扬的高潮，为此，《真理报》开辟了 7 天的专栏。而率先颂扬勃列日涅夫的是基里延科，他称勃列日涅夫为"我们党的领袖"，阿塞拜疆第一书记阿利耶夫称勃列日涅夫为"我们时代的伟大人物"。②后来吹捧的调子越来越高，如有人称勃列日涅夫是"真正列宁式的领导人"，"党和国家的英明领袖"，"英明的理论家"。组织人代为撰写、以勃列日涅夫名义发表的几本小册子《小地》、《复兴》、《垦荒地》等，获列宁文学奖。其发行量之大也是惊人的，截至 1981 年底，平均每两个苏联人就有一册。③1978 年 11 月 12 日《真理报》宣传说：苏联人在"读、重读、废寝忘食地研究勃列日涅夫的著作"，因为这是"无穷无尽的思想智慧和泉源"。而这种做法所起的作用是极其恶劣的。

---

① 转引自《东欧中亚研究》，1998 年第 1 期。
② ［苏］《巴库工人报》，1976 年 11 月 25 日。
③ 参见《苏联东欧问题》，1983 年第 2 期。

阿尔巴托夫说,这像"全民演出了一出荒诞的戏",人们"都并不信以为真。这大大加深了人们对政权的不信任感,加强了不关心政治和玩世不恭的消极风气,腐蚀了人们的思想和灵魂。从象征的意义上说,这个插曲犹如为我国历史上我们为之付出了很大代价的这段可悲的时期树立了一块墓志铭。这是名副其实的停滞时期。其登峰造极之时我认为是 1975—1982 年"①。苏联新闻媒体在报道 1981 年勃列日涅夫在苏共二十六大做报告的情景时写道,在他报告的过程中,被 74 次掌声、40 次长时间的掌声和 8 次暴风雨般的掌声所打断。

斯大林时期形成的高度集权的政治体制,在勃列日涅夫时期变得"成熟",即更趋凝固化、僵化。这种"'成熟'在掩盖着、钝化着矛盾的同时,就已孕育着、潜伏着危机"!②

(三)干部领导职务终身制等体制的弊端日益严重。

应该说,赫鲁晓夫执政时,他看到了传统体制下的干部制度存在严重弊端,因此他在这方面做了不少改革,目的是要废除像干部领导职务终身制等腐朽的制度,使社会的发展富有活力。但他的改革也出现了一些问题,如发生过干部大换班,变动过于频繁等现象。勃列日涅夫上台后,注意力集中在赫鲁晓夫时期干部制度改革所出现的问题上,以稳定政局等为由,很快就恢复了传统的干部领导职务终身制和干部任免制。在这方面的倒退,其消极作用十分明显。

干部领导职务的终身制,使新生力量难以成长,难以在年富力强时进入重要的领导岗位。在赫鲁晓夫执政年代,中央委员连选连

---

① [俄]格·阿·阿尔巴托夫著,徐葵等译:《苏联政治内幕:知情者的见证》,新华出版社 1998 年版,第 346 页。
② 宫达非主编:《中国著名学者苏联剧变新探》,世界知识出版社 1998 年版,第 294 页。

任者占 49.6%，到二十二大，这一比例上升为 79.4%，二十五大时上升为 83.4%，二十六大为 90% 以上。勃列日涅夫时期，中央政治局、书记处的变动更小，十八年中只换下 12 人。[①]1981 年召开的苏共二十六大选出的中央政治局和书记处，是二十五大的原班人马，这是苏共历史上没有过的。1976 年至 1981 年两届加盟共和国党的代表大会期间，共和国党中央第一书记，除死亡和正常工作调动外，没有一人被撤换。[②]由于干部领导职务终身制、任命制，一些重要岗位的领导干部不可能由年轻干部去担任。勃列日涅夫时期担任重要领导职务的人员年龄情况就说明这一点。如苏联国防部长格列奇科 1976 年去世时为 73 岁，而接替他的乌斯季诺夫当时已经 69 岁；苏联交通部长科热夫 1975 年去世时为 70 岁，接替他的索斯诺夫为 67 岁；造船工业部长托马 1976 年去世时为 69 岁，接替他的叶戈罗夫当年也是 69 岁。 勃列日涅夫兼任国家元首之后，竟选择比他大 5 岁的库兹涅佐夫担任自己的副手。1976 年吉洪诺夫任苏联部长会议副主席时已 72 岁。[③]

终身制的一个必然结果是领导干部老化。1952 年苏共中央政治局委员平均年龄为 55.4 岁，书记处成员为 52 岁，到赫鲁晓夫下台前夕的 1964 年，政治局委员平均年龄为 61 岁，书记处成员为 54 岁。到 1981 年苏共二十六大时，政治局委员平均年龄为 70 岁，书记处成员为 68 岁，核心成员的平均年龄高达 75 岁。干部的普遍老化，是苏联社会死气沉沉、保守、僵化的重要因素。

勃列日涅夫本人的情况就可充分说明这一点。勃列日涅夫于

---

① 刘克明、金挥主编：《苏联政治经济体制七十年》，中国社会科学出版社 1990 年版，第 549 页。
② 参见《苏联东欧问题》，1983 年第 2 期。
③ 同上。

1974 年 12 月在符拉迪沃斯托克附近的军用飞机场送走美国总统福特后，感到不适，患了大脑动脉粥样硬化症。第二天前往蒙古，从那里乘火车返回莫斯科时又发生了第二次中风，从此，他病得很重，病了很长时间。阿尔巴托夫在他的回忆录中说：从这时起，勃列日涅夫还活了八年，并在干部领导职务终身制的体制下，他还"统治了"八年。在这八年中，他的病情不时地有某些好转，但一直没能恢复到正常的工作状态。他极易疲倦，无兴趣处理手头该解决的问题，说话越来越困难，记忆力越来越衰退。在他生命的晚期，就连起码的谈话内容和礼节性的应酬话也要别人替他写好，没有这种"小抄"他简直无法应付。①对此，博尔金做了以下的描述："很多人都非常清楚，勃列日涅夫不能继续领导党和国家，中央政治局会议越开越短。勃列日涅夫茫然坐在那儿，并不十分清楚自己身在何处，会议室里都有谁，应该做些什么。经常出现这种局面，他坐在那儿，读着助手们用特制大号字母打字机打出的简短讲稿，有时读错行，前言不搭后语。他大概自己也意识到这一点，用忧伤的目光望着在场的人。为了尽快作出结论并提出提案，结束这种折磨人的场面，契尔年科出面结束会议，大家急忙通过各种议案，怀着不安的心情离开政治局会议室。"②在勃列日涅夫后期的八年中，他"已经无力正常执行领导者的起码职责"，③但在干部领导职务终身制的体制下，只有等到勃列日涅夫去世他才离开苏联最高领导的职位。这正如阿尔巴托夫说

---

① ［俄]格·阿·阿尔巴托夫著，徐葵等译：《苏联政治内幕：知情者的见证》，新华出版社 1998 年版，第 267—268 页。
② ［俄]瓦·博尔金著，李永全等译：《戈尔巴乔夫沉浮录》，中央编译出版社 1996 年版，第 30 页。
③ ［俄]格·阿·阿尔巴托夫著，徐葵等译：《苏联政治内幕：知情者的见证》，新华出版社 1998 年版，第 266—267 页。

的:"现行的机制、传统和现实的政治环境实际上排除了'正常'接班的可能性。"①

领导职务终身制、任命制产生的另一个严重弊端是不正之风盛行。在勃列日涅夫时期,苏联高层领导人是否退休,并不取决于年龄与是否有才能,而是取决于与苏联主要领导人的关系。在勃列日涅夫时期,在干部任用问题上,任人唯亲、搞裙带关系已发展到极其严重的程度。这样,使不少干部不是把精力用于如何做好工作,而是搞投机钻营,那些吹吹拍拍、讨好上级、唯上是从、在上层寻找保护伞的干部越来越多。

(四)"特权阶层"扩大化、稳定化和思想僵化。

勃列日涅夫时期,政治体制倒退,使得苏联的"特权阶层"进一步扩大与稳定,这一阶层的人思想更趋僵化,成为阻碍整个体制改革的重要力量。据俄国学者估计,当时特权阶层有50万—70万人,加上他们的家属,共有300万人之多,约占全国总人口的1.5%。②斯大林时期,特权阶层的主要使命是维护、巩固斯大林的体制模式。而勃列日涅夫时期,特权阶层的主要使命是抵制各种实质性的改革,维护现状,使斯大林模式的社会主义更加"成熟"。这也就是说,这个既得利益的"特权阶层"成为抵制与反对改革的主要阻力。

(五)重新斯大林化。

政治体制倒退的另一个突出表现是,在勃列日涅夫时期苏联社

---

① [俄]格·阿·阿尔巴托夫著,徐葵等译:《苏联政治内幕:知情者的见证》,新华出版社1998年版,第267—268页。
② [俄]A. H. 博哈诺夫等著:《20世纪俄国史》,莫斯科1996年俄文版,第571页。

会又开始了"悄悄的重新斯大林主义化",这是阿尔巴托夫回忆录中的一个提法,"我之所以把这个重新斯大林主义化的过程称之为悄悄的过程,就是因为它不是用一个正式的法令、一项专门的决定去推行的,它是渐渐地、一步一步地把社会生活笼罩起来的,一个阵地一个阵地巩固起来的。那些想要回到斯大林主义的人,则是有意识地加以推动"①。

勃列日涅夫第一个步骤是恢复斯大林作为"伟大领袖"的名誉,最简单的办法是1965年利用纪念卫国战争胜利20周年庆典,提及以中央委员会总书记斯大林为首的国防委员会。1970年在斯大林墓为他树立半身雕塑像。后来,利用撰写各种各样有关"二战"的回忆录把斯大林重新抬出来。官方要求回忆录或者"二战"史,都要符合当时的苏共路线、方针与政策的需要。这样,连十分重要的朱可夫回忆录中,也要把有损于斯大林形象的内容删去,如从书的原稿中砍掉有关1937年斯大林对红军高级指挥人员实行镇压的一章。②

(六)加强对文化意识形态的控制。

勃列日涅夫时期在文化意识形态方面出现了停滞,主要有以下几个特点。

第一,文化意识形态的理论与宣传都要符合推行"发达社会

---

① [俄]格·阿·阿尔巴托夫著,徐葵等译:《苏联政治内幕:知情者的见证》,新华出版社1998年版,第191页。

② 朱可夫元帅的回忆录完整的未经删改的版本现在已经问世。自1937年5月至1938年9月,遭到斯大林镇压的有近半数的团长,几乎所有的旅长和师长、所有的军长和军区司令员、军区军事委员会委员和政治部主任;大多数军、师旅的政工领导干部,近1/3的团政委,以及高等和中等军事学校的许多教员。参见格·阿·阿尔巴托夫著,徐葵等译:《苏联政治内幕:知情者的见证》,新华出版社1998年版,第202—205页。

主义"理论纲领的要求。这一理论在 1971 年苏共二十四大上正式提出,并在 1977 年写进通过的苏联新《宪法》。当时苏联认为,发达社会主义社会在现实生活中已是"全面而协调发展"的社会,已经建立了"成熟的社会关系",并强调"社会统一性"。为了实现发达社会主义理论纲领,苏共在文化意识形态工作方面采取虚伪的态度,用教条主义的说教向广大群众灌输,着力宣传苏联社会已是多么协调与统一,一旦出现揭示问题、矛盾的文学、艺术、电影与戏剧等作品,就视为"离经叛道"并加以批判。另外,在勃列日涅夫执政后期,更多强调社会主义文化与资本主义文化绝对的对立,对资本主义文化与人类历史上创造的共同文明成果持拒绝的态度。

第二,强化对文化意识的监控,一个重要办法是对社会科学与文艺作品进行严格的审查,不断地把不按党指示的报刊主编调离,任命与党保持"一致"的新领导人。勃列日涅夫执政时期在出版领域特别严格控制这两方面的问题:一是一些被视为与党的方针政策不一致的作品,特别是被视为"不同政见者"的作品,这是绝不许问世的;二是那些遵循苏共二十大路线批判斯大林的作品,同样经常遭到查禁与删改。严密的审查制度,不放过任何一个在一般人看来无足轻重的作品。

第三,增强文化意识形态的管理机构。勃列日涅夫执政后不久于 1966 年 5 月,撤销了赫鲁晓夫在 1962 年合并的苏共中央意识形态委员会,又重新分成三个部:苏共中央宣传部、文化部、科学与学校部,并把这三个部门的工作职能与管辖权划归苏共中央书记处。这里特别要指出的是苏共中央宣传部在控制文化意识形态方面所起的特殊重要作用。该部下设 13 个局:俄罗斯联邦局、加盟共和国局、党务宣传局、群众性政治和文化教育工作局、报刊局、广播电视局、出版局、杂志局、出版物和印刷品发行局、体育文化和运动局、讲师团、专家咨询组与办公厅，这 13 个局几乎监管了文化意识形态的全部领域。但是，勃列日涅夫与主管意识形态的被称之为"灰衣主教"的苏斯洛夫，对中央宣传部的工作往往不满意，认为贯彻苏共中央意识形态方针不力与控制不够，所以在勃列日涅夫时期整个领导干部队伍十分稳定的情况下，苏共中央宣传部长出现了多次更迭：1965—1970 年斯捷帕科夫任部长；1970—1973 年雅科夫列夫任部长；1974—1976 年斯米尔诺夫任部长；1976—1982 年佳热利尼科夫任部长。

谈到严控文化意识形态的机构，不能不提及克格勃第五局。它在勃列日涅夫时期的作用日益凸显。克格勃就其性质来讲是安全机关，但它在反对西方意识形态渗透与决定国内"持不同政见者"的命运等方面有其独特的作用。

勃列日涅夫时期文化意识形态出现停滞的原因，"最重要的是思想观念上的停滞，是勃列日涅夫一班人对社会主义的理解还停留在 30 年代的水平上，把苏联模式看成是一成不变的，无视变化了的时代的要求"[①]。

二、政治体制倒退产生的严重后果

勃列日涅夫时期政治体制倒退，一步步向斯大林时期建立的、后来逐步巩固与发展的高度集权体制回归，它对苏联社会的发展在很多方面产生了严重的消极影响。

（一）政治体制倒退首先成为阻滞经济体制改革的主要因素。有关

---

① ［苏］费奥多尔·布拉茨基著，徐锦栋等译：《领袖与谋士——关于赫鲁晓夫、安德罗波夫和其他人……》，东方出版社 1992 年版，第 333 页。

这个问题，我们在上一讲已作了较为详细的论述。

（二）社会、政治问题日趋增多与尖锐。勃列日涅夫执政时期特别在后期，苏联在社会、政治与精神道德领域出现了许多异常情况。

由于从党和国家高层领导到各级地方领导，弄虚作假，言行不一，使得苏联广大群众，对党与国家提出的政策、口号持不信任态度。"在这种情况下，对所号召的东西，对讲坛上讲的东西，对报纸上和教科书中说的东西就开始不那么相信了。"[①]

在勃列日涅夫时期，"一个具有代表性的特征，这就是官僚主义、本位主义、机关专权和独断得到了史无前例的所谓双倍的泛滥"。"所有的决定都是由最上层作出的，与此同时，'上边'却不能真正采取任何一个决定——其中每一项决定要经过几十次甚至几百次协商。此外，领导人任何一项决定作出后，在贯彻时又受到机关的专横的阻挠。""几乎没有人对某件事真正承担责任。""官僚主义的管理机关膨胀到令人难以置信的规模。"[②]据俄罗斯社会科学研究所提供的材料，这一时期苏联党政领导机构作出的决议得到执行的充其量不到十分之一。[③]官僚主义的盛行，勃列日涅夫本人表现得尤为突出。阿尔巴托夫在回忆录中列举了不少事例，其中有关科技革命的例子最为生动。在60年代末，考虑到苏联加速科技发展的紧迫性，苏共二十四大后，政治局作出决定，准备专门就科技革命问题召开一次苏共中央全会。会议的准备工作与通常一样委托一个委员会负责，该委员会由数名中央书记组成。经过许

---

① ［俄］戈尔巴乔夫著，苏群译：《改革与新思维》，新华出版社1987年版，第46页。
② ［俄］格·阿·阿尔巴托夫著，徐葵等译：《苏联政治内幕：知情者的见证》，新华出版社1998年版，第265页。
③ 《东欧中亚研究》，1998年第1期。

多个月紧张的工作，终于拟就了一份长达 130 页的总结性文件。文件于 1973 年 5 月按期交基里延科等三位书记。自然，这份文件最后交给了勃列日涅夫，但长久没有下文，召开讨论科技革命的中央全会的计划石沉大海了。到了 1982 年勃列日涅夫逝世后，一个专门委员清理他的档案时，发现了这个文件。之后，再转到戈尔巴乔夫手里。但科技体制改革拖延了二十年，从而使科技进步问题大大滞后了。①

苏联报刊说，勃列日涅夫执政时期是一个"拍马屁和阿谀奉承"的时代。这个时期，赠送礼物大大盛行起来，极大地败坏了社会风气。

社会精神生活军国主义化，也是勃列日涅夫时期社会意识形态方面的一个特点。苏联军事部门为了他们所需要的资金与其他东西，使用了各种手段，而首先是从意识形态方面开始的。"这些年来，我国实质上展开了史无先例的军国主义宣传运动，积极地试图使社会精神生活军国主义化。利用伟大卫国战争这个对苏联人说来神圣的主题，无耻地进行投机：回忆录，接连不断的文艺作品，多集连续的艺术影片，电视转播，宏伟的、造价极高的纪念碑的建设，各种各样仪式引入日常生活（包括纪念碑和烈士墓旁身穿军装手持冲锋枪的学生的仪仗队）。"②意识形态军国主义化，对开展军备竞赛无疑是个有力的思想武器。

在勃列日涅夫时期的苏联，大约形成了 2400 个黑手党组织，它们大多数有官僚背景。80 年代初莫斯科已和纽约一样，成为世界

---

① ［俄］格·阿·阿尔巴托夫著，徐葵等译：《苏联政治内幕：知情者的见证》，新华出版社 1998 年版，第 216—218 页。
② 同上书，第 281—282 页。

上最不安全的大城市之一。①1973—1983 年的十年间，苏联每年出现的犯罪率是两位数增长。②

贪污、盗窃、行贿问题日趋严重。据勃列日涅夫 1982 年下台时的调查材料，已查出了大规模的舞弊行为，在贸易中存在数万起侵吞事件，涉及 1.5 万个负责人，其中 2500 多人是大贸易机构的领导人。③

（三）文化意识形态领域死气沉沉，有创新思想的作品越来越少。

拿经济科学来说，勃列日涅夫时期实际上在走回头路，精力集中在传统的政治经济学上，不切实际地去拨弄从马列主义奠基人著作中摘出来的一连串抽象原理，而且主要是用他们最粗俗的、纯粹斯大林式的诠释来研究。在史学方面，歪曲与伪造历史的现象日益多起来，特别是尽量掩盖斯大林的错误与罪行。宣传性读物在勃列日涅夫时期发行量大幅增长。④勃列日涅夫时期的苏联被认为是世界上最大的出版者。至于有多少人阅读与相信那些枯燥无味的、充斥着千篇一律的官话套话的政治宣传读物，那是另外一回事了。正如俄罗斯学者谈到勃列日涅夫时期人民对官方宣传的那一套所评论的："官方意识形态仅是一种流于表面的形式，它们已经不能操纵人们的思想和行为方式。"⑤这一时期，科技人员也失去了创新的积极性，据一项统计表明，70 年代列宁格勒的 30 个科学研究所中，

① 《环球时报》，2006 年 12 月 18 日。
② ［苏］В．В．茹拉夫廖夫主编：《濒临危机——党和社会中停滞现象的积聚》，1990 年俄文版，第 164—165 页。
③ ［俄］亚·维·菲利波夫等著、吴恩远等译：《俄罗斯现代史》，中国社会科学出版社 2009 年版，第 180—181 页。
④ 同上书，第 209 页。
⑤ 同上书，第 227 页。

55%的科研人员没有任何创造性贡献；在 80 年代初对 12 个科研所的 5000 名工作人员的调查表明，40% 的人花在自己的科研工作上的时间不足工作时间的一半。①

（四）出现"持不同政见者运动"。

"持不同政见者"是俄语中的外来语，意为"脱离国教的人"。有人认为，译为"异议者"更为确切。但苏联官方则称之为"反社会分子"或"反社会主义分子"。②从广义上讲，所谓"持不同政见者"，"是指不同意现行规则和制度的人；在苏联，持有不同思想、观点的人和人权保卫者是这个概念的同义语"。③按苏联著名历史学者、"持不同政见者"罗·麦德维杰夫的看法："所谓持不同政见者是这样的一些人，他们对于任何社会（包括苏联在内）所赖以生存的意识形态、政治、经济或道德基础都多少持有不同的见解。不仅如此，他们还公开表明自己的观点，并以这样或那样的方式将这些观点表达出来。换句话说，他们不光是私下对自己的妻子或挚友发发牢骚而已。"④

在苏联从出现"持不同政见者"发展到"持不同政见者运动"，是勃列日涅夫时期一个特有的重要现象，它反映了这一时期由于政治体制倒退所造成的严重后果。

（五）最后导致苏联全面停滞与走近衰亡。由于经济体制改革半途

---

① ［俄］亚·维·菲利波夫著，吴恩远等译：《俄罗斯现代史》，中国社会科学出版社 2009 年版，第 303 页。

② 参见陆南泉等主编：《苏联真相——对 101 个重要问题的思考》（中），新华出版社 2010 年版，第 911 页。

③ ［俄］亚·维·菲利波夫著，吴恩远等译：《俄罗斯现代史》，中国社会科学出版社 2009 年版，第 216 页。

④ ［苏］罗·麦德维杰夫著，刘明等译：《论苏联持不同政见者》，群众出版社 1984 年版，第 1 页。

而废与政治体制倒退，最后导致在勃列日涅夫时期苏联出现了一个全面停滞时期。

如果以主要领导人来划分苏联历史发展阶段的话不算安德罗波夫和契尔年科短暂执政时期，那么，勃列日涅夫时期是苏联解体前的最后一个历史时期。根据对当时苏联情况的分析，苏联和俄罗斯从领导到学术界普遍把勃列日涅夫执政年代视为停滞时期。阿尔巴托夫指出："如果用很高的政治和经济标准来评价，那么我们可以认为从赫鲁晓夫下台到勃列日涅夫逝世的整个年代是停滞时期。在这些年内（这毕竟是十八年），我国没有出现过沿着使我们的社会得到总的改善的道路前进的任何不可忘却的历史性里程碑。"①就是说，苏联作为一种社会主义制度并没有朝着进步与完善的方向迈出大的步子，总体上讲，仍然是斯大林时期形成的那一套模式。"从最近十多年来苏联和俄罗斯发表的许多材料来看，我们可以确定地说，勃列日涅夫年代是苏联走向衰亡的一个关键性的转折时期"。"它为以后苏联的解体准备了条件。"②笔者认为，看到了勃列日涅夫时期的主要特征是停滞，是在走近衰亡，就是抓住了这一时期的本质，从而也就找到了它在苏联历史上的确切定位。

这里，还想再次强调，我们是从历史发展的大趋势，从对苏联以后的衰亡产生的影响，从苏联社会主义制度是前进了还是停步不前等角度，来确定勃列日涅夫时期在苏联历史上的地位，并提出这个时期是以停滞和积聚危机因素并走近衰亡为主要特征的总的看法。

---

① ［俄］格·阿·阿尔巴托夫，徐葵等译：《苏联政治内幕：知情者的见证》，新华出版社1998年版，第265页。
② 徐葵：《勃列日涅夫年代：苏联走向衰亡的关键性转折时期》，见《东欧中亚研究》1998年第1期。

第九讲

戈尔巴乔夫体制改革的背景

安德罗波夫与契尔年科作为勃列日涅夫之后的两位领导人，在对待改革和个人品行、素质等方面存在很大差别，但他们有共同点：一是执政时间都很短（安德罗波夫执政14个月，任总书记时已68岁；契尔年科执政13个月，任总书记时已73岁）；二是都年老体弱，身患疾病；三是由于勃列日涅夫时期留下的大量社会经济问题，他俩在主观上都力图通过改革缓和与改善社会经济状况，但由于受条件的限制，在改革方面难有大的作为。这样，使得在勃列日涅夫时期已积累的大量社会经济问题，显得更加严峻。

回想一下，在年老多病的契尔年科于1985年3月10日去世时，苏联遭受了何等严重的创伤：从1982年11月到1985年2月，仅短短的两年零四个月，先后三个年老多病的苏联最高领导病亡。这严重地伤害了苏联人民的感情，极大地损害了苏联这个社会主义国家的形象。1985年3月初，即在契尔年科逝世前几天，苏联电视屏幕上两次播出气息奄奄的契尔年科在别人搀扶下踉踉跄跄来到电视摄像机前面的画面，似乎在向全世界告示：苏联这个社会主义社会确实到了可称之为"极度萧条衰退时期"，也是"苏联处于衰退甚至濒死状态"的一个证明。①

但社会总是要向前发展的，人们要变革的思想与愿望是抵挡不住的。

一、戈尔巴乔夫其人

戈尔巴乔夫 1985 年 3 月 11 日任苏共中央总书记，1991 年 12 月 25 日向全国发表电视讲话，宣布辞去苏联总统职务，前后执政近 7 年。考虑到对戈尔巴乔夫执政时期与对他本人的评价，至今有不同的看法，并且分歧甚大，为此，我们先对戈尔巴乔夫在任苏联最高领导人之前的情况做一简单介绍。

戈尔巴乔夫 1931 年 3 月 2 日出生于斯塔夫罗波尔边疆区克拉斯诺格瓦尔杰伊斯克区普里沃利诺耶村的一个农民家庭。第二次世界大战结束后不久，15 岁的戈尔巴乔夫就开始了自己的劳动生涯，在机器拖拉机站当农机手。在斯塔夫罗波尔时，18 岁的戈尔巴乔夫就获得了"劳动红旗"勋章。接着，他于 1950 年被推荐送到莫斯科大学学习，攻读法律专业。这为他更多地了解苏联和外部世界提供了极好的机会。

在斯大林执政时期的 1952 年 10 月，21 岁的戈尔巴乔夫加入了苏联共产党。1955 年，戈尔巴乔夫以优异的成绩从苏联著名的以莱蒙诺索夫命名的国立莫斯科大学法律系毕业，重返故乡。陪同他一起去斯塔夫罗波尔的还有其夫人赖莎·马克西莫夫娜·基托连娜，她是哲学系的毕业生。

戈尔巴乔夫回到故乡后，先从事共产主义青年团的工作。这是

---

① ［俄］格·阿·阿尔巴托夫著，徐葵等译：《苏联政治内幕：知情者的见证》，新华出版社 1998 年版，第 391 页。

在苏联成为党的职业干部通常走的道路。从 1955 年起，他在斯塔夫罗波尔边疆区先后任共青团斯塔夫罗波尔市委第一书记、宣传鼓动部副部长。在赫鲁晓夫执政时期的 1956 年，即召开苏共二十大开始批判斯大林时，戈尔巴乔夫任共青团斯塔夫罗波尔边疆区第二书记，两年后提升为第一书记。

1962 年 3 月，戈尔巴乔夫改做党的机关工作，担任斯塔夫罗波尔地区农庄、农场生产管理局党的负责人，同年 12 月被任命为苏共边疆区委党机关部部长。戈尔巴乔夫在大学学的是法律专业，为了适应农业工作的需要，他立即在斯塔夫罗波尔农业学院学习，于 1967 年学完了函授课程，并获得了农业经济学家的资格。在苏联，函授所学课程与通常的全日制和非全日制的课程完全相同，因此，所获得的资历亦是相同的。戈尔巴乔夫获得农业经济学家的资格，对他以后的晋升无疑是重要的。同年，赖莎·戈尔巴乔娃完成了副博士论文，并获得副博士学位（相当于西方的哲学博士）。她的论文题目是"集体农庄农民日常生活中出现的新情况——以在斯塔夫罗波尔区进行的社会调查为基础"。这个调查材料，对帮助戈尔巴乔夫了解农民、充实和认识党的工作起了不少作用。

在有 8 万多平方公里、约 280 万人口的斯塔夫罗尔边疆区，费·达·库拉科夫长期担任区党委的书记，他十分赏识戈尔巴乔夫。1962 年 12 月，他让戈尔巴乔夫任该区的区委机关部部长，这是主管边区全部党员干部的重要职务，加上该区又是个重要产粮区，因此，这一任职无疑对戈尔巴乔夫今后发挥更大的作用有着重要的意义。1964 年，库拉科夫调往莫斯科，很快就担任了苏共中央主管农业的书记，即成了主管全苏农业的党内最高领导人。1966 年 9 月，戈尔巴乔夫就担任了斯塔夫罗波尔市党委第一书记。1968 年 8 月，戈尔巴乔夫任苏共斯塔夫罗波尔边疆区委第二书记，1970 年

4 月任该区委第一书记。这一任职，标志着他已成为苏联党的高级领导的成员，可望在下届党代会上成为中央委员。不出所料，在 1971 年召开的苏共二十四大上，戈尔巴乔夫被选为中央委员。

戈尔巴乔夫在斯塔夫罗波尔边疆区任领导职务期间，集中主要力量抓农业。1970 年初，他就在这一边疆区推行以产定奖制度，试验作业队的制度，根据产量与成本计算劳动报酬。到 70 年代中期，该边疆区已有 1500 个机械化作业队，1976 年在全区推广作业队制度。根据当时报纸报道，实行作业队制度的水田和旱田的收成，要比未实行作业队制度的分别高出 50% 和 30%—40%。后来，戈尔巴乔夫又试行了其他一些农业作业制度。

1978 年 7 月，库拉科夫逝世。在红场为他送葬的没有当时的主要领导人勃列日涅夫、柯西金、苏斯洛夫和契尔年科等，致悼词的也是当时还只是一个普通中央委员的戈尔巴乔夫。后来，据可靠消息说，这是因为库拉科夫是自杀的。葬礼之后的第四个月，即 1978 年 11 月，戈尔巴乔夫接替库拉科夫，任苏共中央主管农业的书记，当时他年仅 47 岁，这比当时政治局委员的平均年龄要小 14 岁。调戈尔巴乔夫来莫斯科的是当时主管苏共意识形态的苏斯洛夫，因为他也曾一度在斯塔夫罗波尔边疆区任党的第一书记。在苏斯洛夫看来，戈尔巴乔夫的长处是：受过良好教育，有能力，是俄罗斯人。大家指望年轻的戈尔巴乔夫把力量集中于农业，改变农业的落后面貌。

1979 年，戈尔巴乔夫当选为政治局候补委员，一年之后又当选为政治局委员和中央委员会书记，主管农业。当时他离 50 岁还差半年。

1982 年勃列日涅夫逝世后，安德罗波夫任苏共中央总书记。戈尔巴乔夫对安德罗波夫决心推行改革的政策，持完全支持的态度。

他还积极支持安德罗波夫提倡的反对贪污腐化等经济犯罪的整顿纪律运动。

1983年9月，长期患肾病的安德罗波夫病情恶化，住在孔策沃医院的一间既可当卧室又可当办公室的病房里，这时戈尔巴乔夫担任了政治局与医院病房之间的联络官的角色。这就是说，苏联其他重要领导人已不太容易见到安德罗波夫了。这个机遇，无疑对加强和巩固戈尔巴乔夫的地位起了作用。再说，由于过去安德罗波夫因治疗肾病常去高加索基斯洛沃茨克温泉疗养院养病，作为当地党的领导人的戈尔巴乔夫自然要亲自接待，这样，他们两人之间早就有了相识和相互了解的机遇。西方学者认为："假若戈尔巴乔夫是远在北方的摩尔曼斯克的党首脑，他肯定不可能登上总书记的宝座。"[1]在苏联的政治体制条件下，这种说法不无道理。

这里顺便提一下，戈尔巴乔夫任总书记后提出的很多新思维，其中不少是他自己的独创，但亦有不少是安德罗波夫在世时早已提出。因此，在研究戈尔巴乔夫的新思维时，完全与安德罗波夫割裂开来，那是不公正的。

1984年2月，安德罗波夫去世，由契尔年科任苏共中央总书记。尽管由于复杂的政治原因，戈尔巴乔夫没有成为总书记，但戈尔巴乔夫实际上已成为苏联党的第二号人物。

契尔年科逝世后，决定继承人的问题，不再像安德罗波夫逝世时那么复杂了。1985年3月10日，即契尔年科逝世的当天晚上，立即召开了政治局委员的会议。在契尔年科逝世前的几个月，一直由戈尔巴乔夫主持政治局会议。在这次的政治局会议上，戈尔巴乔夫提出的

---

[1] ［德］克里斯蒂安·施密特·豪尔著，吴红杰等译：《戈尔巴乔夫——俄罗斯的旋风》，工人出版社1987年版，第65页。

一个最主要问题是：什么时候召开苏共中央全会？他提出问题后，自己回答："我认为，明天就应召开中央全会，不要拖延……"有人立刻作出反驳："有必要这么急吗？"但是反驳没有得到支持，大家同意不能推迟举行中央全会。这么大的国家没有苏共中央总书记无法正常运转，因为在当时的党—国家领导体制下，大部分权力集中在总书记手中。3月11日下午3点，再次召开苏共中央政治局会议。戈尔巴乔夫宣布："现在我们要讨论有关总书记问题。5点将召开中央全会，在两小时之内我们应讨论完这个问题。"葛罗米柯马上从自己的座位上站起来，要求发言："我已详细考虑过了，我建议米哈伊尔·谢尔盖耶维奇·戈尔巴乔夫为苏共中央总书记的职务候选人。"这次政治局会议与前一天的气氛不同了，力量的分配变得很明显，这种情况下对抗不能给任何人带来任何好处，并且，政治局委员必须表明是"赞成"还是"反对"。结果所有的人都表示"赞成"。接着，下午5点召开中央全会，葛罗米柯代表政治局建议选举戈尔巴乔夫，大家支持这一提议，谁也没有再发言，一致选举戈尔巴乔夫为苏共中央总书记。①当天莫斯科时间18时09分，苏联宣布了这一消息。至此，戈尔巴乔夫作为苏联第八位领导人的地位得到了确认。

当时苏联人对新领导有很多期望，希望戈尔巴乔夫能够领导苏联进入一个新的时代，能够振兴苏联，重建苏联。

戈尔巴乔夫执政后，要做的事太多了，一大堆社会经济问题和国际关系问题要解决。从何着手？戈尔巴乔夫在3月11日就任总书记的中央全会讲话中明确提出："今后仍将采取果断措施来进一步整顿秩序，清除生活中的不良现象和任何侵犯社会和公民利益的

---

① 参见《政党史与当代世界》，1992年第8—9期。

现象，加强社会主义法制。"之后，戈尔巴乔夫就开展反贪污腐化和反酗酒运动。与此同时，他全力以赴抓改革。

二、戈尔巴乔夫上台面临的严峻形势

应该说，戈尔巴乔夫上台执政时的苏联，不论从哪个角度来讲，都面临着十分复杂的局面，特别是国内经济形势已非常严峻。由于勃列日涅夫时期经济长期处于停滞状态，使苏联逐步走近衰亡。后虽经安德罗波夫的努力，经济有所好转，但总体经济形势并没有发生大的变化。勃列日涅夫逝世后，苏联从高层领导到普通群众，上上下下都在耐心地等待变化，等待安德罗波夫有所作为。利加乔夫说："因为我明白，国家已处在通往社会经济绝境的轨道上。应该真正地干一番事业，把国家拉到正道上去。"①安德罗波夫逝世后，上来了一个年老多病的契尔年科，让人们大为失望。契尔年科逝世后，苏联人民有理由期待一个年富力强的人上台执政，带领他们摆脱困境，振兴苏联。

到了戈尔巴乔夫上台的 1985 年，苏联正处于历史性的关键时期，形势已迫使新领导人作出抉择：要么进行根本性的改革，对国内外政策作出重大调整，以达到振兴苏联的目的；要么对失去生命力的斯大林—苏联体制模式，像前几任领导那样进行修修补补，继续维持现状，最后使社会经济状况进一步恶化。戈尔巴乔夫作出了前一种选择，并且态度十分坚决，他上台后，反复地强调改革的必要性与紧迫性。他在任总书记后不久召开的苏共中央四月全会上所做的报告中指出："由于管理体制不完善，繁文缛节的规章制度和泛滥成灾的报表文件，工作条件变得极为复杂。摆脱这种状况的出

---

① 《政党与当代世界》，1992 年第 8—9 期。

路只有一条，就是必须采取刻不容缓的强有力措施解决一揽子的管理问题。"①

为了向苏联人民进一步更具体和实际地说明改革的必要性，根据瓦·博尔金②的说法，戈尔巴乔夫上台后所组成的领导班子，"最初采取的行动之一就是组织力量对80年代中期国内的社会经济状况作出详细的分析。这无疑是一个正确的决定。它可以使人深刻理解国内形势，作出客观结论，提出摆脱社会近几年所陷入的绝境的途径。之所以必须研究经济、财政、科学、文化教育的情况，还因官方统计往往为'迎合'过去的领导人，总是把形势说得一派大好。""这种分析由苏共中央机关的一批专家、许多大学科研机构、苏联科学院、统计机关联合进行。参加材料总结工作的有阿·格·阿甘别基扬院士、安·伊·安奇什金院士、斯·谢·沙塔林院士、В. П. 莫任院士、斯·阿·西塔良院士、国家计委及其他政府机关和党的机关负责人。提交给总书记的分析报告得出的结论证明，国家正处在生产危机和严重的社会紧张局势的边缘。形成这种局势的原因是，以前的国家领导人对社会经济问题和工艺问题没有足够的重视，没有采取必要的措施改变局势。"③

我想，有关20世纪80年代中期苏联国内社会经济状况的分析材料，是戈尔巴乔夫在1987年出版的《改革与新思维》一书的重要素材，为戈尔巴乔夫论述有关改革问题提供了依据。他在书中说：

"我认为，要想了解苏联进行改革的起源和实质，必须注意下

---

① [苏]《真理报》，1985年4月24日。
② 系戈尔巴乔夫领导班子的成员。
③ [俄]瓦·博尔金著，李永金等译：《戈尔巴乔夫沉浮录》，中央编译出版社1996年版，第407页。

面这一点：改革不是个别人或一批人心血来潮的结果。如果是这样的话，任何号召、任何全会，甚至党代表大会都不可能发动人们投入这项工作，而今天这项工作却在我国全面展开，并且投身这项工作的苏联人一天比一天多。"

"改革是迫切的需要，是从我国社会主义发展的深刻进程中产生的。我国的社会主义社会迫切需要进行变革，可以说，为了变革，它历尽了艰辛，而拖延改革就会在最近时期造成国内局势的加剧，直截了当地说，这种局势包藏着发生严重的社会经济和政治危机的威胁。"

"不抱偏见的诚实态度使我们得出一个必然的结论：国家正处于危机前的状态。这一结论是在1985年4月举行的中央全会上作出的，这次全会标志着转向新的战略方针，转向改革，给改革的构想提供了依据。"

"所积累的新问题既迫切又严重，……这就要求采取革命性行动，宣布对社会进行革命性改革。"

改革不能迟缓，"我们不能，也没有权利耽误，哪怕是耽误一天"①。

下面，较为具体地谈谈戈尔巴乔夫上台执政时面临的问题，有助于理解戈尔巴乔夫强调改革紧迫性和提出根本改革体制必要性的缘由。

（一）斯大林高度集中的指令性计划经济体制模式仍未改变。

这种模式早已失去动力机制，成了阻碍社会经济发展的主要阻

---

① ［苏］戈尔巴乔夫著，苏群译：《改革与新思维》，新华出版社1987年版，第11—12，20，54页。

力。对刚上台的戈尔巴乔夫来说，他要深思的一个问题是，为什么斯大林体制模式在此后经过多次改革没有发生实质性变化，现在应该如何解决。1985 年 6 月 11 日，戈尔巴乔夫在一个讨论科技进步的特别会议上说，苏联在经济体制改革问题上，"已绕了多年的圈子，反复衡量怎么办才更好，但实际前进很少。看来是由于害怕采取坚决措施而犯错误，有时是明显的保守主义作怪。今天我们遇到的实质上还是十年前产生的问题，但变得更加尖锐了。我们越来越明显地感到，再也不能容许在这次工作中有消极情绪和惰性了"。也是在 1985 年 6 月，戈尔巴乔夫在乌克兰工业中心、前勃列日涅夫派的堡垒——第聂伯罗彼得罗夫斯基，对彼得罗夫斯基冶金厂的工人们说："可以提这样一个问题，我们是进展得太快了吗？否，我们甚至一次都未能在苏共中央委员会中讨论过这个问题。一个更加折中的方案是我们所难以接受的。时代要求我们这样做，除此之外，别无选择。"[1]

（二）经济增长率与经济效益日益下降的趋势得不到遏制。

在勃列日涅夫时期，苏联经济增长率递减趋势已十分明显，但之后这种趋势并没有得到遏制。例如，1976—1980 年苏联社会总产值年均增长率为 4.2%，而 1981—1985 年下降为 3.3%。[2]

另外，经济效益日益下降一直困扰着苏联经济的发展。尽管在勃列日涅夫时期曾一再强调经济的发展方式要从粗放型向集约化转变，但都停留在口头上。这方面的材料很多，这里只引用戈尔巴乔

---

[1] 转引自［西德］克里斯蒂安·施密特·豪尔著，吴红杰等译：《戈尔巴乔夫——俄罗斯的旋风》，工人出版社 1987 年版，第 126 页。

[2] 引自陆南泉：《从"三个代表"重要思想分析苏联剧变苏共垮台的原因》，见《上海行政学院学报》2004 年第 2 期。

夫 1985 年 4 月 11 日向苏共中央政治局提交的材料。

"在食品工业中，手工劳动占 60%，劳动生产率比资本主义国家要低 60%—70%。1300 家干酪、奶类、黄油生产厂家，200 家肉类生产工厂，103 家罐头厂和 60 家淀粉—果酱生产厂没有净化装置。"

"在 1190 万个农产品储藏仓库中只有三分之一安装了冷藏设备。只有 19% 安装有通风设备。在制糖企业中只有 20% 的企业拥有仓库。140 家肉类联合企业没有冷库。生产现代化机器的部门只能保证需求量的 55%。"

"农业原料的损失约为 30%。在采购和运输牲畜的过程中，损失 10 万吨，在采购和转运过程中，土豆的损耗量为 100 万吨，甜菜损耗量为 150 万吨，已捕捞的鱼类损耗量为 100 万吨。由于缺乏必需的包装材料，造成了大量鲜果及蔬菜的腐烂。"

"仅俄罗斯就有 2 亿平方米的住房面积急需大修或者拆除。大量简易住宅尚未拆除。自来水及排水设施的负荷已达到极限。还有 300 多座城市根本没有自来水和排水设施。俄罗斯联邦各城市的街道与马路几乎有一半没有铺设硬路面。"①

客观地讲，到了戈尔巴乔夫上台的 1985 年，当苏联领导正视现实的时候，国家确实已陷入了困境，已处于危机边缘。正如戈尔巴乔夫指出的："粗放发展的惰性把经济拉进了死胡同，使发展停滞下来。国民经济的财政状况更加紧张。大量石油及其他燃料动力和原料商品投放世界市场的做法，不仅无济于事，而且还使疾病内延了。卖这些东西得到的外汇主要用于解决日常任务，而不是用于经济现代化和克服经济的技术落后状况。"②

---

① 转引自〔俄〕阿·切尔尼亚耶夫著，徐葵等译：《在戈尔巴乔夫身边六年》，世界知识出版社 2001 年版，第 40 页。

② 〔苏〕戈尔巴乔夫著，苏群译：《改革与新思维》，新华出版社 1987 年版，第 15—16 页。

由于经济效益下降和严重浪费,"形成了荒谬的局面。苏联在钢、原料和燃料动力资源生产方面规模巨大,早已无可匹敌,同时却由于浪费、无效的利用而又缺少这些东西。苏联的粮食生产在世界上名列前茅,但却要每年购进几百万吨谷物作饲料。按每个人平均计算的医生、医院床位最多,但同时在医疗服务中存在严重缺点,服务质量下降。我们的火箭以惊人的准确性找到哈雷彗星并飞上金星,而在取得这一科学和工程思想的重大胜利的同时,却在为国民经济的需要而采用科学成就方面明显落后,我们的许多家用电器落后于现代水平"。"发展速度眼看着急剧下降,全套质量指标恶化,不愿接受新的科技成果,生活水平提高缓慢,食品、住房、消费品和生活服务方面遇到困难。"①

在分析经济效益时,戈尔巴乔夫多次尖锐地批评长期存在的基本建设中投资效益低的问题:"许多项目建设周期过长,使不少物资被冻结,使生产能力增长停滞,国家不能及时得到需要的产品。固定生产基金交付使用计划完成得不能令人满意。"②

(三)农业继续衰退。

前面说过,1979—1982 年出现了农业连续四年下降的局面,这种趋势在 1983—1985 年并未得到控制。1983 年苏联谷物产量为1.92 亿吨,1984 年为 1.73 亿吨,1985 年为 1.92 亿吨,就是说,这三年没有一年达到苏联"十一五"(1981—1985 年)计划规定年均谷物产量为 2.4 亿吨的指标。农业的继续衰退,对苏联社会经济的消极影响也在不断发展:迫使苏联大量进口食品和食品原料,这类

---

① 〔苏〕戈尔巴乔夫著,苏群译:《改革与新思维》,新华出版社 1987 年版,第 16—17 页。
② 〔苏〕《真理报》,1985 年 4 月 24 日。

产品的进口额在 1983 年、1984 年和 1985 年分别占苏联进口总额的 20.5%、22.5% 和 21.2%[1]；阻碍了国民经济的调整；使市场供应更加紧张；使苏联外汇资金更加短缺。

（四）与美国经济实力的差距拉大。

20 世纪 70 年代中期以前，由于苏联在经济增长速度方面对美国一直占有优势，因而，苏联与美国经济实力的差距是不断缩小的。但从 70 年代中期经济处于停滞之后，苏美两国的差距出现了扩大趋势。根据苏联官方的统计资料，1980 年苏联的工业产值、农业产值与工业劳动生产率分别为美国的 80%、85% 和 55%，而到 1985 年这三项指标没有变化。1980 年苏联国民收入指标为美国的 67%，而到 1985 年降为 66%。苏联农业劳动生产率从 1966 年到 1984 年，一直停留在美国的 20%—25% 水平上。[2] 失去速度优势，这对苏联来说，不能不说是严重问题，这说明苏联已很难赶超美国。正如戈尔巴乔夫所说，由于经济的停滞，"一个以前大力追赶世界上最发达国家的国家，开始明显地失去一个又一个阵地"[3]。苏联把失去速度优势视为涉及确保国家"战略生存"的问题。

1987 年 3 月 19 日，美国中央情报局和国防部情报局，联合向美国国会联合经济委员会的国家安全经济小组委员会提交了一份现状分析报告。据这个材料分析，1976—1985 年这十年，国民生产总

---

① 引自陆南泉等编：《苏联国民经济发展七十年》，机械工业出版社 1988 年版，第 662，666 页。

② ［苏］《1985 年苏联国民经济统计年鉴》，莫斯科财政与统计出版社 1986 年俄文版，第 581 页。

③ ［苏］戈尔巴乔夫著，苏群译：《改革与新思维》，新华出版社 1987 年版，第 14 页。

值的年平均增长率，除美国低于苏联之外，其他发达西方国家都高于苏联，这也进一步说明问题的严重性。

（五）越来越难以对付世界新技术革命的挑战。

"科技一直是推动生产力发展的一个重要因素，而这一作用，对现阶段的苏联经济来说显得更为重要。因为，当前苏联经济的发展不能再依赖于传统的粗放经营方式，即靠大量投入人力、物力和财力的办法了，而必须依靠科学的发展。据计算，如果苏联今后继续靠粗放经营方式来发展经济，走拼消耗的道路，要达到计划规定的经济增长率，那么，每个五年计划的燃料和原材料的开采量需要增加10%—15%，基建投资总额需增加30%—40%，需为国民经济补充800万—1000万劳动力。很明显，苏联根本不存在这种可能性。"[①]

苏联科技力量的潜力很大，并有很多新技术发明，但长期以来，新技术成果在国民经济中得到应用的很少，而且周期很长。对此，戈尔巴乔夫在1987年召开的苏共中央六月全会的报告中说："最令人不安的还在于，我们在科技发展上开始落后"，科技停滞"不是由于缺乏科学成果，主要是国民经济接受新事物不积极"。阻碍新技术成果及时应用的原因很多，但主要还是经济管理体制方面的因素。

据有关材料估计，在20世纪80年代中期，苏联与西方发达国家相比，科技水平要相差15—20年。据苏联电子工业部部长科列斯尼科夫估计，苏联一直加以重点加速发展的计算技术，要落后西方8—12年。

---

① 《戈尔巴乔夫言论选集》，人民出版社1987年版，第89页。

面对上述情况，戈尔巴乔夫在上台不久的 1985 年 6 月 11 日，就召开了全苏科技进步问题会议。他在报告中明确指出："应该使经济最大限度地适应于科技进步，保证所有国民经济环节从切身利益上关心科技进步。""要切实保证在加速科技进步方面取得成绩的劳动集体处于优越地位，要使生产陈旧过时，缺乏效率的产业变得无利可图。"[1]戈尔巴乔夫要求把加速科技进步问题放到党的工作的中心位置来考虑。

（六）社会危机因素在增加。

经济中出现的种种障碍和停滞不可能不反映到社会领域中来。当时苏联在社会与精神道德领域出现了许多异常现象（对此前一讲已有论述）。这里特别要指出的是，当时苏联社会与广大群众对党的信任程度大大下降，对苏联长期以来存在的官僚主义体制已经十分厌恶了。我们前面提到的在短短的两年零四个月内先后有三位年老多病的苏联最高领导人病亡，这远远不只是刺疼了广大人民的心，而是让广大人民群众对苏联未来丧失信心。人们往往用嘲弄讥笑、编政治笑话来讽刺老人政治。比如说，召开党代表大会时，会议主持宣布："代表大会全体起立，现在把总书记抬进来。""由播音员宣读总书记报告……"而此时，苏联的宣传机器却到处"展示"苏共中央总书记充满力量的活动——在电视荧屏上，在选举活动中，在他每天"发出的"呼吁书、答记者问、声明里，"使我们大家显得像在傻瓜的国家里"[2]。

---

① ［苏］《真理报》，1985 年 6 月 12 日。
② ［俄］阿·切尔尼亚耶夫著，徐葵等译：《在戈尔巴乔夫身边六年》，世界知识出版社 2001 年版，第 26 页。

（七）面临着复杂的国际环境。

从苏联当时所处的国际环境来看，也是十分不利的。长期以来推行与美争霸世界的政策，竭力争夺势力范围，这使得苏联与美国的军备竞赛不断升级。"冷战"的后果是使苏联不堪巨额军费的重负，经济被拖垮。"对苏联来说，'冷战'意味着苏维埃经济和政治制度的全部缺点和弊病无法遏制地增长和加深。国家事实上变成了'冷战'的工具，'冷战'吞噬了国家几乎80%的智力、思想、政治和物质资源。"①对东欧各国，大国主义、老子党的政策从来没有改变，不准这些国家改革，干涉这些国家的内政。与此同时，东欧国家为了摆脱斯大林的模式，独立倾向在加强。与中国的关系，也刚刚开始改善。对第三世界的主权苏联不予尊重，往往加以干涉。1979年入侵阿富汗，加剧与西方国家的对抗。正如戈尔巴乔夫所说的，苏联"是在国际局势日益紧张的形势下开始改革的"②。很明显，上述国际环境，对戈尔巴乔夫在国内推行改革政策是极其不利的，因此必须调整对外政策，改变苏联在国际上的形象。对此，戈尔巴乔夫在以后的著作中指出："我们在开始改革时懂得，如果在对外政策方面不作任何改变，我们设想的国内改革也不会成功。"③这也是戈尔巴乔夫在对外政策方面提出政治新思维的原因。

戈尔巴乔夫根据1985年上台执政时所面临的主要问题，从改革特别是经济体制改革角度得出的重要结论是：

---

① ［俄］阿·切尔尼亚耶夫著，徐葵等译：《在戈尔巴乔夫身边六年》，世界知识出版社2001年版，第13—14页。
② ［苏］戈尔巴乔夫著，苏群译：《改革与新思维》，新华出版社1987年版，第169页。
③ ［俄］戈尔巴乔夫著，徐葵等译：《对过去与未来的思考》，新华出版社2002年版，第83页。

第一，"总的来说，我们的经济基本上是一种浪费型经济"；

第二，"目前的主要任务是寻求和发掘提高生产效率和产品质量的一切潜力"；

第三，要"对计划和管理，以及整个经济机制进行深刻的改造"①。也就是说要有战略性的转变，转向对现行体制根本性的改革。

---

① 戈尔巴乔夫 1985 年 6 月 11 日在全苏科技进步问题会议上的报告，载［苏］《真理报》，1985 年 6 月 12 日。

第十讲

戈尔巴乔夫经济改革的进程与指导思想

　　这里，先要澄清至今还存在的一些不准确看法，认为戈尔巴乔夫的改革是从政治体制开始的。但实际上，戈尔巴乔夫时期的改革是从经济领域开始的，当时的苏联主要领导人把主要精力放在经济体制改革方面。戈尔巴乔夫在谈到这一问题时指出："最近几年我不止一次地受到批评，说我应该从经济开始，而把政治的缰绳拽住……像中国那样。我并非没有对经济问题的了解，更没有忽视。只要看一下改革事件的记事表就可知道。从一开始多数中央全会讨论的正是经济改革问题。它占了我作为总书记的工作中、我的同事的工作中和政府机关工作中四分之三以上的时间和精力。"[①]2004 年 5 月 31 日至 6 月 1 日，由中国国际交流协会和美国乔治·华盛顿大学联合召开的"苏联解体原因"研讨会上，美国斯坦福大学政治系副教授迈克尔·麦克福尔为会议提供的论文中谈及此问题时指出："回顾过去，一些历史学家认为，戈尔巴乔夫是

---

① ［俄］戈尔巴乔夫著，徐葵等译：《对过去与未来的思考》，新华出版社 2002 年版，第78 页。

一个民主革命者，他很少关心经济改革，相反他从一开始就在设法毁掉苏共，并在苏联实行民主化。**没有比这更离谱的了。**（黑体为笔者所加）从戈尔巴乔夫担任苏共总书记以来，他就一直致力于实施经济改革。民主化不是目标，而是取得经济改革的一种手段。他进行经济改革的速度很慢。戈尔巴乔夫改革的第一批步骤与其他苏联改革类似，都是将提高现有体制的工作效率作为目标。他的第一个针对不良经济的重大改革政策是加速发展经济。实施经济改革需要中央强有力的控制。政治体系自由化还提不到议程上。这些最初的改革政策的目标并不是要改革管理苏联经济基础的基本体制，而是使现有体制运转得更好。"

以上论述说明：戈尔巴乔夫上台执政后，首先是从经济领域着手改革的；从他执政近七年的历史发展来看，戈尔巴乔夫本人与当时的领导班子在相当一个时期里，工作的着力点放在通过经济体制改革来解决严重的经济问题。

一、经济体制改革的进程

笔者认为，戈尔巴乔夫时期的经济体制改革大体上可分为三个阶段。

（一）从1985年3月到1987年——经济体制改革的准备阶段。

在这一时期，苏联党政领导采取的重要决策与政策涉及很多方面，主要内容有：

1. 1985年召开的苏共中央四月全会，是苏联新的历史转折点的标志。戈尔巴乔夫在这次全会上，做了《召开苏共例行第二十七次代表会议及有关筹备和举行代表大会的任务》的报告。谈及经济问题的主要点有：

第一，分析当时苏联的经济形势，指出勃列日涅夫留下的经济困难远远没有克服；

第二，困难发生的原因，主要是没有及时地对生产发展的客观条件的变化、对加快生产集约化和经营管理方法的变革的必要性作出应有的评价；

第三，解决困难的途径是，广泛采用科技革命的成果，使社会主义经营管理方式符合现代条件的要求，应当大大加速社会经济进步①；

第四，解决社会经济问题最终要靠改革。报告中明确指出："我们不管研究什么问题，不管从哪个方面来对待经济，最终一切都靠认真改进管理和整个经济机制。"②

这次全会，首次提出了苏联社会经济发展的新战略方针，即要实行大大加速发展的战略。戈尔巴乔夫在其《改革与新思维》一书中说："这次全会标志着转向新的战略方针，转向改革，给改革的构想提供了依据。"

2. 1986 年 2 月苏共二十七大，首次正式提出"加速战略"和提出根本改革的方针。代表大会对过去一个时期（主要是勃列日涅夫时期）的内外政策（主要是国内政策）进行了总结，揭露和批评了这一时期存在的缺点和失误。在此基础上，提出了苏联今后一个时期（2000 年前）的战略任务以及实现这一任务的大政方针，以适应新形势发展的要求，力图使苏联经济的发展进入一个新的历史转折阶段。

苏共二十七大提出了根本改革体制的方针，但尚未提出一个改

---

① 在四月全会前的 3 月 21 日，苏共中央政治局举行了戈尔巴乔夫上任后的第一次例会，讨论并提出了动员全国力量实现经济集约化和加速经济发展的战略。

② ［苏］《真理报》，1985 年 4 月 24 日。

革方案。戈尔巴乔夫在代表大会的报告中，只是规定了今后改革的大致方向：

——提高集中领导经济的效力，加强中央在实现党的经济战略的基本目标方面，确定国民经济的发展速度和比例、国民经济的平衡方面的作用。同时应当结束中央干预下级经济部门业务活动的做法；

——坚决扩大联合公司和企业的独立自主性的范围，提高联合公司和企业取得最大的最终成果所负的责任。为此，要使它们转向真正的经济核算、自负盈亏和自筹资金，使各集体的收入水平直接取决于工作效率；

——各级国民经济部门改用经济领导方法，为此要改变物质技术供应工作，完善价格形成、拨款与信贷制度，制定有效的反浪费办法；

——使管理工作具有现代化组织结构，并考虑到生产的集约化、专业化与协作化趋势。这指的是建立相关部门的综合体、跨部门科学技术中心、各种形式的经济联合公司、地区—生产联合公司；

——保证将部门的经济管理同地区的经济管理合理地结合起来，使各共和国和地区得到综合的经济发展和社会发展，安排合理的跨部门的联系；

——实现管理的全面民主化，提高劳动集体在管理中的作用，加强自下而上的监督，加强经济机关工作中的报告制度和公开制度。

苏共二十七大还通过了关于《苏联 1986 年至 1990 年和至 2000 年经济和社会发展基本方针》的决定。在这一决定中，专门有一部分论述"完善国民经济的管理"内容，并要求："在第十二个五年计划期间，所有经济部门都要改行新的经营方法。"

3. 1987年苏共中央一月全会对改革的大讨论和再动员。戈尔巴乔夫在会上做了"关于改革与党的干部政策"的报告。会议的主题是改革、民主和干部问题，要集中解决的问题是：苏联究竟要不要进行根本性的改革，并提出要实现根本改革就要依靠民主化和排除来自干部方面的阻力。所以，戈尔巴乔夫在报告中指出："向好的方面的转变进展缓慢，改革工作比预想的更困难，社会中积存的问题的根源比原来预想的更深。"

在这次全会上，还首次正式提出了两个重要的理论观点：一是苏联社会正在积聚危机因素；二是由于过去政策的失误，在社会经济发展中，形成了"阻碍机制"。

4. 1987年苏共中央六月全会提出了引人关注的较为完整的综合改革方案。如果说一月全会主要讨论究竟要不要进行根本改革，那么六月全会主要解决如何进行根本改革，提出改革的具体原则和方案。戈尔巴乔夫在这次全会上做了题为"关于党的根本改革经济管理的任务"的报告。报告明确指出："今天我们将讨论改革的一个根本问题。这指的是根本改革经济管理，即经营机制的体制的质变。"①

在六月全会上，通过了《根本改革经济管理的基本原则》和《苏联国营企业（联合公司）法》（以下简称《基本原则》和《企业法》）两个重要文件。接着，1987年7月17日，苏联又通过了有关计划、价格、财政、银行、物资技术供应体制改革等11个决议。这样就与实施《企业法》相配套，形成了戈尔巴乔夫时期苏联经济体制改革完整的综合方案。

---

① 《戈尔巴乔夫关于改革的讲话》，第332页。

（二）从 1987 年至 1990 年——具体实施改革阶段。

在 1987 年经济体制改革的整体方案形成之后，逐渐进入经济体制改革具体实施阶段。

一些学者认为，经济"改革在 1987 年到 1989 年上半年间达到了高潮。苏共中央两次全会——一月全会和六月全会——制定了社会生活民主化和对经济管理体制进行彻底改革的方针"①。

按照戈尔巴乔夫在庆祝十月革命七十周年大会上的报告中的说法，1987 年苏共中央六月全会之后，"经济改革已经不仅是计划和意图，更不是抽象的理论推断。它已牢牢地进入生活。今天，有相当多的联合公司，工业、建筑业、运输和农业企业在自我补偿和自筹资金的原则基础上工作。从明年开始，生产着 60% 的工业产品的企业将在这些条件下工作，国营企业（联合公司）法也将生效"。这些生产着 60% 的工业产品的企业，包括全部机器制造业、冶金业、燃料动力部门的大部分企业以及化学工业、林业、轻工业、食品工业、渔业和各类运输业，都将实行新的经营原则和《企业法》。第二阶段，按计划部署，应该在 3 年内完成。具体安排是：1989 年全部企业完成向新的经营机制的过渡。而涉及集中的经济管理职能的改革，到 1990 年完成，这里主要包括客观经济体制如计划、物资供应、财政、银行、价格等改革。这样，苏联就可以带着新的经济机制进入第十三个五年计划。简言之，苏联计划在 1988—1990 年内，形成新经济体制的基本框架。戈尔巴乔夫根据 1987 年苏共中央六月全会前经济改革出现的情况，明确指出："今后两年或三年

---

① ［俄］O. T. 博戈莫洛夫著，张驰译：《俄罗斯的过渡年代》，辽宁大学出版社 2002 年版，第 11 页。

将是最复杂的、具有决定性意义的、从某种意义上说是至关重要的阶段。首先因为将要同时解决经济方面、社会方面、国家和社会管理改革、意识形态和文化方面的规模巨大的任务。""今后这段时间的复杂性也在于，改造将涉及越来越多的人民群众、社会团体、居民阶层和全体干部的利益。"①

后来改革的实践证明，从 1987 年下半年到 1990 年具体实施改革方案过程中，苏联出现了极其复杂的局面，发生了不少重要事件，使得经济改革困难重重。

特别要指出的是，如果在 1986 年至 1987 年党内斗争主要表现在叶利钦与利加乔夫之间的话，那么后来叶利钦把戈尔巴乔夫视为斗争的目标，斗争的主要内容最后发展为如何对待苏共和苏联的问题。

1988 年 6 月 28 日—7 月 1 日，苏共举行第十九次代表会议。在会上戈尔巴乔夫做了报告《关于苏共二十七大决议的执政情况和深化改革的任务》。从会议内容来看，提出了不少重要问题和有关社会主义与改革的理论。一直有这样一种看法，认为由于戈尔巴乔夫在这次会议上提出了根本改革政治体制的任务，这样，苏联从此以后就只搞政治体制改革而不搞经济体制改革了。实际上并非如此。

第一，我们可从这次会议的目的来分析。戈尔巴乔夫在会上的报告，首先是总结了从 1987 年 2 月召开苏共二十七大以来经济体制改革的基本情况，一方面指出，在经济体制改革方面取得的进展，"已成功地阻止了国家滑向经济、社会和精神领域的危机"。另一方面指出，这并不意味着，到处都在全速地出现好转和革命性改

---

① 新华社参编部编：《庆祝十月革命七十周年戈尔巴乔夫的四个讲话》，1987 年 11 月 7 日，第 28 页。

造已经不可逆转。"还未消除造成障碍的深刻原因。"戈尔巴乔夫明确指出："今天我们面临着许多复杂的问题。但它们之中哪个是关键问题呢？苏共中央认为，改革我们政治体制就是这样的问题。"他还讲："今天，改革的根本问题——经济改革、发展社会主义领域、教育人以主人翁的态度关心对待我国发生的一切——所遇到的障碍正是僵化的权力体制，这个体制的行政强制结构。""如果我们不改革政治体制，我们所有的创举，所有业已开创的大规模的事业将会停滞。""我们在精神领域做了许多工作，并且无论有多大困难都将进行根本的经济改革。但是，如果我们不改革政治体制，那么所有这一切都会付之东流。"这些论述十分清楚地说明，苏共第十九次代表会议之所以提出必须进行政治体制改革，其目的就是要保证经济体制改革的不可逆转。

第二，从政治体制改革要实现的基本任务和最终目的来看，它与经济体制改革要达到的目标也是相辅相成的。政治体制改革要达到塑造社会新形象的目的，它的最终目标与社会主义理想相接近。

戈尔巴乔夫在这次代表会议的报告中，把社会主义新形象最后归结为是一种民主的和人道的社会主义。这是第一次提出"民主的、人道的社会主义"概念。①

第三，苏共第十九次代表会议，并不只是从保证经济体制改革出发讨论政治体制改革问题，还专门讨论了经济体制改革下一步如何推行。戈尔巴乔夫在报告中谈及此问题时，用的标题是："始终如一地实行根本的经济改革"。他认为，应特别突出讨论"怎样实现根本的经济改革"。并提出："考虑到已经积累的经验，我们应当精心准备从 1989 年初开始完成物质生产领域各企业向新的经营条

---

① 参见［苏］《真理报》，1988 年 6 月 29 日。

件的过渡。"①

上面的分析是想说明，苏共第十九次代表会议的目的，不是让经济体制改革停下来，而是为经济体制改革的顺利进行扫除障碍。但后来，由于政治斗争的激化，政治过热，经济体制改革受到很大冲击，这也是客观事实。

1990 年 7 月 2—13 日，苏共召开了第二十八次代表大会。这次代表大会，是在苏联政治、经济形势十分尖锐、复杂，党内产生严重分歧的情况下召开的。会议总结了苏共二十七大以来苏联进行的经济与政治体制改革的经验、教训以及存在的问题，确定了在社会主义选择范围内进行体制改革与更新整个社会的政治方针，这指的是改革指导思想转向人道的、民主的社会主义。戈尔巴乔夫在苏共二十八大上谈到苏联改革进程时，认为：这个时期，苏联"已经进入改革的最重要阶段，下一步将是大规模的改革。"

戈尔巴乔夫经济体制改革第二阶段特别到 1990 年，一个最为重要的特点是，围绕讨论与制定向市场经济过渡方案进行了激烈的政治斗争，改革成了争权夺利的工具。可以说，经济改革成了政治斗争的"人质"。

但要指出的是，苏共第二十八大经过激烈争论，在经济改革方面又肯定了向市场经济过渡的经济改革总方向。二十八大还通过了《关于党进行经济改革和向市场关系过渡的政策的决议》。决议指出："向市场关系过渡应该是进行彻底的经济改革和改善国民经济状况的主要内容。可调节的市场经济有助于实现'各尽所能，按劳分配'的原则，能鼓励人们进行生产效率高的、创造性的劳动，建立起一种保持生产者和消费者互利关系的有效机制，消除长期存在

---

① 参见［苏］《真理报》，1988 年 6 月 29 日。

的商品匮乏和排队现象，杜绝投机倒把和影响经济的其他表现。"决议还强调："在遵守各共和国经济平等和主权的情况下发展统一的全苏市场。"①

（三）从 1990 年底到 1991 年底苏联剧变——经济体制改革停滞和夭折阶段。

尽管在 1990 年下半年后，围绕向市场经济过渡方案在苏联展开了尖锐的政治斗争，但毕竟最后还是通过了《稳定国民经济和向市场经济过渡的基本方针》等官方正式文件，按理说，这可以作为推行经济改革的依据。但此后，并没有出现戈尔巴乔夫在苏共二十八大所期望的大规模改革，经济改革实际上处于停滞状态，最后改革以失败告终，成了加速苏联发生剧变的一个重要因素。1991 年经济改革之所以难以进行下去，一个直接原因是，这一年政治过热，争权夺利的斗争白热化，政治、经济和民族危机交织在一起，在此情况下，没有人也没有精力顾及经济改革。

二、改革的指导思想

至今，对戈尔巴乔夫时期的改革和由此对其本人的评价，仍存在不同的看法，甚至有人认为，苏联剧变是戈尔巴乔夫领导集团"逐渐脱离乃至最终背叛马克思主义的结果"，说他是"叛徒"。本文并不准备对戈尔巴乔夫时期的改革及其本人加以全面评价，而只是对长期以来在研究戈尔巴乔夫时期被忽视的一个重要问题，即把解决人的问题作为改革指导思想进行评述。

戈尔巴乔夫执政时期，在推行体制改革的同时，一直在进行理

①　《苏联共产党第二十八次代表大会主要文件资料汇编》，人民出版社1991年版，第167页。

论讨论，鼓励学术界大胆探索改革理论，使得在理论上有一个原则性的突破，以适应根本改革体制的需要。1986 年 2 月 25 日，戈尔巴乔夫在苏共第二十七大报告中强调："要改造经济机制，首先得改变思想，抛弃老一套的思维和实践模式。"[①]

从戈尔巴乔夫执政近七年的发展情况来看，戈尔巴乔夫提倡的新思维是一个较为完整的思想体系，涉及的领域十分广泛，"它实际上包括了当代所有的主要问题"[②]。新思维有关国内问题的内容，主要是围绕社会主义的一些主要原则问题，特别是根据根本改革体制而提出的一些新观点，这也是构成苏联体制改革的重要理论基础。

戈尔巴乔夫在整个执政期间，在其体制改革（不论是经济体制还是政治体制）过程中，一直强调人的地位和作用。其改革的指导思想是要解决人的问题，把人的积极性和人的利益作为改革的出发点。戈尔巴乔夫认为，社会主义思想的核心是人。斯大林时期所形成的社会主义，发生了严重的变形，实际上建立的是"专制极权和行政命令的官僚体制"。在这种体制模式下，人不被当作目的，而是被当作手段来使用，也就是说，把人当作党和国家机器的"螺丝钉"。这样的结果是，必然在经济上产生人与生产资料、劳动成果的疏远；在政治上产生人与政权的疏远。为了克服上述弊端，通过改革，要使社会主义重新振作起来，发挥社会主义的潜力，克服人与所有制、与生产资料、与政治进程、与政权、与文化的疏远现象，从而需要明确人是问题的中心，明确社会主义"是真正的、现实的人道主义制度"，人是"万物的尺度"。

---

① ［苏］《真理报》，1986 年 2 月 26 日。
② ［苏］戈尔巴乔夫著，苏群译：《改革与新思维》，新华出版社 1987 年版，第 6 页。

在戈尔巴乔夫时期的体制改革过程中，有关人、人权问题，提出了不少看法。

（一）在经济体制改革方面，解决人与人权问题，其主要出发点是：首先要使经济面向人，面向社会，全部生产面向消费者的要求，目的是使苏联能创造出无愧于现代文明的劳动条件与生活条件，保证公民经营自由；其次是要保证劳动者变成生产的主人，使劳动者感到自己是全权主人，是真正的主人。

为了通过经济体制改革解决人、人权问题，调动人的积极性，使人民真正成为国家的主人，苏联特别强调了管理民主化和自治理论。

戈尔巴乔夫执政以后，民主管理、自治、自我管理等概念已越来越多地被人们接受。这是与他对上述问题给予的重视分不开的。苏共二十七大报告的第三部分，专门谈了社会进一步民主化和加深社会主义自治问题，强调：不发扬社会主义民主，那么加速社会的发展是不可思议的，也是不可能的。要完成当前规模巨大而又复杂的任务，就要始终不渝地和不断地发扬社会主义的人民自治。

1987 年召开的苏共中央一月全会的主题也是发扬民主。戈尔巴乔夫强调：只有通过不断发展社会主义所固有的民主形式和扩大自治，才能在生产、科学和技术、文学、文化和艺术，在社会生活的各个领域中前进。只有通过这个途径，才能保障自觉遵守纪律。只有通过民主和借助民主，改革本身才有可能实现。

社会主义民主与自治是苏联制定企业法的指导思想，它在企业法中体现在许多方面，例如，企业法规定：

"企业的活动是根据社会主义自治原则进行的，作为企业全权主人的劳动集体，独立自主地解决生产发展和社会发展的一切问题。"

"企业是社会主义商品生产者，劳动集体作为主人利用全民财产"，"企业是法人，具有独立的一部分全民财产和独立的资产负债表"。

企业"要在民主集中制、集中领导和劳动集体社会主义自治相结合的原则基础上进行管理"。企业领导人由选举产生，企业实行劳动集体大会（代表会议）制。在企业行政部门与劳动集体委员会意见不一致的情况下，问题提交劳动集体全体大会解决。这样，企业的权力中心由原来的行政转移到企业劳动集体，经理不再是主宰一切的领导人。

戈尔巴乔夫还强调改革与推动民主和自治制度的紧密联系。1987年5月18日，他在回答意大利《团结报》编辑部问题时也强调了这一点，他说：苏联的"改革意味着深化社会主义民主和发展人民自治。这指的不是摧毁我们的政治制度，而是更充分、更有效地利用我们政治制度的可能性"。"社会主义民主是我们改革的目的、条件和强大武器。"①

关于自治问题，自苏共二十七大以来，已出现了各种不同的提法，如"人民的社会主义自治"、"社会主义自治"、"人民自治"、"企业自治"、"生产自治"和"劳动集体自治"等概念。尽管提法不同，从当时的各种材料来看，实行社会主义自治的基础，从经济角度看，那就是生产资料的公有制。在公有制条件下，每个劳动者与生产资料的关系应该是处于同等地位。随着生产资料公有化的发展，随着劳动者管理生产和组织自由劳动水平的提高，自治的经济基础必然会得到进一步的发展。从政治角度看，自治的基础是社会主义民主。自治也是民主不断发展的必然结果。从社会角度看，工人阶级在一切领域中的领导作用，工、农和知识分子在政治、道义

---

① 参见［苏］《真理报》，1987年5月20日。

和利益等方面的一致，是自治的社会基础。从精神角度看，劳动人民信仰马克思列宁主义，在生活中起主要作用的是社会主义的精神文化，这些是自治的精神基础。另外，从经济管理角度看，苏联企业实行的自筹资金和完全经济核算制，亦为自治和整个社会政治生活的民主化打下了经济基础，这也是保证劳动集体与每个职工实现民主管理权的重要条件。

总的来说，戈尔巴乔夫强调民主与自治思想，其基本出发点是寻找和发展群众在社会生活各个领域中创造活动的新途径，让千百万人以主人翁态度负责地、自觉地和积极地参与社会经济目标的实现。根本改变过去把人视为像技术设备、原料、能源这类管理客体的概念，而要把人作为劳动活动和经济活动有意识的主体。要认识到人、人的劳动积极性是生产力、生产关系和经济机制这三个组成部分的核心，并从这个基本观点出发，来改革经济体制，使人这个主体成为推动社会经济发展的主要动力。

戈尔巴乔夫执政后期的经济体制改革，把解决人的问题与向市场经济过渡为取向的改革日益密切地结合起来。1990年10月，戈尔巴乔夫以总统名义提交给最高苏维埃通过的《稳定国民经济和向市场经济过渡的基本方针》文件中指出："我国社会向市场经济过渡完全是由人的利益决定的"，"只有市场与全社会的人道主义方向相结合，才能保证人们的需要得到满足、财富的公正分配、公民的社会权利和社会保障、自由和民主的扩大"。

戈尔巴乔夫执政时期，在所有制理论方面的新观点也主要是与发挥人的作用、落实人权和向市场经济过渡紧密连在一起的。

戈尔巴乔夫一再强调，解决人的问题与向市场经济过渡密切相关，而向市场经济过渡必须改革所有制，改革所有制又必须对传统所有制关系进行再认识。他认为，人道的、民主的社会主义经济的基本思想，只能在深入批判传统的经济管理体制基础上才能产生和形成，而传统经济管理体制的核心是所有制关系。

从解决人、发挥人的积极性、使人成为生产资料的真正主人等角度来看，在生产资料所有制问题上，戈尔巴乔夫还特别强调完善经济管理体制与完善公有制是同一个过程，是不可分的。实现了生产资料社会主义改造任务之后，生产者取得主人的权利同成为真正和有主动精神的主人，这并不是一回事。因为，实现了社会主义革命的人民还需要长期熟悉自己作为整个社会财富最高的唯一的所有者的新的地位，这就需要在经济上、政治上和心理上熟悉、培养集体主义的思想和行为。另外，要使劳动者成为生产资料真正的主人，最重要的一条是要在完善经济管理体制方面做大量工作，即只有在那种充分调动生产者积极性的经济管理体制条件下，才能做到。因此，必须认识到，要完善和发展生产资料的所有制，就必须完善和发展经济管理体制。这两者是紧密结合的同一个过程。戈尔巴乔夫反复强调经济管理的民主化和社会主义自治，亦是为了使劳动者成为生产资料的真正主人，调动生产者的积极性。

（二）在政治体制改革方面。

在 1988 年 6 月召开的苏共第 19 次全国代表会议上，戈尔巴乔夫在其所做的报告中，把"改革与人权"单列一个问题加以论述，并第一次明确提出："全面充实人权，提高苏联人的社会积极性"，是苏联政治体制改革的"最终目的"，也是决定改革能在多大程度上实现的"主要标准"。[①]

这次代表会议指出，苏联政治体制与党的变形，主要表现在以

---

① 参见［苏］《真理报》，1988 年 6 月 29 日。

下几个方面：

第一，广大人民群众没有实际参加解决国家和社会事务的权力。各种管理任务都由执行机关来完成，党政领导人的权力越来越大。由于低估和贬低了社会主义民主的作用，导致个人崇拜现象不断复发。

第二，部门管理机关的职能和结构上都过于膨胀，苏维埃和党的机关均难以对部门利益进行有效监督，结果是，这些部门管理机关往往把自己的意志强加给各经济单位和政治部门。而这些部门对自己作出的决定和行动的后果又不负经济责任。

第三，社会生活的过分国家化，国家调节扩大到了社会生活的极广泛范围。力图用详细的集中计划和监督来管控社会与民众生活所有角落的这种做法已经笼罩整个社会，这变为人们、社会组织和集体积极性发挥的严重障碍。

第四，国家结构的官僚化和群众的社会创造精神下降，这导致社会思想单一化和停滞不前。

第五，传统的政治体制其运行机制不是靠法律而是靠行政命令，即靠强制的命令和指示。这在日常生活中表现为：口头上宣扬民主原则，而实际上却是独断专行；在讲台上宣扬人民政权，实际上是唯意志论和主观主义；在理论上大谈民主制度，实际上是践踏社会主义生活方式准则，缺乏批评与公开性。①

上述五个方面，集中到一点，那就是苏联传统的政治体制缺乏民主；没有把人、人权、人的社会价值放在首位，这是导致社会经济停滞不前的一个重要原因。

鉴于对传统政治体制的上述认识，苏联确定了以全面充实人权

---

① 参见［苏］《真理报》，1988 年 6 月 29 日。

为主要方向的政治体制改革。

关于人权的内容，当时苏联学术界一般认为包括三个方面：一是指人的社会权利，要保障苏联人的平等权利和受社会的保护，如改善劳动条件，提高国民教育和保健卫生的质量，以及各种社会保障；二是指人的个人权利，这指的是整个法律制度来保证严格遵守公民的个人生活和住宅不受侵犯的权利，保障他们拥有打电话、通信、通邮和打电报的隐私权，法律应当可靠地保护人的个人尊严。规定对批评者进行迫害要追究刑事责任。三是指个人的政治权利。在过去的政治体制下，在这方面存在严重的问题，使人与政权、与政治疏远。个人的政治权利，最主要的是政治自由，给人提供对任何问题发表自己意见的机会。戈尔巴乔夫认为，只有这样，才能使公众对他所关心的任何问题进行讨论，并有可能在仔细考虑之后表示"赞成"还是"反对"。另外，还提出了信仰宗教的自由。戈尔巴乔夫指出："所有信教者，不管他们信仰哪个宗教，都是享有充分权利的苏联公民。"①

1990 年苏共中央二月全会通过了向党的二十八大提出的行动纲领草案，草案的第二部分，对有关通过改革如何解决人，充实人权问题，又做了进一步阐述。文件指出："党认为自己的主要目标是：使人真正处于社会发展的中心，保障人具备应有生活和劳动条件，保证社会公正、政治自由、个人能得到全面发展及精神焕发。社会的进步就是应该由这些来决定。""苏共主张尽快建立维护公民权利和自由的法律保障。""现在必须把这些权利固定下来，为它们奠定牢固的物质、法律和政治基础。"在这个草案中，苏共主张尽快使苏联公民得到以下权利：

---

① 参见［苏］《真理报》，1988 年 6 月 29 日。

第一，为公民的尊严与人身、为公民的住宅和财产不受侵犯、为通信和通话秘密提供可靠的法律保护；第二，加强实现劳动权的保障，包括保证按劳动数量和质量及其最终成果付酬；建立扶持就业，对骨干的培训和进修、对被迫改变职业或工作地点的人提供必要的物质帮助的机制；第三，发展和加强公民的政治权利，即参与社会和国家事务的管理，言论、出版、集会、游行、结社的自由。同时应严格遵守法律程序与苏联法律的要求；第四，创作自由，像对待国家财产一样对待才能。党在大力鼓励文化领域多样化的同时将捍卫人道主义标准，保护社会不受假文化的侵犯。对社会主义来说，对文化采取商业态度是不能接受的；第五，人的精神领域的自由自决，信仰和宗教自由。党在不放弃自己的世界观立场的同时将深入进行无神论者与宗教信仰者之间的对话，继续执行使各教派有可能在法律范围内自由活动的方针，使其为人们的相互谅解做出自己的贡献；第六，提高法院捍卫公民权利的作用，建立进行护法活动的社会—国家委员会。

苏联围绕充实人权为主要取向的政治体制改革，基本趋向是：（1）坚持和发展民主化进程；（2）逐步向建立起公民社会和法制国家的目标前进。这包括两方面的内容：一是强调经民主程序制定的法律应在社会生活占统治地位，实现法律面前人人平等的原则；二是国家与公民之间相互拥有的权利应承担的义务，都必须按法律行事，换言之，应由法律来制约。苏联还强调立法过程的民主化与公开性，允许意见多元化，目的是排除政治权力的垄断。

（三）在对外关系方面。

长期以来，西方国家特别是美国，一直攻击苏联时期违反人权原则，说苏联是个"铁幕国家"，不允许国际信息的自由传播；指责苏联没有移民自由；认为苏联的法律惩治过严；还特别谴责苏联歧视和镇压不同政见者；等等。

戈尔巴乔夫上台后强调人、人权问题，在对外方面主要目的是改变苏联形象，改善与西方国家的关系，为国内改革创造良好的国际环境。为此，在人权政策上做了一些调整。例如，在1988年联合国《世界人权宣言》发表四十周年之际，苏联不少报刊全文发表了这个宣言，并进行了广泛报道与宣传；1989年苏联宣布承认自1948—1984年期间六项人权条约，表示撤销过去对人权条约的保留意见；还表示，今后苏联的立法改革要与它签字的国际人权条约相一致；在实际行动中，也采取了一些措施：如1988年苏共中央专门成立一个委员会，负责对20世纪30年代案件的重新审理，对大批冤假错案进行平反。戈尔巴乔夫亲自给著名的持不同政见者萨哈罗夫院士打电话，允许他回莫斯科居住，给予言论与行动自由，还被选为苏联最高苏维埃代表。大大放宽了移民的限制。提倡民主、公开性，允许公民对过去认为属于禁区的一些问题发表意见；等等。

从以上三个方面的情况分析说明，在戈尔巴乔夫推行改革过程中，人的问题在其改革中一直居重要地位，是他改革的指导思想。与此相联系，对人的问题的研究也越来越被重视，成为哲学研究的一个主题。人学曾一度兴起，苏联科学院成立人的问题综合研究学术委员会，建立了人的研究所，创办《人》杂志。

笔者认为，虽然戈尔巴乔夫时期的改革失败了，但他在改革期间，针对斯大林专制制度产生的严重问题，重视人与人权问题的理论探索，还是应该肯定的。他的这一改革思想与以人为本思想是一致的。

应该指出，长期以来在研究戈尔巴乔夫时期改革时，把其解决人的问题作为改革指导思想这一个重要问题被忽视了。

戈尔巴乔夫改革失败与苏东剧变

戈尔巴乔夫从 1985 年开始执政到 1991 年 12 月辞去总统,他一直在改革,并在某些领域和阶段取得了一些进展,一些改革措施得到了实现。但从整个过程来看,进行得并不顺利,在不少情况下改革处于"空转"状态。改革最后以失败告终,并成为苏联社会经济状况严重恶化和加速苏联剧变的一个重要的直接因素。

有关戈尔巴乔夫时期改革失败的原因及其与苏东剧变的关系问题,至今仍是广受关注并有不同看法的问题。

一、改革失败的原因

戈尔巴乔夫时期改革失败的原因十分复杂,有客观因素亦有主观因素。

(一)客观因素——阻碍机制与阻力对改革的影响日益增大。

长期以来,笔者在分析戈尔巴乔夫经济体制改革失败原因时,一直特别重视阻碍机制对其改革所产生的影响,这绝不是一个空洞的理论问题,而是在斯大林体制模式下长期成长起来的、在各个领域让人感觉到的、实实在在存在的种种阻力,并在此基础上形成的一种十分顽固的、一时难以克服的机制性力量。笔者认为，这一阻碍机制，由于在斯大林逝世后的历次改革并没有对斯大林体制模式发生根本性的触动，因此，这一机制虽然对社会经济发展和改革产生影响，但并不突出。但到了戈尔巴乔夫时期，进行根本性体制改革时，情况就不同了，阻碍机制对改革所体现的阻力就开始强化并最后发展到政治冲突的地步。改革刚开始时，"党领导层的大多数持正统观点的人，总的来说承认有必要进行局部改革"。这是因为，这些人在改革刚开始认为："这些变革的主要目的是进一步加强单一的权力、单一的所有制和单一的意识形态。"而当改革深化时，特别是从准备苏共第十九次代表会议起，这些人看到了改革的观念发生了大的改变，与此同时，对改革的"抵制也加强了，这种抵制马上显露了自己的布尔什维主义本性，即不能容忍异己思维。"①

应该说，戈尔巴乔夫在改革一开始，就意识到改革的阻力问题，随着改革实际进程的发展，认识在逐步加深。他在苏共中央一月全会（1987 年）首次提出了"阻碍机制"之后，在 1987 年出版的《改革与新思维》一书中又指出："改革就意味着坚决果断地破除已形成的阻碍社会经济发展的东西，破除经济管理中的陈旧制度和思维上的教条主义的清规戒律。改革会触及许多人的利益，触及整个社会。自然，要破就不可能没有冲突，有时甚至不能没有新旧事物之间的尖锐斗争。只不过是没有炸弹的轰鸣和枪弹的呼啸声而已。"②他还在各种场合谈到，围绕改革展开的斗争虽然不表现为阶级斗争的形式，但斗争却是很尖锐的。

---

① ［俄］亚·尼·雅科夫列夫著，徐葵等译：《一杯苦酒——俄罗斯的布尔什维主义和改革运动》，新华出版社 1999 年版，第 184—185 页。
② ［苏］戈尔巴乔夫著，苏群译：《改革与新思维》，新华出版社 1987 年版，第 58 页。

1. 阻碍机制的含义与产生的原因。

关于这个问题，从苏联领导人到学者，都没有给予一个统一的而明确的解释，但基本含义还是比较清楚的。

从戈尔巴乔夫在一月全会（1987年）的报告来看，阻碍机制是指过去长时期内在理论、意识形态、政治、经济、组织等各个方面形成的一种阻碍社会前进的机制。后来，他对此又做了进一步的论述。他指出，30至40年代形成的管理体制，越来越不起作用，相反，阻碍作用不断增长，从而形成了阻碍机制。这一机制在政治方面，表现出这样一个奇怪现象：有教养的、有才干的、忠于社会主义制度的人民不能充分利用社会主义所提供的可能性，不能利用其实际参加管理国家事务的权利，经济中的阻碍机制及其社会意识形态的一切后果，导致了社会结构的官僚主义化和各级官僚阶层的"不断繁衍"，这些官僚阶层在整个国家、行政乃至社会生活中都具有不可估量的影响。

莫斯科大学 A. 布坚科教授撰写了若干篇专门分析阻碍机制问题的文章，他对产生阻碍机制的原因做了深刻分析。在他看来，阻碍机制这个术语虽在苏联是不久前才出现的，但这种现象本身却早已存在。阻碍机制是由那些不能使社会主义可能性得到充分发挥并束缚其优越性被顺利利用的经济、政治和意识形态的方式和现象，以及管理杠杆和体制组成的。

在社会主义条件下，并不是一定会产生阻碍机制。苏联出现这个机制，是有其原因的。它实际上是社会历史上形成的、行政和官僚对阶级统治的曲解的副产品。苏联不存在有人有意识地企图阻止苏联社会的发展，也没有人专门设计这种机制。在苏联，阻碍机制的基础是：

从政治关系看，由于苏联政权具有经过周密安排的职务上的等级制度，加上有一个保证国家对经济活动及社会生活的各个方面实行直接集中领导的系统，从而产生党和国家的职能实际上的相互重叠，难以分开，所有大权都集中在由上面任命的、不向人民汇报的行政领导阶层手中，在这种政治制度下，本位主义和官僚主义生长繁殖，使得无论是工人阶级还是全体人民都无法实现真正的民主政治，无法实现自己的国家主人的地位；

从经济关系看，称之为全民所有制形式的国家所有制是苏联政治制度的经济基础，但这种所有制只把劳动者看做活劳动的体现者，而未能成为它的主人。在这种高度集中管理国家财产的条件下，这种所有制形式的空洞性越来越明显地暴露出来。在财产的分配、有效的使用和增加方面与生产者没有现实的利害关系；

从社会关系看，由于整个政治经济体制是以庸俗的社会各阶层根本利益一致的思想为依据的，因而对各个社会集团和阶层的利益不相同的观点持轻视和隐讳的态度。

对阻碍机制的基础做了以上的分析之后，布坚科教授得出的结论是："阻碍机制是僵化的经济形式、陈腐的政治组织体制、无效的领导方法和管理杠杆的总和，它阻碍着已成熟的矛盾的解决，使社会主义优越性得不到体现，束缚着社会主义的顺利发展并使其进步的速度放慢。"他的另一个重要结论是，"官僚主义是阻碍机制的主要社会力量"。我认为，苏联的官僚主义是在斯大林时期的政治经济体制条件下形成和滋长起来的。当然不能说，所有的各级领导人，都变成了墨守成规为主要特征的官僚主义者，但也应该看到，患有不同程度官僚主义习气的人，却是厚厚的一层。所以，戈尔巴乔夫执政以后，一再抨击官僚主义是有道理的，它确实成了阻碍机制的主要社会力量。

2. 阻碍机制对改革体现出来的阻力。

在戈尔巴乔夫推行改革过程中，改革遇到的阻力是多方面的，表现形式也是各种各样的。改革的阻力是阻碍机制的具体体现。正如戈尔巴乔夫所指出的："障碍机制的具体体现者在反抗，而无所事事，漠不关心、懒惰散漫、不负责任和经营不善也是一种反抗。"①现在苏联"正在就改革遇到的障碍进行激烈的辩论。人们感到担心的是，苏共中央一月全会和六月全会（1987 年）的革新决议在实际贯彻中进展缓慢，困难重重"②。

第一，阻力来自中央领导层对改革的不同认识。

苏联从领导到学者，在公开场合一向否认苏共中央领导层存在一个改革的反对派。据各种材料来判断，中央领导层在改革问题上的矛盾不仅存在，有时还表现得很尖锐。戈尔巴乔夫的每次报告和讲话，往往批评阻碍改革的保守势力。保守势力存在于各个阶层，其中也包括中央领导层。戈尔巴乔夫把保守势力作为抵制改革、反对改革的代名词用。保守主义者对当时苏联改革的认识是这样的：改革是整容修理，是粉饰门面，是对现有机制的某种"小调整"，现有机制虽然运转不灵，但总还是在运转，而新机制会带来什么却不清楚。对保守主义者来讲，改革步子迈得大些，对旧体制做根本性的改革，对社会主义一些原则性问题进行反思，就意味着对马克思列宁主义的修正，放弃社会主义。

这里应该分析一下在 1987 年召开的苏共中央十月全会上发生的叶利钦事件。在这次全会上，发言很踊跃，争论也很激烈。一些人认为当前改革步子过急，慎重考虑不够。有些人不赞成领导层的更换面过大，也有人反对急于改革物价。有些人提出要修改党史，

---

① ［苏］戈尔巴乔夫著，苏群译：《改革与新思维》，新华出版社 1987 年版，第 58 页。
② 戈尔巴乔夫在 1988 年召开的苏共中央二月全会上的讲话。

即对苏共历史上的一些重大问题重新认识，但另一些人则认为这并非当务之急。总之，有不少人不赞成加快改革速度，而是要求放慢改革步伐。针对这一情况，戈尔巴乔夫在十月全会之后的纪念十月革命七十周年的报告中指出："看不到保守势力的反对有所加强是不对的。"

1987 年 10 月 21 日，叶利钦在十月全会上也发了言，主要批评改革进程缓慢，收效不大，改革主要停留在制订方案、立法与制造舆论方面，缺乏实际行动。叶利钦的发言，被认为是犯了"政治性错误"，而先后被解除了莫斯科市委第一书记和苏共中央政治局候补委员的职务，改任为国家建委第一副主席。

笔者认为，苏联最高领导层在改革的一开始，在改革问题上的矛盾是非本质的，只是表现为对改革的速度、范围等看法不一。但随着改革的深入，分歧的性质也逐步发生了变化，这突出表现在改革指导思想上的差别。戈尔巴乔夫等认为，要进行根本性的改革，必须对社会主义一些重要原则进行再认识，这就必然涉及斯大林问题。另外，为了解决人的问题，发挥和调动人的积极性，又必须实行民主化和公开性原则。而另一些人则采取各种形式反对这样做，认为这会引起思想混乱，否定社会主义。他们还认为会从公开性的瓶子里放出资产阶级自由化的妖魔来。

第二，阻力来自权力之争。

我们常说，改革涉及权力再分配，因此，往往会遭到一些人的反对、抵制。这是所有社会主义国家都会碰到的问题。但在各个国家不同的历史条件下会有不同的表现形式。从戈尔巴乔夫头几年来的改革情况看，这方面的阻力主要表现在：首先，地方党组织的领导人，他们中间不少人害怕因根本性的改革而失去权力。其次，中央管理机关的阻碍作用。再次，行政管理机关臃肿，人浮于事，是改革的一个重要障碍。

这里，为了更清醒地认识这些干部对改革持消极态度的原因，要进一步分析这些干部的特点。在旧体制的长期培养下，出现了一大批富有惰性的干部。这些人习惯于机械地执行上级下达的任务、指标，履行公事，用行政命令领导经济。他们害怕为自己的行动承担责任。要改变工作方法，对这些人来说，是十分困难的。再从管理素质来说，具有积极的经济思维方法的领导干部只占四分之一。

第三，阻力来自一部分企业领导人。

在勃列日涅夫时期，一直把企业领导人视为最支持改革的一个阶层。当时企业领导人要求扩权，反对上级对企业的种种限制。但现在进行根本性改革，企业要实行自负盈亏、自筹资金，大大扩大企业权限，使一部分企业领导人变得害怕起来，感到风险大，责任大，不希望进行大的改革。另外，还应看到，在企业这一级还有一个实际问题，即有不少企业经营条件不好，长期处于亏损状态，要自负盈亏在短期内不可能做到，这些企业领导人更害怕大的改革。

第四，阻力来自一部分劳动群众。

苏联报刊摘登的一位读者来信说："人民没有把党所开始进行的改革当作自己的切身事业，没有为实施改革承担责任。许多人对党的号召无动于衷，这似乎是一种普遍的气氛。"①《旗帜》杂志主编巴格拉诺夫指出：人民是赞成改革的，然而不少人在等待着看看改革能取得什么结果。在苏联产生上述情况，可能有很多方面的原因。

一是随着改革的深入，越来越涉及千百万人的切身利益，涉及整个社会。但人们还没有很好地弄清楚已开始的改革的实质和意

---

① 参见［苏］《共产党人》，1987年第3期。

义，特别不清楚改革后自己在利益、社会地位方面将会发生什么变化，所以很多人持观望态度；

二是苏联长期以来，有相当一部分劳动者已习惯于吃"大锅饭"，搞平均主义的分配，习惯于在劳动中懒懒散散，不愿受劳动纪律的约束。改革必然要求改变上述情况，而这些人并不想很快改变原来的习惯。

三是因为目前苏联广大居民的生活水平，虽然赶不上发达的西方国家，但可以说过着较为舒适的生活，达到了小康水平。因此，人们不太想为多挣几个卢布而紧张地劳动，加上多挣了钱，也买不到自己需要的高质量商品。这样，也造成一些人对改革持消极态度；

四是由于人们还没有从头几年的改革中获得明显的实惠。这是非常重要的一个原因。它大大影响广大群众参与改革的积极性。戈尔巴乔夫执政以来，虽然一再强调要改善食品供应和住房条件，但进展缓慢。特别是食品供应仍令人失望，日用品供应也有很多短缺。总之，由于不少人对当前进行的根本性改革尚缺乏思想准备和充分的认识，因此，对改革的态度也各不相同。根据当时戈尔巴乔夫谈及人民对改革持不同态度的各种材料，有人加以归纳，大致有以下八种态度：

第一种态度是理解、拥护改革并"热情地投入工作"。

第二种态度是理解、拥护改革，但不主张"转得太急"。

第三种态度是"赞成改革，愿意参加改革"，但是"从纯消费的观点看待改革"，"用眼前的好处衡量改革"。

第四种态度是赞成改革，但"不知如何以新的方式工作"。

第五种态度是，"支持新办法"，但却认为"搞改革的不应该是他们，而是上面的某个地方，是另一些人，即党的机关，国家机关，经济机关，其他部门，协作企业，相邻的车间、畜牧场或者建筑工地。简而言之，是所有的人，唯独没有他们自己"。

第六种态度是公开反对改革，并真心认为彻底改革是向资本主义倒退。

第七种态度是"清楚地了解什么是改革"，"知道后果如何"，但却"不接受改革"。

第八种态度是"等待和观望"，甚至不相信改革能取得成功。

阿巴尔金认为，一部分群众对改革的消极态度，对改革是十分不利的。但要改变这种情况也是十分困难和复杂的，需要有个过程；另外改变消费结构和消费政策，使劳动者在消费方面有新的追求和刺激，不断地缩减社会消费基金，扩大付费范围等，这是更为复杂和要担风险的事。

第五，来自"左的"、僵化的理论和思想方面的阻力。

在改革过程中，戈尔巴乔夫一直在大力宣传新政治思维，要求人们改变旧观念、旧意识、旧习惯，并一再强调要抛弃教条主义、官僚主义和唯意志论的遗产。应该说，改革的头几年在这方面取得了不少的进展。但这远不能说，经过头几年的斗争，已经克服了"左的"教条主义理论。应该看到，对苏联来说，教条主义理论、旧的观念和意识形态，一直是阻碍改革的一个重要因素，它还处处、时时地在起作用。由于教条主义和旧的传统观念的严重存在，一直有不少人对苏联几十年来第一次出现的思想观念上的社会主义多元论，毫无准备，很不习惯。

讲到传统习惯，不能不提到苏联各阶层存在的严重依赖心理。各地方领导人什么事情都要找莫斯科解决。在一些劳动集体流行的思潮是：有领导，让领导去考虑。从而形成以下的连锁反应：工人说，让经理去考虑吧；经理认为，市委或者苏维埃执行委员会应当考虑，而市委和苏维埃执行委员会则指望中央机关。这种传统习惯，白白地浪费了时间，延误了改革的时机和进度。

戈尔巴乔夫为了消除改革的阻力，在整个经济体制改革过程中曾采取了一系列措施：如提倡新思维，推行民主化方针与公开性原则，不断调整干部队伍，经常分析改革形势与揭示矛盾，加强法制建设，努力解决涉及群众切身利益的问题以及推行政治体制改革等。

尽管戈尔巴乔夫为消除改革阻力与疏通改革之路采取了一系列措施，但是，经济体制改革最后仍然没有取得成功，这是因为，戈尔巴乔夫在改革过程存在不少严重的失误。因此，要说明戈尔巴乔夫经济体制改革失败的原因，仅仅从戈尔巴乔夫上台时因阻碍机制已达到根深蒂固的程度这一个客观因素来分析是不够的。为此，我们还应集中分析改革失败的主观原因。

（二）主观因素：一系列改革政策的失误。

1. 在经济体制改革起始阶段，实行加速战略是走错的第一步。

戈尔巴乔夫上台后，在推行经济体制改革的同时，不是着力地、及时地调整严重不合理的经济结构，而是实行加速战略，这是迈出错误的第一步。

长期以来，由于苏联片面发展重工业，特别是军事工业，从而形成了国民经济结构的比例严重失调，是一种畸形的经济。重工业过重，轻工业过轻，农业长期落后的状况，成了影响经济正常发展、改善市场供应、提高人民生活水平的一个重要因素。

十分明显，在这种条件下，在推行根本性的经济体制改革时，必须同时下大决心和采取重大战略性措施来调整不合理的经济结构，即在改变旧的经济体制模式同时应及时改变发展战略，使后者与前者相适应，并为前者创造有利的条件。

但是，戈尔巴乔夫在其执政后不久召开的苏共中央四月全会（1985年）上，在分析如何克服经济困难时，就提出了加速战略的思想。1986年二月召开苏共二十七大，正式提出并通过加速战略的方针。当时戈尔巴乔夫虽然强调，加速战略不是粗放的、纯数量的和速度上的加速，速度上的加速是要在集约化的基础上来实现。但从实质上来看，加速战略的重点仍是速度。

现在回过头来看，戈尔巴乔夫的加速战略的主要失败和消极后果有：

第一，加速战略的主要目标，是增强苏联的综合国力，而并不是调整经济结构，缓解紧张的市场，满足人民生活的需要。正如苏联一些经济学家说的：苏联经济的发展政策仍是背离"一切为了人的福利"这个口号的，变形的国民经济结构"是背向人的"。

第二，从这几年的苏联经济发展现实来看，加速战略与经济结构的调整政策存在着尖锐的矛盾。由于加速的重点仍放在重工业，结果是国民经济比例关系更加失调，经济更加不合理，从而使整个经济增长速度上不去。

第三，加速战略的直接后果是，使消费品市场更加紧张，基本消费品在苏联市场上出现的是全面短缺，加上价格上涨，卢布贬值的情况下，只要有点风吹草动，就引起抢购风潮。这种经济状况，使广大群众感不到经济改革带来的实惠，从而对改革持消极态度，逐步失去信心，这又成为推进改革的一大困难。苏联一些学者在总结戈尔巴乔夫头几年来的经济体制改革时，普遍认为，没有把调整经济结构的政策与经济改革两者有机地衔接起来，而实行加速战略，这是一大失误，并认为，在结构政策方面戈尔巴乔夫已输掉了第一个回合。

2. 经济体制改革未从农业开始，影响了整个经济体制改革的顺利进行。

根据苏联经济严重畸形的特点与市场供求关系的失衡，改革头几年，应把重点放在解决农业问题上。但戈尔巴乔夫并没有这样做。苏联农业问题的严重性表现在：

第一，长期以来，由于政策上的失误，苏联农业长期处于落后状态。尽管到了勃列日涅夫执政时，对农业投资大幅度增加，但因农业体制的问题，并没有保证农业的稳定发展。

第二，苏联在农业管理方面，一直忽视集体所有制的特点，从而不能使农业因地制宜地发展。这种管理体制，对农业生产所起的消极作用要比工业部门大得多，因此，改变农业管理体制显得更为迫切。

第三，市场供应紧张是苏联长期存在的一个尖锐问题。市场问题中，主要是消费品供应问题，而消费品中最为突出的是与居民生活密切相关的食品问题。居民对食品的要求得不到满足的情况日益严重。

第四，还应指出，苏联要调整严重不合理的经济结构，加速轻工业的发展，尽快地增加消费品的供应量，这在很大程度上也取决于农业的状况。苏联轻工业原料的 2/3 和食品工业原料的 80% 来自农业。

戈尔巴乔夫执政后，虽然一再提及农业和食品问题，但问题在于，一是没有狠抓和实抓，口头讲得多；二是根本没有意识到，根据苏联当时经济情况特别是市场供应情况，经济改革先从农业开始的必要性。只是在 1989 年苏共中央三月全会才作出了农业改革的决定。时任苏联部长会议副主席的阿巴尔金认为，农业改革晚了四年。农业改革的滞后，给苏联经济发展和经济体制改革带来的后果是十分明显的。戈尔巴乔夫执政以来，粮食产量一直在 2 亿吨左右徘徊，1986—1989 年四年进口粮食 1.37 亿吨，年均进口量为 3430 万吨，另外，肉、糖、黄油、土豆和水果等进口量日益增加。由于农业改革没有先走一步，因而市场紧张等一系列重大社会经济问题也难以解决，挫伤了群众参与改革的积极性，改革的反对者也利用这一点，使大家厌烦改革。

农业改革滞后，是苏联经济改革中的一大失误，后来为苏联许多人士所共识。所以笔者认为，戈尔巴乔夫上台后，应先从农业着手改革，这并不是要求搬用中国的做法，而在客观上确有其必要性。

3. 在经济改革过程中，没有注意解决"四个结合"问题。

第一，经济发展与经济改革相结合问题。经济改革的目的是为了推动经济的发展，经济的发展则又可支持和推动改革，这两者必须妥善地结合。戈尔巴乔夫的改革没有促进经济的发展，反而使经济严重恶化，这必然影响经济改革的进行。

第二，改革中人民的近期利益和长远利益的结合问题。戈尔巴乔夫的改革，既没有给人民带来近期的利益，也没有使人民看到美好的未来，在此情况下，使人民对改革逐步失去信心。

第三，改革的迫切性与长期性相结合的问题。由于苏联面临严峻的经济形势，人们十分容易看到改革的迫切性，但不少国家改革历史证明，改革的困难与复杂性要比原来想象的大得多，因此，要充分认识到改革的长期性与艰巨性，使改革稳步前进。

第四，微观与宏观改革措施相结合问题。戈尔巴乔夫时期的改革，没有使微观与宏观改革措施衔接起来。微观搞活了，宏观调控措施又跟不上，出现宏观失控。在企业经营机制改革过程中，形成了这样的局面：一方面刺激生产的机制十分弱；另一方面刺激分配的机制的作用却加强。最后的结果是，生产没有发展，而货币工资却大大增加，加剧了通货膨胀，助长了企业小集团利益的膨胀。出现的另一种情况是，由于宏观调控措施不恰当，难以使微观搞活，像国家定货一度成了变相的指令性指标，这又卡死了企业。

4. 政治体制改革从失控到迷失方向，使它对经济体制改革起不到促进作用。

到了1988年，戈尔巴乔夫认识到经济体制改革的阻力主要来自政治体制，下决心进行政治体制改革，这一思路并没有错，问题是如何进行，如何能使政治与经济体制改革互相推动。可是，苏联1988年以后推行的政治体制改革，又搞得过激，一下子铺得太宽。结果是旧的政治体制被摧毁，新的又未运转起来，人们的思想倒被搞乱了。政治体制改革过激产生的主要问题有：

第一，推行"民主化"无度，"公开性"无边，结果是，在全国范围内出现了无政府状态，中央控制不了地方，法律约束不了行动，劳动纪律松弛，在推行各项政策时，往往出现令不行禁不止的局面。改革失去了稳定的环境，难以做到改革、发展与稳定三者的有机结合。这些情况，在很大程度上影响了社会生活的正常进行，既阻碍了经济的发展，也阻碍了改革。

第二，在实行党政分开的过程中，由于行动过快，缺乏周密安排，形成了权力真空。在实行党政分开的政治体制方针后，戈尔巴乔夫提出一切权力归苏维埃，同时还大大精简政府行政机关和裁减人员。苏联政府原有51个部，后减为28个部。这样一来，政府的权力大大削弱了，政府十分软弱。最后使经济、经济改革等重大问题，处于"三不管"的局面：党无权管，最高苏维埃无力管，政府无法管。

第三，在对待干部问题上出现了偏差。主要表现在三个方面：

（1）在推行改革政策时，适当地调整干部是必要的，但戈尔巴乔夫执政后，干部调整过多，过于频繁。（2）1987年召开的苏共中央一月全会，集中讨论了干部问题，目的是消除改革来自干部方面的阻力。但把干部的责任提得十分尖锐，使一部分干部精神很紧张，使他们不能以积极态度来对待各项决议。（3）在党的威信下降、党的权力削弱的情况下，有相当多的党的干部，无心工作，更多地考虑自己未来的前途；又看到当时东欧国家政局剧变后党的干部受到冲击，面临失业威胁，更对自己的前途增加忧虑。这些因素，也严重影响着苏联经济改革的顺利发展。

第四，1988年推行政治体制改革后，戈尔巴乔夫对苏联政治形势的发展在相当程度上处于失控状态，被牵着鼻子走，不得不把主要精力花在处理不断出现的社会政治问题上。1988年一年，就开了八次中央全会，两次人民代表大会，两次最高苏维埃会议。在这样的情况下，不可能集中精力来抓经济和经济改革问题。另外，在批判旧的政治体制时，又过多地纠缠历史旧账，强调不留历史"空白点"，引发出一场又一场的大争论，在争论中，又缺乏正确引导，从而出现了对历史否定过头、人们思想混乱、党的威信急剧下降，最后导致苏共垮台，使改革失去了坚强的政治领导核心。对出现的民族问题的复杂性、尖锐性又估计不足。这些情况，对苏联解体都起了作用。

5. 戈尔巴乔夫把政治领域中实行的妥协策略，运用到经济体制改革中，导致经济改革踏步不前。

从戈尔巴乔夫执政以来的情况看，他的政治策略是一种妥协策略，这是十分明显的。他利用一个极端来削弱另一个极端。在苏共二十八大，无论苏共纲领，还是他的政治报告，一方面尽量吸取激进派的观点；另一方面又吸收传统派的观点。从而保证以他为代表的主流派的纲领和主张得以通过。戈尔巴乔夫还善于使自己的今天与自己的昨天、明天妥协，即善于不断变化。他在政治领域中采用的妥协策略，在苏联存在各种政治势力、各种思想和流派的情况下，在社会严重动荡的情况下，对稳住他的领导地位，无疑是有用的。但是，这种妥协策略，运用到经济体制改革中来，就会带来十分有害的作用。

第一，要使经济体制改革取得成功，十分重要的一点是，正确的改革方针、方案和措施，一旦以决议的方式确定下来之后，就必须坚决地执行，不能因受到各种阻力而摇摇摆摆。这样会使改革缺乏连贯性和系统性，往往使改革半途而废。妥协策略的一个重要弱点是政策多变。在经济体制改革方面，这类事例甚多。如1987年通过的企业法规定，劳动集体是企业的全权主人，为此，企业要实行自治，企业领导人要选举产生，但因执行过程中产生了一些问题，不久就取消了自治制度和选举制度。又如，为了使企业成为真正独立的商品生产者，发展商品货币关系，规定要尽快改革价格制度。但由于遇到阻力而一拖再拖。为此，雷日科夫在苏共二十八大的工作汇报中指出："不管选择价格形成中的哪种方案，不进行价格改革就无法形成市场的道路。要是像1988年那样，表现出不坚决，再次把这样异常复杂但却是客观上必要的任务推迟'以后'去完成，这将是最大的错误。"妥协策略的软弱性还在改革方法上体现出来。按苏联原来的计划，1988年提出零售价格改革若干方案，1989年第一季度进行全民讨论。这次进行零售价格改革时，甚至有人主张全民表决。在苏联七十多年传统体制下生活的人，他们大多数人的心态是："多挣钱、少干活、不涨价。"在这种情况下，通过全民表决来决定改革零售价格问题，其结果是可想而知的。

第二，使各项经济体制改革的决议内容本身包含着很多矛盾，很难在实际中推行。就拿《苏联所有制法》和《苏联和各加盟共和国土地立法原则》来讲，就是各种政治力量妥协的产物。因此，很多问题含糊不清，自相矛盾。以是否存在私有制为例，激进派认为，这两个法没有给私有制留下一席之地，改革难以进行；传统派则坚决反对出现私有制概念。为了调和这两种不同的立场，在所有制法中用了含有私有制含义的个人所有制和农户所有制等概念。但两个法律通过不久，就遭到很多人的异议，在苏共二十八大纲领声明中，不得不明确地使用劳动私有制的概念。

第三，政策多变使经济体制改革的方针变得模糊不清，使改革的积极支持者和拥护者弄不清改革的方向。这样，改革的拥护者日益减少，对改革领导人信任程度降低，甚至连一些有名的为改革出谋划策的学者，也感到摸不清戈尔巴乔夫经济改革的底牌是什么，究竟朝什么方向发展。

戈尔巴乔夫在经济体制改革方面的上述错误，使苏联经济在困境中越陷越深，是改革彻底失败的一个重要原因。

二、改革失败与苏东剧变的关系

有关苏东剧变与戈尔巴乔夫的关系问题，至今还存在不同的看法。有人认为，苏联发生剧变完全是戈尔巴乔夫的责任，说是戈尔巴乔夫对苏联社会主义叛变行为的结果，甚至说他是叛徒。在这里笔者只是从戈尔巴乔夫改革与苏东剧变关系进行简要地分析，并提出一些看法。

（一）先从苏联剧变的根本原因说起。

笔者长期以来一直坚持认为，20 世纪 80 年代末 90 年代初，苏联东欧各国先后发生剧变，根本原因或者说深层次原因是斯大林苏联社会主义模式丧失了动力机制，它的弊端日趋严重，成了社会经济发展的主要阻力，这种模式走不下去了，走进了死胡同。之所以发展到这种严重地步，主要原因：一是斯大林苏联社会主义模式的弊端带有制度性与根本性的特点；二是斯大林逝世后的历次改革，都没有从根本上触动斯大林苏联社会主义模式。这种制度模式，其问题与矛盾日积月累，最后积重难返，使危机总爆发，苏联东欧各国人民对其失去了信任。换言之，当这些国家人民看到世界发展的情况，发现自己的国家大大落后了，除了产生屈辱感外，人们要继续前进，振兴自己的国家，那就只好抛弃斯大林—苏联社会主义模式，寻觅另一种社会发展道路。也正是这个原因，苏联东欧各国在发生剧变后，无一例外地都宣布彻底与斯大林时期形成与发展起来的苏联社会主义模式决裂，朝着经济市场化、政治民主化方向转轨。①

（二）戈尔巴乔夫改革失败与剧变的关系。

我们在本书第九讲就较全面地论述了戈尔巴乔夫上台执政时，苏联面临的严重社会经济与政治危机的局势。戈尔巴乔夫力图通过改革来重建苏联，改变局面。但是，戈尔巴乔夫时期的改革失败了，从而加速了苏联剧变的进程。苏联剧变发生在戈尔巴乔夫执政时期，这是不争的历史事实，但发生在戈尔巴乔夫时期，主要是以下三个因素相互作用的结果：一是经济体制改革本身的严重错误，最后导致出现严重的经济危机；二是政治体制改革的严重错误，逐步迷失了改革的方向，使苏共失去了领导地位，从而在苏联失去了

---

① 这里提出的关于苏联和东欧各国剧变根本原因的基本观点，是作者从 1989 年以来一直坚持的看法，详见宫达非主编：《中国著名学者苏联剧变新探》，世界知识出版社 1998 年版，第 216—220 页。

领导改革的政治核心力量，最后导致政治局势失控，出现大动荡；三是存在严重的阻碍机制。

关于阻碍机制问题我们在前面已作了较为详细的论述，它到了戈尔巴乔夫时期其作用是不能低估的。

根据各种情况的综合分析，笔者认为，在梳理戈尔巴乔夫时期改革与苏联剧变关系问题时，应该作出以下两个不同层次的结论：

第一，戈尔巴乔夫改革的严重错误，特别是后期改革迷失方向，加速了苏联剧变的进程，是苏联剧变的直接原因。

第二，更应看到，苏联的剧变有其十分深刻的深层次的历史原因。正如有些学者指出的，"如仅仅停留在戈尔巴乔夫改革错误这一直接原因去分析苏联剧变，只能是一种浅层次的认识"，因为："从历史的角度看，任何一件大事的发生总有它的基础的导因，这种基础因素是决定性的，是历史发展中带有必然性性质的东西，由于它们的存在，导致事物在一段时期内的结束。"因此，在指出戈尔巴乔夫在苏联剧变问题上负有不可推卸的责任的同时，应该看到："这种责任只能是直接意义和浅层次上的，是表面上的，属于导因性质，它诱发了社会内部长期以来的根本矛盾，离开了这些根本矛盾，戈尔巴乔夫的作用便无法去理解，也不可能存在。"[1]就是说，不要因为苏联剧变发生在戈尔巴乔夫执政时期，而忽略了苏联历史上长期积累下来的问题，忽略引起质变的诱因，忽略量变背后更为重要的起决定性作用的东西。弄清楚这个因果关系，才能对戈尔巴乔夫的改革失败为我们提供的深刻教训作出全面的符合实际的总结。

---

① 《当代世界社会主义问题》，1992 年第 1 期。

（三）戈尔巴乔夫与东欧剧变的关系。

1989 年下半年波兰第一个发生剧变，接着东欧各国像多米诺骨牌一样一个接一个地垮台。有些学者把东欧剧变的原因归结为戈尔巴乔夫的人道的、民主的社会主义路线和对东欧的政策。这个结论是值得商榷的。

第一，要分析一下人道的、民主的社会主义是在怎样的条件下提出的。1985 年 3 月 11 日戈尔巴乔夫执政后，就着手进行经济体制改革，1986 年 2 月提出"根本的经济改革"方针。强调苏联的政策是在"有计划地全面地完善社会主义"的方针下进行的。但后来发现，经济改革遇到很大阻力，1987 年苏共中央一月全会对前几年推行的改革进程进行了分析，得出的一个重要结论是：改革的阻力在很大程度上是来自由于对社会主义概念的教条主义理解而产生的保守主义思想。当时苏共认为，必须迅速改变社会意识，改变人们的心理与思维方式，否则改革就难以推进与取得成功。1987 年的下半年，戈尔巴乔夫的《改革与新思维》一书出版，接着，在庆祝十月革命七十周年的大会上又做了报告《十月革命与改革：革命在继续》。这期间，戈尔巴乔夫对传统的社会主义理论概念进行了分析与批判，提出改革的最终目的是使社会主义"具有现代化的社会组织形式"，充分揭示了社会主义制度的"人道主义本质"。从戈尔巴乔夫发表的论著与讲话看，有关社会主义的主要论点有：目前的社会主义概念还停留在 30—40 年代的水平上，而那时苏联面临的是完全不同于现在的任务；在苏联并没有完全贯彻列宁的社会主义思想；苏联改革的目的是从理论和实践上完全"恢复列宁的社会主义概念"。到了 1988 年 6 月，戈尔巴乔夫在苏共第十九次全国代表会议的报告中，首次提出了"民主的、人道的社会主义"这一概念。

但这次代表会议的决议并未采用这一概念，即尚未被全党接受。1989 年 11 月 26 日，戈尔巴乔夫在《真理报》发表了《社会主义思想与革命性改革》一文，系统地论述了"民主的、人道的社会主义"的概念。1990 年召开的苏共中央二月全会，通过了向二十八大提出的苏共纲领草案中，才作为党的正式文件用了"走向人道的、民主的社会主义"概念。这个概念大致包括以下内容：人道主义与自由，强调人是社会发展的目的；公有化的和高效率的经济；社会公正；真正的人民政权；高度的文化素养和道德；主张和平与合作。

从上述分析看，"人道的、民主的社会主义"概念到 1990 年才正式形成，在苏联也仅在付诸实践之中，而东欧国家 1989 年就先后发生了剧变。当时人们并不十分清楚戈尔巴乔夫的人道的、民主的社会主义是什么含义。

第二，再分析一下戈尔巴乔夫对东欧的政策。1987 年 4 月，戈尔巴乔夫访问捷克斯洛伐克的讲话，被认为是苏联对东欧政策转折的标志。在这次讲话中，他谈了苏联对东欧国家政策的一些最主要的原则：在社会主义国家中，"谁也无权追求特殊地位"，"各国经济上应互助互利"，"政治上应以平等和相互负责为基础"，"各国党对本国人民负责，有权自主解决本国发生的各种问题"。这次讲话也谈了要"协调行动"，"关心共同利益"，"不能只关心自己利益"。与过去明显不同的是，戈尔巴乔夫明确宣布，东欧各国在国内建设上不必像过去那样把苏联的经验当作样板，可以从本国特点出发，制定自己的改革政策，不必遵守苏联制定的共同规律等。在外交上也不再强调一致行动。在庆祝十月革命 70 周年大会的报告中，他还首次把"和平共处原则"列为社会主义国家关系中"必须遵守的原则"。

可以说，戈尔巴乔夫对东欧政策的调整内容无可指责。2002 年 1 月 25—27 日，北京大学国际关系学院召开了"冷战后世界社会主义运动"学术讨论会。在会上，笔者向俄罗斯著名历史学家罗伊·麦德维杰夫教授提出一个问题：当东欧各国先后发生剧变时，当时的苏联、戈尔巴乔夫能做些什么？他回答说：可考虑的只能做两件事：一是提供大量经济援助；二是军事镇压。他接着说，从客观情况来看，提供经济援助对当时的苏联来说是不可能的，因苏联本身经济处于极其困难状况。至于军事镇压，那是不可想象的事。这些都说明，当东欧各国广大民众起来斗争，要求抛弃强加在他们国家的斯大林—苏联社会主义模式，寻觅新的社会发展道路时，不论是提供经济援助还是军事镇压都无济于事。戈尔巴乔夫在其以后的著作中也写道："还有人说，我们失去了东欧的盟友，在没有得到补偿的情况下把这些国家'交出去了'。但是，我们把他们'交'给谁了呢？交给了他们自己的人民。那些在自由表达意愿的过程中选择了符合他们民族要求发展道路的人民。"有人提出，当时戈尔巴乔夫应"拯救"东欧各国，他回答说："拯救"它只有一个办法了——开坦克进去（就像 1968 年在捷克斯洛伐克一样）……还有就是这样做会带来一切可能的后果，包括发生全欧战争。[①]

实际上，东欧各国先后发生剧变后，在 1990 年召开的苏共二十八大上就讨论了这个问题：苏联，当然主要是戈尔巴乔夫应负什么责任，是不是苏联外交的惨败。时任外交部长谢瓦尔德纳泽在大会上发言时，有位代表向他发问的一个问题。外长回答说："如果我们的外交尽力不让邻国发生变化，如果因此而使我们同他们的关

----

① ［俄］戈尔巴乔夫著，徐葵译：《对过去与未来的思考》，新华出版社 2002 年版，第 259 页。

系恶化和激化，那才是惨败。苏联外交没有也不可能抱着这样一个目的：反对别国消除别人强加给它们的、与它们格格不入的行政命令制度和极权主义政权。这样做就会违反我们自己行动的逻辑和新政治思维的原则。再有，即使东欧发生的事不符合我们的利益，我们也绝不会干涉这些国家的事务。这样的干涉是不可取的，因为我们今天不是在口头上，而是在行动上承认国家平等、人民主权、不干涉它们的事务，承认有自由选择的权利。采取任何别的立场，就是滑向十足的沙文主义和帝国大国主义，这是违背真正共产党人一贯宣布的那些原则的。"[①]苏共中央国际部部长瓦·米·法林代表"苏共国际活动"小组发言时指出："把多数东欧国家共产党失去领导作用同我们的改革联系起来，完全是无稽之谈。小组会列举了许多事实，证明苏共中央了解这些国家的潜在进程，并在不干涉内部事务和尊重各国人民选择权利原则的情况下，努力对局势施加影响。"足以说明问题的是，从 1986 年起，戈尔巴乔夫同东欧国家领导人举行了 103 次会晤，苏共中央其他领导人同他们举行了 147 次会晤。[②]

三、对戈尔巴乔夫时期改革的研究应注意的问题

第一，戈尔巴乔夫的改革失败了，但不能因此对其在改革过程中，在对苏联社会主义重新思考基础上提出的新看法，采取简单的完全的否定。例如，戈尔巴乔夫一再强调，要把解决人的问题作为改革的指导思想，一切事情都必须从人出发。戈尔巴乔夫之所以把民主的、人道的社会主义与解决人与人权问题联系起来，这些理论

---

① ［苏］《真理报》，1990 年 7 月 5 日。
② 《苏联共产党第二十八次代表大会主要文件资料汇编》，人民出版社 1991 年版，第 222—223，454 页。

观点，是值得我们去研究的。

第二，对戈尔巴乔夫的改革与其本人的研究，由于十分复杂，有些问题不能说已弄得十分清楚了，因此，在一些问题上存在一些不同的看法是十分自然的，也是不可避免的，再说，不同意见的争论，对深化研究也是有益的。

那种把戈尔巴乔夫执政时期的改革，不论从整个国家来说，还是对戈尔巴乔夫个人来说，说成"改革早已成为一系列大大小小的背叛行为"，说戈尔巴乔夫"一次再次宣誓忠于社会主义，以此为烟幕，暗中实际上进行改变社会主义制度的准备"[①]。笔者看来，这些结论，并不符合戈尔巴乔夫执政近七年的过程中的行为。举一个简单的例子，戈尔巴乔夫到他执政最后一刻，还在为维护联盟做努力。1989 年底以前，戈尔巴乔夫从未表明过有实行多党制的意向，后来，与叶利钦斗争过程中不断妥协，到 1990 年 3 月才同意修改宪法第 6 条。这怎么能说，戈尔巴乔夫的改革早已成为一系列背叛行为呢？的确应该理性地来研究戈尔巴乔夫执政时期的改革。

第三，讨论戈尔巴乔夫执政时期的各种重大问题，都应该本着"双百"方针的精神进行，不要把不同意见和不认为戈尔巴乔夫是叛徒的人，说成是"为一个社会主义的叛徒开脱和辩护"[②]。这种扣政治大帽子的做法不利于开展正常的学术讨论，也达不到追求真理的目的。

随着历史的发展，人们对戈尔巴乔夫及其改革的评价也在变化。2011 年 3 月 2 日，普京在祝贺戈尔巴乔夫 80 岁生日的贺电说："在我国甚至在国外，您都是以对世界历史进程产生显著影响

---

① ［俄］尼·雷日科夫著，王攀等译：《大动荡的十年》，中央编译出版社 1998 年版，第 380 页。

② 《真理的追求》，2001 年第 6 期。

并对加强俄罗斯的威望贡献良多的当代最杰出的国务活动家之一而闻名的。"同日，梅德韦杰夫总统会见了戈尔巴乔夫，并授予他俄罗斯最高荣誉勋章——圣安德鲁勋章，并说："我认为这是对您作为国家元首所做大量工作的恰当评价，您在特别复杂，特别艰难的时刻领导了我们的国家。我们大家都清楚这一点。""这也是您领导的那个国家，我们大家的共同祖国——苏维埃联盟表示尊重的标志。"2013 年 3 月 2 日，普京总统在致信祝贺戈尔巴乔夫 82 岁生辰称："他从事的社会与研究活动卓有成效并致力于慈善项目，为自己赢得了当之无愧的广泛尊重。"

第十二讲

叶利钦推行"休克疗法"的缘由

苏联解体后，俄罗斯成为苏联的继承国，并开始独立执政。从而，苏联解体后叶利钦亦成为真正意义上的最高领导人，并立即进行激进式"休克疗法"转型。

一、作为苏联继承国的俄罗斯

1990 年 6 月 12 日，俄罗斯发表主权宣言。1991 年 12 月 21 日，俄罗斯、乌克兰、白俄罗斯、摩尔多瓦、亚美尼亚、阿塞拜疆、哈萨克斯坦、乌兹别克斯坦、土库曼斯坦、吉尔吉斯斯坦、塔吉克斯坦等十一个加盟共和国的元首在阿拉木图举行会议，签署并发表了成立独立国家联合体总原则的《阿拉木图宣言》，宣布苏联已不复存在，俄罗斯成为独立国家。同年 12 月 25 日，苏联领导人戈尔巴乔夫向全国发表电视讲话，正式宣布他辞去苏联总统职务。讲话之后，他签署了一项使俄罗斯总统叶利钦成为苏联核武器最高指挥官的法令，并把核控制权亲手交给了叶利钦。苏联国旗从克里姆林宫上空降下，升起了白、红、蓝三色俄罗斯国旗。从此，俄罗斯成为独立执政的国家，叶利钦成为全权领导俄罗斯的最高领导人，一直到 1999 年 12 月 31 日他在接班人普京被邀到克里姆林宫之后发表电视讲话宣布辞职为止，整整执政八年。

苏联解体后，作为苏联继承国的俄罗斯进入了一个新的历史时期。在论述这个时期经济体制转轨问题之前，笔者认为，有必要对以下问题做一简要说明。

笔者在苏联解体前（从赫鲁晓夫到戈尔巴乔夫）都用经济体制"改革"一词，但从叶利钦时期开始，用经济体制"转轨"一词。为何用两个不同的概念，这里需要作出解释。在苏联和东欧国家发生剧变前，社会主义国家改革目标是，通过一些对原体制的改进、改良来对现有经济体制加以完善，而不以根本改变制度为目标。与此相反，转型则意味着发生实质性的、制度性的变化，将引入全新的制度安排。按科勒德克的说法，在原苏东国家社会主义制度崩溃前，所做的一系列改革尝试，"其目的在于对旧制度的完善，而不是引入新制度"。他进一步解释说："应当将市场化改革与向市场经济转轨区别开来。改革的焦点是调整与完善现有制度，而转轨是改变制度基础的过程。从这种意义上来讲，只要目的在于现有制度的完善并通过使之完善而得以维系而不是完全抛弃该制度，那就是在对它进行改革。而转轨则是要通过完全的制度替换和建立新型的经济关系来废除以前的制度。"[①]鉴于"改革"与"转轨"上述内含的划分，十分明显，叶利钦执政后所推行的是转轨。但同样需要指出的是，在谈到具体体制变革时，还是用"改革"一词。

俄罗斯是苏联 15 个加盟共和国中最大的一个共和国，苏联解

---

① ［波］格泽戈尔兹·W. 科勒德克著，刘晓勇等译：《从休克到治疗——后社会主义转轨的政治经济》，上海远东出版社 2000 年版，第 4，30，34 页。

体后的 1992 年 1 月 5 日，俄罗斯最高苏维埃通过决议，将"俄罗斯苏维埃社会主义联邦共和国"改名为"俄罗斯联邦"（简称为"俄罗斯"）。叶利钦总统于 1991 年 12 月 24 日，通过苏联驻联合国大使沃龙佐夫向联合国秘书长德奎利亚尔递交了有关要求俄罗斯接替苏联在联合国席位的一封信。12 月 25 日，老布什向全国发表电视讲话，宣布同俄罗斯建立全面的外交关系，并承认俄罗斯是继承苏联的国家。12 月 27 日，中国外交部长钱其琛致电俄罗斯外交部长科济列夫，宣布中华人民共和国政府承认俄罗斯联邦政府。中国对外经济贸易部部长李岚清率中国政府代表团访俄时，向俄副总理绍欣转告中国承认俄罗斯联邦取代苏联在联合国的席位。俄成为苏联继承国得到了国际的承认。另外，从俄继承苏联的经济情况看，也得到充分的体现。

俄罗斯领土面积为 1707.54 万平方公里，占地球陆地总面积的 11.4%，是前苏联总面积的 76.3%。1989 年 1 月俄罗斯人口为 1.47 亿（据 2002 年全国人口普查结果，俄有人口 1.452 亿），占前苏联人口的一半。它是世界上民族最多的国家，境内大小民族多达 160 个，其中超过 40 万人口的民族有 23 个。据苏联 1989 年第五次人口统计资料，俄罗斯族是最大的民族，占全俄总人口的 81.5%。前苏联的经济实力主要集中在俄境内。1990 年俄罗斯在前苏联国民财富（不包括土地、森林和矿藏）总量中占 64%。1989 年俄拥有的生产固定基金约占全苏的 63%，社会总产值与工业产值均占 60%。苏联解体时，拥有科技人员约 150 万人，而留在俄罗斯境内的为 96 万人，占苏联科技人员总数的 64%，特别要指出的是，为军工服务的高科技力量主要集中在俄罗斯。俄拥有的军事力量约占苏联的三分之二。

苏联解体时，给俄罗斯留下的基本上仍是传统的经济体制，因此，俄罗斯独立执政后面临的最紧迫的任务是加速经济体制的转轨。现在人们把俄罗斯称为世界上最大的经济转轨国家。我想，这不只是因为俄罗斯是个大国，而还在于以下的原因：一是作为苏联继承国的俄罗斯，它是中央集权的计划经济体制模式的发源地，并且实施这一体制模式的时间最长；二是斯大林时期形成、巩固与不断发展并凝固化的传统体制模式，在以后的苏联各个历史时期未能进行根本改革，因此，俄罗斯面临的体制转轨任务最为艰巨；三是俄罗斯经济转轨过程中，出现的矛盾和问题十分复杂，而转轨危机也十分严重。

二、转轨方式的争论与方案

关于这一问题已在戈尔巴乔夫执政末期，即 1990—1991 年讨论向市场经济过渡时争论已十分激烈，并提出了一些过渡方案。著名经济学者、时任苏联部长会议副主席、经济改革委员会主席的阿巴尔金院士，根据过去几年经济改革的经验和其他国家改革的实践的基础上，提出了经济改革的构想，并勾画了苏联新型经济体制的基础特征：所有制形式的多样化，它们之间平等和竞争的关系；所得收入的分配应符合在最终成果上的贡献；将与国家调控相结合的市场变成协调社会主义生产参加的活动的主要工具；在灵活的经济和社会基础上实行国家调控经济；将公民的社会保障作为国家最主要的任务。构想中对向市场经济过渡的几种方案进行了比较研究。这些方案分别被称为"渐进的"、"激进的"（后来被称为"休克的"）和"适度激进的"三种，并对三种方案的基本特征和预期结果进行了比较（见下表）。

向市场经济过渡的三种方案

	主要特点	预期结果
渐进方案	1. 用适当的速度循序渐进地进行改革； 2. 主要采用行政方法调控正在形成的市场和通货膨胀； 3. 逐步减少国家订货，控制物价和收入的增长。	1. 可以逐渐适应变化，最大限度地减少剧烈变革造成的损失； 2. 延缓改革，采取措施的效果不明显以及不足以克服负面影响； 3. 有生产大幅下降，商品短缺和社会问题加剧的危险。
激进方案	1. 短期内彻底摧毁现有结构； 2. 同时消除市场机制运作的所有障碍； 3. 大量减少国家订货，几乎完全取消对价格和收入的控制； 4. 大范围地向新的所有制形式过渡。	1. 寄希望快速建立市场的成效； 2. 有货币流通出现混乱的危险，通货膨胀失控的可能性很大； 3. 大量破产，生产大幅下滑，出现大范围的失业； 4. 生活水平严重下降，居民收入差距拉大，社会紧张局势加剧。
适度激进方案	1. 采取系列激进措施，为向新机制过渡创造启动条件； 2. 建立积极调控市场的组织机制； 3. 落实巩固和发展新的经营体制的措施； 4. 对价格、收入和通货膨胀在所有阶段进行监控，对低收入阶层提供强有力的社会支持。	1. 能在相对短的时间内获得改革的明显效果； 2. 快速形成市场； 3. 遏制生产下降和财政赤字增长，控制通货膨胀； 4. 居民适应市场经济条件的环境比较宽松，缓解社会紧张局势。

资料来源：李刚军等译：《阿巴尔金经济学文集》，清华大学出版社2004年版，第91页。

在阿巴尔金的构想中，提出了大量有利于第三种方案即适度激进方案的论据。据当时社会民意调查，赞同第一种方案的占10%；赞成第二种方案的为30%，赞成第三种方案的为60%以上。在构想中，还规定了实施适度激进改革方案的三个阶段：第一阶段已经始于1988年，并在1991年初结束。 1990年应该是执行稳定国内经济形势的刻不容缓措施并制订关于建立过渡时期经济机制的一整套措施的关键时期；第二阶段跨越了1991—1992年，在这阶段里应该实施一整套同时的措施，并启动新型的经济机制；第三阶段是实施激进经济改革计划的结束阶段，它包括1993—1995年。阿巴尔金认为，鉴于当时的实际情况，这一方案是逐步实行激进的经济改革最明智、最周到的方案。因为，该方案有以下的优越性：它在允许价格和工资有控制地增长的同时，能够无须依靠行政性措施最终制止财政赤字的增长和生产的下滑，为市场的形成开辟了现实的道路。建立有效的对居民的社会支持体系，补偿因涨价、下岗和接受再培训等造成的大部分损失，这能够缓解过渡时期的困难，帮助人们尽快适应市场经济条件，能够刺激劳动生产率和经营积极性的提高。[1]

有关1991年末开始的俄向市场经济过渡必要性与方式问题在讨论中提出的看法，时任俄财政部第一副部长的乌留卡耶夫认为，基本观点可划分为四种类型。

第一种观点是，否定俄罗斯经济需要进行彻底的市场改革的必要性，坚持在必须保留原有经济体制的同时对其进行某些现代化改造使其增加活力。左派政治家们认为，整套改革思想全都是错误的，不适用于俄罗斯的条件。私有化、对外和国内贸易自由化、争取金融稳定、本国货币的可兑换等措施破坏了民族工业，使社会形势恶化。他们主张应该集中精力按照1982—1983年安德罗波夫改革的先例进行所谓的整顿经济秩序，强调国家验收，严格监督产品质量，强化经理对企业工作的责任心，向非劳动收入宣战等。

第二类的经济学家和政治家宣称，市场改革原则上必须进行，但不能如此迅猛和激进，应该更大程度地允许国家参与经济。更多地保留国有制，对国内生产者实行保护。总之，他们赞成经济现代

---

[1] 有关上述构想，参见李刚军等译：《阿巴尔金经济学文集》，清华大学出版社2004年版，第90—92，98页。

化的"特殊的俄罗斯道路"。宣传此类观点的学者认为，不应该搞大规模私有化、放开对外贸易和外汇流通、放开物价，应该重点建立强大的金融工业集团，国家有选择地扶持工业，以保障首先是国家对俄罗斯国产商品的更多需求。这一派经济学家和政治家的特点正如著名的瑞典经济学家 A. 奥斯伦德所讲的那样，他们完全忽视了宏观经济问题（诸如货币平衡、通货膨胀、预算等）。这些人还要求降低改革速度，制定和执行经济政策按部就班、犹豫不决。

第三类政治家和经济学家素有"真正的改革家"的威望，坚持不懈地宣传各种改革方案，但又猛烈抨击现实的改革：称改革进行得不正确，不符合理论，所作出的选择不符合行动的循序渐进性——首先必须实现私有化、民主化、形成市场机制，然后才能采取措施稳定财政和放开经济。

最后，第四类经济学家都极其重视存在失误和倒退的现实改革中的现实问题，在 1992 年的短暂时间里，继而又在 1997 年保证了改革向前推进。

为了评价上述几类人物的观点，我们有必要对 1991 年改革前的俄罗斯经济的实际状况进行分析。首先提出这样一个问题：当时是否可以推迟对经济关系的激进改革，是否可以对改革方式进行根本性的改变?[1]

乌留卡耶夫根据 1991 年底苏联解体时十分严峻的社会经济情况，得出的结论是："俄罗斯的经济改革政策不是由改革家的理论思维确定的，而是由通货膨胀危机（严重的宏观经济比例失调反映在公开的通货膨胀加剧和所有商品市场严重短缺上）、支付危机（黄

---

① ［俄］A. B. 乌留卡耶夫著，石天等译：《期待危机——俄罗斯经济改革的进程与矛盾》，经济科学出版社 2000 年版，第 15—16 页。

金外汇储备严重短缺和国家贷款能力下降导致了被迫大量削减进口）和体制危机（各级国家权力机关丧失了调解资源配置能力）同时并发决定的，这些危机在外部表现为生产的急剧衰退。"因此，"在经济和体制危机并发这种极为严重的情况下进行根本的经济体制"，只能实行"由总统下令而不管苏维埃的意见"的"激进改革"。[①]

三、推行激进式"休克疗法"改革的历史背景

在前一个问题，我们简要地论述了苏联解体前夕学者对向市场经济转轨方式的讨论及基本观点。在这里，笔者就俄政府独立执政后缘何立即决定推进激进式"休克疗法"改革，提出自己的看法。

人所共知，苏联东欧各国中的多数国家，在从传统的计划经济向市场经济转轨时，实行激进的"休克疗法"，其基本内容一般归结为自由化、稳定化与私有化。俄罗斯在1992年初围绕这"三化"推行的激进改革措施是：（1）俄实行"休克疗法"最重要和最早出台的一项措施是，从1992年1月2日起，一次性大范围放开价格，结果是90%的零售商品和85%的工业品批发价格由市场供求关系决定；（2）实行严厉的双紧政策，即紧缩财政与货币，企图迅速达到无赤字预算、降低通胀率和稳定经济的目的。紧缩财政的措施主要有：普遍大大削减财政支出；提高税收，增加财政收入；规定靠预算拨款支付的工资不实行与通胀率挂钩的指数化。紧缩货币的主要措施是，严格控制货币发行量与信贷规模；（3）取消国家对外贸的垄断，允许所有在俄境内注册的经济单位可以参与对外经济活动，放开进出口贸易；（4）卢布在俄国内可以自由兑换，由原来的

[①] ［俄］A. B. 乌留卡耶夫著，石天等译：《期待危机—俄罗斯经济改革的进程与矛盾》，经济科学出版社2000年版，第26—27页。

多种汇率过渡到双重汇率制（在经常项目下实行统一浮动汇率制，在资本项目下实行个别固定汇率制），逐步过渡到统一汇率制；（5）快速推行私有化政策。俄政策规定在 1992 年内要把 20%—25% 的国家财产私有化。1992—1996 年俄基本上完成了私有化的任务。在1996 年，私有化的企业和非国有经济的产值分别占俄企业总数与GDP 的比重约为 60% 和 70%。

1992 年初，为什么俄罗斯政府实行的是"休克疗法"式的激进改革？有些人认为，这主要与在政治上刚刚取得主导地位的民主派为了在经济转轨过程中取得西方的支持所决定的。还有人认为，这是民主派屈从于西方压力的结果。实际上，当时以叶利钦、盖达尔为代表的俄罗斯民主派之所以选择"休克疗法"式的激进改革，有其十分复杂的原因。

（一）从苏联历次经济改革失败原因谈起。

斯大林之后的苏联历次经济体制改革都未取得成功，其原因很多。如果从经济角度来看，最为重要的共同性原因是，不把建立市场经济体制模式作为改革目标。这样，在苏联解体前，影响市场经济发展的几个主要问题未解决，这指的是：（1）与改革国有制有关的商品生产的主体问题，即没有使企业成为独立的商品生产者，转换其经营机制，企业生产的目的只是为了完成国家下达的任务；（2）计划与市场的关系问题。在苏联长期的经济体制改革过程中，一方面强调要发展商品经济，利用商品货币关系；另一方面又不放弃政府对经济的直接控制，包括不放弃指令性计划。由于在相当长的时间里停滞和僵持于这个格局中，就使得本来不正常的经济关系更加扭曲，经济更难以正常运转；（3）由于苏联时期的价格改革没有围绕为形成有竞争性市场价格体系这个根本目的来进行，因此，合理的价格形成体制未能建立起来。而没有一个合理的价格形成体制，要发挥市场的调节作用是一句空话。

只是到了戈尔巴乔夫执政的后期，经过激烈争论，"到80年代末，俄罗斯的大多数政治力量和居民在必须进行自由化和向市场经济过渡方面实际上已达成共识"①。普遍认识到，只有向市场经济过渡，才是唯一的选择。俄民主派在确定以建立市场经济模式为改革方向之后，总结过去改革的教训，决定改变过去把改革停留在口头上、纸上的做法，而是采取实际行动，快速向市场经济过渡，以此来解决当时俄罗斯面临的依靠传统体制根本无法解决的严重社会经济问题。这说明，当时俄罗斯"转轨进程启动缘于人们越来越确信中央集权的计划经济已经走到了尽头"②。

（二）极其严峻的经济形势是激进改革的直接原因。

1992年1月2日作为俄"休克疗法"式激进改革的起点，那么，必须分析一下在此前苏联的经济与市场状况，否则，就不能理解新执政者为何如此果断地选择了激进改革方案。

苏联到了1990年，社会总产值、国民收入和社会劳动生产率分别比上年下降2%、4%和3%。而到苏联解体的1991年经济状况进一步恶化，国民收入下降11%，GDP下降13%，工业与农业生产分别下降2.8%和4.5%，石油和煤炭开采下降11%，生铁下降17%，食品生产下降10%以上，粮食产量下降24%，国家收购量下降了34%，对外贸易额下降37%。1991年，国家预算赤字比计划

---

① ［俄］Л. Я. 科萨尔斯等著，石天等译：《俄罗斯：转型时期的经济与社会》，经济科学出版社2000年版，第59页。
② ［波］格泽戈尔兹·W. 科勒德克著，刘晓勇等译：《从休克到治疗——后社会主义转轨的政治经济》，上海远东出版社1999年版，第3页。

数字增加了五倍，占 GDP 的 20%。财政状况与货币流通已完全失调。消费品价格上涨了一倍多（101.2%），而在 1990 年价格还只上涨 5%。外汇危机十分尖锐，载有进口粮食的货轮停靠在俄罗斯港口而不卸货成为惯常现象，因为没有外汇去支付粮款、装卸费和运输费。[①]经济状况严重恶化，使得市场供应变得十分尖锐。1990年，在 1200 多种基本消费品中有 95% 以上的商品供应经常短缺，在 211 种食品中有 188 种不能自由买卖。到 1991 年，国家不得不在所有城市实行严格的票证供应。 到 1991 年末，苏联居民食品供应量是：糖每人每月 1 公斤，黄油每人每月 0.2 公斤，肉制品每人每月 0.5 公斤。即使这个标准也缺乏实际保证。零售贸易中的商品储备减少到破纪录的最低水平——只够消费 32 天。1992 年 1 月，粮食储备约为 300 万吨，而当时俄国内粮食消费每月为 500 万吨以上。在 89 个俄罗斯地区中，有 60 多个地区没有粮食储备和面粉，都在"等米下锅"。[②]"社会局势紧张到了极点，人们纷纷储备唯恐食品完全匮乏。"[③]对新上任的俄罗斯领导人来说，面对如此紧张的社会经济局势，实行渐进改革已不大可能。

（三）巨大的心理与政治压力。

俄罗斯新执政者一上台，在以什么样的速度推行经济体制改革问题上，面临着巨大的心理与政治压力。人们对旧体制对社会经济造成的严重恶果已看得清清楚楚，同时又看到西方国家的市场经济

---

① ［俄］A. B. 乌留卡耶夫著，石天等译：《期待危机：俄罗斯经济改革的进程与矛盾》，经济科学出版社 2000 年版，第 17—20 页。
② 同上书，第 18，20 页。
③ ［俄］Л. Я. 科萨尔斯等著，石天等译：《俄罗斯：转型时期的经济与社会》，经济科学出版社 2000 年版，第 28 页。

所带来的丰硕经济成果，所以，在上个世纪 90 年代初，包括俄罗斯在内的所有转轨国家，从官方到普通居民产生一种"幻想与错觉"，似乎经济只要一向市场经济转轨，马上就可摆脱危机，很快就可以缩短与发达国家的距离，并很快可以达到发达国家的经济水平。正是这种压力成为俄罗斯加快改革步伐的催化剂。从这个意义讲，俄采用激进式的"休克疗法"进行经济体制转轨，是公共选择的结果，在较大程度上反映了当时的民意。下列的情况亦可能从一个侧面证明这一点。俄 1992 年初推进"休克疗法"后"从街上回来的人，惊慌失措，神情沮丧。然而，根据民意测验，1992 年底有 60％的居民支持市场改革"①。

（四）通过激进改革尽快摧垮传统计划经济体制的基础，使得转轨不可逆转。

1991 年底苏联解体，俄罗斯独立执政，民主派取得了领导权。但是，民主派的领导地位并不十分巩固，面临着以俄共为代表的左派力量的挑战，在当时的俄罗斯国内，各种反对派的力量，对民主派实行以私有化为基础的资本主义市场经济体制并不都持赞成的立场。就是说在民主派上台初期，俄国内面临着国家向何处去的争论与斗争。斗争的核心是俄罗斯国家发展道路问题。另外，虽然以叶利钦总统为中心的国家执行权力机关已成为国家强有力的权力，但亦应看到，另一个国家最高权力机关——人民代表大会，它是由左派俄共等反总统派居主导地位的。在上述政治背景下，在民主派看来，必须加速经济体制转轨进程，特

---

① ［俄］格·萨塔洛夫等著，高增训等译：《叶利钦时代》，东方出版社 2002 年版，第 217 页。

别是要加快国有企业的私有化速度，从根本上摧垮以国有制为基础的计划经济体制。最后达到体制转轨不可逆转的目的。被称为私有化之父的阿纳托利·丘拜斯认为，俄罗斯的转轨到了1996年才可以说已不可逆转了，一个重要的标志是，这个时候已基本完成私有化任务。2001年12月29日叶利钦对俄电视台《明镜》电视节目发表谈话时谈到，1999年底他所以能下决心辞职，是因为他坚信在俄罗斯改革已不可逆转。

（五）政治局势也是推行经济激进转轨的重要因素。

我们在上面着重分析了苏联解体前后所面临的复杂而又严峻的经济形势，但在政治领域情况也十分严重。1991年"8·19"事件后，那时由戈尔巴乔夫领导的苏联，改革实际已停顿。"联盟国家机关已经寿终正寝并且四分五裂。""无论是什么样的国家监控实际上都不起作用。"①这是因为，"俄罗斯市场是在苏联经济的行政命令体制崩溃过程中产生的。它产生于强大的国家体制削弱和瓦解过程之中"，这在"客观上导致了旧的国家调节经济机制陷入崩溃"。②在这一期间，大家忙于政治斗争，重大事件一个接一个，取缔苏共，最后是苏联解体。这样，在俄罗斯已不存在强有力的政治核心力量，掌了权的民主派，在上述政治情况下，下决心实行激进的改革。"改革战略的实质不仅在于要进行极为迫切的经济改革，而且还在于要建立俄罗斯民族国家，这个国家具有一切必要的属性，如预算、稳定的并可兑换的本国货币、税收制度、边防军队、海关、有

---

① ［俄］A. B. 乌留卡耶夫著，石天等译：《期待危机：俄罗斯经济改革的进程与矛盾》，经济科学出版社2000年版，第21、22页。

② ［俄］Л. Я. 科萨尔斯等著，石天等译：《俄罗斯：转型时期的经济与社会》，经济科学出版社2000年版，第30页。

效的货币制度、可控制的国家银行，等等。"①这也说明，当时俄罗斯可供选择的改革途径已经十分狭窄了。弗拉基米尔·毛在论证"为什么俄罗斯不能像中国那样，通过渐进的方式启动和实现经济转轨"时指出："中国模式的关键是（转轨开始时），中国的党政集权制度仍然有效地控制着全国局势，……而俄罗斯的自由化改革开始时，不仅没有强大的政府，而是根本就没有政府——苏联已经解体，俄罗斯作为一个主权国家仍只是停留在纸上。"②

（六）合乎历史逻辑的发展。

从历史逻辑来看，以叶利钦、盖达尔为代表的民主派推行的激进改革，是承袭了戈尔巴乔夫下台前的 1990—1991 年所形成和提出的改革设想。经过激烈的争论与斗争，在 1990 年苏联先后提出了四个向市场经济过渡的文件。③我们在前面分析戈尔巴乔夫执政时期经济体制改革过程时，对向市场经济转轨的沙塔林 500 天纲领，亚夫林斯的 400 天构想都做了介绍。两者都是快速转轨的计划。这说明，在戈尔巴乔夫执政后期，苏联各政治派别不仅就经济改革的市场目标达成了共识，并且快速向市场经济转轨的主张也已占主导地位。因此，叶利钦、盖达尔执政后，从历史逻辑上来说，推行激进改革是顺理成章的事。

上述分析说明，20 世纪 90 年代初俄实行激进改革是由特定的

---

① ［俄］A. B. 乌留卡耶夫著，石天等译：《期待危机：俄罗斯经济改革的进程与矛盾》，经济科学出版社 2000 年版，第 26 页。
② 转引自《俄罗斯研究》2003 年第 3 期。
③ 1991 年 3 月，我国国家体改委国外经济体制司委托特约研究员陆南泉组织有关研究人员翻译了这四个文件，以《苏联向市场经济过渡文件汇编》供国内跟踪研究苏联经济体制改革进程参考。在此前，当时任苏联部长会议主席的雷日科夫于 1990 年 9 月签署了《苏联关于形成可调节市场经济的结构和机制的政府纲领》。

历史条件决定的。这也充分说明，到了这个时期，苏联社会中已积累了能够破坏一切的能量。寻找一个宣泄这股破坏性能量的出口是俄罗斯转轨的当务之急。从这个意义上讲，激进式"休克疗法"不过是释放 1991 年俄罗斯经济与社会生活中所积累破坏性能量的一种较为可行的策略选择，亦是一种无可奈何的危机应对策略。这正如盖达尔所说的：到了 1990 年秋天，很明显一场危机就要爆发了。一场革命就要来临，在这种背景下，有秩序的改革是根本不可能的，唯一剩下的就是如何对付危机。[1]丘拜斯在分析上个世纪 90年代初俄罗斯之所以采取激进转轨方式时指出：盖达尔政府开始的改革，"不是别人强加给我们的，不是有人从外面命令我们做的。这是已经成熟了的、使人困扰已久的变革，是由整个俄罗斯的历史进程所准备好了的变革。这是我们国家命运中不能避免的转折"[2]。雅科夫列夫在谈到这一问题时说：盖达尔政府"从所有可能的方案中选择了最简捷的，但也是最脆弱的方案——休克疗法"。"我自己最初就感到这个方案至少是冒险的，代价会很大，是注定要失败的，这一点我在 1992 年 2 月就说了。物价放开需要有个竞争环境，然而当时并没有这种环境。在市场上，土地、住房、生产资料都不上市。没有制订应有的保护企业家，特别是生产者的法律。""但是我既不充当预言家，也不想充当裁判员。在怀疑'休克疗法'主张的同时，我依然认为，当时政府根本没有别的选择。"[3]有人说，在俄除选择激进转轨方式，别无他途的说法，十足

---

① 参见徐坡岭：《俄罗斯经济转轨的路径选择与转型性经济危机》，载《俄罗斯研究》2003年第 3 期。

② ［俄］阿纳托利·丘拜斯主编，乔木林等译：《俄罗斯式的私有化》，新华出版社 2004 年版，第 12 页。

③ ［俄］亚·尼·雅科夫列夫著，徐葵等译：《一杯苦酒——俄罗斯的布尔什维主义和改革运动》，新华出版社 1999 年版，第 262—263 页。

是一种宣传伎俩，是给不明真相的人强行灌输一种观念；另有人说，俄选择激进转轨方式，纯粹是出于意识形态的理由；还有人说，俄实行激进转轨方式是完全屈从西方国家的压力；等等。笔者一直认为，对俄采取激进转轨方式原因的分析，应该从当时俄面临诸多复杂的主客观因素去探究，切忌简单化，更不能想当然的认为，套用中国的做法才是正确的。

四、有关激进、渐进转轨方式的几点看法

有关激进与渐进两种转轨方式的评价，是个十分复杂的问题，学术界至今仍存在不同看法。它既关系到经济转轨的理论问题，也关系到对这两种不同经济转轨方式实际绩效的评价问题。这里，笔者提出一些粗浅的看法。

第一，不能以激进和渐进来划分市场经济体制模式，这只是过渡方式的区别。不论是激进还是渐进，都只不过是一种手段与方式。市场经济体制模式基本上有两种：自由市场经济模式和社会市场经济模式。这是大家所公认的。

第二，从过渡速度来划分渐进与激进也是相对而言的。有不少激进的改革措施具有局部性与临时性的特点。从波兰头五年来的激进改革过程看，也很难认为全部变革都是采取激进的方式。俄罗斯政府也在不断调整政策，逐步放弃"休克疗法"初期的一些做法。中国采取渐进方式进行经济体制改革，是从这二十多年来的整个改革过程来讲的。在各个领域、各个时期，改革的速度也不都是一样的，有时慢一些，有时快一些。应该认识到，"即使是激进的改革也有渐进的性质。"[1]

---

① ［美］杰里·霍夫著，徐葵等译：《丢失的巨人》，新华出版社2003年版，第324页。

第三，国外有些学者有这样的说法，即认为渐进式向市场经济过渡必然要失败，这种说法是没有根据的。当然也不能笼统地认为渐进方式一定要比激进方式好。俄罗斯实行"休克疗法"的过渡未取得成功，不等于波兰也不成功。波兰 1990 年实行休克疗法之后，在较短的时间内渡过了最困难的时期，并较快地出现了经济的增长，1992 年国内生产总值增长 2.6%，1993 年增长 3.8%，1994年估计可增长 5% 左右。通货膨胀也得到了遏制，1992 年通货膨胀率为 43%，1993 年为 32.2%，1994 年为 29.5%。这表明波兰实行激进式过渡，较快地获得了成效。

第四，一个国家采用激进式的过渡往往是不得已而为之。它们或者是在多次采取措施而仍无法控制通膨时，而被迫一次性放开价格；或者是在国内市场极其不平衡、赤字庞大、通膨失控、国家行政管理体系完全崩溃的条件下，通过政府有效控制地、逐步地实行价格改革已不可能，而不得不采用激进方式。

第五，从实行渐进式向市场经济过渡的一些国家情况来看，也并不像有些人所想的那样渐进式过渡必然拖得很长，进程很慢。拿匈牙利来说，它是东欧诸国中实行渐进式过渡的典型。虽然在转轨的头几年它离发育完善的市场体制还有较大距离，但匈牙利在向市场经济过渡方面也取得了很大进展，即价格早已基本放开，价格结构有了很大调整，传统的计划体制已经打破，市场调节的作用大大加强，市场经济的因素明显增多。另外，匈牙利的某些措施，如在企业破产方面，比实行"休克疗法"的波兰迈的步子要大得多。所以，渐进式绝不是慢慢来，更不是走走停停，而同样需要迈大步。

第六，人们对激进过渡方式所产生的问题容易看得比较清楚，如生产下滑速度快，通膨失控，生活水平大幅度下降，失业人数增加，承担的风险大等。但容易忽视渐进过渡方式存在的问题，如过渡时间拖得较长，在较长时间内价格仍不是市场价格，价格仍不能成为衡量经济效率的标准，不利于产权关系的改革，本国价格与国际价格长期脱节等。渐进的过渡方式，容易把问题与矛盾掩盖起来，搞得不好，有可能使问题越积越多，使改革难以取得实质性进展。另外，由于渐进式过渡时间较长，在过渡期会出现双轨体制的运行状态，尤其是价格双轨制，难免会导致经济秩序混乱，企业行为短期化，会为官倒、私倒创造条件，成为产生腐败的一个重要因素。所以，不能忽视渐进式改革的负效应，而应该力争在实行渐进式改革过程中把它带来的负效应减少到最低限度。

第七，不论采取哪种方式向市场经济过渡，过渡的主要内容是相同的：一是通过对国有企业的改造，改变独占的、单一的所有制结构，建立起多种所有制形式，在此基础上，使企业成为独立的商品生产者；二是为了使市场机制在实现社会资源优化配置方面起决定性作用，转换经济的运行机制，即由传统计划经济条件下形成的行政机制转换成市场机制；三是改变政府调控宏观经济的手段与方法，即由直接的行政方法的调控改为间接的经济方法的调控，为此就必须转变政府职能；四是在形成与培育市场经济的同时，建立起完善的社会保障体系。

第八，从苏联与东欧各国向市场经济过渡方式的发展过程看，其趋势是渐进与激进两种方式的混合，但侧重于渐进式。笔者认为，搞激进转轨的国家，经过一段时间后转向渐进，并不意味着对前一段时间激进改革政策的根本否定，亦不是什么纠偏，是合乎逻辑的发展。因为原苏东国家要从传统的计划经济体制向市场经济体制过渡，不可能一蹴而就。转轨是一个推陈出新的过程，一些国家通过激进式转轨是为未来整个经济改革过程与制度建设创造初始条件。按科勒德克的看法，经济稳定化和自由化可以以激进方式达到，而结构改革、制度安排与现存生产力的微观结构重组则必须是渐进进行的。①所以，笔者认为，如果从通过转轨达到制度建设的目的这一角度讲，所有计划经济体制向市场经济体制过渡的国家，其经济体制转轨实质上都是渐进的，必然是一个渐进的过程。关于这一点，应该是不存疑问的。

以上的分析说明，不要对激进与渐进转轨方式绝对化的理解，实际生活中往往出现这种情况：在"某个人看来是渐进的转轨，或许在另外一个人看来就是激进的改革"。拿中国改革来说，一般认为是渐进的典型，而吴敬琏教授在分析中国改革战略问题时指出："不能用'渐进论'概括中国的改革战略。"他自问自答地说："'渐进改革论'是否符合中国改革的实际？是否符合小平同志经济体制改革的战略思想？我的回答是否定的。"他解释说："从中国改革的实际情况看，在国有经济（包括有工商企业、国家银行和国家财政）的范围内，改革的确是渐进进行的，十五年来基本上只做了一些小的修补，而没有根本性变革。……直到 1993 年党的十三届三中全会以后，都没有采取实际步骤对国有经济进行全面改革。""从 1981 年开始，中国改革在国有经济领域中实际上是停顿了。"因此，"中国改革举世公认的成就，并不是因为国有经济采用了渐进改革的方法才取得的"。中国改革取得的成就主要是由于在"1980 年秋到 1982 年秋短短 2 年时间内，就实现了农村改革，家庭联产承包责任制取代了人民公社三级所有制的体制。1982 年以后，乡镇企业大发展，进而带动了城市非国有经济的发展。加上搞了两个特区和沿海对外开放政策，使中国一部分地区和国际市场对接，而且建

---

① ［波］格泽戈尔兹·W. 科勒德克著，刘晓勇等译：《从休克到治疗——后社会主义转轨的政治经济》，上海远东出版社 2000 年版，第 35—37 页。

立了一批'三资企业'。……一个农村改革，一个对外开放，构成了
1980 年以后中国改革的特点。1980 —1984 年所取得的成就在很大
程度上与这一特点有关"①。而搞农村改革、特区和对外开放，其
速度都是快的，也并不是时间拖得很长的渐进式进行的。杰弗里·
萨克斯也说："我并不认为中国的成功是渐进主义发挥了特别的作
用，真正起作用的是开放农村、开放沿海地区、鼓励劳动密集型生
产、允许外资与技术的输入，等等。一句话，允许足够的经济自
由，从而最好地利用了中国的结构。"②

---

① 吴敬琏等著：《渐进与激进——中国改革道路的选择》，经济科学出版社 1996 年版，第
1—3 页。
② 同上书，第 166 页。

第十三讲

叶利钦时期的经济转型及其危机

关于对叶利钦时期经济转型的评价问题，在俄罗斯国内与在国际社会一直存在不同的看法，在中国国内看法也是很不一致的。但持否定看法的居多数。而否定叶利钦时期俄罗斯经济转型的一个基本观点是，把俄罗斯经济大幅度下降完全归结为激进式的"休克疗法"。这样，很长一个时期，在国内的一些论著中，经常看到的是以下公式化的结论：由于叶利钦推行"休克疗法"的转型政策，导致俄罗斯出现严重经济危机和经济大幅度的下降。这似乎成了不可讨论的公理。长期以来，笔者在求索叶利钦时期出现经济转型危机原因的研究过程中发现，这一时期产生经济转型危机的原因非常复杂，决不能只归结为"休克疗法"一个因素。这一讲，主要论述两个问题：一是对这一时期经济转型的基本评价；二是对这一时期出现严重经济转型危机原因的分析。这里笔者所提出的一些看法，可供讨论。目的是使这一领域的研究更加深入，更加符合俄罗斯经济转型进程的实际。

一、基本评价

如何评价叶利钦时期八年的经济转型，是个复杂的问题。笔者认为，俄经济转型是个十分复杂的过程，涉及多方面的问题，因此，只有对复杂的问题采取深入、多层次和多角度地分析之后，才能得出更符合实际和科学的结论。

在叶利钦执政期间，形成一批与他长期共事的亲信，也出现了一些对他持坚决反对的人，还有一些与他共过事后又被解职的人。各种代表性人物对叶利钦的评论性看法自然是不同的，有时甚至截然相反。作为总统助理的萨塔罗夫等人说："叶利钦的名字曾经是俄罗斯社会独特的政治分界线和定音器。关于他，人们曾经在家庭、在街头巷尾、在工作场所争论不休。对于一个人来讲什么更为珍贵呢？是排几小时的队凭票得到一根价值两卢布的香肠，还是获得自由的空气？对于一部分人来讲，这位俄罗斯第一位总统是希望和确保永远告别过去的象征；对另一部分人来讲，他是民族灾难、国家解体、被极权制度驯服的千百万人悲剧的化身。"①就是说，在评价叶利钦时期的体制转型，面临着这样的矛盾：相当一部分俄罗斯民众不想回到过去，人们珍惜来之不易的政治、思想与经济自由，现在不愿意得而复失。摧毁了高度集权的斯大林体制，人不再是"螺丝钉"，经济自由给人们创造了广阔的活动空间与施展才能空间；而同时，相当一部分俄罗斯人，在转型过程中丧失了很多，生活十分困难。这就是在评论叶利钦转轨出现种种矛盾的根本原因。不少人认为，叶利钦在执政时期，所做的最重要的和成功的一件事就是摧垮了斯大林体制的基础。在1992—1994 年，基本上摧毁了指令性的集中计划经济管理体制。②至于摧垮之后建设什么样的

---

① ［俄］格·萨塔罗夫等著，刘增训等译：《叶利钦时代》，东方出版社2002 年版，第2—3 页。

② ［俄］П. Я. 科萨尔斯等著，石天等译：《俄罗斯：转型时期的经济与社会》，经济科学出版社2000 年版。

资本主义制度，对叶利钦为代表的当时的民主派来说，考虑得很少。换言之，他们对转型的起点是清楚的，而对于终点却模糊不清，最后会造成什么后果也了解甚少。所以，叶利钦转型时期采取的一些重要政策，都是围绕摧垮旧体制和巩固权力而进行的。在叶利钦时期任总理八个月的普里马科夫对叶利钦做总体评价时说："虽然叶利钦有过错，也有失误，但我认为，他仍然是一位伟大的具有悲剧色彩的人物，他毋庸置疑地将被载入史册。"在对叶利钦时期转型的评价时说：这个时期"无疑产生了一个主要结果——积累了大规模的、多方面的变革潜力，已经不会回到苏联式的经济国家和社会管理模式，不会回到旧的国际关系实践"。他还分析说："鲍里斯·尼古拉耶维奇·叶利钦的个性十分有趣。90 年代上半期，他是一位意志坚强、富有直觉、非常自信的领导人，即使是有什么东西不甚了解，但借助以往的经验和实践也都解决了。"但到了 1996 年由于各种寡头联合起来帮助竞选总统获得成功，寡头们"假借他的名义由他们自己来管理国家，稳定致富"，还利用叶利钦的疾病为他们达到这种目的提供便利。做过心脏手术后，叶利钦完全变成了另外一个人。他依赖药品每天只能工作有限的几个小时，并且还不能保证每天工作。他的体力无法抗衡来自新亲信的压力，"家族"充分利用了这些。[①]这说明，1996 年后的叶利钦，失去了那种意志坚强、自信和独立处理问题的个性。听从寡头与家族，是造成叶利钦悲剧的一个重要原因。

笔者认为，对叶利钦时期经济转型的基本评价，应该从以下三个视角加以考察。

---

① ［俄]叶夫根尼·普里马科夫著，高增训等译：《临危受命》，东方出版社 2002 年版，第 198，222，197 页。

（一）必须与制度变迁结合起来考察。

上个世纪90年代初启动的俄罗斯经济转型，是与制度变迁同时进行的，或者说它是整个制度变迁中的一个重要组成部分。就是说，当时俄罗斯新的执政者，通过经济与政治体制的改革，要改掉在斯大林时期建立起来的、已失去发展动力和人们不再信任的苏联社会主义模式。因此，当时俄罗斯需要确定十分明确的制度改革目标，即在政治上建立民主体制和在经济上建立市场体制。对这个转型的大方向持什么态度是评价叶利钦时期与以后时期转型的基本出发点。

叶利钦在俄罗斯所以能执掌政权八个年头，主要原因是，他在俄罗斯推行的转轨就其大方向而言，是符合社会历史发展潮流的。[1]这八年的转型有进展也有失误甚至严重错误，从而民众对他往往徘徊在希望与失望之间。否则就无法解释，为什么在1996年7月俄罗斯一千年历史中首次通过全民投票选举国家首脑时叶利钦能获胜。

从国内来讲，俄罗斯是一个面临着十分艰巨与复杂改革任务的转型国家。在1999年的最后一天，叶利钦在辞职讲话中说："我已经完成了我一生的主要任务。俄罗斯将永远不会再回到过去，俄罗斯将永远向前迈进。"这里讲的主要任务，就是指八年来的制度性的转型、冲垮了苏联时期传统的社会主义政治与经济体制模式，形成了新的政治与经济体制模式的框架。

---

[1] 这指的是政治上民主化与经济上市场化。

（二）必须与政治体制变革联系起来考察。

　　既然经济转型是俄罗斯制度变迁中的一个组成部分，因此，我们不能只从纯经济角度分析经济转型中的得失，而必须把政治与经济体制的变革联系起来加以考察。叶利钦执政八年，通过政治体制的改革，使一党垄断、党政融合、议行合一、高度集权、缺乏民主等为特征的斯大林式的社会主义政治体制不复存在，而是过渡到以总统设置、多党制议会民主、三权分立、自由选举等为特征的西方式政治体制模式。应该说，这对作为苏联继承国的俄罗斯来讲，是政治体制的一个质的变化，它有利于克服那种高度集权、缺乏民主的政治体制所存在的种种严重弊端，使广大俄罗斯人民得到在苏联时期不可能得到的民主与自由。也正是这个原因，在俄所形成的政治体制框架已为多数政党与多数民众接受，从而使这种转轨方向变得不可逆转，再恢复苏联时期那种政治体制已不再可能。

　　当然，我们讲俄罗斯在政治体制改革方面取得重大进展，并不忽视在俄罗斯形成的新的政治体制有着严重的局限性与不完善之处，俄罗斯尚未成为一个现代的民主社会与民主国家，这主要表现在：一是俄总统权力过大，在很多方面实行的是"总统集权制"，不少重大政策的决定是由叶利钦个人作出，因此，往往带有叶利钦独裁的性质。[①]虽然在转轨初期的特定条件下，"总统集权制"有其积极作用，如能较快结束俄"双重政权"局面，总统在稳定政局中有着极为重要的影响。但"总统集权制"也有明显的负面效应，难以使政府和议会充分发挥作用，严重影响三权分立体制的实施，容易

---

① 叶利钦的独裁与斯大林时期的独裁有着很大区别，前者更多的是为了控制各种权力机关，不是针对广大民众，尽量给予民众民主自由；后者是对所有持不同政见者加以镇压，直至在肉体上加以消灭。

出现决策失误，这也是导致俄政局不稳定的一个重要因素。[①]二是政党政治很不成熟，政党过多，1999 年 12 月俄议会选举获准登记的党派就有 26 个。在议会占多数的党派无权组阁，政党的作用受到制约。这样，使政党在决定国家重大方针政策方面难以发挥作用。三是俄公民在实现自己民主权利方面还存在不少问题，很多民主权尚难享用。

（三）形成了市场经济体制框架。

经济转轨本身来看，激进的改革方式，选择的自由市场经济模式，俄很快就冲垮了传统的计划经济体制模式，1996 年形成了市场经济体制的框架，主要表现在：

第一，通过私有化，打破了国家对经济的垄断，形成了私营、个体、集体、合资、股份制与国有经济多种经济成分并存的多元化格局。俄罗斯的一些政要还认为，通过私有化较顺利地实现了其政治目标：一是铲除了社会主义的计划经济体制的经济基础，使经济体制转轨朝向市场经济体制模式变得不可逆转；二是培育与形成一个私有者阶层，成为新社会制度的社会基础的政治保证。

第二，按西方国家模式，构建适应市场经济要求的宏观调控体制。

在银行体制方面，俄建立了以中央银行为主体、商业银行与多种金融机构并存的二级银行体制。通过立法，明确了中央银行的独立地位，实行利率市场化。

在财税体制方面，俄通过改革使国家财政向社会共同财政转化，缩小财政范围。财政职能转变的重点是两个：一是财政作为政

---

① 叶利钦在八年里撤换了 7 个总理、9 个财长、6 个内务部长和 3 个外交部长。

府行为不再直接干预企业的生产经营活动，主要是解决市场不能满足的一些社会公共需要；二是由于在市场经济条件下，国家调控宏观经济的方式由以直接行政方法为主转向间接经济方法为主，因此，要强化财政对宏观经济的调控作用。通过实行分税制，在联邦预算中建立转移支付项目。联邦、联邦主体和地方三级税收体制基本上已建立。

在外汇管理方面，由一开始实行的自由化转向实行有管理的浮动汇率制度。

第三，确立了社会保障体制改革的方向。俄在这一领域的改革是朝以下方向进行的：一是逐步放弃国家包揽一切的做法，实现社会保障的资金来源多元化；二是在处理社会公平与效率的相互关系问题上，重点由过去的公平而忽视效率转向效率兼顾公平。

第四，在经济建设法规方面也取得了一定的进展，制定了大量的法规。

但是应该看到，叶利钦时期形成的市场经济框架，是极其不成熟的。由于俄罗斯市场是在苏联经济的行政命令体制崩溃过程中产生的，产生于强大的国家体制削弱与瓦解过程中，这样，国家调节市场的能力很差，加上在市场形成过程中，充满着政治斗争，这使得市场经济运作中出现无序、混乱、经济犯罪和影子经济。

叶利钦时期的经济体制转型，从制度建设来看，取得了一定进展；但从经济发展来看，改革是不成功的。叶利钦时期的经济转型，不仅没有达到振兴经济的目标，而且使经济出现了严重的转型危机。俄罗斯经济转轨危机具有严重性、持续性与全面性的特点。

二、出现严重危机的原因分析

关于俄罗斯经济转型过程中，产生经济转型危机的原因问题，有人仅归咎于"休克疗法",例如,有人说:"俄罗斯经济形势和经济转轨出现的问题,原因不在别处,而在'休克疗法'本身。""休克疗法""把国民经济搞休克了,把国家搞休克了,把人民搞休克了。"长期以来,笔者一直不同意把俄出现严重的经济转型危机只归结为"休克疗法"的这个结论。我认为,叶利钦时期俄罗斯出现严重的经济转型危机是各种因素作用的结果,因此,必须历史地、全面地分析,切忌简单化。普京在《千年之交的俄罗斯》一文中,在回答这个问题时写道:"目前我国经济和社会所遇到的困境,在很大程度上是由于继承了苏联式的经济所付出的代价。要知道,在改革开始之前我们没有其他经济。我们不得不在完全不同的基础上,而且有着笨重和畸形结构的体制中实施市场机制。这不能不对改革进程产生影响。""我们不得不为苏联经济体制所固有的过分依赖原料工业和国防工业而损害日用消费品生产的发展付出代价;我们不得不为轻视现代经济的关键部门付出代价,如信息、电子和通信;我们不得不为不允许产品生产者的竞争付出代价,这妨碍了科学技术的进步,使俄罗斯经济在国际市场丧失竞争力;我们不得不为限制甚至压制企业和个人的创造性和进取精神付出代价。今天我们在饱尝这几十年的苦果,既有物质上的,也有精神上的苦果。""苏维埃政权没有使国家繁荣,社会昌盛,人民自由。用意识形态化的方式搞经济导致我国远远地落后于发达国家。无论承认这一点有多么痛苦,但是我们将近七十年都在一条死胡同里发展,这条道路偏离了人类文明的康庄大道。"与此同时,普京也写道:"毫无疑问,改革中的某些缺点不是不可避免的。它们是我们自己的失误和错误以及经验不足造成的。"①我之所以引了普京上面这些话,因为

---

① 《普京文集》,中国社会科学出版社 2002 年版,第 4—5 页。

我认为他讲的是符合实情的,我找不到理由来反对这些看法。笔者认为,应从以下几个方面去研究俄经济转型危机如此严重、时间如此之长的原因。

(一)要与苏联时期留下很深的危机因素联系起来加以分析。

俄罗斯是苏联的继承国。俄罗斯经济继承了苏联经济,两者有着十分密切的联系。导致俄经济转型危机的因素中,不少是苏联时期留下来的,就是说,旧体制、不合理的经济结构与落后的经济增长方式等惯性作用在短期内不可能消除。在转型过程中新旧体制的摩擦、矛盾与冲突比任何一个从计划经济体制向市场经济体制过渡的国家要尖锐和严重。这是因为:

第一,苏联历次改革均未取得成功,这样,经济问题越积越多,潜在的危机因素越来越增加。到了20世纪70年代,苏联经济已处于停滞状态。戈尔巴乔夫改革的失败使苏联经济状况进一步恶化。正如我们前面指出的,苏联经济的负增长在1990年已出现,到1991年GDP下降13%,预算赤字占GDP的20%,黄金与外汇储备基本用尽。这发生在没有实行"休克疗法"之前,已是不争的历史事实。而实行"休克疗法",的第一年(1992年),GDP下降幅度是14.5%,这比1991年也并不大多少。而联邦预算赤字占GDP的比重是5%。这比没有实行"休克疗法"的1991年低得多。

第二,长期走粗放型的发展道路,明显地影响了经济增长速度与效益的提高。早在1971年,苏联就正式提出经济向集约化为主的发展道路过渡,但一直到1991年底苏联解体,集约化的道路仍未取得进展。这种拼消耗、浪费型的经济增长方式长期得不到改变,严重制约了经济的发展。

第三,苏联经济结构严重畸形,军工部门过于庞大,80%的工业与军工有关。这严重制约了俄罗斯经济的发展，突出表现在两个方面：一是"冷战"结束后，世界军火市场大大萎缩，军工生产处于减产和停产状态；二是庞大的军工企业进行所有制改造与向市场经济转型，要比民用企业难得多，因为军工产品的买主是单一的，即政府，在这种情况下，市场机制难以起作用，政府订货一减少，军工企业便陷入困境，从而对整个工业企业产生重大影响。这里，我们不妨列举一些资料具体分析一下这个问题。普里马科夫指出，苏联解体前军工领域各部门创造的产值占国内生产总值的70%。①如此庞大、占GDP比重如此高的军工企业，在俄罗斯经济转型起始阶段由于受上面指出的因素制约，在1992—1993年，武器生产几乎下降了六分之五，军工企业生产总规模下降七分之六。②上面几个数字告诉我们，占GDP 70%的军工生产下降了七分之六，这对俄罗斯在经济转型初期经济增长率大幅度下降起多大的作用。

第四，苏联时期的经济处于半封闭状态，60%左右的对外经贸是与经互会成员国进行。1991年经互会解散，导致俄与经互会国家的贸易锐减。与此同时，俄罗斯的产品在国际市场上缺乏竞争力，难以扩大与西方国家的经济关系，这对俄经济的发展必然带来严重的消极影响。据有关材料分析，在经互会解散的1991年，苏联GDP下降的50%以上是与经互会方面经济联系遭到破坏造成的。这里还要考虑到苏联解体后，原各共和国之间地区合作和部门分工的破裂对经济产生的严重影响。这里可以看到，仅军工生产的大幅度下滑和经互会解体这两个因素，对俄罗

---

① ［俄］叶夫根尼·普里马科夫著，高增训等译：《临危受命》，东方出版社2002年版，第62页。

② 刘美珣、列·亚·伊万诺维奇主编：《中国与俄罗斯两种改革道路》，清华大学出版社2004年版，第350页。

斯出现经济转轨危机起了多大的作用。我想，这不是一个复杂的数学题。

第五，还有一个不可忽视的因素是，长达 75 年苏联历史留给人们头脑中的"印迹"，一时难以抹去的陈旧的、习以为常的东西，它们与新体制难以很快合拍。对此，俄学者分析说："俄罗斯向市场过渡遇到困难的主要原因是什么呢，是政策不对头，是市场经济模式不好，是俄罗斯民众的独特性，抑或是其他什么原因？如果简单地进行回答，可以说主要原因存在于向市场经济过渡开始前的 75 年的历史中。历史并没有无声无息地流逝，而是留下了痕迹和遗产，因为它在人们头脑中和各个领域都打下了'印迹'。"①

第六，由于叶利钦在推行激进改革时，既没有制订详细的计划，也没事先与获得主权的共和国就政策协调达成协议，这样一开始就给货币体系稳定带来了很多不确定因素。因为，人们不清楚，原来的卢布是否将保留，还是仅缩小到俄罗斯联邦地区，再说，想留在卢布区的共和国，也没有提出明确的财政与信贷政策，俄对其货币金融政策的监督是否有效。另外，不少主权国家都准备发行自己的货币，这种情况下，使大量的货币流入俄罗斯，而商品从俄罗斯流走，这就在很大程度上使得宏观经济更加不稳定，经济更加困难。②

这里还应指出的是，在叶利钦时期国际市场能源产品价格一直处于低位徘徊，每桶石油只有十多美元，这对能源出口依赖很高的俄罗斯来说，对其经济产生的不利影响是十分明显的。

---

① ［俄］Л. Я. 科萨尔斯等著，石天等译：《俄罗斯：转型时期的经济与社会》，经济科学出版社 2000 年版，第 35 页。

② ［俄］博戈莫洛夫著，张驰译：《俄罗斯的过渡年代》，辽宁大学出版社 2002 年版，第 139—140 页。

（二）经济转型过程中出现的矛盾与失误。

在这方面有两类问题：一类是俄罗斯实行快速向市场经济过渡而所采取的措施本身所含有的内在矛盾[1]，它对经济发展带来的困难；一类是转型过程中出现的政策失误。

第一类问题：内在矛盾。

1. 快速地向市场经济过渡的目标是要稳定经济，但为此而采取的措施，往往与目标相矛盾。这表现在三个方面：

（1）俄罗斯在转型起步阶段，其经济处于深刻危机状态，原来的经济结构严重畸形，市场供求关系极不平衡。这种情况下，客观上要求政府加强对经济的干预，有时还需要采取一定的行政手段。但快速地、大范围地放开价格，实行经济自由化，一般会使政府的间接调控和行政干预的作用大大减弱，甚至根本不起作用，这样，不仅达不到稳定经济的目标，反而使经济更加混乱和动荡不定。

（2）稳定经济与紧缩财政与信贷政策之间有矛盾。俄罗斯在转型头几年，经济危机与财政危机一直并存。从客观上讲，要遏制生产下降，稳定经济，就要求增加投资，放松银根。而解决财政赤字问题和控制通胀，又必须压缩支出，减少国家投资和紧缩信贷，这与稳定经济、促进生产的发展又相矛盾。

（3）大幅度地减少财政赤字，除了压支出还要增收，而增收的主要办法是增加对企业的课税。增加对企业课税的结果实际上把企

---

[1] 关于"内在矛盾"的观点，笔者早在 1993 年 2 月撰写的一份调研报告中就提出。同年 3 月在厦门大学一次学术研讨会上，在向会议提交的《前苏联与东欧各国向市场经济过渡若干问题分析》论文中，又详细地做了分析。该论文收集在由陆南泉、阎以誉编著的《俄罗斯·东欧·中亚经济转轨的抉择》一书中（中国社会出版社 1994 年版）。

业掠夺一空，刺激生产发展的机制就形成不了。

2. 苏联与东欧各国经济的一个重要特点是垄断程度高，如苏联40%的工业产品受垄断控制的。在垄断没有打破的情况下放开价格，很难达到刺激生产的目的。因为，往往会出现由国家垄断价格变成某部门、某地区甚至某个大企业的垄断价格。这样，难以形成市场竞争环境。

3. 在向市场经济过渡的起步阶段，实施的像放开价格等宏观改革措施与使企业成为独立的商品生产者的微观改革措施，发挥作用的条件与时间是不同的。例如，放开价格等措施在极短时间内即可实现，而私有化则是一个较长时间的过程，企业机制的转轨难以在短期内实现，因此，企业对转向市场经济的宏观改革措施所发出的各种经济信号不能作出灵敏的反映。

4. 打破对外经济关系垄断制，向国际市场全面开放，是向市场经济过渡的重要外部条件。但这会立即面临激烈的竞争，而俄罗斯的生产设备只有16%能承受住竞争的压力。在这种情况下，加速对外开放的宏观改革措施与保护及促进本国企业发展的微观改革措施难以协调。

以上种种矛盾，往往会拖延向市场经济过渡的速度，使社会经济的动荡与痛苦变成一个慢性的和长期的过程，成了在短期内难以摆脱经济困境的一个重要原因。

第二类问题：政策失误。

1. 放弃了国家对经济的调控。这在俄罗斯转型头几年表现得尤为突出。当时盖达尔主张，应该采取措施，以最快的速度在俄形成自我调节和自我组织的市场经济，国家应最大限度地离开市场经济。

2. 过度的、无区别的紧缩政策恶化了宏观经济环境，还危及企业的基本生存条件。俄罗斯在实行经济自由化特别是价格自由化过程中，为了抑制通胀，需要实行紧缩财政、货币政策，但俄罗斯没有在不同的时间、不同的部门实行适度紧缩，而是全面紧缩，不加区分，结果造成投资大幅下降，1995 年俄罗斯投资总额仅为 1990 年的 25％。投资危机在经济危机中最为突出。另外，货币供应量和信贷投放量的过度紧缩，使企业由于缺乏必要的资金而难以进行正常生产经营活动。还需要指出的是，过度紧缩政策，还导致三角债大量增加，并出现经济货币化大幅度下降与严重的支付危机。

3. 软性预算控制措施与软弱无力的行政控制手段，是俄罗斯长期解决不了财政问题的重要原因。过去，在计划经济体制条件下，软性预算措施与硬性的行政管理措施是共存的。由于每个企业都是某个庞大的统治集团的一部分，因此国家牢牢控制着经理的任用，还要确保这些经理完成赋予他们的任务，企业经理人员完全处于集权化的政治控制体系中，他们必须循规蹈矩。虽也有掠取企业财富的犯罪行为，但受到限制。而当这种集权化的计划经济体制崩溃之后，对企业经理人员的行政控制也就瓦解了。这样，造成的结果是，每年的税收计划往往只能完成 50％ 左右，而大量的财政支出压不下来，财政危机不断加深。

4. 国企改革中的失误，对俄经济发展起着不可低估的负面作用。从传统的计划经济体制向市场经济体制过渡，一个重要条件是要把过去统一的、过分集中的以国家所有制为基础的经济变为与市场经济相适应的所有制关系。俄罗斯改革所有制结构，这是实行市场经济必不可少的一步。它在这方面的错误，不在于搞不搞私有化，而在于私有化的战略目标与方式等方面出了严重错误。

5. 对西方的经济援助期望过高。俄在转型初期，原设想只要沿着西方认同的改革方向发展，与社会主义决裂，就可获得西方大量资金。实践证明，西方的经济援助不仅数量有限并有苛刻的政治条件，援助的目的是为西方国家自身的安全利益服务的，即要使俄长期处于弱而不乱状态。经过几年后，俄罗斯对此才有较为清醒的认识。

6. 分配领域中的失误。市场经济要求的效率优先、兼顾公平的原则，在俄经济转型过程中的相当一个时期未能实现这个原则。转型一开始，由于盖达尔坚持实行自由市场经济模式，因此，在社会与分配领域，他坚持的政策是：国家只负责保护社会上最贫困的那部分居民。这样，在废除苏联原有的社会保障体制同时，并未采取有效的社会公正政策来遏制各阶层收入差距的不断扩大。另外，国家基本上不能保证教育、保健与文化等一系列社会问题要求得到满足。这种分配政策，使得大量社会问题得不到解决，大多数居民与政府处于对立状态。这是社会不稳定、改革得不到支持、市场经济秩序迟迟建立不起来的一个重要原因。

（三）政治因素对经济衰退的作用。

很长一个时期，俄罗斯政局的不稳是阻碍经济转轨和经济正常运行的重要因素。向市场经济过渡要求有一个稳定的社会政治环境，法制建设必须要跟上。俄罗斯在向市场经济转轨的开始阶段，经济过渡与政治过渡之间存在严重的脱节和不协调。1993 年 10 月叶利钦炮打白宫以及政府的不断更迭，不仅反映出政治体制的不成熟、不稳定及不定型，还反映出各种职能机构之间缺乏协调机制，失控现象十分严重。在这样的条件下，俄罗斯难以形成一个在实际中能贯彻执行的经济纲领，从而也就导致经济运行处于混乱、无序的状态。这种复杂的动荡不定的政局，一场接一场的政治风波，使得俄罗斯经济变得更加脆弱，更加扑朔迷离。

（四）转轨理论准备不足。

在苏联时期，经济理论在意识形态的重压下，对市场经济理论主要是批判，对现代市场经济理论根本不熟悉，因此，在快速向市场经济转轨时，就会对西方市场经济理论不顾俄罗斯具体条件而盲目运用到经济改革中来。正如俄罗斯科学院经济学部在对十年经济转轨进行反思时提出的："不能把改革失败的全部过失归咎于俄罗斯当今的改革派。不管情愿与否，必须承认，改革失败的重要原因之一在经济学对于改革的总体理论准备不足。"

俄罗斯国企改革的主要途径及其评价

建立现代市场经济的一个前提条件是产权多元化,因为单一的国家所有权排斥产权多元化,企业不可能成为独立的商品生产者,也不可能形成平等的市场竞争。因此,所有由传统计划经济体制向市场经济体制转型的国家,不论其转型方式与最后达到的目标模式有何不同,都无例外会涉及所有制的改革。可以说,所有制的改革是经济转型的核心问题,而国有企业改革又是所有制转型的关键。这也决定了所有转型国家都把国有企业改革置于十分重要的地位。

一、有关所有制的一个理论误区

长期以来,不论在苏东国家还是在中国,一直存在着一个历史性的理论误区:即认为国有制是全民所有制,是社会主义公有制,是社会主义经济的高级形式,并把这个理论说成是马克思主义重要理论。实际上,这并不是马克思主义理论而是由斯大林执政后一步一步确立的理论,或者说是苏联化了的社会主义所有制理论。而马克思认为:取代资本主义的新的社会主义生产方式将是实现劳动者与生产资料所有权的统一,它是"联合起来的社会个人所有制",是建立在协作和共同占有生产资料的基础上的个人所有制。这也是马克思所说的："在协作和对土地及靠劳动本身生产的生产资料的共同占有的基础上，重新建立个人所有制。"[1]马克思在《1861—1863年经济手稿》中，把这种所有制称之为"非孤立的单个人的所有制"，也就是"联合起来的社会个人的所有制"[2]。这些都说明，社会主义所有制形式的一个重要特征是：以劳动者在联合占有的生产资料中享有一定的所有权。进一步说，这种所有制具有以下两个方面相互密切相关的本质内含：一是劳动者集体共同占有和使用生产资料，任何个人均无权分割生产资料；二是在用于集体劳动的生产资料中，每个劳动者都享有一定的生产资料所有权。这就是"在自由联合的劳动条件下"实现劳动者与生产资料所有权相统一的具体形式。

在国有企业是全民所有制经济，是社会主义公有制的高级形式这一理论误区的影响下，长期以来影响着经济改革的深化。在苏联时期的历次改革，有两个问题是不允许触及的：一是市场经济；二是国家所有制经济。在勃列日涅夫时期显得尤为突出，这个时期是批"市场社会主义"最起劲的，认为搞市场经济就会冲垮国有制经济。中国随着经济改革的深化，特别在股份制推行的起始阶段，不少人就认为是"走向资本主义"，是"社会主义的倒退"或者称之为"和平演变"。产生上述问题亦是合乎逻辑的：既然国家所有制是高级形式，或者像由斯大林亲自审定的、1954年出版的苏联《政治经济学》教科书所说的，国有企业是社会主义生产关系"最成熟、最彻底的"[3]，那么，任何对这种所有制形式的改革必然意味着是一种倒退。而实际上，国家所有制也好，还是全民所有制也好，都

---

① 《马克思恩格斯全集》第 25 卷，第 832 页。
② 《马克思恩格斯全集》第 48 卷，第 22 页。
③ 苏联《政治经济学》教科书，人民出版社 1955 年版，第 428 页。

没有解决劳动者与生产资料的结合问题，而是存在着严重的异化。

这就说明，要把所有制变成真正社会主义的经济性质，其方向应是马克思所说的劳动者与生产资料所有权统一的"联合起来的社会个人的所有制"。

二、俄罗斯国企改革的迫切性

苏联剧变后，独立执政的俄罗斯，在转轨起步阶段实施的是激进"休克疗法"过渡方式，目的是为了在短时期内形成市场经济体制模式。但为此，必须尽快实现国企的改革，形成多种所有制结构，使企业成为真正意义上的独立商品生产者主体。但是，对苏联继承国的俄罗斯来说，国企改革的迫切性比其他转型国家更为突出。

苏联时期建立了以国家所有制为主体的、单一的公有制结构。斯大林执政期间，在国家所有制是全民所有制经济、是社会主义经济的高级形式这一理论为指导下，在超高速工业化与全盘农业集体化过程中，加速了生产资料所有制的改造。在完成第二个五年计划时，苏联完成了从多种经济成分变成了单一的生产资料公有制经济。

在后来的经济发展过程中，虽然经历多次经济体制改革，但单一的公有制结构不仅未能改变，而且国家所有制进一步发展。苏联剧变前的 1990 年在所有制结构中，国有制的比重为 92%，苏联在剧变前的国有制经济占绝对的统治地位，真正地体现了"一大二公三纯"的特点。

苏联国有经济占统治地位这一所有制结构的特点，它在一定的历史条件下与传统的计划经济体制一起，对苏联经济的发展起过积极的作用。首先，十月革命后，无产阶级必须通过生产资料的改造，建立必要的国有企业，以保证社会主义经济基础的建立；其次，通过国有企业的建立，国家直接控制这些企业及财政资源，可以发展新的经济部门与建设一些重大的具有全国经济意义的重大项目；第三，往往具有较大规模，在保证量的再增长与较快发展速度方面起到较为有效的作用；第四，国家直接控制大量的国有企业，比较容易适应战备的要求。

但是，苏联这种全盘国有化的所有制结构，与传统的计划经济体制一样，随着经济的发展，其局限性日益明显，它不可能改变企业是政府的一个附属单位的地位，也不可能使企业成为独立的商品生产者，企业的经济运行全靠上级行政指令，物资由国家统一调拨，国家对企业在财政上实行统收统支，价格由国家统一规定。

这里可以看到，全盘国有化的所有制结构是传统计划经济体制的经济基础，而传统计划经济体制又在体制上保证了国有经济的巩固与不断强化。这也说明国有企业作为政府的附属品，完全听从政府的指令，它与传统计划经济体制是完全合拍的，互为条件的。所以，当苏联剧变后，俄罗斯在向市场经济体制方向转型时，即要实现从原来的以国有制经济为基础的计划经济体制向以非国有化和私有化为基础的市场经济体制过渡，形成市场经济体制，一个重要条件是，要把过去统一的、过分集中的以国家所有制为基础的经济变为与市场经济相适应的所有制关系。所以，对从计划经济体制向市场经济转型的国家来说，改革国有企业是必不可少的步骤。

这里还应指出的是，在政治上高度集权、政企不分的条件下，在理论上把国有制视为全民所有制，而实际上在苏联所谓的全民所有制是虚拟的，并随着官僚特权阶层的形成与发展，国企的管理权、分配权操控在这些人手里，生产者并没有感到自己是企业的主人。换言之，官僚特权阶层借助特权、权力实际上占有以全民所有制形式出现的生产资料与产品。可见，不改革一统天下的国有制，既不可能建立现代市场经济，也不可能铲除官僚特权阶层实际占有生产资料的经济基础。

三、私有化的理论、含义与目标

（一）以西方产权理论为指导的私有化。

俄罗斯对国有企业的改革，其主要途径是私有化。它在20世纪90年代推行的私有化，并不是一个孤立的现象。在80年代初以来，可以说，私有化作为一种经济思潮已波及全世界。之所以出现这种情况，一方面由于以市场经济运行为主要研究内容的西方经济学日趋成熟，对如何处理市场与政府的关系有了广泛的认同；另一方面，历史证明市场经济要优于传统的计划经济。俄罗斯私有化的构想是以西方产权理论设计的。这一理论的著作与代表人物不少，但普遍以科斯定理为代表，其基本观点是：市场经济本质上是一种私人占有权为主要基础来实现产权交易与重组的机制；私人产权是最有效的产权，私有产权制度是最具效率的产权制度形式；私有产权才能保证给个人行动提供最大的激励与必要的成本约束。很明显，科斯产权理论最重要倾向是产权的私有制，或者说其制度偏好是私有制。上述西方产权理论，符合20世纪90年代初刚上台的俄罗斯民主派国有制企业改革思路。当时以盖达尔为首的俄罗斯政府一再主张，要最大限度地限制国家对经济的调节作用，国家应最大限度地离开市场经济。1994年盖达尔还撰文强调："要尽最大可能减少国家对经济的管理。"①

---

① ［俄］《消息报》，1994年2月10日。

在上述理论与指导思想的基础上，俄罗斯政府制定了私有化纲要。

（二）私有化的含义与目标。

关于私有化的含义，一直有不同的理解。一些经济学家认为，私有化是一种产权在不同主体之间交易而不受国家垄断的制度安排；另一些学者则认为，只有把财产分给自然人个人时，才算是实现了真正的私有，即才能称为私有化。实际上，对私有化一直存在的两种理解：即狭义理解的私有化是指所有权的转化；而广义理解的私有化不只包括所有权的转化，还应包括经营权的转化与经营方式的改变。

弄清俄罗斯私有化的概念，是个重要的问题。1992 年俄罗斯公布的用于指导私有化的法律文件《俄罗斯联邦和地方企业私有化法》规定："国营企业和地方企业私有化，是指公民、股份公司（合伙公司）把向国家和地方人民代表苏维埃购置的下列资产变为私有：企业、车间、生产部门、工段和从这些企业划分为独立企业的其他部分；现有企业和撤销企业（根据有权以所有者的名义作出这种决定的机构的决议）的设备、厂房、设施、许可证、专利和其他物质的与非物质的资产；国家和地方人民代表苏维埃在股份公司（合伙公司）资本中的份额（股份、股票）；在其他股份公司（合伙公司），以及合资企业、商业银行、联合企业、康采恩、联合会和其他企业联合公司资本中属于私有化企业的份额（股金、股票）。"俄推行一个时期私有化政策之后，从 1996 年起政府着手调整私有化政策，从而在 1997 年 7 月 21 日俄罗斯通过了新的私有化法，即《俄罗斯联邦国家资产私有化和市政资产私有化原则法》。该法第 1 条规定的私有化概念是："对于本联邦法律的目标来说，国有资产和市政资产的私有化，应理解为把属于俄罗斯联邦、俄罗斯联邦主体或市政机构所有的财产（私有化对象）有偿转让，变为自然人和法人所有制。"新旧私有化法都把私有化的概念归结为"把国有资产与市政资产有偿转让给自然人和法人所有"。但在旧的私有化法中有关"变为私有"的提法在新私有化法中取消了。1999年俄国家统计委员会对国家与地方所有的财产私有化进行再次界定："把俄罗斯联邦、各联邦主体和地方机构的财产有偿让渡给自然人和法人所有。"这些变化进一步明确了俄罗斯私有化既包括把国有资产转让为私人所有，也包括把它转为法人（股份公司、集体企业）所有。在中东欧国家，把私有化也分为狭义与广义两种，前者是指通过出售把国有企业的全部或部分资产转为私人所有，后者既包括将国有企业的资产转为私人所有、非国有成分的法人所有，也包括将国有资产的所有权与经营权分离等。这些都说明，在俄罗斯等经济转轨国家，私有化实际上是指国有经济的非国有化过程，所有非国有化的形式（包括个体、合作、股份等），都属于私有化的范畴。从俄罗斯的实际情况及有关文件看，俄罗斯有时单独用"私有化"一词，有时单独用"非国有化"一词，有时把这两词并列使用。所以私有化是一个内容很广泛的概念，不能只归结为把国有资产转为私人所有。

以上是从法律文件来界定私有化的含义的。笔者在20世纪90年代中期对苏东国家私有化问题进行过专门的考察，与不少学者与一些负责推行私有化的政府机构进行了解，他们对推行私有化的政策与理论一般归纳为以下几点：第一，所有制改革的基本出发点是取消国家的直接经济职能，把权力交给企业；第二，改革所有制政策的理论基础，是建立在国家所有制绝对没有效率这个总的想法的基础上的；第三，私有化是市场化的必由之路。一些学者指出：私有化是为市场经济创造条件。过去东欧国家几十年经济改革的特点是在国家所有制基础上寻找计划与市场的正确结合点，但公有制或国家所有制起决定性作用的条件下，市场就难以发挥作用；第四，把小型企业，特别是商业、服务行业、饮食业，通过转让、出售等途径变为私有；第五，实行私有化的形式是多种多样的，但不论何种所有制形式，都必须实行自由经营，即使企业作为独立商品生产者出现在市场。各种所有制一律平等，在同一基础上发展，都在竞争中求生存与发展；第六，不再人为地规定以哪种所有制形式为主，哪种所有制对经济发展有利就发展哪种所有制，即不坚持以国有经济为主体。

俄罗斯通过私有化要达到的目标是：首先要使所有制结构符合市场经济的要求，使企业不再受政府的直接控制；其次，还包括一系列的经济目标，如使国家摆脱亏损国营企业的包袱，减少财政补贴，回收资金以弥补财政赤字；另一个目标是提高企业经营效益，为整个经济注入活力；最终要达到的目标是，建立起以私有制经济为基础的市场经济。《俄罗斯私有化纲要》对其要达到的目标做了以下规定：（1）形成一个广泛的私有化阶层；（2）提高企业的生产效率；（3）用私有化收入对居民进行社会保护和发展社会性基础设施；（4）促进国家财政稳定；（5）创造竞争环境，打破经济中的垄断；（6）吸引外国投资；（7）为扩大私有化创造条件，并建立组织机构。

四、私有化进程与方式方法

（一）私有化的基本方式。

经济转轨国家私有化的一个特点是，都采取了先易后难的做法，即都从小私有化开始，然后再逐步对大中型国家企业推行私有化。所以，俄罗斯的私有化也是分为小私有化与大私有化两种基本方式。

小私有化是指对小型工商企业、饮食业、服务业及一些小型的建筑企业实行私有化。对实行小私有化的小企业的标准，各国都有一些规定，俄罗斯规定的标准是：到 1992 年 1 月 1 日，固定资产净值不超过 100 万卢布，工作人员不超过 200 人。小私有化一般采取三种办法进行：公开拍卖、租赁和出售。① 俄罗斯在 1993 年的小私有化中，采取赎买租赁财产办法的占 42.8%，商业投标占 44%，拍卖占 9.2%，股份制占 3.9%。匈牙利主要采取直接出售与拍卖的形式，对没有出售和未被拍卖的企业实行私有化租赁。波兰的办法是，先把国有企业撤销，即使其不再存在，之后再出售其全部或部分资产。一些国家在出售小企业时允许同时出售企业的不动产和经营场地，但采用这一做法的并不很多，在波兰、匈牙利和捷克等国只占 12%，而 75% 的小私有化过程中出售的只是企业不动产的租用权。

小私有化进展较顺利，速度也较快，一般在两三年内完成。俄罗斯从 1992 年起实际起步到 1993 年底，小私有化基本完成：实现了小私有化的企业已达 6 万家，占商业、服务业企业的 70%，占轻工、食品和建材企业的 54%—56%，建筑企业的 43%，运输企业的 45%。到 1994 年，俄罗斯零售商品流转额中非国有成分已占 85%。

大私有化是指大中型国有企业的私有化。这比小私有化复杂得

① 在东欧一些国家还采用退赔的方式，这系指依法将国有化时期被没收的财产归还原主。俄罗斯没有实行这一做法。

多，进展也较慢，出现的问题也较多。大私有化的具体办法分无偿分配和有偿转让，采取的主要形式是股份制。考虑到大私有化难度大，因此大多数国家对大私有化实行分阶段进行，俄罗斯先实行并非国有化，之后逐步使产权转移。

俄罗斯确定的大企业标准是：截至 1992 年 1 月 1 日，固定资产超过 5000 万卢布或工作人员人数超过 1000 人。它采取的步骤是，先将大型国有企业改造为股份公司或集团，即首先改变其所有权。之后，使股份公司的股票进入资本市场，具体办法有无偿分发和出售转让。

（二）大私有化的发展阶段。

俄罗斯大私有化的第一阶段，从 1992 年 7 月开始到 1994 年 6 月，[1]经历了两年。这一阶段私有化的主要特点是，通过发放私有化证券无偿转让国有资产，通常称之为"证券私有化"阶段。证券发放的具体做法是：俄罗斯政府从 1992 年 10 月 1 日起，向每个公民无偿发放私有化证券，所以是一次大规模的群众性私有化运动，也叫做大众私有化。按照规定，每个公民不分民族、性别、年龄、收入水平、社会地位，从刚出生的婴儿到年迈的老者，均可获得面值为 1 万卢布的私有化证券。按当时黑市汇率计算，一张私有化证券相当于 150 美元，或 4 个月的平均工资。俄罗斯公民得到了1.46055 亿张私有化证券。每个持有者使用私有化证券的方法有四种：（1）以自己的证券内部认购本企业的股票（在认购过程中共吸收了 2600 万张证券）；（2）参与证券拍卖；（3）购买证券投资基

---

① 主管俄罗斯私有化重要人物之一的阿尔弗雷德·科赫认为，1994 年初，俄罗斯已完成了证券私有化。

金会的股票(这样的投资基金会共 640 个),它们共收集了 6000 多万张私有化证券;(4)出售证券(总共有 1/4 左右的证券被卖掉)。另据有关材料,分给居民的证券,25% 流向证券投资基金;25% 的证券被出售;余下的 5% 证券被劳动集体的成员作为资金投到自己的企业中去了。在私有化过程中,总共有 95%—96% 的证券得到了利用。

在股票上市前,俄罗斯对股份制的企业职工,规定用三种优惠的方案向本企业职工出售股票。企业职工根据全体会议作出的决定,从三种方案中选择一种。这三种方案之间的主要区别在于赋予企业职工的种种优惠不同。

第一个方案:企业职工可以一次性无偿获得企业法定资本 25% 的优先股(无投票权)。

第二个方案:企业职工有权按国有资产委员会规定的价格,购买占企业法定资本 51% 的普通股票(有投票权),即使职工的股票达到控股额,以体现企业归职工控制的要求。

第三个方案:企业职工可购买企业 40% 的股份(有投票权)。

从第一阶段私有化的发展情况看,大部分企业选择了第二种方案(约占 70%),选择第一种方案的约占 20%,而选择第三种方案的仅为 2%。

俄罗斯在 1996 年 6 月底之前,为何采用无偿的证券私有化或大众私有化,其主要原因有四:一是为了加速私有化的进程;二是俄罗斯缺乏资金;三是无偿的证券私有化,在当时的条件来看,也较为公平;四是政治需要。

俄罗斯私有化的第二阶段,从 1994 年 7 月 1 日开始到 1996 年底。这一阶段称之为货币(或称现金)私有化。第二阶段的私有化与第一阶段的证券私有化其根本性的区别在于:前者是无偿转让国有资产，而后者主要是按市场价格出售国有资产。此外，两者区别还在于：证券私有化通过国有资产平均分配来形成广泛的私有化阶层，而货币私有化重点是解决投资与改造两者的结合；货币私有化与证券私有化相比，私有化范围大大扩大，除了30%的企业禁止私有化外，其他企业均可私有化；货币私有化比证券私有化对企业劳动集体与领导人的优惠大大减少。货币私有化要实现的战略任务是：（1）形成控股的投资者，以期提高他们对长期投资的兴趣；（2）为推行私有化改革的企业进行结构变革提供必要现金；（3）促进增加国家预算收入。

俄罗斯在推行货币私有化阶段期间，搞了"抵押拍卖"。在抵押拍卖过程中，出现了不少问题。被进行抵押拍卖的一般是俄罗斯带有战略性的骨干企业，又是"肥肉"，因此争夺很激烈。而这些竞拍项目往往需要上亿美元的资金，所以有力量参与拍卖的亦只能是几个大财团。抵押拍卖的结果是，使一些大型的具有重要经济意义的企业落到一些财团手里，特别是一些金融集团手里。另外，由于抵押拍卖过程中缺乏透明度，使这一私有化方式往往变成"内部人之间的分配"。这也是引起国内对抵押拍卖激烈争论与强烈不满的原因。

到1996年，俄罗斯以转让国有资产为主要内容的大规模的产权私有化已基本结束。私有化企业在俄罗斯企业总数中的比重与其生产的产值占全俄GDP的比重均约为70%。但正如前面已指出的，由于私有化是个广义的概念，因此，俄罗斯统计上使用的"私有化企业"所含内容很杂，它不只包括真正意义的私有化企业与个体经济，还包括租赁企业、承包企业、股份制企业、各种形式的合营、合伙与合作制企业。据有关材料估计，1996年真正的私有经济大约只占俄GDP的25%。私营部门、混合所有制和集体所有制部门的就业人数占俄罗斯就业总人数的63%。另外,针对前两个阶段私有化过程出现的问题,俄罗斯需要总结与整顿,因此,宣布"今后不再搞大规模的拍卖"。时任俄总理的切尔诺梅尔金提出,从1997年起俄罗斯经济体制转轨进入一个新阶段,即结构改革阶段,其主要任务是恢复经济增长,提高经济效益。在此背景下,在1996年下半年俄政府制定了《1997—2000年俄罗斯政府中期纲要构想:结构改革与经济增长》。根据该纲要构想,从1997年起,俄罗斯私有化将从大规模私有化转向有选择的对个别国有企业的私有化,即进入私有化的第三阶段——"个案私有化"。在这一阶段,对进行股份制改造的企业名单,要由俄联邦政府根据国有资产管理委员会的提议并在制定的私有化计划中批准,还需呈交国家杜马。之后,才逐个地对企业制订私有化方案。

如果1992—1998年为俄罗斯第一轮私有化,那么从2009年开始酝酿开始推行第二轮私有化。这一轮私有化期限从2010年至2015年。启动新一轮私有化的原因有:一是受2008年世界金融危机的影响,国际市场石油价格大幅度下滑,使俄政府财政收入减少,同时又要为挽救实体经济投入大量资金,这样就导致2009年出现财政赤字,为此,俄力图通过私有化增加财政收入,以缓解财政困难;二是与普京任期不同阶段的不同政策有关,在第一任期内,普京明确反对重新国有化,要用法律来规范和保护私有产权,通过规范的私有化程序,达到提高生产效率和增加预算收入的双重目标。另外他实行坚决打击寡头政策,不让其干预政治。从2002年开始,俄罗斯国有资产部每年都提出新的私有化计划和企业目录。这一时期的私有化基本是按照"个案私有化"的方式进行的。但在普京加强对国家公司,特别是加强对战略性行业的控制,并同时确定涉及国防、石油、天然气、运输、电力、外贸、银行、渔业、钢铁制造业等领域的 1063 家大中型企业为国有战略企业，规定政府无权对这些战略企业实行私有化。实行上述政策后，俄罗斯在 2004—2007 年间，国有股在俄资本市场中的占比从 24% 上升到 40%，2009 年达到 50%。1997—2009 年，国有经济比重从 30% 反弹至 67%，银行业、加工业、石油天然气行业中国有股份占比分别达到 60%、50% 和 45%。这期间，私有化基本处于停滞状态，每年的私有化计划实际都完不成任务，实际上普京实行了一段时间的国有化政策。但问题是国有经济的效率低下，成为阻碍经济发展的一个重要因素，加上组建的超大型国企又是垄断程度高的企业，这又影响市场经济的发展。由于这些因素，在梅德韦杰夫上台后，私有化问题在俄罗斯再次引起关注。2010 年 11 月 27 日俄政府批准了《2011—2013 年联邦资产私有化预测计划和私有化基本方针》。根据该规划，俄拟于 2011—2013 年对包括 10 家超大型国有公司、117 家联邦单一制国企、854 家股份公司、10 家有限责任公司和 73 处不动产在内的国有资产实施私有化，范围涵盖金融、石油、电力、粮食、运输、农业、化工、石化等行业，预计收益达 1 万亿卢布，约合 350 亿美元。俄在公布私有化计划后又陆续出台具体实施办法，包括公开拍卖、IPO、股权置换、直接交易等。

私有化计划落实情况：2011 年，实施私有化的企业有 319 家，私有化收益为 1210 亿卢布，其中出售外贸银行 10% 股份的收益就达到 957 亿卢布；2012 年 9 月 17 日，俄罗斯储蓄银行的私有化正式启动。出售的股权占储蓄银行股权的 7.58%，约为 17.13 亿普通股。按照每股 93 卢布的价格，私有化总收入为 1593 亿卢布；到 2012 年 11 月，私有化收益为 2230 亿卢布，与计划中的 3000 亿卢布尚有差距；10 家超大国企的计划中，除了出售了外贸银行 10% 的股份和储蓄银行 7.58% 的股份，其他公司的私有化计划均未落实。

应该说，普京第二任期在国家调控经济政策方面出现了偏差，这也是"梅普"之间的一个分歧。2009 年 9 月 10 日，梅德韦杰夫在俄罗斯报纸网发表长篇文章中说，当今俄罗斯仍是"效率低下的经济、半苏联式的社会领域、脆弱的民主……"他坚决主张扩大私有化，多次批评政府职能部门私有化计划执行不力，并提出废除政府副总理及部长在其主管领域内大型国企董事会和金融董事会或监事会任职的做法。

五、对私有化的评价

经济转轨国家的私有化，在不同国家的业绩与问题存有差别，但有些问题是相同的。总的情况看，中东欧国家私有化的效果比以俄罗斯为代表的独联体国家要好。下面集中对俄罗斯私有化的主要业绩与问题进行分析。

（一）私有化的主要业绩。

第一，由于俄罗斯以较快速度实现了私有化，从而打破了国家对不动产与生产设备所有权的垄断，形成了私营、个体、集体、合资、股份制与国有经济多种经济成分并存和经营多元化的新格局，为多元市场经济奠定了基础。

第二，在俄罗斯政府看来，较为顺利地实现了私有化的政治目标：一是铲除了社会主义的计划经济体制的经济基础，从而使经济转轨朝向市场经济体制模式变得不可逆转；二是培育与形成一个私有者阶层，成为新社会制度的社会基础和政治保证。

第三，私有化企业经营中决策的自由度增大与开发新产品积极性的提高。这样，使企业生产经营活动有可能更符合市场的要求。根据俄罗斯学者 1994 年对 426 名企业经理所进行的调查材料来看，经理们认为企业私有化后主要的积极变化也表现在以上两个方面。在这 426 名企业经理中，认为决策自由度有改善的占 61%，有利于刺激企业开发新产品的占 52%。[①]私有化企业的经理普遍认识到，与国有企业相比，他们只能更多地利用市场方式去解决自己面临的各种问题，只能通过开发新产品，提高竞争力，吸引外资，寻找新的销售市场等途径求生存和求发展。

第四，小私有化都取得较为明显的效果：（1）由于商业、服务业、小型工交企业转换了所有制形式，提高了适应市场经济的能力，从而得到较快发展。1994 年在俄罗斯零售商品流转总额中，非国有成分已占 80% 以上；（2）活跃了消费市场与促进了流通领域发展；（3）对调整苏联长期存在的不合理的经济结构起了积极影响，特别是在促进第三产业的发展方面的作用更大，如俄罗斯 1991 年服务业占 GDP 的 24%，而到 1994 年已上升为 50%。

（二）私有化的主要问题。

第一，由于俄罗斯私有化首先考虑的是政治目的。换言之，是在私有化之父丘拜斯经济转轨的主导思想下进行的，即尽快摧垮社会主义经济的基础。丘拜斯明确地说："我们需要解决的是一个问题：凡是有助于使国家脱离共产主义，有助于在国内消除共产主义意识形态和共产主义制度的基础的东西，就应该能做多少，就做多少。"[②]因此，俄罗斯私有化从指导思想与方法等方面，都存在严重失误。例如：（1）俄罗斯改革国营企业，采取强制的方法，人为地

---

① 参见［俄］Л. Я. 科萨尔斯等著，石天等译：《俄罗斯：转型时期的经济与社会》，经济科学出版社 2000 年版，第 81 页。
② ［俄］阿纳托利·丘拜斯主编，乔木森等译：《俄罗斯式的私有化》，新华出版社 2004 年版，第 282 页。

确定在每个时期要把国有经济成分在整个国民经济中的比重下降到多少，等等。（2）为了尽快培植起一个广泛的私有者和企业家阶层，形成一个资产阶级，就实行无偿的证券私有化，力图用相当于当时俄罗斯国有资产总值的1/3的证券，让公司购买私有化后企业的股票。但实际上，由于严重的通胀因素，原值可购买一辆小汽车，变成只能购买一箱啤酒，后来甚至只值5美元，只能买一瓶"伏特加"酒。更为严重的是，广大居民手中持有的私有化证券大部分落入领导人手中。或者落入MMM那样的搞欺诈和投机的公司手中。据一项调查，俄罗斯61%的新企业主曾经被列为党、政府、企业的精英成员。就是说，私有化为原领导人和投机者大量侵吞国有资产大开方便之门。他们从事投机，大发横财。（3）与上述问题有关，俄罗斯在私有化过程中，公司治理实行的是经理人员控股的"内部人控制"的模式。据调查，1994年，私有化的企业中，65%股权为内部人所掌握，13%仍在国家手中，而外部人与法人总共只控股21%。这样。企业内部人主要是经理人员的利益得到了充分的体现。（4）与上述因素相联系，在改造国有企业过程中，没有考虑如何保护国有企业已经形成的潜力，并使其继续发挥，而是在条件不具备的情况下，匆匆把国营企业推向市场。在改革国有企业的同时，也并没有去研究和解决如何改变国有企业的经营管理机制问题。这些因素有，也是导致俄罗斯在转轨初期产生严重经济危机的重要原因之一。

第二，国有资产大量流失。这是经济转轨国家普遍存在的一个严重问题。主要原因有：（1）向居民无偿发放"私有化证券"以及向职工按优惠价格转让股权，这造成国有资产的直接流失；（2）问题的复杂性在于资产评估。例如，俄罗斯国有资产按1992年1月1日会计报表上的账面价值出售与转让的，并没有充分考虑到通胀因素，例如，1992 年 1 月物价上涨了 26 倍，而大部分企业在私有化时，允许以股票面值的 1.7 倍价格出售。更重要的是出现了资产评估的价值与会计核算中的资产价值的严重脱节。如俄罗斯 500 家最大的私有化企业按现价至少值 2000 亿美元，而实际以 72 亿美元出售。

第三，国有大中型工业企业私有化后，经济效益没有提高或者变化不明显。这由多种因素决定的：（1）私有化的一个重要目标是使企业成为独立的商品生产者，成为市场的主体，以此来促使企业尽快转换经营机制，提高经营效率与竞争能力。但实现这一目标，对长期在计划经济体制条件下从事生产经营活动的国有企业来说，需要有个过程，绝不是某些人所想象的，只要所有制一变，经营机制立即会变，经营效果立即会提高；（2）对部分以股份制形式实现私有化但又是国家控股的企业来说，企业的产权与责任并不十分清楚，一个重要原因是，这类私有化企业，更多的是考虑国有财产的处理问题，不顾及企业管理机制的改革问题；（3）经济转轨国家的大中型国有工业企业，在传统体制下，都忽视设备的更新，生产技术十分落后，急需更新设备与技术，而私有化后的新企业主往往缺乏资金，没有新的投入。"根据全俄社会舆论研究中心的材料，当原班管理人员当领导时，74% 的新投资者拒绝为自己拥有的项目投资。"[①]这样就难以提高产品质量与生产效益；（4）一个重要的因素是，俄罗斯私有化尽管是打着科斯定理的旗号下进行的，即国家财产一旦私有化，它最终会落入效率最高的生产者手中。而俄罗斯实际上没有按科斯定理推行私有化；（5）大私有化打破了国家的垄断，但在俄罗斯又出现私人垄断和行业垄断。在西方如英国也出现过这种情况，如英国供排水公司，私有化初期效果较好，后来因存

[①]　刘美珣等主编：《中国与俄罗斯两种改革道路》，清华大学出版社 2004 年版，第 352 页。

在行业垄断，该公司价格上涨幅度大于利润上涨幅度。俄罗斯推行私有化政策后，由七个银行家和商人联合起来控制俄罗斯50%财产的成员之一的鲍里斯·别列佐夫斯基供认，这些大财团，控制某个行业是十分容易的事。①垄断不打破，就不能通过竞争达到提高效率的目的；（6）从客观条件来讲，较为完善的发达的市场经济条件尚未形成。

第四，产生的社会问题甚多。主要有失业人数增加；经济犯罪日益严重；对整个社会经济犯罪起着推动的作用；加速了社会的两极分化。如在俄罗斯一方面出现了暴发的"新俄罗斯人"；另一方面出现了大量的生活在贫困线以下的广大居民阶层。这必然使社会大多数人的不满和社会处于紧张状态。

第五，通过私有化也没有达到大量增加预算收入的目的。普里马科夫指出："从1992—1998年，预算从大量的、全面的私有化中仅仅得到相当于国内生产总值1%的收入。其余所有的全落入人数很少的所谓'寡头'集团腰包。"②

第六，国家政权的"寡头化"。俄罗斯经济转型进程中，出现了金融资本与工业资本的互相融合与发展过程，因此，也可称金融工业集团。金融寡头的出现，从其大环境来讲，是俄罗斯社会经济的转型；从具体条件来讲，最直接与重要的是俄罗斯国家实行的私有化政策与采取的全权委托银行制度。这些条件为俄罗斯在私有化过程中已握有财权和管理权的大企业与大银行，通过与权力的结合，成为更快集聚资本的最有效的途径。

---

① 参见[美]《挑战》杂志，1997年第5—6月号。
② [俄]叶夫根尼·普里马科夫著，高增训等译：《临危受命》，东方出版社2002年版，第183页。

俄罗斯的宏观经济体制改革

俄罗斯在确立了以建立市场经济为目标的经济体制转型后，对在传统的计划经济条件下形成的财税体制进行了重大改革，使其适应市场经济发展的要求，财税体制改革的基本方向是：根据市场与财政所满足的不同的社会需要来界定财政的职能范围，在合理划分中央与地方政府的事权范围基础上，实行分税制，以确立中央财政与地方财政之间的收入范围，根据事权范围划分支出范围。

一、财政体制改革

不论在计划经济体制还是在市场经济体制条件下，就财政作为分配与再分配社会产品和国民收入的这一职能而言，并没有多大区别，即国家都凭借政治权力取得财政收入，以此来为保证国家职能顺利实现提供财政基础。但财政在实现分配职能的过程中，采取的财政政策、政策目标、途径与作用，在不同经济体制条件下，则有很大的区别。在计划经济条件下的财政体制，其最大的一个特点是，国家在参与企业分配时，不以企业是市场主体为出发点的。在具体政策上，实行的是统收统支。传统经济体制条件下的财政体制的另一个特点是，集中程度高。这表现在两个方面：一是大量的国民收入通过财政分配与再分配，集中到国家预算。以 1980 年为例，苏联国家预算收入占国民收入的比重为 65% 以上；二是财政资金主要集中在中央预算，1980 年苏联地方预算占的比重为 17.1%。在谈到传统经济体制条件下的财政体制特点时，不能不提及财政与银行的关系。苏联时期，在产品经济理论的影响下，重视生产过程，忽视流通过程，把大量国民收入集中在财政，通过财政进行直接分配，从而使管理资金流通的银行不能充分发挥作用。银行往往成为货币资金的出纳机构和财政的附庸，在相当一个时期里，银行不独立。

俄罗斯在 1992 年初在进行激进式向市场经济转型时，也对财政体制进行了根本性的改革。

（一）由国家财政向社会公共财政转化，缩小财政范围。

有关财政范围和体系问题，在苏联历史上曾是经常争论的一个问题。在 20 世纪 30 年代以前，由于国家的货币资金基本上是集中在国家预算，之后，再按国家统一的计划进行统一分配，因此，对国家财政的范围局限于国家预算，往往把国家预算与国家财政等同起来。上个世纪 30 年代后，随着国营企业在整个国民经济中占主导地位，国营企业广泛推行经济核算，企业自行支配的货币基金增多，随之财政的范围亦就扩大，国民经济各部门与企业的财务成了国家财政体系中的一个重要环节。根据当时的苏联财政理论，国民经济各部门与企业的财务主要作用有：一是通过财务活动来形成内部资金，以保证企业生产的顺利实现；二是实现国家与企业的财政关系，即向预算的和获得预算的拨款；三是体现公有制企业其一切经济活动是为完成苏联国家经济职能的直接组织者作用。后来，在苏联形成的财政体系包括三个领域：物质生产领域财务、国家预算与非生产领域财务。

十分明显，在财政体系中列入企业财务，是指令性计划经济体制的要求。苏联长期坚持的看法是在国营和合作企业在国民经济中占绝对统治地位的条件下，企业财务是整个国家财政的基础，国家通过财政分配与再分配，把企业大量资金集中在国家（预算）手里，然后按国家统一计划进行分配与使用。因此，国家要求直接管理企业的活动，参与企业货币基金的形成与分配过程。

在俄罗斯确立了以向市场经济过渡为改革目标后，在改革财政体制时，开始调整国家与企业的关系。财政职能转变的重点有两个：一是财政作为政府行为，不再直接干预企业的生产经营管理活动，主要是为解决市场不能满足的一些社会公共需要，如社会保险、义务教育、防疫保健、国防、社会安全、行政管理、基础科学研究、生态环境保护等。二是由于在市场经济条件下，国家调控宏观经济的方式由以直接的行政方法为主转向以间接的经济方法为主，因此，要强化财政对宏观经济的调控作用。这方面的作用是多种多样的，如保证国家基础产业，重点项目的投入；调节行业之间、地区之间收入分配水平，促进社会分配的公平；运用财政、税收杠杆，调整产业结构，促进生产要素的优化配置与经济效益的提高；通过财政政策与货币政策的相互配合与协调应用，来调节社会供需总量，以利其平衡；加强财政法、税法的建设，实行依法理财，强化财政监督管理，从而在市场经济运行过程中，使财政领域的法治日益加强。而过去在指令性计划经济体制条件下，靠各级行政权力、人治办法运转经济的现象，逐渐得以克服；等等。中东欧一些转轨国家，在改革财政体制时强调，国家财政在现代市场经济中的主要功能是：资源配置功能、收入再分配功能、经济管理功能与宏观调控功能。财政职能的重大转变,有利于使企业成为独立的商品生产者,成为市场经济的主体。另外,随着东欧中亚国家私有化政策的推行,国营企业的比重大大降低,私有化企业与国家关系已发生重大变化。

鉴于财政职能的上述变化,在俄罗斯财政体系中,已不列入企业财务。在其他转轨国家,如 1991 年初,罗马尼亚公布的《公共财政法》,一是已不再用国家财政的概念,而是采用西方国家的公共财政概念;二是在新财政体系中,主要包括国家公共预算(由中央预算、地方预算与国家社会保险预算组成)、税收和财政监督等。

(二)预算结构的调整。

1. 预算管理体制的调整。国家预算管理体制是与国家政权及行政管理体制相适应的。苏联长期实行三级制。根据 1924 年通过的苏联宪法确定的原则,建立了统一的国家预算管理体制,它由联盟(中央)预算、各加盟共和国预算和地方预算组成。国家预算中还包括社会保险综合预算。1991 年前,苏联的预算制度由中央实行单一的统一管理。1992 年实行向市场经济转轨的初始阶段,俄罗斯预算制度的调整带有明显的分权性质。1993 年 12 月 12 日颁布的俄罗斯宪法,开始向巩固国家联邦制方向发展,改变了在预算制度和预算程序领域的法规。根据国家管理级别,分清了预算权能,确定了各级预算之间的相互关系。俄罗斯从 1991 年到 1998 年期间颁布了一系列预算法。1998 年 7 月 31 日通过的(于 2000 年 1 月 1 日正式生效)《俄罗斯联邦预算法典》规定,俄联邦预算体系建立在俄罗斯联邦经济关系和国家制度基础上,它是受法规制约的俄罗斯联邦预算、俄罗斯联邦各主体预算[①]、地方预算和国家预算外基金的综合体。第一级预算为联邦预算（中央预算），但不再称为联盟预算；第二级为联邦主体预算，即89个联邦主体；第三级为地方预算，包括区、市、镇和乡预算。在涉及中央与地方关系时，俄罗斯则把第二和第三级预算合称为地方预算，联邦预算与地方预算合在一起构成国家预算，称为联合预算。这里要指出的是，在俄罗斯进行转轨后，建立了预算外基金制度。这一部分也是俄罗斯联邦预算体系的组成部分。俄罗斯预算外基金分成两个部分：一是称之为专项社会基金，它包括养老基金、社会保险基金和联邦、地方强制医疗保险基金。这三项基金构成了当前俄罗斯的社会保险体系；二是称之为专项经济基金，主要指地区道路基金、联邦矿物原料基地再生产基金、联邦生态基金、国家制止犯罪基金，联邦支持小企业主活动基金与促进科技进步基金等。今后，俄罗斯对预算外基金在管理方面的改革，其基本方向是：对专项社会基金，在保持其法人独立地位的同时，要将其纳入联邦预算体系之内；至于经济预算外基金将朝着把资金列入预算，管理权交给财政机关的方向进行。

2. 合理划分中央财政与地方财政的关系。俄罗斯在向市场经济过渡的初始阶段，调控宏观经济手段还很不完善，更谈不上已形成较为成熟的体系，因此，如何在中央与地方政府事权范围较为明确划分的基础上，合理划分中央财政与地方财政的收支范围，处理好两者之间的关系，尚处于探索与不断调整时期，东欧中亚各国，普遍通过分税制办法来协调中央财政与地方财政关系。但从这几年的情况看，中央与地方政府在财政收支问题上存在尖锐矛盾，双方都

[①] 俄罗斯由89个联邦主体组成，其中包括21个共和国、50个州、6个边疆区、10个自治区，以及莫斯科与圣彼得堡直辖市。

力图控制更多的财源。这在俄罗斯表现得更为突出。

俄罗斯中央与地方预算收支比例

	1992 年		1995 年	
	收入	支出	收入	支出
中央	57.5	70.0	54.0	50.0
地方	42.5	30.0	46.0	50.0

资料来源：俄罗斯《经济与生活》1993 年第 5 期；《国外经济体制研究》1997 年第 6 期。

从上表可明显看到，俄罗斯地方财政收入的相当一部分要上缴中央财政来支配，从而使 85% 的地区要靠联邦预算补贴来维持。这严重地影响了地方的积极性，制约了地方经济的发展，因此也必然遭到地方的抵制。地方许多人士认为，在俄罗斯应实行地方优先的预算制度，并建议把 60% 的税收留归地方，提出的主要根据是，美国把全部税收收入的 60% 留给了州和市政府。特别要指出的是，一些地方执政者，公开主张实行预算单轨制，即以地方为主，上缴中央的部分由地方来确定。苏联解体前的 1991 年，俄罗斯联邦曾经用这一办法对付过当时的联盟中央，并使联盟中央财政处于极为不利的地位。曾有数十个联邦主体在自己的苏维埃议会上作出向预算单轨制过渡的决定，这无疑将严重影响俄联邦中央财政的稳定。俄罗斯地方政府还采取了一些具体办法来与俄中央相抗争，主要办法是不完成上缴税收任务。俄联邦为了制止上述情况的发展，叶利钦总统发布命令授权政府采取严厉制裁措施，主要有：对抗税地方政府停止提供资金、不分配出口份额，不提供进口物资，减少国家贷款，没收其在银行账户的资金等。与此同时，俄联邦中央政府对地方采取了一些缓解措施，如 1993 年 4 月曾通过《俄罗斯联邦地方预算权基础法》规定，适当扩大地方财权,对有些重要税种如增值税与利润税由联邦税改为联邦地方共享税。之后,俄罗斯联邦政府又采取了一些扩大地方财政的措施。但问题并没有根本解决。后来,俄罗斯联邦政府又采取以下办法:在每年编制预算前,先确定地方预算的最低需要额度,如本地方收低于支,中央财政用调节税给予补贴,以保证地方预算收支之间的平稳。从形式来看,上述做法可以起到平衡地方预算的作用,但在实践中存在不少问题,主要是在确定地方最低需要额度问题上缺乏科学根据,带有很大的盲目性与随意性,执行的结果往往是苦乐不均,该得到调节收入的没有得到,不该得到的反而给予了过多的补贴。在这种情况下,有人建议,实行预算双轨制,即一方面由中央统一规定税率,各地方与企业必须一律执行;另一方面中央只规定税率的上限,各地方在此限度内制定本地区的税率,形成地方预算。看来,俄罗斯联邦在转轨初期,中央财政与地方财政关系的矛盾十分突出。由于地区差别很大,人均预算收入的地区差异日益加剧。地区间人均最高预算收入与人均最低预算收入的比值从 1991 年的 11.6 增加到 1998 年的 30。[①]而这些富裕的地区又反对将它们所征收的税收转移到联邦预算中。对此,叶利钦领导的联邦政府采取的政策是,经常通过给予它们比其他地区更加优惠的条件寻求它们的政治支持。这样,使得在俄罗斯转轨后的相当一个时期里,推行财政的地方分权进展得十分缓慢。自 1992 年以来,地方财政在俄罗斯预算收入的比重比苏联时期虽大大提高了,但一般保持在 50% 的水平。这使得各地区和地方政府满足法定支出义务的能力明显不足。这可从俄罗斯

---

① 《金融与发展》,2001 年 9 月号。

1997 年实行的转移支付制度①的情况可证实这一点。1994 年全俄 89 个联邦主体中，接受转移支付资金的有 66 个，1995 年增加到 78 个，1997 年有 85 个享受转移支付资金。转移支付资金在各种财政援助总额中的比重从 1994 年的 21% 上升到 1996 年的 42.4%。

到了 1998 年，俄罗斯在改善中央与各地方财政关系方面采取措施。一个重要的举措是，由俄罗斯政府、联邦议会和国家杜马派出代表组成的三方委员会，就改革俄罗斯各级预算之间关系提出建议，其主要内容是：制定三级主要政府之间的无偿转移和税收分配新办法，并被 1998 年 7 月 30 日联邦政府批准的《1999—2001 年政府间关系改革纲要》采纳，并在 1999 年的联邦预算中执行。后来，一些学者讨论和提出进一步改进政府间财政关系体制的建议和途径。普京执政后，于 2001 年 8 月 15 日俄罗斯联邦政府通过了 2005 年之前预算联邦制发展纲要。主要目的在于划清各级预算支出与收入的权能，从而保证各主体、地方权力机构财政的独立性与责任心，提高它们在管理公共财政方面的兴趣，实施有效管理，支持地区经济的发展，实行结构改革。②

3. 收支结构变化。苏联时期，国家预算收入的一个重要特点是，它集中全国的资金量大，一般要占国民收入的 50%—70%。产生这一特点的主要原因是，国家执行着广泛的职能，特别是经济职能，国有经济占的比重极高，全国的经济政策，从宏观到微观都控制在国家手里，全国经济活动基本上按统一的国家计划运行。在向

---

① 系指俄罗斯联邦进行预算调节的一种办法，以此来为地方预算提供财政援助。按规定，如果一个地区的人均预算收入低于全国所有地区人均预算收入，那么，该地区就有权得到联邦的转移支付资金。

② 参见刘美珣、[俄]列·亚·伊万诺维奇主编：《中国与俄罗斯两种改革道路》，清华大学出版社 2004 年版，第 436 页。

市场经济过渡后，国家集中的财政资金日益减少。

从预算支出结构来看，随着向市场经济过渡，国家组织经济、直接干预经济作用的削弱，一个突出的变化是，用于国民经济的拨款大大减少。在苏联时期，国家预算用于发展经济的支出要占全部预算支出的50%以上，而到1994年，俄罗斯这项支出只占27%。从1995年开始，在俄罗斯预算支出中，不再单列"国民经济"项目，而分别列为工业、能源、建筑；农业与渔业；道路交通、通信、信息、住宅公用事业等四项。如把这四项加在一起，作为国民经济拨款，那么1998年与1999年，其所占俄罗斯联邦统一预算支出总的比重分别为19.8%和17.5%。发生上述变化的一个直接原因是投资主体的改变。随着私有化的推行，过去的投资主体是国家，现在主要是企业。以从俄罗斯经济转轨头几年的情况来看，其基建投资资金的2/3来企业自有资金。1993年来自俄联邦预算的拨款占全部基建投资的17.5%，地方预算拨款占15.1%，1994年又分别降为15%和11%。而来自企业自筹资金的投资1993年占全部基建投资的59.8%，1994年又提高到62%，1995年仍保持这个水平。

二、税收体制改革

俄罗斯政府为了使税制适应市场经济体制的要求，特别是为了税制成为调节宏观经济的有力工具，通过税制改革不仅要保证国家有效的筹集资金即发挥集中收入的功能，并且还要与刺激投资有效地结合起来。为此，在苏联解体前，俄罗斯宣布独立后不久就在税制改革方面通过了一些改革的法规，这包括《关于俄罗斯联邦税收体制的基本原则法》、《俄罗斯联邦增值税法》、《俄罗斯联邦企业和组织利润法》、《俄罗斯联邦个人所得税法》等。由于俄罗斯税法不断补充和改变，使得其中的一些条款出现相互不一致，有关税收的某些问题的处理上缺乏法律根据。从 1995 年起就提出制定俄罗斯联邦税收法典问题，到 1998 年 7 月 31 日，在俄罗斯联合会议上通过了《俄罗斯联邦税收法典》的第一部分，并于 1999 年生效。这是俄罗斯税制的主要文件。《税收法典》的第二部分于 2001 年生效。

在 1999 年以前，即 1998 年《税收法典》第一部分生效前，所通过的有关税制改革的一些法规，大体上规定了俄罗斯税制改革的主要内容和基本框架，也就形成了头几年与向市场经济过渡相适应的新的税收体制。

纵观叶利钦执政时期税制改革的发展过程，其税制改革的基本方向是实行分税制，统一税制，简化税率，实行当今世界上市场经济国家普遍采用的增值税为主体的流转税制度。主要税种是增值税、利润税、所得税和消费税。

（一）实行分税制。

建立市场经济体制要求财政体制与政策，从原来的计划经济体制条件下所起的管理工具作用转变为市场经济基础上起宏观调控经济手段的作用，而分税制适应了这一要求。这是因为分税制有利于市场经济的发展，它表现在：首先，可以使对市场经济宏观调控间接化和规范化。其次，分税制有利于资源的优化配置。另外，分税制有利于地方政府发挥对经济的调控作用。

从实行分税制的世界各国情况看，分税制有多种类型，税制结构和具体做法更是多种多样。但如果从分税制的彻底程度来划分，基本上可分为两种类型：即彻底的分税制与适度的分税制。彻底的分税制，其主要特点是只设中央税与地方税，不设共享税，并且中央与地方在税收立法、管理征收等方面也完全分开。适度的分税制，其主要特点是既设中央税与地方税，也设共享税，在税收立法权方面，一般集中在中央，但地方也具有一定的税收管理权限。从俄罗斯税制改革情况看，实行的是适度的分税制。

俄罗斯新的税收体制是在苏联旧税制基础上逐步形成的，一直在进行不断地调整。根据俄罗斯转型起始阶段颁布的有关税制改革的法令，确定了 46 个税种，按全国三级财政加以划分，属于联邦（中央）的有 16 种，主要有增值税、企业利润税、消费税、自然人所得税等；属于联邦主体税及地方税共 30 种，主要是那些与地方经济关系较为密切、资源较为分散的税种，如财产税、土地税、森林税、广告税、企业注册手续费等。增值税是全国普遍征收的税，它又是在全国各级财政之间分配的调节税。属于调节分配的还有自然资源利用税、企业利润税和自然人所得税等。

俄罗斯的骨干税种是增值税、利润税这两项，消费税与所得税也有一定的比重。1997 年增值税、利润税和消费税三项就占税收总额的 74.75%。[①]

（二）实行的几种主体税。

俄罗斯向市场经济转轨后，实行利改税后，主体税一般由增值税、利润税、所得税与消费税组成。

1. 增值税。它是对原来的周转税进行重大改革后形成的新税。与周转税相比，增值税有明显的特点：一是它采取价外税的形式，即其税金不包括在产品销售价内，不由售方支付，而由需求方缴纳；二是征收的范围很大，对所有产品和劳务的增加价值征税，不

---

① 参见郭连成：《俄罗斯联邦税制》，中国财政经济出版社 2000 年版，第 265 页。

仅在生产环节征收，而且在商业批发环节征收。

2. 利润税。这是由原来的利润提成缴纳改变来的。它是国家参与企业利润分配与直接调节利润的重要税种。俄罗斯在税改时，决定实行企业利润税。按照俄罗斯《企业利润法》的规定，在俄罗斯境内所有企业、法人团体、有单独财务平衡表和银行账户的分公司、分支机构、外资在俄罗斯的常设机构等，统一按比例税率征收利润税。应税利润是商品和劳务的经营所得和营业外所得。企业的利润税率为32％。交易所与中间商为45％。利润税是一次性原则征收，即同一纳税对象不重复征税。企业的应税利润是企业出售商品和提供劳务收入减去生产费用、增值税与消费税后的利润。俄决定在1996年1月1日起，对企业超标准支付的劳动报酬基金部分不再征收企业利润税，采取这一措施而减少的利润税收入，准备用增加个人所得税方法为弥补。

3. 所得税。现今的该项税收与过去的所得税在内容上不同。苏联时期一般指居民收入和合作制企业缴纳所得税，而现在的所得税包括两部分内容：法人所得税和自然人所得税。俄罗斯在实行私有化之后，不少居民成为企业、公司的所有者或经营者，这些法人缴纳上面提到的利润税。大部分居民不具有法人地位，他们是自然人，而按自然人所得税税法纳税。俄罗斯《自然人所得税法》规定，自然人所得税按自然人全年总收入计税，但计算总收入时，先要扣除一个月的最低工资额，再扣除子女和被赡养的赡养费，余下部分则是应税总收入额。如夫妇都工作，只能一方享有免征赡养费的待遇。在2001年前俄罗斯自然人所得税实行的是累进税率。

4. 消费税。这是包含在商品价格中由消费者支付的间接税。苏联在上个世纪20年代曾采用过这一税种，后因并入周转税而取消。1992年又开征此税。课征对象主要是部分高级消费品，税率为商品自由批发价格的 10%—90% 不等。

5. 社会税费。

6. 关税等。

（三）税制中存在的主要问题。

俄罗斯在 1999 年之前，税收体制存在不少问题，突出表现在以下几个方面：

1. 税制复杂与混乱。转轨初期俄罗斯政府规定有联邦与地方税费共 46 种。但在叶利钦于 1994 年颁布了有关对联邦主体下放一些税收立法与同意地方可以自行收费的总统令后，这使得税收秩序更加混乱，使联邦税费一度增加到 40 种，联邦主体税费达到 70 种，地方税费增加到 140 种，三级税费相加竟达到 250 种，在税项数量方面俄罗斯名列世界前茅。如此繁杂的税费，极度地增加了征管的难度，也妨碍了税收任务的完成。

2. 税负过重所引起的种种后果。由于俄罗斯的税制改革基本上以完成国库任务为导向，从而削弱了税收对经济的刺激作用。俄罗斯学者认为，长期以来，税款占了企业总收入的 80%—90%。对汽车制造企业的研究表明，企业的通常纳税水平占账面利润的 70%—120%。根据社会学家的调查，超过 90% 的企业经营者认为，税收政策是俄罗斯商业发展的主要障碍之一。问题是，这种主要以满足国库要求的税制，实际上并不能达到目的。高额税收迫使相当一部分的公开交易转下"地下"。根据企业经营者的调查表明，只有 1.5% 的经营者按规定签订商业合同，并缴纳所有税项。这样亦使得俄罗斯企业的财务报表只能反映不超过 50% 的真实流转情况，相应的征税水平平均为 50%—60%，个别税种更低。

3. 税收体制的非市场特点。表现在：对一些税收的优惠。对部分地区和企业征收延期与税收纪律执行宽严等问题上，往往取决于官员的态度，因此，寻求与政府机构建立非正式的不正常关系的渠道和形式，成了企业经营行为的重要目标。这样不可避免地出现官员腐败和大量的偷税漏税。"不同资料显示，犯罪组织和商务机构利润的 20%—50% 用于贿赂国家各级机构官员。"[1]

4. 由于地方缺少骨干税种和税量小等原因，使得地方财政难以完成所承担的任务。这就容易造成地方政府抗税，如 1993 年 8—9 月间曾出现过 30 多个联邦主体联合抗税的风潮。

（四）今后税收政策调整趋向。

1. 进一步调整与完善分税制，以利于理顺中央财政与地方财政的关系。在改革税制过程中，根据各级政府的事权进一步推行分税制。在此基础上，再采取调整税种归属关系的具体措施，这是首先要解决问题。其次，考虑到理顺中央与地方财政关系过程中会遇到不少问题和困难，有些问题难以在短期内解决，因此，适当地增加共享税是必要的。第三，在理顺中央与地方财政关系时，一方面要做到有利于地方财政权限的扩大和收入基础的稳定；另一方面亦强调不应削弱国家通过财税体制改革对经济的宏观调控作用，因此，在扩大地方财权的同时又要保证中央财力。

2. 进一步改革税制。改革的方向是简化税制、减少税种与减轻税负。

3. 强化税收纪律和管理。由于存在严重的偷税漏税，加强税收纪律成为十分重要的问题。针对上述情况，在叶利钦执政时期，俄

---

① ［俄］叶夫根尼·普里马科夫著，高增训等译：《临危受命》，东方出版社 2002 年版，第 183 页。

罗斯在强化财税纪律方面，都采取了一些措施，主要有：一是对偷漏税采取严厉的惩罚制度；二是建立严格的纳税申报制度。企业必须定期向税务部门报告其银行账目，对不按期报告的进行经济惩罚；三是加强与健全税务稽征机构及检查监督机构，提高税务部门对税收的征管水平。俄罗斯为此建立了税务警察局，税务警察有权使用武力、跟踪、窃听和使用情报人员；四是减少优惠、减免税收范围。

4. 为了实现经济现代化，在鼓励与促进企业创新方面给予税收优惠。具体措施有：（1）为支持以智力成果为主要产品的公司发展，对开展创新活动的纳税人在 2015 年前按 14% 的优惠费率（全额 34%）课征社会保险费；（2）对科技园区实行单独的税收政策，如十年内免缴利润税、财产税和土地税，企业社保费上缴减半等；（3）为刺激节能和自然资源的合理使用，对使用节能设备的企业自节能设备投入使用起免征三年财产税；（4）对科技、卫生、教育领域（包括非营利性和商业）企业给予利润税零利率特别优惠；等等。[①]

三、金融体制改革

在苏联计划经济体制条件下，实行的是大财政小银行政策。因此，金融体系的作用是十分有限的。但为了向市场经济过渡，金融体制市场化的改革成为一个必不可少的、十分重要的内容。通过金融体制改革要使其在调控宏观经济中的作用大大提高。俄罗斯在经济转型初期，在金融体制改革方面涉及多方面的内容。

---

① 参见童伟等著：《2012 年俄罗斯财经研究报告》，经济科学出版社 2012 年版，第 39—40 页。

（一）银行从财政分离出来，中央银行逐步获得独立地位。

在苏联时期，银行隶属于财政部，银行业务完全由国家专营。虽在戈尔巴乔夫执政后期，在银行信贷体制方面作了一些较大改革，但在计划经济体制的大框架下，不可能发生根本性的变革。

俄罗斯在改革金融体制过程中，首先是采取一些措施，一方面使银行从财政部门分离出来；另一方面逐步赋予中央银行的独立地位。1993 年俄通过的宪法虽在原则上已规定央行在执行保证货币稳定性职能方面所具独立地位，央行还有发行货币的垄断权，并在履行职能时独立于国家权力的其他机构。但宪法又规定，政府要保证实行统一的财政、信贷与货币政策。这样，俄罗斯政府是宏观经济政策的制定者，中央银行往往只是政府政策的执行者。同时，银行与财政部门的职能也并没有划分得很清楚，实际上，银行还未完全摆脱财政部门的出纳机构的地位，从而也使得信贷资金在使用上存在严重财政化的问题。1995 年俄罗斯还通过有关央行的法律，规定了央行的三项主要职能：一是保卫和保障卢布的稳定性，包括卢布的购买力与对外国通货的汇率；二是发展与巩固银行体系；三是保证支付体系有效地不间断地运行。该法律还规定，央行向国家杜马负责，央行行长每年至少向杜马汇报两次工作。央行职能也逐渐走向规范化。这些措施，对改革银行与财政的关系，央行执行较为独立的信贷货币政策有重要意义。从 1997 年起，俄央行独立制定和发布《国家统一货币信贷政策基本方针》，这表明，俄央行实质上已不再从属于政府。接着于 1999 年末俄政府制定并于 2000 年 7 月 5 日国家杜马通过了《关于俄罗斯联邦中央银行（俄罗斯银行）联邦法》修改草案。《草案》明确规定，在宪法与联邦法律允许的职权范围内，俄联邦中央银行是独立的，它直接对总统和国家杜马负责。从此，最终确立了央行的独立地位。与此同时，央行对宏观经济调控的主体地位也进一步加强。

（二）建立两级银行体制。

苏联时期实行的是单一银行制度。以国家银行为中心，连同其他几家专业银行包揽了全国的金融业务。在全国业务由国家专营的条件下，在国内就不存在金融市场，央行也起不到"银行的银行"的作用。很明显，这一银行体制不可对宏观经济起调控的作用。在戈尔巴乔夫执政时期就开始对组建两级银行体制，陆续出台了一些银行法。到了1992年初，俄罗斯大体上已形成了两级银行体制。俄央行是由苏联国家银行改组而来的，商业银行基本上是在原国家专业银行及其分支机构基础上改建而成的。[①]这些商业银行中，私人银行和混合所有制银行、国家所有和国家控股的银行，其资产分别约占银行系统资产总额的70%与30%。此外，还存在少量的外国独资与合资银行，这类银行发展很慢，其资产约占银行系统资产总额3%。[②]

俄央行对商业银行的调控与管理，采用国际上市场经济发达国家通用的办法，主要有：通过法定准备金制度调控信贷规模；通过不断调整贴现率的办法，调节信贷规模；公开市场业务，即央行通过参与二级市场的买卖有价证券调节金融；建立存款保险制度。这一点对信誉不佳的俄罗斯商业银行来讲十分重要。

俄商业银行虽发展很快，但存在不少问题：第一，规模小，发挥职能有很大的局限性。第二，商业银行的主要活动不在生产领

---

① 参见《东欧中亚研究》，1999年第2期。
② 参见马蔚云著：《俄罗斯经济转轨十年研究》，黑龙江人民出版社2002年版，第101页。

域，即资金不是用于生产性贷款上，而从事金融投机，即主要从事股票和政府债券等货币交易。[1]第三，由于1992年俄在向市场经济转轨过程中所建立起来的商业银行，一半是由企业或企业集团创建的，其资金来源主要是企业存款，这十分容易产生银行的活动要服从企业的利益，参股企业在取得贷款方面有优先权，这样就导致出现大量内部贷款，对银行失去监控。第四，银行的独立性经常受到干扰，国家往往要求央行通过商业银行向经营效益差的企业贷款。就是说，银行并没有真正做到根据市场经济的法则去配置资源，这也是银行不良债务迅速增加的原因之一。第五，一些国有大银行保持垄断地位，加上法制不健全，银行之间正常的竞争难以形成，金融市场出现大量违法与犯罪问题，金融市场十分混乱。要指出的是，央行本身也存在不少问题。俄有关人士对此指出，一个关键性问题是该改的没有改，即改革丝毫没有涉及对银行体系有根本影响作用的俄罗斯中央银行。俄央行经常从事商业活动。买卖数十亿美元的有价证券。央行在银行系统中，对其他银行的关系应该是调控与监督，但实际上，往往是经营者，并在一些大银行中参股。

（三）发展证券市场。

在苏联时期不存在证券市场。随着俄向市场经济的过渡，证券市场的出现成为必然，它对融资、资金配置的市场化、促进银行体制改革和公司治理等，均有重要的意义。1991年12月29日俄罗斯联邦政府签发了有价证券和股票交易的法律，1996年俄又通过了《有价证券市场法》，从而为发展证券市场提供了法律基础。证券市

---

① ［俄］叶夫根尼·普里马科夫著，高增训等译：《临危受命》，东方出版社2002年版，第22页。

场可分为股票市场和债券市场。

在俄罗斯股票市场主要有：私有化企业股票、投资基金股票与商业银行股票。当俄罗斯通过证券私有化实行股份化时，就出现了大量私有化企业股票。投资基金股是在私有化初期，为了建立有价证券一级市场与减轻股票购买者的风险而建立的投资基金会。商业银行的股票，这是商业银行为扩大资本而发行的股票。由于这种股票收益高，可变现金能力强，曾一度受到投资者的青睐。在1994年7月转入现金私有化后，政府有意鼓励扩大出售经营效益好与有发展前途的企业的股票，这样使股票市场有了较大发展。1996年8月至1997年8月是俄股票市场活跃发展时期，在一年内股票市值从250亿美元增加到1000亿美元，1997年10月达到1480亿美元。1998年的金融危机，使股指从1440多亿美元遗失至1999年1月的160亿美元。[①] 从1999年开始，证券市场逐渐恢复。

债券市场是俄罗斯证券市场的另一个重要组成部分。债券可分联邦政府债券、地方政府债券和国际债券。这三种债券中联邦政府债券占主导地位。1997年俄联邦发行的短期债券约400万亿卢布，而同年，地方发行债券为9万亿卢布。至于国际债券则很不发达。

证券市场的发展，在融资方面还是起了不小的作用，如1997年，俄证券市场的融资额相当于银行贷款的三倍；在促进资金横向流动、改变弥补财政赤字的方式方面，其积极作用亦应予肯定；另外，通过债券市场吸收大量游资，从而也可减缓卢布汇率的波动和通胀方面的压力。

俄证券市场的主要问题是：一是不稳定，波动大；二是证券交

---

① 参见张森主编：《俄罗斯经济转轨与中国经济改革》，当代世界出版社2003年版，第231页。

易所资本规模小，抵御风险能力差；三是法制不健全，交换制度不规范，欺诈行为经常出现，如发生过"MMM"股份公司欺骗股民的丑闻，这极大地影响证券市场的信誉；四是证券市场交易额中主要是短期国债券。在这种情况下，金融市场一旦出现动荡，受冲击最大的是短期债券市场。

（四）卢布汇率制度的变革。

苏联时期一直实行由国家规定的卢布固定汇率，卢布不能自由兑换。这种汇率制度不能适应金融体制自由化发展的需求，因此，卢布汇率制度的改革在经济转轨的一开始就提了出来。1992 年 7 月 1 日，俄罗斯政府开始实行卢布统一浮动汇率制内部自由兑换。这一汇率体制的改革政策是在俄国内经济大幅度下滑、通胀加剧和财政赤字严重的情况推出的。因此，它必然导致卢布大幅度贬值。卢布兑换美元的比价由 1992 年 7 月 1 日的 135.4 ∶ 1 降至 1995 年上半年的 5130 ∶ 1。很显然，卢布的急剧贬值使得俄金融市场处于动荡与混乱，严重阻碍经济的正常运行，还使经济中美元化趋向快速发展，1995 年初，俄居民手持美元已达 250 亿美元，其购买力超过卢布现金总额的 1 倍。[①]针对上述情况，俄政府与央行于 1995 年 7 月 6 日联合发表声明，宣布实行"外汇走廊"政策。规定从 7 月 6 日到 10 月 1 日卢布对美元的汇率限定在 4300 ∶ 1 至 4900 ∶ 1 之间波动。 后来，这一汇率"走廊"又延至 11 月 30 日，并宣布这一汇率政策在 1996 年上半年继续实行。这样做的目的是使人们对卢布汇率产生较强的可预见性，也可使人们降低对通胀的预期。俄央行认为，这段时期实行汇率"走廊"政策是富有成效的一项措施。1996

---

① 《国际金融研究》，1996 年第 12 期。

年 5 月 16 日，俄决定放弃汇率"走廊"政策，改行浮动汇率。就是说央行根据外汇市场的供求、通胀率变化、国际外汇市场行情、国家外汇储备和国际收支平衡等因素，自行决定卢布对美元的汇率。俄还规定，每天卢布对美元汇率的买卖差价不得大于 1.5%。1998年 8 月金融危机后，卢布大幅度贬值，居民储蓄 90% 为美元。1998年 9 月 3 日，俄央行宣布汇率"走廊"上限，接着在 9 月 4 日，又宣布放弃汇率"走廊"和国家调节汇率的政策。这样，从 1996 年实行的有管理的"浮动汇率制"转自由"浮动汇率制"。1998 年到1999 年，卢布汇率不断下跌，到了 2000 年才逐步走向稳定。

（五）利率市场化。

这也是金融体制改革的一个重要内容，也是经济市场化的必然要求。俄罗斯在向市场经济转轨的初期，就开始放开商业银行的利率，逐步形成央行再贷款或再贴现率作为基础的利率体系。但应指出，由于俄经济转轨头几年通胀率居高不下，从而使得实际利率较长时期内是负值。这样，在利率严重扭曲的情况下，利率市场化就很难体现。只是到了 1994 年央行的再兑现率与通胀率才达到基本平衡。

四、社会保障体制改革

经济学界把建立适应市场经济所需的社会保障体制，视为经济转型继宏观经济稳定化、经济活动自由化与国有资产私有化这三大支柱之后的第四大支柱。近些年来，社会领域的支出金额占俄罗斯全部预算支出总额的一半以上，占 GDP 的比例从 21% 提高到了 27%。[1]

---

[1] ［俄］普京：《俄罗斯的社会政策：建设公正社会》，载［俄］《共青团真理报》，2012 年2 月 13 日。

（一）养老保障制度改革。

养老保障制度是社会保障体制中的一个重要内容。

苏联在传统的计划经济体制条件下所建立的养老保障制度，在保障广大居民必要的生活条件与保持社会稳定等方面，都起过良好的作用。但存在的问题亦很明显：突出表现在一切由国家统一包揽。这种办法，一方面超越了国家经济与财政能力；另一方面使得社会成员在思想与理念上，忽视了在建立养老保障制度应尽的责任与义务，而是完全躺在国家身上。另外，俄罗斯推行的激进转型政策，在价格自由化、国有企业私有化等方面的改革都是快速地进行的，这在客观上亦要求加速养老保障制度改革，否则，就会制约经济体制转型的进程。对于俄罗斯来讲，养老保障制度改革的迫切性还在于人口危机与老龄化严重。1989 年至 2002 年俄人口减少了180 万人，2002—2010 年间又减少 230 万人。据俄罗斯国家统计局测算，2031 年俄罗斯的人口危机将达到高峰，届时俄罗斯劳动年龄人口为 7650 万人（指 16—59 岁的男性与 16—54 岁的女性），老年人口为 4007 万人，两者之间的比例由 2010 年的 2.8∶1，下降到2031 年的 1.9∶1。

俄罗斯养老保障制度改革是向以下方向进行的：一是逐步放弃国家包揽一切的做法。实现社会保障的资金来源多元化；二是在处理社会公平与效率的相互关系问题上，重点由过去的公平而忽视效率转向效率兼顾公平；三是不断提高养老金水平。

在 1997 年前，在这一领域改革的主要内容有：第一，在俄罗斯除了实行自愿投保养老外，所有公民与企业事业单位均必须参加强制性养老保险，其基金来源与国家预算脱钩，建立专门的俄联邦预算外自治养老基金，基金来自联邦与各联邦主体预算拨款、投保单位和个人三方面。雇主按工资总额31.6%缴纳，雇员按工资收入5%缴纳，企业与职工的缴纳一般要占该基金总额的90%以上。强制性养老保险基金，它是预算外基金的一个重要部分，单独进行管理。养老保险基金绝大部分（占94%）用于发放养老金、残疾金、对丧失赡养者与暂时丧失劳动能力的人的社会救助；5%用作流动资金；1%用于养老基金会的经费支出。第二，领取养老金的条件与苏联时期一样，男年满60岁工龄不少于25年，女年满55岁工龄不少于20年。由于通胀率高并且变动大，原来那种长期不变的计算发放养老金的办法就难以适应变化了的情况，往往不能抑制由于通胀所引起的养老金实际水平的下降，从而使养老金领取者最低生活水平得不到保证。因此，从1992年起对养老金实行指数化。指数化主要根据以下因素计算：市场价格的变动、在职职工的平均工资数额和养老金领取者原有工资与优抚金水平。1997年9月，俄罗斯通过了《关于计算和增加养老金的程序法》，规定从1998年2月1日起，养老金的计算不再以价格的增长为依据，而以全国的月平均工资的提高水平为根据，同时规定采用个体系数来完善养老金。

二十多年走来，俄罗斯养老保障制度在不断调整与完善。1997年，俄罗斯参照世界银行提出的"三支柱"模式，对养老金保障制度进行了重大的改革，实行"三支柱"养老保障制度。第一支柱是社会养老保险，它仅限于为无力缴纳养老保险费的特困人群提供帮助，由政府财政出资；第二支柱：强制养老保险，这是"三支柱"中最重要的部分，其资金来源由企业和职工的缴费和基金收益，2001年通过开征统一社会税形成。该税是把原来的养老基金、社会保险基金、强制医疗保险基金合并到一起。统一社会税按工资总额的35.6%征收，其中28%用于养老基金，4%用于社会保险基金，

3.6%用于强制医疗保险基金。由于养老保险分成了三部分，相应的纳税也分为了三部分。其中，用于养老基金部分的50%作为退休金基础部分的保险费交入联邦财政部门，通过联邦财政预算的方式予以发放，另外50%作为退休金保险和积累部分的保险费。开征统一社会税后就取代了此前实行的向国家预算外基金缴纳保险费的制度。第三支柱：补充养老保险，这是一种自愿养老保险，由雇主自愿建立，所有职工均可自愿参加，采用基金制的个人账户管理方式，使职工在得到基本生活保障之外可自行通过购买补充养老保险灵活调整退休后的收入。俄罗斯自愿养老保险的人数很少，只有1%的劳动年龄居民参加了这种保险。原因在于：一是总的来说，大多数居民收入水平较低，无力承担额外的保险支出；二是养老保险基金投资收益率往往低于其他投资的回报率；三是在俄的非国有金融机构信誉差，广大居民对其缺乏信任。

普京执政后，先后出台了一系列有关养老保险改革的法律，主要是围绕落实与完善"三支柱"型养老保险制度采取的政策与措施，主要内容有：一是落实"第一支柱"社会养老保险。这是国家提供给不能享受退休人员养老金的老年人、残疾人和丧失赡养人的社会群体的养老金。有权享受社会养老金的人群包括一、二、三级残疾人员、残疾儿童、失去单亲或双亲的未满18周岁的未成年人。此外还有年满65周岁的男士、年满60周岁的女士，即不能享受退休金的人员，在到达公认退休年龄之后的5年可以享受社会养老金。二是强化"第二支柱"强制性养老保险。根据有关法律规定，劳动退休金由基本养老金、养老保险金和养老储蓄金三部分构成。基本养老金是其中硬性规定的固定数额，根据年龄、身体是否残疾，是否有受抚养人和赡养人以及受抚养人和赡养人的数量等确定，从俄联邦财政预算资金中支出。基本养老金缴费由企业和国家共同承担，企业每月将职工工资总额的14%上缴（统一社会税中职工工资总额28%的一半），政府用这笔钱和部分财政拨款给退休人员发放基本养老金。三是采取一些优惠政策扩大"第三支柱"即补充养老保险的人群。

俄罗斯在养老保障制度方面虽进行了多次改革，但仍与国际标准存在较大差距，另外，在面临人口持续老龄化趋势压力的同时国家负担日益加重，使养老保障体系赤字运行，靠财政补贴难以维系。针对上述情况，俄罗斯决定从2010年1月1日起，对养老保障制度进行新的改革，其实质是向保险原则过渡，即公民所享受的养老金权利和养老金额度直接取决于每个人向国家养老基金的保险缴费。目的是使养老金收入由依靠税收收入向依靠保险收入转变。同时把养老基金的保险缴费率，从2010年前的20%提高到26%，以便使养老金保持收支平衡。另外，从2010年起取消统一社会税，重新开征包括养老保险在内的社会保险费。

总的来说，俄在经济转型过程中重视养老保障制度的改革，并不断提高养老金水平，2000—2007年8年间养老金增加了1.5倍。2012年全俄月均养老金为9800卢布（按1卢布折合0.1989人民币计算为1949元），该年平均养老金与平均工资的比率为35.5%。

但同时要指出的是，俄罗斯养老保障制度尚存在不少问题，最为突出的是：第一，尽管俄政府采取诸如提高养老保险费率等政策来减轻国家负担，但国家财政仍面临巨大压力。第二，在相当一个时期内难以解决以下的矛盾，一方面养老基金占GDP的比重日益提高；另一方面平均退休金占平均工资的比率不高。第三，由于俄人口老化与不断减少，每100名劳动年龄人口要负担的老年人将由2010年的36人上升到2031年的53人，抚养负担率将提高47.2%。这不仅对如何发展俄养老保障制度是个重大问题，亦是俄经济与社会发展面临的一大挑战。

俄养老保障制度今后改革的总趋势是：以建立长期稳定的养老保障机制，使当代及后代老年公民都能获得充足的养老金、能够过上体面的生活为目标；通过拓宽养老金融资渠道，发展非国有养老保险，提高养老储蓄管理水平等措施，逐步缩小养老基金赤字；继续提高劳动退休金的平均发放水平，在 2016 年到 2020 年，使其达到最低生活保障水平的 2.5—3 倍，创造条件，使退休人员的平均退休金占平均工资的比率不低于 40%。

（二）俄罗斯住房制度改革。

住房是广大老百姓极为关切的问题，亦是不容易解决的十分复杂的问题。

十月革命前的俄国，居民居住条件很差，1913 年城镇人均住房的面积为 6.3 平方米。革命胜利后的 20 年代，由于战争的破坏与城市人口的大量增加，到 1926 年人均住房面积降至 5.8 平方米，有近 30% 的工人家庭还不到 3 平方米。经过 30 年代苏联工业化时期的经济发展，到 1940 年居民人均住房面积亦只有 6.4 平方米。在"二战"中，苏联 25% 的城市居民住房遭到破坏，经过战后几年的住房建设，到 1950 年城市人均居民住房面积才提高到 7 平方米。1953 年赫鲁晓夫上台执政后，在解决居民住房方面面临巨大压力，当时大多数居民居住条件十分恶劣，几户合住在一套房，离婚夫妇还住在一起，1956 年笔者去莫斯科留学时住的学生宿舍里，还住有大学副校长与教授，一对离婚的夫妻还同住在一间学生宿舍里。赫鲁晓夫下决心要在 10—12 年内解决住房不足的问题。从 1957 年开始，决定每年建造 200 万平方米的居民住宅，目标是为每个家庭提供独户住房，人均 9 平方米。住房设计较简单，是装配式预制结构五层住房。后来被称为"赫鲁晓夫筒子楼"。尽管这一时期所建住房带有简易经济房性质，但对缓和住房紧张起了很大作用，到1965年居民人均住房面积为10平方米，约有30%的家庭住进了单元式住房。到勃列日涅夫时期，继续加强住房建造，后经过各届领导的努力，在苏联解体前的1991年，苏联居民人均住房面积为16.5平方米。

苏联时期住房一直处于十分紧张的状态，改善进展缓慢，尽管在客观上有战争破坏与俄国留下很差的住房条件的影响，但从根本上来说是由苏联的住房制度造成的。与传统的计划经济体制相适应，苏联的住房制度具有福利性质，它的主要特点是，由国家大包大揽，即靠国家解决住房问题，大多数公民的住房主要由国家负责建造和无偿分配给予，实行低租金与高补贴政策。上述苏联住房制度具体反映在：第一，住房建造主要靠国家，尽管苏联亦有鼓励合作社建房与私人建房的政策，但始终没有改变以国家建房为主的局面。第二，国家所建住房由国家按统一规定标准无偿提供公民使用，只象征性收取一点租金。第三，住房的维修靠国家补贴。

苏联上述住房制度的弊端十分明显：一是国家承担沉重的财政负担。二是极低的房租无法弥补住房折旧与保养维修，要靠国家大量补贴解决。三是助长了人们对国家的依赖心理，削弱了多渠道建房的积极性。四是在分配住房的过程中，由于苏联是官本位制度，很难按统一规定分配住房，往往领导人利用权力多占住房。总之，苏联的住房制度，难以从根本上解决住房问题，并且越来越尖锐。据俄国家建委负责人1993年年底发表谈话说，俄仍有1700万人的住房面积低于5平方米，约有1100万户几家合住一套住宅，约有200万户住旧房危房，约有950万户在排队等房，全俄缺4000万套住房，排队等房的队伍越来越长，平均等房期限长达20年之久。[1]

　　在上述情况下，俄罗斯在经济体制转型过程中，必须对住房制度进行根本性改革。改革的政策：一是实行公有住房私有化，即以无偿方式把房产权交给居民；二是改变原来主要靠国家建房并无偿提供居民使用的住房制度，即国家亦不再分配住房，实行多渠道筹资建房，并鼓励公民个人建房与购房；三是提高房租，使其接近住房实际价值，以克服原来的低房租的平均主义；四是尽快建立与发展房地产市场，使其与国企大规模私有化和整个经济向市场经济体制转型相适应。

　　俄住房私有化是根据自愿、无偿与一次性三原则进行的。自愿原则就是公民根据自己的意愿参与住房私有化，使公有住房归己所有；无偿原则即所有公民均可按规定的标准无偿获得已住房屋的所有权。无偿转为公民所有的住房按俄罗斯人均住房面积确定，不得少于每人18平方米，特殊条件下，可按住房性能再向每户提供9平方米，超标部分按一次性或分期付款方式解决。一次性原则即公民可按私有化方式一次性获得归己所有的住房。

　　在推行住房私有化的同时，俄采取各种政策措施鼓励公民建房与买房，如提供建房买房信贷。俄规定，银行可通过缔结信贷和抵押合同向法人与公民提供三种信贷：用于得到建房地段的短期或长期贷款；用于建设住房的短期贷款；用于购买住房的长期贷款。俄还通过发放住房券以吸引居民手中资金投资建房。住房券是具有保值作用的有价证券，持有者可用来分期购买住房。另外，俄对自有资金和专项贷款建房、买房的公民，其个人存入住宅专项储蓄账户的可以免征个人所得税。

----

[1] ［俄］《文学报》，1993年12月29日。

逐步提高居民住房公用事业的缴费比例，从 2005 年起由居民
100% 的负担，如该项费用在居民家庭总收入中的比例超过 20%
的，国家可给予相应补贴。这一措施既有利于减轻地方财政压力，
又可以使住房公用设施的维修得到资金保证。

住房制度的改革，使私人住房量大大增加，到 2001 年私人住房
占存量住房的 63%，公房占 37%，而改革前的 1989 年 67% 的住房为
公房，33% 为私房。这对逐步形成住房一、二级市场亦也有重要意
义。住房制度改革促进了住房建设的发展，1992 年俄住房总面积为
24. 92 亿平方米，2011 年增加到 32. 72 亿平方米。从而使人均住房面
积从 1992 年的 16. 8 平方米，提高到 2011 年的 22. 8 平方米。

目前住房方面存在的主要问题是，住房私有化后，可提供无偿
分配或以优惠价出售的房源大大减少，从而使无房户增加。产生这
一问题还与房价大幅度上涨有密切的关系。随着住房私有化改革的
进行，俄罗斯房地产走上市场，房价也随之上涨。特别是进入 21
世纪，俄罗斯房价迅猛飙升，2000—2005 年，房价上涨了 253%。
2006 年房价上涨了 53.8%，而首都莫斯科的房价上涨了 93.8%。
2012 年房价比上年上涨 9.9%。根据俄罗斯报纸公布的俄各主要城
市 2011 年 10 月房价排行榜，其中前十名的城市名单如下：莫斯科
5902 美元／平方米（套内面积）、圣彼得堡 2895 美元／平方米、叶
卡捷琳堡 1985 美元／平方米、哈巴罗夫斯克 1872 美元／平方米、卡
卢加 1845 美元／平方米、顿河畔罗斯托夫 1767 美元／平方米、新西
伯利亚 1738 美元／平方米、秋明 1637 美元／平方米、克拉斯诺达尔
1597 美元／平方米、雅罗斯拉夫尔 1579 美元／平方米。在莫斯科市
黄金地段的高档住房，每平方米近 1 万美元，有的甚至高达 5 万美
元。那么，2011 年 1—5 月莫斯科市人平均月工资为 1465 美元，其
中金融领域从业人员月工资为 3500 美元，建筑领域从业人员月工

资为 1000 美元。2011 年，全俄月均最低生活费的标准为 6369 卢布，约 213 美元。随着房价上涨，租房也很贵，根据俄罗斯联邦"房产世界"协会 2011 年 10 月 20 日公布的对 24 个主要城市租房价格的调查：莫斯科市一居室的平均月房租为 1000 美元、两居室为 1723 美元、三居室为 3502 美元。圣彼得堡一居室为 644 美元、二居室为 925 美元、三居室为 2103 美元。 普京在 2012 年 2 月 13 日在《共青团真理报》发表的题为"俄罗斯的社会政策——建设公正社会"的总统竞选一文中指出：目前俄只有 1/4 的公民有能力建设或购买新住房。据专家计算，如果把全部工资都用上，那么 1989 年要买 54 平方米的房子要攒 2.5 年，而现在需要 4.5 年。在俄住房制度改革过程中，另一个问题是，房地产行业存在垄断，市场存在价格操控。这一问题普京在 2004 年的总统国情咨文中就强调指出，为了使房地产市场规范化，必须打破建筑市场的垄断，俄公民不应当为建筑业由于行政障碍造成的代价付钱，也不应为建筑商的超额利润付钱。这几年来，俄罗斯主要采取两大措施调控房价：一是加大建造经济适用房的力度，增加住房市场供应量；二是加大查处垄断与腐败，压制房价。针对上述问题，普京在上面提到那篇文章中又提出解决住房问题的四项对策措施：一是降低住房建设价格，杜绝因建筑业腐败而导致的价格泡沫；二是让大量土地进入流通市场，土地应该免费地（条件是规定住房销售价格）给那些建设社会性、经济性住房与社会性项目的人；三是要使按揭贷款的价格与通胀同步降低；四是要建立文明的住房租赁市场。大多数欧洲国家中 1/3 至 1/2 的家庭一辈子都在租房。普京认为，随着各种措施的实施，2020 年前可以让 60% 的家庭获得新住房，2030 前可以彻底解决该问题。

（三）俄罗斯医疗保险制度改革。

医疗保险制度是苏联时期整个社会保障制度的一个重要组成部分。它对广大居民的生、老、病、死、残起着保障作用，因此，它与每个社会成员都有密切的关系。十月革命胜利后苏维埃政府着手建立医疗保险制度，并把包括医疗保险制度在内的社会保险制度写入了宪法。1965 年苏联把社会保证与社会保险范围发展到了集体农庄。这样在苏联实现了全民免费医疗。这里有关苏联免费医疗的具体含义有必要做一说明：各类医疗服务是免费的，但是药费是由患者自费购买的。只有对住院者、战场负伤者、未满周岁的婴儿、癌症患者、精神病患者、急救处理者等免收药费。另外，对在门诊治疗的结核病、糖尿病患者的药品与价格较高的抗生素，亦是免费的。就是说，除上述患者外，其他在门诊就诊者是按医生开出的处方去药房自费购买药品。凭医生开出的处方购买药的药品，价格十分低廉，甚至有 1/3 的药品价格低于成本价。

在苏联时期医疗卫生经费主要来自国家预算与企业、社会团体及集体农庄的资金，而以国家预算拨款为主要来源。苏联每年编制的国家预算支出项目中列有"社会文化措施"支出一栏，这一栏中就包括医疗卫生支出的经费。

各医疗机构由苏联卫生部统一领导，医疗卫生事业的各项政策措施由国家实施。

应该说，苏联时期的医疗制度在保障广大居民获得医疗服务方面，还是有成效的，医疗卫生事业亦取得不少进步，苏联解体前的1990 年全苏拥有各科医生 127.92 万名，每万名居民的医生为 44.2名（十月革命前的 1913 年这两个指标分别为 2.81 万名与 1.8名）；1990 年病床数为 383.21 万张，每万名居民的病床数为 132.6

张（1913 年这两个指标分别为 20.8 万张与 1 张）。可以说，苏联所拥有的医生人数和病床数在国际上均在前列。

苏联时期的医疗制度存在的主要弊端是：首先，由于医疗服务不是采用社会保险形式，资金来源主要靠国家财政拨款，随着享受免费医疗人员的增加，对医疗条件的要求不断提高，使国家财政负担难以承受。其次，由于经费不足，医疗机构的医疗设备不能及时更新，导致医疗设备长期落后、药品短缺、医疗服务水平低下，实际上广大居民看病难问题一直没得到很好解决。第三，由于医疗机构由国家实行集中统一的行政方式管理与资金主要依赖国家，从而使医疗保险不可能社会化更谈不上市场化，医疗机构之间缺乏竞争，年复一年地在维持现状。第四，苏联虽实行全民免费医疗，但各阶层居民在享受该权利时有极大的差别，各级官员在医疗方面享有种种特权，有专门的医院，那里医疗设备先进，配有高水平的医务人员，而普通老百姓只能承受在一般医院的低水平的医疗服务，并往往受排长队之苦。

苏联解体时，俄罗斯面临十分严峻的经济形势，1991 年，苏联国家预算赤字比计划数字增加了 5 倍，占 GDP 的 20%。财政状况已完全失控。在此情况下再要靠财政拨款来维持广大居民的卫生医疗已不可能。另外，苏联解体后叶利钦实行了"休克疗法"激进式向市场经济转型，原来的医疗制度与整个经济体制的市场化已不相适应。这些都要求新执政的俄罗斯政府改革医疗制度。改革的基本目标是建立起与市场化相适应的现代强制医疗保险制度。为此，实施的主要政策有：一是由国家财政拨款制度转为社会保险制度；二是由国家财政负担的免费医疗制度转为由国家与居民共同负担的医疗制度。

1991 年 6 月 28 目俄罗斯通过了《俄罗斯联邦公民医疗保险法》。该文件为俄罗斯医疗制度改革奠定了法律基础，亦反映了俄医疗制度改革的主要内容。该法律规定：（1）所有俄罗斯境内的常住居民均须参与强制医疗保险，保险费由国家及企业共同承担。有工作的居民，由其所在单位按工资收入的一定比例缴纳强制医疗保险，没有工作的居民由国家预算支付强制医疗保险；（2）强制和自愿医疗保险缴费是俄罗斯医疗保障体系的主要资金来源；（3）在强制医疗保险范围内由政府提供免费医疗服务，其数量和条件依据联邦政府和各级地方政府批准的强制医疗保险基本纲要执行；（4）改变医疗保险给付标准，国家为居民提供的医疗保障拨款不再以个人工资为标准，而改按其缴纳的医疗保险费用，采用多缴多付、少缴少得的原则；（5）除强制医疗保险外，设立自愿医疗保险，保费由企业和个人共同负担，在居民享受免费之外的医疗服务时，由非国有保险公司承担其费用。

1993年4月和1996年又分别通过了《关于建立联邦和地方强制医疗保险基金的规定》和《俄罗斯联邦公民强制性医疗保险法》，目的是为推进强制医疗保障制度的建立。为此，俄根据上述法律文件，进一步采取一些具体改革医疗保障制度，主要有：第一，建立强制医疗保险基金。强制医疗保险基金分为联邦强制医疗保险基金和地区强制医疗保险基金。该基金的主要任务是：（1）保证《俄罗斯联邦公民医疗保险法》的实施；（2）保证联邦主体强制医疗保险体系的财务稳定性；（3）保证俄罗斯法律规定的公民在强制医疗保险体系中的权利；（4）参与强制医疗保险领域国家财政政策的制订和实施；（5）制订和实施配套措施，以保证强制医疗保险体系的财务稳定性，为拉平各地区的医疗服务水平和质量创造条件。强制医疗保险基金的主要资金来源有：（1）雇主缴纳的强制医疗保险费，费率为工资基金总额的3.6%，其中0.2%纳入联邦强制医疗保险基金；3.4%纳入地区强制医疗保险基金；（2）用于完成国家级强制医疗保险计划的联邦预算拨款；（3）法人和自然人的自愿缴款；（4）基金闲置资金的经营所得，基金所得免征所得税。在上述资金来源中，最主要的资金来源为保险缴费，占强制医疗保险基金总收入的 90% 以上。[①]第二，成立医疗保险公司。该公司是不受政府卫生医疗部门管理的独立经营主体，它可承保各类医疗保险业务。企业和国家管理机关作为投保人同保险公司签订合同，被保险人在保险公司指定的医疗服务机构就医，保险公司为被保险人支付医疗费用。医疗保险公司可代表受保人的利益对医疗机构所提供的医疗服务质量进行检查和监督，必要时对医疗单位提出索赔和罚款制裁。

在叶利钦执政期间，形成了新的医疗保险制度框架，但由于这一时期出现了严重的经济转型危机，市场混乱，各种法律难以执行，因此有关医疗制度改革的法规与政策并没有得到很好落实。

普京执政后，十分关注俄罗斯的卫生医疗事业。首先，他在 2005 年提出，医疗是国家优先发展计划四大领域之一（其他三项为教育、住宅和农业），并亲自担任为此而专门成立的国家优先发展计划委员会的主席。普京提出实施"健康"国家优先发展计划的另一个重要原因是，为了提高俄罗斯人的寿命。1994 年俄人平均寿命降至 57 岁，1999 年提高到 60 岁，2012 年为 68 岁。尽管人均寿命在提高，但在世界上处于低水平，这是俄罗斯亟待解决的问题。普京在 2008 年提出，到 2020 年要让俄罗斯人的平均寿命提高到 75 岁。因此，提高卫生医疗服务水平是一项十分迫切的任务。第二，继续对医疗制度采取一些改革措施，重点是扩大资金来源，保证医疗保险基金有可靠的来源。为此，采取的措施有：一是 2002 年开

---

① 转引自童伟等著：《2012 年俄罗斯财经研究报告》，经济科学出版社 2012 年版，第 237 页。

征"统一社会税"，把其中一部分纳入强制医疗保险基金。二是提取部分社会保险基金，用于对医疗卫生事业拨款。

为了医疗保险制度和市场化和现代化相适应，2010 年 11 月 29 日通过了俄联邦《关于部分修订俄罗斯联邦强制医疗保险法》。这是俄从 2011 年开始进一步对医疗制度的改革。主要内容有三：一是给予被保险人有自主选择医疗保险公司的权利；二是扩大强制医疗保险给付范围；三是取消私人医疗机构进入强制医疗保险体系的限制。这次改革，使俄罗斯强制医疗保险更便于广大居民就医。

经过多年努力，到 2011 年底，俄罗斯境内共计有 1 个联邦强制医疗保险基金，84 个地区强制医疗保险基金，107 个有法人地位的医疗保险公司和 246 个下属分支机构，8200 余个合同医疗机构。参加强制医疗保险的居民有 1.423 亿人，其中 5880 万人为有工作的居民，8350 万人为无工作居民。①

目前，俄罗斯卫生医疗体系存在的主要问题有：资金不足仍未能很好地解决，强制性医疗保险体系至 2012 年初资金缺口约为 1000 亿卢布；医疗服务水平低，工作效率不高，广大民众不满意。造成这一情况除医疗设备较落后外，与医务人员收入低有关，2007 年西方国家医生的收入是社会平均工资的 2—3 倍，而 2007 年俄罗斯医生收入仅是社会平均工资的 65%。这必然影响医务人员提高业务水平的积极性。二是药品不足。患者服用的进口药和非处方药所占比重较高，2009 年上半年，按价值量计算，进口药品和国产药品的比例是 76：24，处方药与非处方药的比例是 52：48。俄罗斯药品市场上的药品价格高，又缺少应有的价格调控，而且完全没有国家补贴，这大大加重了患者负担。与全国一样，俄罗斯医疗领域的腐

---

① 童伟等著：《2012 年俄罗斯财经研究报告》，经济科学出版社 2012 年版，第 237 页。

败也十分严重，送"红包"现象十分普遍。

由于存在上述问题，在俄罗斯特别像莫斯科那样的大城市，出现了不少私人医院。一些收入较高的患者去私人诊所就医。据有关报道：看一次感冒的诊疗费用需要交 1500 卢布，住院治疗每天的开销要 4500 卢布，但先进的医疗水平和温馨周到的护理还是受到不少高收入人群的青睐。

自经济体制转型以来，特别是普京执政后，由于实行一系列以提高居民生活福利为目的社会保障体制改革，俄罗斯居民生活水平有明显提高。反映当前俄居民生活水平的具体指标如下：2012 年俄月均实际工资为 26690 卢布（按 1 卢布折合 0.1989 人民币计算为 5039 元）；全俄月均养老金为 9800 卢布；人均住房面积为 22.8 平方米；失业率为 5.3%（430 万人）；实行全民基本免费医疗服务，手术免费，住院免费，治疗免费，唯一不免的只有药费。不管你是不是俄罗斯人，只要在俄罗斯境内的任何人得了病，都免费给你治疗；实行 11 年义务教育和部分免费高等教育。在公立大学中的公费大学生比例不得低于 40%。实际上，公费大学生的比例约为 50%；2012 年月均最低生活水平线为 6511 卢布，约为 217 美元；2011 年每 100 户家庭拥有电视机 164 台、电冰箱 121 台、洗衣机 99 台、轿车 48 辆；目前年消费食用肉及制品达 47 公斤、植物油 85 公斤、食糖 33 公斤、奶制品 211 公斤。

总的来说，俄罗斯百姓分享到了经济增长的成果。

俄罗斯农业改革与发展状况

农业在苏联时期一直是一个薄弱的经济部门，长期处于落后状态，也是长期以来阻止苏联经济顺利发展与影响广大居民生活水平提高的一个重要原因。

一、农业长期落后的根由是斯大林建立的集体农庄制度

斯大林之所以下决心通过农业全盘集体化建立集体农庄制度，有以下几个因素：

第一，对农民问题的错误认识。应该说，斯大林在1928年前，他对农民问题的看法，在总体上与列宁的思想是一致的，对农民在社会主义建设中的作用基本上是肯定的，认为"基本农民群众的根本利益是同无产阶级的利益完全一致的"[1]。"这些共同利益就是工农联盟的基础。"[2]他在1925年5月召开的联共（布）第十四次代表会议上的工作总结中指出："现在主要的问题完全不是挑起农村中的阶级斗争。现在主要的问题是：使中农团结在无产阶级周围，

---

[1] 《斯大林选集》上卷，人民出版社1979年版，第372页。
[2] 同上书，第336页。

重新把他们争取过来。现在主要的问题是：和基本农民群众结合起来，提高他们的物质生活和文化生活水平并和这些基本群众一道沿着社会主义的道路前进。"①但从 1928 年开始，斯大林对农民的看法及采取的政策发生了根本性的变化，直接起因是出现了粮食收购危机。围绕粮食收购危机在党内领导层开展了激烈的争论。存在着两种截然不同的看法：以布哈林为代表的一派看法是，粮食收购危机的主要原因是粮价偏低，使得农民不愿种粮与卖粮，因此，出路在于调整工农业产品的市场价格比例，城乡关系的基础是农业的商品化，个体农民仍具有发展潜力。而斯大林认定粮食收购危机是农民资本主义自发势力造成的，从而对私有农民的评价也发生了根本性变化，强调小农经济是和资本主义经济"同一类型的经济"②，说基本农民群众在新经济政策时期一直在走"旧的资本主义发展道路"③，"个体农民是最后一个资本主义阶级"④。与此同时，斯大林还宣布小农所从事的个体经济已毫无生命力，说"大部分不仅不能实现逐年扩大的再生产，相反地，连简单再生产也是很少有可能实现"⑤，"我们在个体小农经济的基础上是不能进一步发展的"⑥。十分清楚，斯大林在农业全盘集体化时期，不只是全面否定农民的积极作用，而是把农民作为最后一个资本主义阶级加以消灭之。斯大林对此解释说："为什么把个体农民看做最后一个资本主义阶级呢？因为在构成我国社会的两个基本阶级中，农民是一个以私有制和小商品生产为经济基础的阶级。因为农民当他还是从事

---

① 《斯大林选集》上卷，人民出版社 1979 年版，第 346 页。
② 《斯大林选集》下卷，人民出版社 1979 年版，第 215 页。
③ 同上书，第 201 页。
④ 同上书，第 141 页。
⑤ 同上书，第 213 页。
⑥ 《斯大林全集》第 11 卷，人民出版社 1955 年版，第 8 页。

小商品生产的个体农民的时候，经常不断地从自己中间分泌出而且不能不分泌出资本家来。"[1]就这样，把在苏联社会中人口众多的农民当作最后一个资本主义阶级消灭了。这样也就在国内消灭了资本主义复辟的最后根源。

第二，控制粮食与取得资金。从斯大林1929年决定推行农业全盘集体化的起因来看，控制粮食是建立集体农庄的一个重要的又是直接的原因。由于工业化与集体化基本上是同时进行的，加上超高速的工业化所需资金相当一部分要从农业中取得，因此，加速农业集体化，又为斯大林通过控制农业来解决工业化所需资金提供了保证。斯大林为了重工业高速发展所需的资金，就必然要提高积累。而提高积累率的一个重要办法是靠剥夺农民，即靠农民的"贡税"来解决资金来源问题。斯大林通过"贡税"这种强制的办法，使农民一半的收入交给国家。据估计，"一五"计划时期（1928—1932），从农业吸收的资金占用于发展工业所需资金的1/3以上。

第三，全面建立社会主义的经济基础。在斯大林看来，通过农业集体化，使得苏联社会主义有了牢固的经济基础。到了1934年，由于工业化与农业集体化都取得了重大进展，社会主义经济成分在苏联已成为整个国民经济的绝对统治力量。国营工业已占苏联全部工业的99%。集体农庄与国营农场的谷物播种面积已占全部谷物播种面积的85.5%。斯大林认为，如果不搞农业集体化，苏维埃政权和社会主义建设事业就会建立在两个不同的基础上，"就是说，建立在最巨大最统一的社会主义工业基础上和最分散最落后的农民小商品经济基础上"。如果是"这样下去，总有一天会使整个

---

① 《斯大林全集》第12卷，人民出版社1955年版，第37页。

国民经济全部崩溃"。那么，"出路就在于使农业成为大农业"①。斯大林的上述看法，是他在1929年12月27日发表的"论苏联土地政策的几个问题"为题的演说中讲的，是用来批评"平衡"论的。很明显，这时的斯大林完全否定了小商品生产者再有发展的可能了，在社会主义建设中不再有积极作用了，从而也就否定了改造农民的长期性。

第四，最后形成了完整的斯大林模式。在斯大林的农业全盘集体化的思想指导下，在强大的政治压力下，用强制与暴力的办法强迫农民与中农参加集体农庄。1933年1月，联共（布）中央宣布："把分散的个体小农经济纳入社会主义大农业轨道的历史任务已经完成。"农业全盘集体化完成过程中，苏联也逐步建立起高度集中的农业管理体制，从而把占人口最多的农民与在国民经济中居重要地位的农业，纳入了斯大林统制经济体制之中，亦意味着在苏联最后形成完整的斯大林模式。

农业集体化中的主要问题有两点：

第一，十分突出地超越了生产力的发展水平。从斯大林整个经济体制形成过程来看，生产关系脱离生产力发展水平，使形成的经济体制不符合客观实际，这是带有普遍性的问题，但农业集体化显得最为突出。斯大林农业集体化不论从指导思想还是具体做法，都完全是违反马克思主义的。马克思讲过："无论哪一种社会形态，在它所能容纳的全部生产力发挥出来以前，是绝不会灭亡的；而新的更高的生产关系，在它的物质存在的条件在旧社会的胎胞里成熟以前，是绝不会出现的。"②

---

① 参见《斯大林选集》下卷，人民出版社1979年版，第213页。
② 《马克思恩格斯选集》第二卷，人民出版社1972年版，第83页。

第二，农业集体化运动对农业造成了极大的破坏。到1950年苏联谷物总产量为6480万吨，还低于1913年沙俄时期的7250万吨，同期，肉类分别为490万吨与500万吨，人均谷物为447公斤与540公斤，畜产品为27公斤与31公斤。到斯大林逝世的1953年牛、马、绵羊的头数仍未达到集体化前的水平，粮食产量仍然还低于1913年的水平。[①]在农业集体化的30年代出现了大规模的饥荒。这一期间一方面农业生产遭受严重破坏；另一方面斯大林对农庄实行粮食高征购，留给农村的粮食不断减少。许多庄员吃完储备粮陷于挨饿的困境。1932—1933年大饥荒造成大量人口死亡。在乌克兰饿死350万—400万农民。俄罗斯著名人口学家乌尔拉尼斯认为，苏联居民从1932年的1.657亿降为1933年4月的1.58亿，减少的770万人主要是农民。另一个统计资料表明，1932年全苏人口增加105万人，而1933年不但没有增加，反而减少了590万人。死亡人数由1932年的478万人猛增为1145万人。苏联学者普利马克提出，在集体化运动中，一些人遭迫害，一些人迁往城镇，苏联农村总共减少了300万农户，1500万人。1942年，丘吉尔在同斯大林交谈时问他，集体化是否牺牲了很多人？斯大林把张开五指的双手向上一举。他用这个手势说明集体化使人民付出了1000万生命的代价，或是说牺牲的人很多很多。[②]

斯大林宣传说，他的农业集体化是列宁合作社计划的继承和发展。实际上与列宁的晚年思想有着重大原则区别。列宁主张"在农

---

① 参见陆南泉等编：《苏联国民经济发展七十年》，机械工业出版社1988年版，第251，270页；李宗禹等著：《斯大林模式研究》，中央编译出版社1999年版，第104页；其他有关材料。

② 以上材料转引自陆南泉等主编：《苏联真相——对101个重要问题的思考》（上），新华出版社2010年版，第260—261页。

民中进行文化工作"，使他们认识到合作社的好处，强调自愿原则，认为，完成这项任务需要几代人的努力。斯大林执政后，对农民采取的实际上是剥夺的政策，实行的粮食征收制几乎把农民的所有粮食都征走了，使农民实在难以活不下去，导致在内战后期终于揭竿而起，反对布尔什维克政权。说"揭竿而起"不是比喻，而是真实的历史，那时就有一宗起义叫做"叉子暴动"，农民没有武器就把叉子当作战斗的武器，可以说是"揭叉而起"。农民高呼"打倒康姆尼"，"康姆尼"是共产的意思，可以理解为"打倒公社"，也可以理解为"打倒共产主义"，反正农民不要你布尔什维克的领导了。那时官方把农民暴动叫做"盗匪活动"，但这并不改变农民反抗布尔什维克政权的实质。列宁承认，那时农民暴动遍及全国各个省份。最后爆发喀琅施塔得兵变。喀琅施塔得本来是革命的堡垒，十月武装起义时著名的阿芙罗拉巡洋舰就是从喀琅施塔得军港开过来的，喀琅施塔得的水兵是一支富有战斗力的突击力量，在革命和内战中哪儿有困难，就派水兵去支援，如今连这后院也举行暴动，而其纲领并不反对革命，而仅仅反对布尔什维克的错误政策。这些反布尔什维克的暴动汇集成一股强大的激流，使布尔什维克政权遭遇到革命胜利以来最严重的政治经济危机。正是在这股激流的冲击下，布尔什维克党在1921年召开的第十次党代表大会上不得不匆匆忙忙通过废除不得民心的粮食征收制，改行粮食税制度，使农民在完税后能够自由支配手中的余粮。这就是著名的新经济政策的开端。①

斯大林对待农民的政策，发展农业的模式，导致苏联时期农业一直停滞不前，使他之后的各届领导人上台后不得不把很大精力放

---

① 参见郑异凡：《列宁1922年的赠言》，载《同舟共进》，2013年第2期。

在农业上。赫鲁晓夫一上台之所以首先抓农业，是因为他清楚地认识到苏联尚未解决粮食问题。赫鲁晓夫执政时期农业虽有一定的发展，但由于农业制度没有根本性改变，农业仍处于不稳定状态。勃列日涅夫一上台，亦不得不首先推行加强农业的政策。但同样出现经常性的农业歉收。1979—1982年出现连续四年歉收。1973年苏联历史上第一次成为粮食净进口国。这一年净进口1904万吨。后来，粮食进口上了瘾，就像吸毒者上了海洛因的瘾一样[1]，震惊了世界市场，引起了各国愤怒。1985年进口粮食4420吨，1989年为3700万吨。[2]长期以来，苏联农业劳动生产率只及美国的20%—25%。

苏联剧变后，俄罗斯新执政者为了构建市场经济体制，不仅对城市的国有企业实行私有化，并且也对农业进行改革，农业领域的改革，涉及两个相互紧密联系但又有区别的内容：即农业生产经营组织的改组与农业土地所有制问题。

二、集体农庄与国营农场经营组织形式的改组

叶利钦上台执政后，决定把在农业中占绝对统治地位的国营农场与集体农庄加以改组。规定必须在一年内（在1993年1月1日前），完成国营农场与集体农庄重新登记工作，并对那些无力支付劳动报酬和偿还贷款债务的农场、农庄，应在1992年第一季度加以取消与改组。1992年9月4日，俄罗斯政府正式批准了农场、农庄与国营农业企业的条例。该条例确定的经营形式改革与产权改

---

① ［俄］格·阿尔巴托夫著，徐葵等译：《苏联政治内幕：知情者的见证》，新华出版社1998年版，第239页。

② 苏联国家统计委员会：《1990年苏联国民经济》，莫斯科财政与统计出版社1991年俄文版，第653页。

造的基本原则是：按生产单位劳动集体成员的意愿，将农庄、农场改组为合伙公司、股份公司、农业生产合作社、家庭农场及其联合体。到 1993 年底，俄罗斯已有 2.4 万个农庄、农场进行了改组与重新登记，占农庄、农场总数的 95%，其中 1/3 的农庄、农场根据劳动集体的决定保留了原来的经营形式，其余的 2/3 改组为 1.15 万个合伙公司、300 个股份公司、2000 个农业合作社和3000 个其他新的经营形式。它们的成员成为具有自己份地和股份的商品生产者。①

这里要指出的是，在叶利钦时期，特别重视发展农户（农场）经济。这与当时叶利钦、盖达尔等人接受西方模式来改造成俄罗斯农业的战略有关。这个模式就是以土地私有化和经营组织农场化为基础的。在他们看来，美国与西方其他一些国家在土地私有制基础上发展家庭农场能获得良好的经济效益。但在俄罗斯，这种农户（农场）经济并没有得到很大发展，更没有成为农业生产的主力军。1992 年农户（农场）经济 4.9 万个，1993 年为 18.28 万个，从 1994年至 1999 年，一直保持在 27 万—28 万个这一水平。占用土地面积一般在 1200 万—1300 万公顷，平均每个农户经济占用土地为 40 —50 公顷。1999 年农户（农场）经济生产的粮食占俄粮食总产量的7.1%，而在畜牧业中的比重很小，如在大牲畜中饲养头数中只占1.8%，其中奶牛占 1.9%，猪占 2.2%，羊占 5.5%，在整个农业产值中仅占 2.5%②。

在俄罗斯，农户（农场）经济之所以难以发展，因它受到一系列

① 陆南泉主编：《独联体国家向市场经济过渡研究》，中共中央党校出版社 1995 年版，第134 页。
② 王跃生等主编：《市场经济发展：国际视角与中国经验》，社会科学文献出版社 2006 年版，第 250 页。

条件的制约：第一，俄罗斯不像美国，有发达的、及时能得到的农业社会化服务。美国家庭农场所以能发展并有巩固的地位，一个十分重要的条件就是具有高水平的社会化服务。而这一套服务体系绝不是在短期内可建立起立的；第二，长期以来，在俄罗斯搞的是大农业，国营农场和集体农庄的生产规模都很大，使用的是大型农业机械，机械化水平已达到一定程度，粮食作物的种植与收获已全部机械化，畜牧业综合机械化水平已达到70%—80%。而搞小规模的农户经济，需要小型的农业机械。在当时的俄罗斯，财政极其困难，国家不可能投入资金来及时地发展小型农机，以满足农户经济的需要；第三，在苏联，大型农业已搞了几十年，农业生产中的劳动分工已形成，这样，能够掌握农业生产全过程的典型的农民已不存在，这对搞一家一户的农业经济在客观上就有很多困难；第四，农户缺乏必要的启动资金，他们既得不到财政帮助，又得不到必要的银行贷款，这种情况下，使得组建起来的农户经济难以维持，出现大量解体的情况；第五，农用生产资料如化肥等得不到保证。叶利钦时期推行的小农业经济政策并不适合俄罗斯国情，未能取得应有的效益。普京上台执政后，不得不改变农业发展政策，变革农业发展道路。普京强调要搞大农业，具体说要搞大型的农业综合体，把它视为发展农业的重要途径之一，要把俄罗斯农业在今后成为"大的商品生产者"。从西方发达国家的情况看，大型农业企业是农业生产经营的一种基本形式。目前美国50%的商品农产品是由占4.7%的大农场生产的，而欧盟国家50%的商品农产品是由10%—15%的大农场生产的。大型农业在俄罗斯农业中起着重要的作用，它们生产92%粮食、94%的甜菜、86%的向日葵籽、70%的蛋、49%的奶、39%的肉、38%的羊毛、21%的蔬菜和90%的饲料。在这些大企业中，已有300个大型龙头企业，俄罗斯还在组建15个大型农工集团。这些大型农业企业的经营效益也较好，如300个大型龙头企业，虽仅占农业总数的1.1%，但在2000年生产的商品农产品占其总量的16.1%，所得收入占农业总收入的28%，所得利润占农业总利润的47.2%。[①]

当今俄罗斯农业生产组织有三种生产组织形式：农业企业、居民经济和农户（农场）经济。这三种不同类型的农业生产组织在发展过程中，相互间形成了自然的劳动分工（见下表）。

三类农业生产组织在农产品生产中的比重结构（%）

	农业企业			居民副业			农户（农场）经济		
	2005	2010	2011	2005	2010	2011	2005	2010	2011
粮食（加工后重量）	80.6	77.1	76.8	1.1	1.0	1.1	18.3	21.9	22.1
甜菜	88.4	88.7	86.4	1.1	0.4	0.5	10.5	10.9	13.1
葵花籽	72.1	73.0	71.9	0.5	0.6	0.4	27.4	26.4	27.7
马铃薯	8.4	10.5	13.0	88.8	84.0	79.6	2.8	5.5	7.4
蔬菜	18.7	17.1	19.7	74.4	71.5	66.6	6.9	11.4	13.7
禽、畜屠宰量（出栏重量）	46.2	60.6	63.2	51.4	36.5	33.8	2.4	2.9	3.0
牛奶	45.1	44.9	45.4	51.8	50.4	49.7	3.1	4.7	4.9
蛋	73.6	77.1	77.5	25.7	22.1	21.7	0.7	0.8	0.8
羊毛（重量）	25.7	19.7	…	54.7	54.4	…	19.6	25.9	…

资料来源：根据俄罗斯公布的统计资料编制。

从上表可以看出，农业企业是粮食、甜菜和葵花籽、鸡蛋、肉类产品的生产主体；居民副业是马铃薯、蔬菜、牛奶等作物的生产主体，农户（农场）经济生产的农产品所占比重很低，2011年占份额最高的是葵花籽，为27.7%。农户（农场）经济虽然在产品产量和产值

---

① 以上资料转引自乔木森2003年10月撰写的题为"俄罗斯农业发展道路"的研究报告。

中所占比例不大，但其增长速度高于农业企业和居民家庭经济。

俄罗斯在农业领域出现了一些大型控股公司。这些公司通过投资设厂、收购、兼并等措施，建立起了集生产、加工、销售于一体的大型企业集团，进行规模化经营。一些大型农业加工企业正在兴起，比如，欧洲最大的年加工能力为100万吨葵花籽的加工企业，已在顿河罗斯托夫建成投产；投资3.5亿美元兴建的"鲁斯农业"生猪养殖场在贝尔格勒州也已建成。[1]

三、实行土地私有化改革

苏联在十月革命胜利后，列宁就宣布一切土地归国家所有。1970年7月1日批准的《俄罗斯联邦土地法典》也明确规定，土地归国家所有，农业企业、其他企业、社会组织和机构以及公民有权无限期使用。俄罗斯为了向市场经济转型，认为，不能在国民经济其他部门进行私有化时，而在农业中对最重要的生产资料土地，仍保持单一的国有制。为此，1991年4月25日，俄罗斯联邦议会通过了《俄罗斯联邦土地法典》。该法典为"根本改革俄罗斯联邦土地关系、保护土地所有者、土地占有者和土地使用者的权利，组织合理使用土地资源，提供了法律保证"。根据这一法典，在俄罗斯取消了土地的单一形式，确定了多种土地所有制形式，包括：国家所有制。它分为联邦所有制和共和国所有制；集体所有制。土地可作为集体共同所有的财产，但不为其中的每个公民确定具体的土地份额；集体股份所有制。在确定每个公民的具体土地份额后，土地所有权转交给公民，并可作为集体股份制；公民所有制。公民在从

---

① 参见陆南泉等主编：《苏东剧变之后——对119个问题的思考》(中)，新华出版社2012年版，第571页。

事家庭农场、个人副业、个人住宅与别墅建设等活动时，有权获得土地所有权，并终身继承占有权或租赁权。

1991 年底，叶利钦签发了《关于俄罗斯联邦实施土地改革的紧急措施》的总统令，它不只规定了土地改革的一般原则，并要求在一年内完成集体农庄和国营农场的改组与重新登记，预定要在俄罗斯农村发展 100 万个家庭农场，以形成一个中产者阶层。

1993 年 10 月 27 日，叶利钦又签署了《关于调节土地关系和发展土地改革》的总统令。这道总统令的一项重要内容是，规定土地所有者有权出售为自己所有的土地。接着，又于 1994 年和 1995 年分别颁布了俄罗斯政府《关于借鉴下诺夫戈德州实际经验改革农业企业》的决议和《关于实现土地份额和财产份额所有者权利的方式》的决议。根据这两个决议，在改革组织农业企业的过程中，使这些企业的工作人员和农民得到归自己所有的一份土地和一份财产。1996 年 3 月 7 日，叶利钦又签署了《关于实现宪法规定的公民土地权利》的总统令，重申土地所有者有权自由支配自己的土地份额，包括出售、出租和赠送土地份额。

俄罗斯随着农业改革的发展和一系列总统令的实施，俄罗斯在调节土地关系的政策、法规与 1991 年 4 月 25 日通过的《俄罗斯联邦土地法典》存在一些矛盾的地方，加上俄罗斯社会各界人士对土地所有制改革的看法亦不一致，因此，决定要制定新的土地法典。但从拟定草案、多次审议，经过不断反复，一直到叶利钦 1999 年底辞职，包括土地私有化特别是土地自由买卖内容的土地法典也未最后获得通过。

虽然俄罗斯在执行有关土地所有制改革的总统令方面，存在不少阻力，但土地私有化的改革还是取得了不少进展。到 1997 年 1 月 1 日，国营农业企业占用的农业用地占全俄农业用地已下降到

13.4%，其中耕地为 12.5%。到 1999 年，约有 63% 的农业用地转为私人所有。在土地使用结构中也发生了大的变化，农业企业和组织使用土地为 1.6 亿公顷。占农用土地的 81.9%。①

在叶利钦时期，有关土地私有化的改革，虽然通过了有关法典，并签署了一系列总统令，但并没有解决一个关键性问题——农用土地可以自由买卖。后来叶利钦总统与杜马为此闹得很僵。1997 年 8 月，俄罗斯杜马通过的新土地法典没有规定农用土地可自由买卖的内容，从而遭到叶利钦的否决，他还明确地说：只要新土地法典没有规定农用土地可以自由买卖的内容，他就不会在上面签字。

普京上台后，在农业问题上强调指出，要解决俄罗斯农业中存在的大量问题，急需尽快通过长期争论不休的新土地法典。2000 年 1 月，他在国家杜马发表讲话时就呼吁尽快通过土地法典。在他执政初期，对土地自由买卖问题的态度并不十分明朗，比较谨慎，但实际上是同意土地自由买卖的。2001 年 1 月 30 日，普京在俄罗斯国务委员会主席团会议要求：必须通过明确的土地法。认为，缺乏对土地的调节，是影响投资的一个很大障碍。接着他在 2001 年 2 月 21 日向俄罗斯联邦国务委员会会上讲："土地关系领域需要解决三个关键问题"："第一，在所有制领域制定出各种法律关系的规定；第二，清点土地数量；第三，建立土地资源有效管理的体系。""新的土地法典应该成为推进这方面工作的出发点。"他还接着说，在农业方面俄罗斯"最尖锐的问题是农业用地的流转问题。在土地资源的构成中，农业用地占

---

① 在经济转型前的 1991 年底，国营农场占用农业用地为 1.06 亿公顷，集体农庄占用 7910 万公顷，分别占全部农业用地的 47.7% 和 35.6%。

了四分之一。在今天的讨论中我们应该对此予以特别的关注"①。
2001 年 4 月 3 日普京发表的总统国情咨文中专门谈了土地问题。
他说："现在的主要问题是，在那些已有土地市场的地方，不要去
阻挠土地市场的发展。把关于调节土地关系的形式和方法的最现
代的概念写入法典。还应该承认，现在非农用土地在民间交易中
已不受限制。对农用土地的交易调控显然需要专门的联邦法律，
大概还应当赋予联邦主体独立决定何时进行农用土地交易的权
限。"②

　　经过激烈争论，2001 年 9 月 20 日，国家杜马三读通过了拖
了七年之久的新的《俄联邦土地法典草案》，10 月 10 日，俄罗斯
联邦议会以 103 票赞成、29 票反对、9 票弃权的表决结果最后通
过了《俄罗斯联邦新土地法典》，并由普京总统签发生效。但这
一法典并未解决农用土地私有化与自由买卖问题。为了解决这个
问题，2002 年 6 月 26 日，俄罗斯国家杜马最终通过了《俄罗斯
联邦农业用土地流通法》。7 月 9 日俄罗斯联邦委员会批准，并由
总统签发，自正式公布之日起六个月后生效。应该说，这项法律
的出台，标志着俄罗斯土地私有化有了重大发展，即最后解决了
农用土地可以自由买卖的问题。《俄罗斯联邦农用土地流通法》
明确规定了农用土地地块和具有共同所有权的土地份额的流转
（交易）规则和限制条件，完成交易的结果，是产生或者中止农用
土地地块和具有共同所有权的农用地份额的各种权力。还规定，
"不允许俄联邦主体通过法律法规包括附加条款，对农用土地地块
的流转进行限制"。这里要指出的是，有关农用土地自由买卖还

---

① 《普京文集》，中国社会科学出版社 2002 年版，第 257 页。
② 同上书，第 284 页。

是需要遵循一些原则。《俄罗斯联邦农用土地流通法》做了以下一些限制性的规定：如：为了保证农用土地的专项用途，在出售股份所有制的土地份额时，其他土地股份所有者有权优先购买；出卖农用土地地块时，俄联邦主体或联邦主体法律规定的地方自治机构有优先购买这些土地地块；禁止将农用土地卖给外国人、无国籍人士和外国人的股份超过50%的法人。从杜马讨论农用土地进入流通问题的情况看，总的看法是比较一致，即不能把农用土地卖给外国人。①这主要是担心俄罗斯农业和农村被外国企业与外籍人士控制。关于这个问题，2002年6月19日普京在俄罗斯工商会第四次代表大会上说："我理解那些主张不急于赋予外国人购土地的人。""解决这个问题需要平衡、斟酌和非常谨慎。"但他还说："随着土地市场和必要基础设施的发展，这个问题还会被提到日程上来。"至于农用土地自由买卖的改革，虽已通过了法律，但在实施过程中不同观点的争论不会停止，而土地私有化改革的进程也不会因有争论而停滞不前，还会不断深化。

《俄罗斯联邦农用土地流通法》的颁布与实施，不仅为土地流通提供了法律基础，如果从经济转型视角来讲，其重要意义还表现在以下几个方面：

第一，解决了农用土地进入流通领域，成为商品经济的一个重要要素。这样使俄罗斯市场体制得以全面建设。

第二，允许土地进入流通，改变了从事农业生产的农民与土地的关系，农民真正成为土地的主人。《俄罗斯联邦农用土地流通法》的实施，使土地份额所有者出租、出售、抵押、交换等有了法律保证。

---

① 外国人可购买工业和建筑用土。农用土地只能租赁，租赁期不得超过49年。

第三，农用土地进入流通，这为俄罗斯农业朝着规模化和效益化方向发展提供了可能。就是说，随着土地自由进入流通，就会使土地向大生产者集中和发展规模化经营创造条件。与此同时，这亦有利于吸引国内外的投资。正如普京所指出的："缺乏对土地问题的调节，是投资过程中的很大障碍。谁会把钱投向别人的土地上的项目？土地已进入国内流通，而且没有发现有害。这个问题的解决，我们拖得太久了，时间已经耗尽。不调节土地问题会对人们的生活、对经济产生不良影响，降低投资积极性，产生腐败。"[1]

四、农业发展状况

俄罗斯农业在叶利钦执政期间，整个经济也出现了大幅度下滑的情况，1991—1998 年农业产值年均下降了 5.5%，在 20 世纪整个 90 年代，农业生产下降了 40%。俄罗斯 3300 万居民处于贫困状态，其中 75.6%（2950 万人）是农村居民。[2]只有约 60% 的农村居民达到全国人均收入水平，35% 的居民实际可支配收入低于最低生活标准。[3]近年来俄罗斯农业形势有了明显好转，但农村面貌仍有待改善。贫穷是俄罗斯农村发展中亟待解决的问题。20 世纪 90 年代的经济危机造成俄农村状况不断恶化。另外，俄罗斯农村不仅农业劳动力的质量明显下降，而且劳动力在数量上难以满足需要，更是缺乏专业技术人才。

---

① 参见 http://www.strana.ru。

② Галина Карелова, Убедности деревенское лицо, http://www.rg.ru/2003/10/28/karelova.html.

③ А. Гордеев, Опроекте Государственной программы "Развитие сельскогохозяйства ирегулирование рынков сельскохозяйственной продукции, сырьяи продовольствия на 2008-2012 годы", http://www.mcx.gov.ru, 12.07.2007.

从 1999 年起，俄农业生产开始好转，2000 年和 2001 年增长率分别高达 7.7% 和 7.5%，从 2001 年开始，俄罗斯首次实现了粮食自给自足。当年俄粮食产量达到 8520 万吨，不仅满足了国内粮食需求，而且使俄再次成为粮食出口国，2001 年俄罗斯出口粮食 320 万吨。2002 年，俄罗斯粮食产量更是达到 8660 万吨，粮食出口 1850 万吨，成为当年第五大粮食出口国。但俄罗斯粮食产量很不稳定，波动幅度很大，如 2009 年 9711.1 万吨，2010 年下降为 6096 万吨，又如 2011 年为 9421.3 万吨，2012 年降为 7400 万吨。俄罗斯畜牧发展缓慢，主要表现牲畜的存栏量不断下降；主要养殖业产品的产量下降与不稳定。

由于农业特别是畜牧业的落后，俄罗斯为了保证市场的食品供应，不得不大量进口食品与农业原料，2011 年该项进口额为 425 亿美元，占俄进口总额的 13.9%。在食品进口中肉类占很大份额，如 2009 年为 48.43 亿美元。

近几年俄罗斯农业和食品工业产值占 GDP 的 8.5% 左右，其中农业占 GDP 的 4.4%；农业就业人口约为 730 万人，占就业人口总数的 11%。总的来说，经过 20 多年的经济转型，俄罗斯农业并没有摆脱落后状态。2011 年 5 月 18 日梅德韦杰夫在记者会上说，俄罗斯农村人口占总人口的三分之一（2012 年 1 月 1 日，俄农村人口 3730 万人，占全俄人口总数的 26%），而工业发达国家只占 3%—5%。在他任总统后重视农业问题，视为俄罗斯大力发展的一个优先方面。

五、对农业的扶持政策

在叶利钦执政时期，由于出现了严重的经济转型危机，俄罗斯自 20 世纪 90 年代初以来，用于农业领域的财政资金每年都在缩减，各级财政的支出中农业（包括渔业）支出的比重从 1990 年的

15%降到2002年的2.3%。①后来随着经济、财政情况的好转，逐步实施调整与加强农业的政策。

第一，增加对农业的资金投入。俄罗斯政府对农业投入的增加是与出台的有关政策有密切的联系，如2005年俄出台农业发展纲要后的两年时间，对农业的投入就增加了近10倍，达到3600亿卢布。2011年11月7日，俄罗斯农业部公布了《2013—2020年俄罗斯联邦农业发展和农产品、原料和粮食市场调控国家纲要》（简称《新纲要》）。为了《新纲要》的贯彻执行，预计划拨联邦预算资金2.37万亿卢布，其中俄罗斯农业部取得预算拨款2.285万亿卢布，俄罗斯农业科学院取得849.73亿卢布，用以保证七个子纲要与三个联邦专项纲要②顺利执行。《新纲要》执行期间各年的联邦预算资金为：2013年2024.13亿卢布，2014年为2447.46亿卢布，2015年为2697.92亿卢布，2016年为2926.38亿卢布，2017年为3121.79亿卢布，2018年为3295.05亿卢布，2019年为3498.47亿卢布，2020年为3689.81亿卢布。除联邦预算资金外，在执行《新纲要》过程中预计划拨联邦主体预算资金2.349万亿，预算外资金预计达到2.279万亿卢布。由此可见，《新纲要》的资金保障更加多元化，不再单纯依靠联邦预算拨款，地方政府和企业的投资也占有相当大的比例。③十分明显，今后一个时期俄将大大增

---

① В. А. Вашанов：Развитие аграрной сферы России вусловиях глобализации，Москва，СОПС，2006 г.，с.109.

② 七个子纲要分别为：《种植业部门的发展，种植业产品的加工和销售》、《畜牧业部门的发展，畜牧业产品的加工和销售》、《支持农业小企业》、《技术现代化与创新发展》、《建立管理农业领域的自动化系统》、《国家纲要政策实施的科学保障》和《保证实施国家纲要的管理功能》。三个联邦专项纲要分别为：《2013年前农村社会发展》、《2014—2017年和2018—2020年农村稳定发展》和《2020年前俄罗斯农业用地土壤改良的发展》。

③ 参见郭晓琼：《俄罗斯农业发展现状与预测》，载李永全主编：《俄罗斯发展报告（2012）》，社会科学文献出版社2012年版，第167页。

加对农业的投入。

第二，实行税收优惠政策。俄罗斯在调整农业政策中的一项重要的措施是减轻税负，2003年开始征收统一农业税。俄罗斯规定统一农业税税额为农业企业总收益与其总成本之差的6%。此外，俄罗斯还对农产品增值税实行税收优惠，即按10%的优惠税率课税（标准税率为18%）。实施这一税收后使农业商品生产者的税负减少3/4。这一优惠政策的适用对象为饲养牲畜家禽类农业企业；肉类、牛奶和奶制品、植物油和人造黄油、精炼糖与原糖、鸡蛋和蔬菜等主要农产品；饲料谷物、混合饲料、油籽粕和油籽饼等农业投入品。为了适应"入世"的需要，俄罗斯国家杜马于2012年9月通过了一项法律，强化对农业生产者实施的税收优惠政策；规定农业企业利润税将无限期实行零税率政策；在2017年12月31日前对一些粮食种子、种畜等农产品的增值税继续实行10%的优惠税率。①

第三，实施信贷优惠政策。这主要有：一是针对农民贷款难的问题，俄政府成立了俄罗斯农业银行，专门负责分配使用国家对农业的投资，发放农业贷款，并将长期贷款的期限从原来的八年延长到十年，同时，还加大了对长期贷款的补贴额。农民可以以抵押土地的方式申请贷款，政府补贴贷款利息。二是政府资助建立农村信贷合作社，帮助农户和小型农业合作集体解决生产资金问题。三是调整国家对农业的贷款政策。自2000年秋开始，国家将农业预算资金用于支付商业银行的信贷利率，以鼓励商业银行向农业贷款，等等。②

---

① 《俄罗斯：通过立法对农业实施税收优惠政策》，中国税务网，2012年9月21日。
② 参见郭连成、唐朱昌著：《俄罗斯经济转轨路径与效应》，东北财经大学出版社2009年版，第96—97页。

第十七讲

俄罗斯对外经济体制与政策的变革

1848 年，马克思、恩格斯在《共产党宣言》中就曾指出："资产阶级，由于开拓了世界市场，使一切国家的生产和消费都成为世界性的了。""过去那种地方的和民族的自给自足和闭关自守状态，被各民族的各方面的互相往来和各方面的互相依赖所代替了。"①一百多年后的今天，世界各国之间，相互往来、相互依赖的经济关系大大发展了。生产的社会化早已超越了国界，迅速地向国际化发展，越来越多的商品、资本、劳动力、科技信息等进入了国际市场。一国的生产不单单要以世界市场为背景，而且要与国际交流和合作为条件。就拿作为发展国际经济关系最普遍的形式国际贸易来讲，已经成为很多国家发展经济，甚至是生存的必要条件。20 世纪50 年代，世界出口总额占世界总产值的 5%，而到 21 世纪初，这一比率已超过 20%。世界各国经济发展的历史实践证明，谁搞闭关锁国政策，谁就会在经济、技术方面落后，经济上缺乏竞争能力。

苏联建国七十多年来，在发展对外经济关系方面虽有了不少发展，但与西方发达国家相比，有其很大的局限性。例如，从对

---

① 《马克思恩格斯选集》第一卷，人民出版社 1995 年版，第 276 页。

外经济关系形式来看，主要是商品贸易，对外的生产技术合作、投资等很不发达，从地区结构来看，主要限于经互会国家范围内。苏联为了实现从粗放经营向集约经营的经济发展战略的转变，为了缩短与西方发达国家的经济、技术差距，为了在充分发展经济的基础上，提高生产技术水平与产品的国际竞争能力，积极参与国际经济合作，已是发展苏联经济的一项战略性任务，亦是一种客观的必然趋势。

一、戈尔巴乔夫时期开始积极推动对外经济体制改革

在戈尔巴乔夫执政时期，对外经济体制的改革，它一方面是实现根本经济体制改革的一个重要内容，也是向市场经济过渡的要求；另一方面也是为了实现加大开放力度，使苏联经济日益国际化与融入世界经济的目的。戈尔巴乔夫在1987年苏共中央六月全会上讲："在当今世界上，任何一个国家都不认为自己在经济方面能够与其他国家隔绝。我国在这方面也不例外。苏联经济是世界经济的一部分。各个国家的国际贸易和外汇财政相互关系，以及最新科学技术改造，都不可避免地以某种形式影响我国的经济状况。"[1]时任苏联部长会议主席的雷日科夫在苏共二十七大上也强调指出："在当今世界上，积极发展经济和科学技术联系，参加国际分工，都是极其必要的。"[2]到了1990年7月的苏共二十八大，由于经济形势的恶化，戈尔巴乔夫在谈到改善经济状况时指出："苏联经济的健康化，在不小程度上取决于它纳入国际分工体系的状况。"[3]

---

[1] 《戈尔巴乔夫关于改革的讲话》，人民出版社1987年版，第381页。
[2] 《苏联共产党第二十七次代表大会主要文件汇编》，人民出版社1987年版，第221页。
[3] 同上书，第15页。

戈尔巴乔夫执政时期，为了使苏联经济能更快地融入世界经济，使其经济适应开放与国际化这一总趋势的要求，在对外经济体制领域采取一系列改革政策与措施。

第一，从指导思想来讲，强调对外政策日趋经济化。戈尔巴乔夫在发展对外关系方面的指导思想是"国际关系经济化、国际关系非意识形态化"。这种"更经济化"的外交政策，无疑是苏联经济国际化的催化剂。

第二，赋予各部门、企业直接进入国外市场的权利。戈尔巴乔夫执政时期改革外贸体制的一个重要趋势是：通过外贸渠道，使各部门、地区和企业有可能直接进入国际市场，并为此注入各种刺激机制，以此来加速苏联经济国际化的进展。

第三，摆脱传统理论束缚开拓非传统的对外经济合作形式。苏联在20世纪30年代中期以前的一个较长时期，与西方国家经济联系和合作的形式还是多种多样的，其中合营企业得到了相当发展。但自30年代中期开始，苏联对西方国家的经济联系形式，基本上是通过对外贸易轨道实现的，即主要集中在流通领域。之所以出现这种情况，这与当时的苏联领导错误地对待新经济政策，把它看做暂时的，是向资本主义不得已的退却有关。新经济政策不存在了，从这一政策中产生出来的租让制和合营公司自然也就被革出了教门。从这以后的很长历史时期里，特别在苏联完成了生产资料所有制的社会主义改造以后，从理论到实践，不再允许在苏联国土上出现任何形式的生产资料私有制，更不允许外国资本在苏联国土上出现。对此，戈尔巴乔夫在苏共二十八大的报告中说："要走向世界市场，要使苏联参与世界经济，我们干部的思维以及态度都得做根本改变。""改变他们的思维，需要善于按新的方式办事。"①戈尔巴乔夫执政后，在分析国内经济停滞原因时，也分析了长期以来苏联对外经济关系方面存在的保守主义、教条主义对经济发展所产生的影响，并认识到，要使苏联经济走向世界，只靠单一的传统的贸易形式是远远不能适应世界经济形势发展需要的，这只会导致苏联经济的继续落后，要改变这一局面，就必须用其他一些社会主义国家，如中国、匈牙利、罗马尼亚、保加利亚等国，早已采用的一些非传统的对外经济关系合作形式，如建立合资企业、自由经济区和免税区等。

四是积极调整对外经济关系的地区战略。总的来说，苏联建国以来，特别在"二战"后，在其理论及实践中，一直把发展与东欧国家间的经贸关系视为战略重点。直到 1988 年，苏联与社会主义国家的外贸额占苏联外贸总额的 65% 以上。苏联上述地区战略思想，日益与戈尔巴乔夫推进其经济国际化方针不相适应。从经互会成员国民用技术水平来看，各国虽在某些领域各有其特点，但总的来说，处在同一水平线上，如果长期主要集中在这些国家范围内进行贸易和经济合作，不可避免地会出现低水平的重复，这对提高各国的技术水平和产品质量有着明显的消极作用。从经互会成员国的经贸体制来看，长期实行的是一种"统包统揽"的做法，进出口基本上都由政府统一包下来，这样，竞争机制不起作用。在这种体制下，经互会成员国家采取把高质量产品出口西方换自由外汇，而把质次产品进行互相交换，这种做法必然影响各国经济的发展和技术的提高。为了改变上述情况，戈尔巴乔夫执政后，在调整对外政策的同时，对外经济关系的地区战略也做了相应调整。调整的总趋势是，把战略重点逐步由东欧移向西方。

---

① 《苏联共产党第二十八次代表大会主要文件资料汇编》，人民出版社 1991 年版，第 15 页。

二、苏联时期对外经贸合作的特点

虽然戈尔巴乔夫执政后对外经贸体制与政策做了一些调整，但纵观苏联对外经贸关系七十多年的发展历史，它有以下一些特点。

第一，从地区结构来看，由"二战"前的西方与"二战"后转向东方。"二战"前，苏联作为唯一的社会主义国家，它只能主要与西方资本主义国家发展经贸关系。战后与战前相比。地区结构发生了根本性的变化，即由西方转向东方在战后初期，与社会主义国家贸易在苏联对外贸易总额中占有很大的比重，在1950占81.1%。到1989年，社会主义国家的比重由1950年的81.1%下降到61.6%，而同期发达资本主义国家与发展中民族主义国家的比重分别由15.0%提高到26.2%与由3.0%提高到12.2%。尽管社会主义国家所占比重下降了，但一直保持在60%以上。

第二，从进出口商品结构来看，类同于发展中国家。苏联虽然是个工业大国，但机器设备及其他深加工产品在出口中所占的比重不高，在20世纪80年代占15%左右。而燃料、电力和原材料的出口要占一半以上。在进口产品中，占第一位的是机器和设备，在80年代要占40%左右，其次是食品与食品原料要占17%左右。

第三，从战后苏联对外贸易发展情况来看，一个重要特点是：发展速度超过社会总产值的增长速度；一般保持顺差；外贸在社会总产值中的比重不断提高。苏联在对外贸易中较为重视平衡并尽可能保持一定的顺差。从1946年到1988年的43年间，只有8年出现过少量逆差，而其余的35年均为顺差。

第四，从外贸管理体制来看，苏联很长一个时期坚持实行对外经贸活动的国家垄断制。苏联在对外经贸体制与整个国民经济管理体制一样，实行中央高度集权，以行政管理方法为主的管理原则。

它与其他经济部门不同是完全由国家垄断。具体由外贸部与对外经济联络委员会垄断经营，而其他经济部门，特别是生产企业与组织均无权从事对外经贸活动。这种管理体制，既不能调动各经济部门与企业从事对外经贸活动的积极性，也不能适应世界市场的变化，更不能使各部门与企业走向国际市场和参与竞争。这样使得苏联企业失去对采用新技术的兴趣，难以提高产品质量。在斯大林逝世后，虽然对对外经贸体制做过一些改革，但实际上都未从根本上触动对外经贸活动的国家垄断制。只是到了戈尔巴乔夫时期，才着手积极推动这一领域的改革。

三、俄罗斯对外经贸合作政策

苏联解体后，作为苏联继承国的俄罗斯，在对外经贸关系方面既有与苏联时期相同之处，也有很大变化并产生了不少新特点。

第一，对外经贸关系对支撑俄罗斯经济的作用大大提高。

俄罗斯独立执政后的时期，在对外商品贸易方面，除 1992、1998、1999 年 3 年比上年下降外，其余各年均是上升的。从 2000 年开始，保持了稳定增长的态势。

1992 年至 2010 年俄罗斯顺差为 12785.89 亿美元，这对发展俄罗斯经济的作用表现在：一是使外汇储备大量增加；二是保证了联邦预算的稳定，预算盈余不断增加；三是提高了偿还外债的能力，从而减轻了俄罗斯外债的负担。这些因素对保证俄罗斯经济稳定发展都有着重要的作用。另外，俄罗斯通过外贸大量进口国外先进技术设备和消费品特别是食品，这对改善其经济结构、产业升级与稳定国内消费市场都起了不小的作用。

第二，对外贸易的地区结构的变化。

随着经互会的解散，苏联东欧各国发生剧变，俄罗斯对外贸易的地区结构也发生了重大变化，原东欧国家已不占主要地位。对外贸易的地区为：欧盟居首位，其次是独联体国家、亚太地区与中东欧国家。

欧盟国家的贸易占俄罗斯外贸总额比重不仅最大，而且是不断提高的趋势。到 2006 年占 52.7%。这是因为俄罗斯出口主要依赖于欧盟市场，而欧盟的能源主要靠俄罗斯供应。另外，近几年来，中东欧一些国家先后参加了欧盟，这样使欧盟从原来的 15 国增加到 2006 年的 25 国，2007 年又增加到 27 国。这几年来，俄罗斯与独联体国家的贸易呈下降趋势，从 1997 年的 22.2% 下降到 2008 年的 14.5%。

从具体国别来看，2013 年 1—11 月在俄罗斯对外贸易中排在前十位的国家是中国、荷兰、德国、意大利、日本、土耳其、美国、波兰、韩国与英国。中国在俄罗斯外贸中的地位日益提升，2010 年已上升为第一位。2013 年两国贸易额为 890 亿美元。

第三，进出口商品结构与苏联时期大体类同，但出口更加原材料化。

总体来看，由于作为苏联继承国的俄罗斯，也继承了苏联时期的经济结构，因此，其进出口商品结构大体上与苏联时期相类同。在出口产品中主要以燃料能源产品为主，2008 年在俄罗斯出口产品中要占 68.6%，原料与非能源产品占 23.3%，机器设备与运输工具占 4.9%，其他产品占 3.2%。俄罗斯自经济转轨以来，其经济结构的调整未能取得进展，因此，其出口商品的结构有以下特点：一是由于经济原材料化的趋势日益严重，燃料能源产品在对外出口产品中一直占主要地位；二是机器设备与运输工具类产品出口不断下降，在上个世纪最后十年这类产品出口还占其出口总额的 10% 左右，但到了 21 世纪出现了明显下降的局面，到 2010 年下降为 5.4%。

分析俄罗斯出口商品结构时，值得一提的是军工产品出口问题。苏联时期军工产品在其出口中占有重要地位。苏联解体后，俄罗斯继承了苏联70%军队，1500多家军工厂和500多万生产工人。苏联解体结束了苏美争霸的格局，大国关系逐步由冷战状态走向缓和。这种情况下，俄罗斯面临着如何对待庞大的军事工业。在经济转轨初期，俄罗斯政府实行"雪崩式"的转产，即力图通过急剧削减国家军事订货的办法，在两年内使70%的军工企业实现转产。这使得1992年与1993年国家军事订货急剧减少65%—70%。1992年军工产品产量仅为上年的32%。这种快速的转产，在客观上不可能做到，而实际的结果是导致大量军工企业停产。后来，不得不调整快速军转民的政策，认识到这是一个长期的过程，需要大量投资，叶利钦的顾问马列伊认为："实现军工转产需要15年的时间，花费1500亿美元。"普京执政后，对军事工业采取扶植的政策，主要措施有：

一是进行规划。2001年俄罗斯通过《到2010年及未来俄联邦军工综合体发展政策纲要》与《2002—2006年军工综合体改革与发展专项纲要》。

二是加强管理。2000年11月4日，普京签署了《关于创建俄罗斯联邦国有公司"俄罗斯武器出口公司"1834号总统令》，由其代表国家经营俄罗斯军工产品进出口。2001年5月，在普京的支持下，又把1500家军工企业改组成50家综合性的军品出口集团。俄罗斯武器出口从原来的9—12级管理变成3级管理：即由总统、政府、专门的军工产品出口机构进行。

三是增加军工产品生产的科研费用。俄罗斯将出口军工产品所得的外汇收入，60%用于开发新武器与发展军工综合体，以便研制更新、更有战斗力的武器。

四是俄罗斯这几年来，重视售后服务，并能为买主培训人员与供应武器零配件。

五是俄还通过外交途径支持军工产品的出口，领导人出访，一有机会就着力开拓军工产品市场。

这些政策措施，使俄罗斯军工产品出口有较大的增长，1994 年为 17.18 亿美元，到 2010 年为 88.8 亿美元。目前，俄罗斯已向世界上八十多个国家出口武器。

第四，积极推行融入世界经济体系的对外经贸政策。

在戈尔巴乔夫执政时期，就苏联经济如何融入世界经济体系提出了一些设想并也采取了一些措施，但真正采取实际行动的是在 1992 年俄罗斯推行经济转轨之后。俄罗斯经济转轨目标已不再像戈尔巴乔夫执政后期处于争论不休的状态，而已是十分明确，即由传统的计划经济体制转向市场经济体制。这一转轨目标与经济全球化、全球经济一体化有着密切的联系。就是说，俄罗斯经济要融入世界经济体系，参与全球化过程，必须使其经济适应世界经济变化了的环境，跟上经济全球化的步伐。因此，改变对外经贸关系体制与政策成为俄罗斯经济转轨的一个重要组成部分。为此，俄罗斯实施了下列政策措施。

（一）积极参加国际经济组织。

俄罗斯在向市场经济转轨过程中，对国际经济组织持积极合作的态度。

1992 年 6 月俄罗斯加入国际货币基金组织（IMF），当时俄罗斯的经济处于十分困难的时期，特别是债务危机与支付危机尤为严重。俄罗斯加入了 IMF 后，对其缓解经济危机还是起到了一定的作用，在 20 世纪 90 年代，IMF 向俄罗斯提供的贷款总额为 321 亿美元。

1992 年俄罗斯加入世界银行，自俄罗斯加入该银行后，俄罗斯先后获得的贷款项目共有 53 个，共向俄罗斯提供了 134 亿美元的贷款，其中实际使用了 84 亿美元。

俄罗斯除了参与世界性金融组织外，还与一些地区性的国际金融机构合作，如欧洲复兴开发银行、欧洲投资银行都有合作关系。另外，俄罗斯与由其主导或创建的地区性国际金融机构进行合作，这些机构有：国际经济合作银行、国际投资银行、独联体跨国银行、黑海贸易与发展银行等。①

俄罗斯为了更好地参与经济全球化进程，加强与世界各经济区域的合作，还参加了如西方八国集团、亚太经合组织、上海合作组织等国际经济机构。

（二）努力争取加入世界贸易组织（WTO）。

与 WTO 的关系，从一个重要侧面反映了俄罗斯的对外贸易政策的指导思想，为此，这里进行较多的论述。

1990 年苏联成为 WTO 前身关贸总协定的观察员。苏联解体后，俄罗斯于 1992 年继承了前苏联的观察员地位。1993 年俄罗斯向关贸总协定递交了加入该组织的正式申请。2001 年俄罗斯加紧了入世的步伐。与此同时，国内对此问题的讨论更加热烈，不同意见的争论也日益尖锐。俄罗斯为加入世贸组织已进行了多年的努力。

从叶利钦执政时期来看，未能入世的主要原因有：

第一，尚缺乏必要的与 WTO 标准接轨的法律。在叶利钦执政时期，虽然通过激进的经济改革，很快冲破了传统的计划经济体制

---

① 有关俄罗斯参加国际金融机构的情况与问题，详见郭连成主编：《俄罗斯对外经济关系》，经济科学出版社 2007 年版，第 2—18 页。

模式，形成了市场经济体制的框架，但它的市场经济一直处于混乱无序状态。一系列重要的经济法规，如税法、土地法、银行法、外国投资法等，要么尚未很好地建立起来，要么难以执行。以外国在俄罗斯投资为例就可说明这一点。1989—1998年9年间，俄罗斯所吸引的外国直接投资，按人均计算，在中东欧和独联体国家的25个国家中排第21位，从外资占GDP的比重看，在情况最好的1997年为0.8%。在中东欧和独联体国家中排行倒数第二。据德国经济学院专家对在俄罗斯投资的340家公司问卷调查，有90%多的被调查者认为，影响俄罗斯引进外资的主要因素是"法律的不稳定，税收过高……高关税、地方当局的官僚主义"。

第二，俄罗斯担心其经济的安全受到威胁。作为苏联继承国的俄罗斯，实行了七十多年的计划经济体制，约60%经贸是与经互会成员国进行的，它的大量民用产品缺乏竞争能力，因此，一下子全面开放市场，其经济会受到重大冲击，而俄罗斯打进西方市场的可能性又很小。俄罗斯从经济转轨以来，由于缺乏对本国工业的保护措施，它的轻工业、食品工业等部门几乎被冲垮，大量企业倒闭。

第三，俄罗斯国内缺乏统一的认识。长期以来，一直存在两种不同的意见：一是一些大公司、大企业特别是一些垄断性大财团和国家安全部门，坚决反对俄罗斯匆忙入世，认为俄罗斯政府如果在入世谈判中妥协大，让步过多，会得不偿失。二是国家主要领导人及大部分知识界人士认为，俄罗斯应该争取早日参加WTO。普京执政后，一直十分重视俄罗斯入世问题。他在2002年6月24日举行的记者招待会上强调："如今俄罗斯是世界经济大国中唯一一个不是世界贸易组织成员的国家，唯一的国家！参加世贸组织的国家的经济占到世界经济的95%可能还多一点，停留在这个组织的框架之外或这个进程之外是危险和愚昧的。"①

第四，一个不可忽视的因素是，在较长的时间里，俄罗斯政府在组织入世的领导工作方面极为不力。自1993年提出入世申请后，也成立了俄罗斯入世的政府委员会，并都由一名副总理任该委员会主席。但在普京上台执政前，历届负责入世的政府委员会并未积极开展工作，而该委员会的主席往往是在被解职前才知道自己是担任这一职务的。

尽管出现了一些有利于俄罗斯入世的因素，但也存在很多困难。

首先，俄罗斯市场经济从无序走向有序，使法律与WTO条款和标准相一致，对俄罗斯来说，有漫长的路要走。2001年7月，WTO总干事穆尔在发表有关决定推迟俄罗斯入世问题的谈判时，他声明说，为加入WTO俄罗斯需要通过一些必要的法律，开放市场，建立可靠的金融体系，使生产商适应世界市场高度竞争的环境。为此，俄罗斯还需要若干年。

其次，一些涉及俄罗斯国家经济安全的重要领域，如农业、航空、家具、汽车制药和钢铁业等，其入世谈判是十分复杂和困难的，俄罗斯与WTO存在很大的分歧。

第三，普京上台执政初期，俄罗斯国内反对入世的呼声很高，有人专门建立了反对入世的网站，大财团、大企业一再呼吁，政府在入世前必须加强与它们对话，听取其意见，并说，如果俄罗斯政府采取强制性的办法来加速入世，这会导致俄4万家企业倒闭。从而会导致在入世初有1000万—1500万人失去工作。

第四，对俄罗斯来说，入世谈判最复杂的对手是欧盟。欧盟市场约占俄进口额的40%与出口额的38%，俄罗斯吸收的全部外资

① 《普京文集》，中国社会科学出版社2002年版，第290、617、618、700、701页。

中有一半来自西欧。因此，欧盟的态度对俄罗斯入世无疑至关重要。在相当一个时期里欧盟一方面表示欢迎俄罗斯入世，同时又向WTO施压，让其制止俄罗斯对他们的倾销活动。

第五，任何一个大国参加世贸组织，不只是考虑经济因素，国际政治关系的影响是不可低估的，俄罗斯也不例外。1998年，美国作为对俄罗斯默认北约东扩的回答，叶利钦与克林顿都声明，俄罗斯应在1998年12月成为WTO的成员。"9·11"事件后，普京发表了全面支持在阿富汗实施军事打击的五点声明。美对此在俄罗斯入世问题也作出反应。美贸易谈判代表表示，俄罗斯尽快入世符合美国利益，同时承诺在2001年底前讨论俄罗斯参加WTO的问题。但后来实际情况表明，美国并没有在俄罗斯入世问题给予积极支持。

尽管俄罗斯在入世过程中遇到种种困难，但一直没有停止入世方面的工作，例如，俄罗斯为了与世界经济接轨，为入世做好准备，于2003年4月25日国家杜马通过新的《俄罗斯联邦海关法》，2003年5月28日普京签署、2004年1月1日起实施新的海关法。这部法典是对1993年7月21日公布实施的《俄罗斯联邦海关法》的补充和修订，其间经历近5年时间，经过反复协调，反复协商，反复修改，终于获得了通过。新海关法与旧海关法相比，一个最重要的特点是更加符合国际规范，与国际公约中简化程序的原则协调一致，同时也有利于从事对外经贸活动的单位和个人维护自己的利益。海关将按法律赋予的权力履行自己的义务和职责。俄罗斯国家杜马预算和税收委员会副主席德拉加诺夫认为，新海关法与旧海关法相比，国家减少了对外经贸活动经营者的行政壁垒；新海关法更加透明，外贸经营者不会再对如何逃避海关税费感兴趣；是俄罗斯与国际一体化接轨迈出的一步，将有利于俄罗斯加入世界贸易组织。俄罗斯海关委主席瓦宁强调，新海关法中规定通关的时间是 3 天，实际上，海关打算 90% 的商品在一天之内就能通过，即早晨上交文件，晚上收到货物。这样做简化了程序，促进了信息技术的广泛采用，保证了海关税费 24 小时到位，还将会采用海关统一的付费卡。瓦宁主席还强调，根据新海关法，俄罗斯海关将对商品过境的办理海关手续做到简捷、方便、快速和舒适。应该说，俄罗斯新海关法的实施，对其入世是个很大的促进。入世谈判一直在进行。2004 年 10 月普京访华时，在北京完成了有关俄罗斯入世谈判，签署了《中华人民共和国与俄罗斯联邦关于俄罗斯加入世贸组织的市场准入协议》，使中国成为最早与俄罗斯结束 WTO 谈判的 WTO 成员之一。到 2005 年 5 月。俄罗斯已经结束了与世贸组织大多数成员国的谈判。之后，于 2006 年俄罗斯先后与哥伦比亚、澳大利亚、哥斯达黎加、危地马拉、萨尔瓦多、斯里兰卡等国结束了俄罗斯加入 WTO 的双边谈判。2006 年 11 月 19 日，在河内举行的亚太经合组织峰会期间，俄美签署了俄罗斯入世双边谈判议定书。从而，美国成为俄罗斯达成商品市场准入协议的第 56 个、完成双边服务市场准入谈判的第 27 个 WTO 成员国。

从争取入世的进程可以看到，俄罗斯在这个问题上的基本政策是：总的来说是持积极的态度，但同时表现得较为谨慎。这种谨慎的态度，一是与俄罗斯的对外战略总的主导思想有关，它在对外关系方面一直是以追求最大限度国家利益为原则的，因此，在入世问题一再强调不能以牺牲国家利益为条件，普京强调，俄罗斯现在已经不存在是否应该加入世贸组织的问题，而是何时，以何种条件加入的问题。二是与俄罗斯的经济结构有很大的关系。它出口的主要是能源等原材料产品，这是在国际市场短缺的产品，竞争力很强。而其进口的主要机器设备、运输工具、食品与服务等轻工产品，这些产品在国际市场并不稀缺。这说明，入世后在短期内难以给俄罗斯带来很大效益，因此，俄罗斯入世更多着眼于长远利益。三是俄罗斯申请入世，主要面临关税减让、过渡期的确定、服务贸易的准入与农业补贴等难题。这些问题的解决是十分困难的，是影响谈判进程的重要因素。

后来俄罗斯在入世问题上，又涉及是否坚持俄罗斯、白俄罗斯与哈萨克斯坦将作为统一关税同盟同时入世问题，欧盟委员会发言人卢茨·古尔纳于 2009 年 6 月 10 日在新闻吹风会议上要求俄罗斯澄清入世立场。俄罗斯于 2009 年 6 月在与欧盟举行部长级会议上表示，打算 2009 年年底前完成入世谈判。俄罗斯第一副总理伊戈尔·舒瓦洛夫 2009 年 8 月 12 日又向媒体证实，俄罗斯将作为单独国家入世，但在入世谈判中将与其他两国展开合作。之后不久，俄罗斯又宣布它将单独入世。据俄罗斯《报纸报》2010 年 10 月 1 日报道，俄罗斯将在 2011 年入世。经过 18 年的努力，俄罗斯于 2011 年 12 月 16 日跑完了"入世"马拉松，世贸组织第八次部长级会议期间签署俄罗斯入世协议。2012 年 8 月 22 日，俄罗斯正式成为世贸组织第 156 个成员，也成为最后一个加入世贸组织的主要经济体。

四、改革对外经济体制

（一）废除国家对于对外经贸的垄断制，实行对外经贸活动自由化。

1991 年 11 月 15 日，俄罗斯通过了《对外经济活动自由化法令》。该法令明确规定，废除国家在对外贸易中的垄断制，放开对外经营活动。还规定，凡是在俄罗斯境内注册的企业，不论其是何种所有制，均有权从事对外经贸活动，包括中介业务。1992 年俄罗斯向市场经济过渡之后，围绕废除国家垄断制与实行对外经贸活动自由化，还采取了一些具体措施，这主要有：取消对外贸易的各种限制，逐步减少按许可证和配额进出口的商品数量。在转轨初始阶段，在商品进口方面取消了一切限制，以便尽快解决国内市场商品（特别是消费品）严重短缺问题。在 1992 年 6 月以前实行免征关税的政策。后来，随着市场供应的逐步缓解，考虑到增加财政收入与保护本国工业的恢复，俄联邦政府才决定从 1992 年 7 月 1 日起对14 类进口商品征收 15% 的临时关税。从 1993 年 2 月 1 日起，俄罗斯开始对大部分进口商品课征增值税（税率统一规定为价值的20%），对某些特定商品课征消费税。从 1993 年 8 月 1 日，俄联邦通过的《海关税法》生效，对进口商品采用国际上通用的从价税、从量税和综合税按国际价格课税。在商品出口方面，也实行取消出口限制的政策。

俄罗斯自 1993 年之后，在对外经贸活动实行以自由化为方向改革的同时，考虑到保护本国经济需要等因素，也加强了国家的宏观调控，其主要手段是利率和关税，并不断注意规范关税制度，使其逐步朝着与国际接轨的方向发展。

（二）实行全面的开放政策。

前面我们谈到的废除外贸垄断制，对外经贸活动自由化，这为俄罗斯经济开放创造了基础性条件。俄罗斯在推进全面开放方面，采取了一些具体政策与措施。

首先，强调用新的思维对待国际经济关系。叶利钦执政后，其对外政策的特点是：推行不受意识形态束缚的外交政策；推行全方位外交政策（除了 1992 年实行"一边倒"的对外政策外），既面向西方，也面向东方，既同北方，也同南方进行广泛合作；实行重视国家利益的经济优先外交政策，把对外开放视为俄罗斯的一项基本政策。当然，俄罗斯对各地区与国家发展经济合作时有其不同的侧重点，对美国与欧洲发达国家，主要是吸引资金与技术，争取获得更多的经济援助；对独联体国家，主要是通过经济一体化，实现多层次的经济合作，并达到在政治上的扩大影响；对亚太地区特别是东北亚地区加强经济合作，一方面可以推行俄罗斯参与多边合作和世界经济一体化进程，另一方面使俄罗斯西伯利亚与远东地区适应世界经贸的重点向亚太地区转移的总趋势，同时也促进西伯利亚与远东的开放。

其次，积极争取加入 WTO 等国际经济组织；改善投资环境，引进外资；等等。有关这一方面的情况，在前面已做论述，这里不再重复。

五、强化战略东移亚太

在分析俄罗斯对外经贸关系调整问题时，不能不提及俄罗斯强化战略东移亚太政策。

当今，随着美国的战略重心向亚太地区转移的同时，也出现了俄罗斯战略东移亚太日趋强化的态势。2012 年 9 月，亚太经合组织（APEC）第 20 届领导人非正式会议就在俄罗斯远东城市符拉迪沃斯托克召开。在会议举行前夕，俄罗斯总统普京撰文指出，俄罗斯无论从历史还是地缘角度看都是亚太地区不可分割的一部分。

（一）俄罗斯视野里的亚太之变。

俄罗斯清楚地认识到，亚太地区经济的重要性在不断上升，21世纪将是亚太世纪，世界经济与贸易重点已日趋转向亚太地区，俄罗斯必须做好准备，使其东部地区适应这一发展趋势。2007 年 9 月7 日，普京发表了《俄罗斯与亚太经济合作组织：走向亚太地区的持续稳定发展》。文章说："亚太地区的迅速发展使人们把亚太地区经济合作组织称为世界上最有前景的经济联合体。现在世界国内总产量的57.5%、世界贸易总额的48%和40%以上的外国直接投资都已经落在了加入论坛的国家。据专家估计，这些指标在近年内可能还会增长。"2007年全球经济增长的40%来自亚洲。"目前在俄罗斯对外贸易中，亚太经济合作组织的比重已经增加到了18.1%，其中俄罗斯的出口达到16.6%。"而2006年俄罗斯东部地区对亚太地区的贸易占其贸易总额的40%。普京在2000年11月10日谈到俄罗斯的亚太政策时就指出："我们任何时候也没忘记，俄罗斯的大部分领土位于亚洲。的确，应该诚实地说，并不是所有时候都利用了这一优势。我认为，我们同亚太国家一起从言论转向行动去发展经济、政治和其他联系的时刻到了。在今天的俄罗斯，这种可能性已完全具备了。""在很短的时间里，亚太地区各国，首先是日本、中国、东盟国家发生了巨大的变化。俄罗斯自然也不会置身于这里所发生的进程之外。"他还说："三年之前俄罗斯成了亚太经合组织的成员国。这促进了我们的合作。""我们准备同亚太地区的大国和小国合作，准备同经济发达国家和刚刚起步的国家合作。"应该看到，西伯利亚与远东和亚太地区国家在经济上的互补性强，合作潜力很大。俄罗斯要进入亚太地区，加强与这一地区国家的合作，就首先需要借助中国这一亚太地区的重要经济体。目前中国不仅是亚太地区的重要经济体，并且已成为推动世界经济的主要发动机。这几年来，全球经济的增长率中的一半是依赖于中国经济的发展。

（二）加速开发与开放东部地区。

对俄罗斯来讲，开发与开放东部地区（远东与西伯利亚）是其重要经济社会发展战略。该地区是当今世界上少有的尚未充分开发的地区，也是俄经济较落后的地区。2012年5月，普京签署命令，在俄政府中设立远东发展部，该部设在紧邻中国的远东城市哈巴罗夫斯克。该部长伊沙耶夫接受媒体访谈时表示，俄罗斯当前的目标是集中力量，推动俄远东社会、经济实现进一步大发展，最终使远东成为俄在亚太地区的影响力中心。通过发展远东，带动俄东部地区发展，这将成为普京新任期内俄国家战略构想中的一个重要内容。

东部集中了俄国70%—80%的各种重要资源。苏联时期对这一地区经过数十年的开发建设，建成了全国的燃料动力工业基地、黑色和有色冶金工业基地、森林采伐、木材加工和纸浆造纸工业基地、化工和石油化工基地及机器制造基地。该地区经济结构的特点是：从产业结构总体来看，农、轻、重发展比例失调，从工业内部结构来看，采掘工业与加工工业比例失调；军工企业在机器制造业中占有很大比重，经济结构带有严重的军事化性质；基础设施发展滞后，第三产业不发达。目前，西伯利亚与远东地区的经济虽比叶利钦时期大有改善，但与俄罗斯的欧洲部分相比仍要落后得多。由于投资不足，旧生产能力的改造和技术更新十分缓慢，导致生产企业固定资产严重老化；采掘工业地质勘探普查工作滞后，从而使新探明的矿产储量不能抵补开采量，导致俄罗斯油气产量增速下降；科技进步缓慢，技术、工艺落后，产品更新换代迟缓；人口大幅度下降，面临劳动力严重不足的困难；等等。

以上分析说明，俄罗斯经济今后的发展，能否崛起，成为世界性的经济大国，到2020年能否成为世界第五大经济体，在相当程度上取决于东部地区的发展。再说，如果东部地区长期落后，经济结构不能调整，正如普京说的，那么俄罗斯均衡的区域发展政策就不能实现，亦不能保证俄罗斯的和谐发展。

俄东部地区的开发,需要大量资金、技术与劳动力,这单靠俄本身力量是做不到的,对此,俄罗斯国内与国际上一些有识之士早就提出,东部地区参与国际合作是不可避免的。特别要指出的是,在全球金融危机的严重冲击下,加上乌克兰危机西方国家的经济制裁,使俄罗斯经济出现了严重的困难,2009 年 GDP 下降 7.8%,2010 年出现回升,该年与 2011 年均增长 4.3%,但 2012 年降为 3.4%,而 2013 年又降为 1.3%,2014 年 1—8 月与上年同期相比增长 0.7%。据俄官方预测 2014 年俄经济增幅为 0.5%。在此背景下,俄罗斯更需要加强与中国等亚太国家的经济合作。

可以说,这次普京下了很大决心实施加速开发与开放东部地区的战略,他把该战略视为俄"极其重要的地缘政治任务",亦看做他第三任期的一项重大政绩。

(三)经济考量大于政治诉求。

就是说,俄强化战略东移亚太着重点是加速开发与开放东部地区,实现经济强国与经济现代化的任务,即经济考量大于政治诉求。因此,俄对当今亚太地区存在极其复杂的领土争端等热点问题,基本上采取不参与、不选边的超脱立场。但这并不意味着俄忽略其在亚太的政治影响。俄在美国战略重心向亚太转移的大背景下,将通过强化亚太战略,并利用亚太地区目前混乱的局面,尽可能获得更多的战略利益,从而提高其在亚太地区的政治地位。因此,中国不能指望借助俄罗斯来应对亚太地区出现的种种问题,而必须靠自身的力量去面对来自各方面的挑战。

(四)俄罗斯经济重心在欧洲。

必须明确指出的是,不能因为俄罗斯强化战略东移亚太,就此得出结论说俄"经济重心东移亚太"，俄经济重心仍在欧洲。俄从来自认为是欧洲国家，它的经济重心一直在欧洲，不论苏联时期还是当今的俄罗斯，尽管大部分资源集中在东部地区，但生产能力70%—80%在西部。目前东部地区生产总值仅占俄全国GDP总量的20%，固定资本占15%左右。 从对外经贸关系来说，俄外资50%以上来自欧盟，能源出口重点也在欧盟，进口的机器设备亦主要来自欧盟，尽管这几年俄力求加强对亚太国家的能源出口，但所占份额有限。俄预计到2030年向亚太地区的石油出口额占其石油出口总额由2008年的8%上升到2030年的22%—25%，天然气将由2008年的几乎为零增加到2030年的20%。以上情况说明，把俄强化亚太战略说成是俄经济重心东移到亚太,这是没有根据的。

俄罗斯转型过程中的腐败问题

腐败已是关系到俄罗斯前途命运的一个重大问题，它引起了当今俄罗斯高层领导高度关注并采取了不少反腐措施，但至今未取得成效，并呈"越反越腐"的趋势，根由何在，值得研究。

一、腐败之历史渊源

腐败并不是在苏联剧变后的俄罗斯才出现，在18世纪前的俄国，君王对其官员不发给薪俸，官吏依赖接受贿赂维生，只是在1715年开始，在彼得大帝学习了西方之后才向官吏发给固定的薪俸。但在封建帝国的沙俄，庞大的官僚机关在办事效率低下与缺乏监督的情况下，并不能消除普遍存在的腐败。

到了苏联时期，斯大林采用红色恐怖与利用革命初期的对社会主义的信仰，对官吏贪污腐败得以控制。但在"二战"后，由于斯大林对高度集权体制出现的种种弊端不思改革，从而在各级领导干部代表国家掌控与支配公共资源而广大群众又无权监督的情况下，窃取公有财产等腐败日益严重起来。特别要指出的是，苏联时期的腐败突出的表现形式是特权阶层以权谋私。

苏联的特权阶层早在斯大林时期就已经形成。我们这里讲的特权并不是指对某些有特殊贡献的人或一部分领导人给予较高的工资或待遇，而是指利用权力享受种种特权。苏联特权阶层的特权表现在：名目繁多的津贴；免费疗养和特别医疗服务；宽敞的住宅和豪华的别墅；特殊的配给和供应；称号带来的特权；等等。对苏联上层领导来说，高薪并不是主要报酬，远为贵重得多的是上层所享有的特权。他们一切的获得主要靠特权。因此，在苏联的任何时期，作为特权阶层的一个基本特征是一样的，即他们掌握着各级党、政、军领导机关的领导权。这个领导权是实现特权的基础。

赫鲁晓夫时期，领导人的特权虽有些削弱，但依然存在。到了勃列日涅夫时期，又开始悄悄地斯大林化。这期间特权阶层扩大化与稳定化，成为勃列日涅夫时期改革停滞不前的一个重要原因。俄罗斯著名学者、苏联发展演变过程的目睹者阿尔巴托夫指出："早在30年代，所有这些已经形成完整的制度。根据这个制度的等级——政治局委员、政治局候补委员、中央书记、中央委员、人民委员、总局的首长，等等——每一级都有自己的一套特权。战争之前，享有这种特权的人范围相当小，但特殊待遇本身是非常优厚的，特别是同人民生活相比更是如此。"①在战后，对苏联上层领导人的配给制达到了非常精细的程度。特别是各种商品的购货证与票券大大发展了，逐渐成了高中级干部家庭正常生活方式的一部分。

勃列日涅夫时期特权阶层扩大化与稳定化的主要原因有：

首先，由于勃列日涅夫时期实际上没有进行政治体制改革，干部领导职务搞任命制与终身制，干部队伍较为稳定，因此，特权阶层也比较稳定。而斯大林时期，虽然形成了特权阶层但它是不稳定

---

① ［俄］格·阿·阿尔巴托夫著，徐葵等译：《苏联政治内幕：知情者的见证》，新华出版社1998年版，第311页。

的。这是因为，斯大林一方面给予上层人物大量的物质利益和特权，另一方面又不断地消灭这些人。在30年代的大清洗运动中，首当其冲的便是这个特权阶层。

其次，由于勃列日涅夫时期的僵化和官僚主义的发展，各级领导机关干部数量大大膨胀，与此同时，特权阶层的人数也随之增加。据俄国学者估计，当时这个阶层有50万—70万人，加上他们的家属，共有300万人之多，约占全国总人口的1.5%。①人们对特权阶层的人数估计不一。英国的默文·马修斯认为，连同家属共有100万人左右。西德的鲍里斯·迈斯纳认为，苏联的上层人物约有40万，如果把官僚集团和军事部门的知识分子包括进去，约70万人。苏联持不同政见者阿·利姆别尔格尔估计，今天苏联的特权阶层有400万人，另一些人估计不少于500万人。②

第三，斯大林时期，特权阶层的主要使命是维护、巩固斯大林的体制模式。而勃列日涅夫时期，特权阶层的主要使命是抵制各种实质性的改革，维护现状，使斯大林模式的社会主义更加"成熟"。这也是这个时期体制改革停滞不前的一个重要因素。笔者认为，不能以斯大林时期特权人物不稳定和人数可能没有勃列日涅夫时期那么多为根据，得出只是到了勃列日涅夫执政后期才形成特权阶层的结论。这个结论是不符合苏联历史发展情况的。虽然在斯大林时期特权人物不稳定，今天是这一批人，明天是另一批人，人数这个时期多一些，那个时期少一些，但总是存在这么一个阶层的人。这些人，用苏联人的话来说，就是列入"花名册"（也称为"等级官员名册"）的人，即那些被党的首领选来掌管最重要的职位的

① ［俄］A. H. 博哈诺夫等著：《20世纪俄国史》，莫斯科1996年俄文版，第571页。
② 陆南泉等编：《国外对苏联问题的评论》，求实出版社1981年版，第82页。

人的秘密名单。

在苏联时期曾任州委书记、苏共政治局候补委员、莫斯科市委书记后来任俄罗斯总统的叶利钦，在《叶利钦自传》一书中，根据个人亲身经历对苏联特权阶层的种种特权加以揭示："特权阶层有专门的医院、专门的疗养院、漂亮的餐厅和那赛似'皇宫盛宴'的特制佳肴，还有舒服的交通工具。你在职位的阶梯上爬得越高，为你享受的东西就丰富。如果你爬到了党的权力金字塔的顶尖，则可以享受一切——你进入了共产主义！那时就会觉得什么世界革命、什么最高劳动生产率，还有全国人民的和睦，就都不需要啦。就连我这个政治局候补委员，这样的级别，都配有三个厨师、三个服务员、一个清洁女工，还有一个花匠。"特权阶层享受着现代化的医疗设施，"所有设备都是从国外进口的最先进的设备。医院的病房像是一个庞大的机构，也同样很豪华气派：有精美的茶具、精制的玻璃器皿、漂亮的地毯，还有枝形吊灯……购买'克里姆林宫贡品'只需花它的一半价钱就行了，送到这儿来的都是精选过的商品。全莫斯科享受各类特供商品的人总共有 4 万。国营百货大楼有一些柜台是专为上流社会服务的。而且那些级别稍低一点的头头们，则有另外的专门商店为他们服务。一切都取决于官级高低。所有的东西都是专门的——如专门提供服务的师傅；专门的生活条件；专门的门诊部、专门的医院；专门的别墅、专门的住宅、专门的服务……每个党中央书记、政治局委员和候补委员都配有一个卫士长。这个卫士长是受上级委派办理重要公务的职员，是一个组织者。他的一个主要职责是立刻去完成自己的主人，及其亲属请求办理的任何事情，甚至包括还没有吩咐要办的事情。譬如要做一套新西服。只要说一声，不一会儿裁缝就来轻轻敲你办公室的门，给你量尺寸。第二天，你便能看到新衣服，请试试吧！非常漂亮的一套新西装就这样给你做好了。每年 3 月 8 日妇女节,都必须给妻子们送礼物。这同样也不费事,会给你拿来一张清单,那上面列出了所有能满足任何妇女口味的礼品名称——你就挑吧。对高官们的家庭向来是优待的:送夫人上班,接他们下班;送子女去别墅,再从别墅接回来。每当政府的'吉尔'车队在莫斯科的大街上沙沙地飞驶而过时,莫斯科人通常停下脚步。他们停下来不是因为此刻需用敬重的目光瞧一瞧坐在小车里的人,而是由于这确实是个令人有强烈印象的场面。'吉尔'车尚未开出大门,沿途的各个岗亭就已得到通知。于是,一路绿灯,'吉尔'车不停地、痛痛快快地向前飞驶。显然,党的高级领导们忘了诸如'交通堵塞'、交通信号灯、红灯这样一些概念。若是政治局委员出门,则还有一辆'伏尔加'护卫车在前面开道。叶利钦谈到自己的别墅时叙述道:我头一次到别墅时,在入口处,别墅的卫士长迎接我,先向我介绍此处的服务人员——厨师、女清洁工、卫士、花匠等等一些人。然后,领我转了一圈。单从外面看这个别墅,你就会被它巨大的面积所惊呆。走进屋内,只见一个 50 多平方米的前厅,厅里有壁炉、大理石雕塑、镶木地板、地毯、枝形吊灯、豪华的家具。再向里走,一个房间、二个房间、三个房间、四个房间。每个房间都配有彩色电视机。这是一层楼的情况,这儿有一个相当大的带顶棚的玻璃凉台,还有一间放有台球桌的电影厅。我都弄不清楚到底有多少个洗脸间和浴室;餐厅里放着一张长达 10 米的巨大桌子,桌子那一头便是厨房,像是一个庞大的食品加工厂,里面有一个地下冰柜。我们沿着宽敞的楼梯上了别墅的二楼。这儿也有一间带壁炉的大厅,穿过大厅可以到日光浴室去,那儿有躺椅和摇椅。再往里走便是办公室、卧室。还有两个房间不知是干什么用的。这儿同样又有几个洗脸间和浴室。而且到处都放有精制的玻璃器皿,古典风格和现代风格的吊灯、地毯、橡木地板等其他东西"①。

法国作者罗曼·罗兰 1935 年访问莫斯科时，发现连无产阶级作家高尔基也享受贵族待遇，在金碧辉煌的别墅里，为他服务的有四五十人之多。在罗兰的《莫斯科日记》里写道：苏联已出现了"特殊的共产主义特权阶层"和"新贵族阶层"。"他们把荣誉、财富与金钱的优势攫为己有。"②

在斯大林统治的 20 世纪 30 年代初全国爆发大规模饥荒，饿死数百万人，甚至发生人吃人悲剧的时期，苏联特权阶层的特供也仍然是存在的。俄罗斯解密档案文件证实了这一点。从 1945 年开始连续 8 年成为斯大林贴身警卫"九人小组"成员之一的弗拉基米尔·瓦西里耶夫就回忆说："斯大林喜欢在里察湖附近安排野餐，排场具有纯东方式的奢华：从别处运来精美而昂贵的餐具，还有味道美极了的珍稀葡萄酒，在篝火上烤全羊，烹煮刚刚钓上来的鳟鱼和鲑鱼。"这种场面见多了后，弗拉基米尔便觉得有关斯大林个人生活比较俭朴的议论和说法"都不过是杜撰的神话而已"。赫鲁晓夫也在其回忆录中抱怨道：斯大林"所浪费的时间比随便哪个国家领导人都厉害。我指的是他在那些没完没了的午餐、晚餐中在餐桌上一手举着酒杯吃吃喝喝所浪费掉的时间"。"斯大林让我们没法工作。他那里的宴饮有时候要一直吃到次日破晓前，有时甚至使党和政府领导人的工作陷于瘫痪，因为大家醉醺醺地在那里待上一整夜，白天是无法工作的。"

事实上，苏联特权阶层享受的特权是很多的。那么，在苏联为

---

① ［苏］鲍里斯·叶利钦著，朱启会等译：《叶利钦自传》，东方出版社 1991 年版，第 140—147 页。

② 转引自陆南泉等主编：《苏联真相——对 101 个重要问题的思考》（下），新华出版社 2010 年版，第 1193 页。

何需要建立这样一个让苏共党内少数领导干部享受厚颜无耻的特权制度，为什么要建立那种财富帮会式的官僚机构配给的方式。关于这个问题，阿尔巴托夫提出的分析是很有道理的。他说：特权阶层的形成，"这是斯大林故意采用的政策，目的在于收买党和苏维埃机关上层，使其落入某种连环套之中，这是一种路线，旨在借助于直接收买，借助于灌输丢掉职位就丢掉特权、失掉自由甚至生命的恐惧思想，从而保证官员们绝对听话，并积极地为个人迷信服务"①。应该说，斯大林为苏共领导层提供的种种特权，是他建立的一种制度，或者说是苏联政治制度的一个内容。斯大林—苏联模式的一个重要内容是高度集权，权力掌握在少数领导人手里，后来集中在斯大林一个人手里，他掌握着主要领导乃至地方各级领导干部的任免权。这是斯大林为了巩固其统治的重要手段。

苏联剧变后，特权阶层中很多成员，在俄罗斯经济转轨过程中，特别在国有企业私有化过程中，又大量侵吞国家财产。据一项调查，俄罗斯 61% 的新企业主曾经被列为党、政府、企业的精英成员。就是说，私有化为原苏共领导人大量侵吞国有资产大开方便之门。他们从事投机，大发横财。正是由于这个原因，在俄罗斯私有化过程中围绕公司控制权而展开了各种斗争。被称为俄罗斯私有化之父的丘拜斯对此坦言："在证券私有化起步时，苏联的经理、厂长的第一次突破就是要把一切都据为己有，通过各种合法的和近似合法的途径把尽可能多的财产置于自己的控制之下。为配合这项任务，他们创建了各种各样的子公司及其下属的公司，积聚资金以收购财产。在许多情况下，钱被非法地转到这类公司和商行的账上：

---

① ［俄］格·阿·阿尔巴托夫著，徐葵等译：《苏联政治内幕：知情者的见证》，新华出版社1998年版，第312页。

钱是从已被私有化的企业本身的流通中取得的。后来，这些钱被投到收购私有化证券上去。当某个时刻，即母企业进行证券拍卖的时刻来到时，他们便用私有化证券大规模地把工厂收买了。通过这种简单的行动，经理或厂长便成了实际的所有者。"

主要集中在苏共党内的特权阶层，不顾广大民众长期受商品严重缺乏之苦，不顾人民为弄到一块面包和最起码的住房处于艰苦奋斗的境地，如此丧失道德地享受特权，如此无耻地对社会财富的掠夺，当人们了解到社会如此的不公这就使人们对苏共失去最后一点的信任。这样的党，怎么能不脱离群众，怎么能得到人民的信任和拥护呢，怎么能不垮台呢！

二、日趋严重的腐败与反腐措施

1991 年底苏联剧变后，国家制度虽进行了根本性的转型：实行了经济市场化与政治民主化的改革。1996 年已基本上形成了市场经济体制框架，并建立了以总统设置、多党议会民主、三权分立、自由选举为特征的西方式政治体制模式。但在叶利钦执政时期俄罗斯社会存在严重的社会混乱，无序状况。从经济体制来讲，离有序的、文明的市场还有很大距离；从政治体制来讲，民主制度很不完善，多党制并没有真正建立起来，缺乏有效的监督机制。特别要指出的是，在快速私有化过程中在形成金融—工业寡头的同时，各种侵害国家财产的情况大肆泛滥，加上在转型头几年，经济情况严重恶化，各个权力机关与官员，通过各种手段捞取实惠以缓解其困难。

当今俄罗斯是存在严重腐败的国家。2008 年，它在世界 180 个国家透明国际清廉指数排行榜上排名第 147 位。2011 年 12 月 1 日"透明国际"发布的 2011 年度全球清廉指数报告显示，俄罗斯在 183 个国家中列第 143 位，这表明俄罗斯腐败形势没有好转，问题仍然十分严重。

腐败已成为阻碍俄罗斯社会经济健康发展的一个重要因素，它对俄构成了最大威胁。为此，俄一直把反腐作为政府的一项重要任务。普京早在2006年致联邦会议的总统国情咨文中强调：腐败是俄罗斯发展道路上的"一个重大障碍"。2007年12月12日，他在答美国《时代》周刊记者问题时也明确表示，俄罗斯的护法机关与社会组织不要容忍腐败现象，国家再也不能容许腐败分子逍遥法外了。①梅德韦杰夫任总统后一再表示要把反腐进行到底的决心。他认为，"腐败问题是俄罗斯社会中最尖锐、最现实的问题之一"。他在2008年的总统国情咨文中指出：腐败是现代社会的"一号公敌"。为此，他把反腐问题视为其首要任务，国家工作的"优先日程"。2009年梅德韦杰夫总统发表的《前进，俄罗斯！》一文中他给自己提出了一个简单而又严肃的问题："我们应该不应该把……长期存在的腐败和根深蒂固的恶习带入我们的未来？"

2012年俄罗斯总统大选前后，出现了较大规模的"反普"游行集会，一个重要原因是严重的腐败问题得不到解决。

俄罗斯不仅对反腐重要性与紧迫性的认识不断提高，而且还制订了不少反腐计划与采取一系列反腐措施。普京在2002年就提出惩治腐败的两项措施：一是要改革行政机关，使现行的国家机关不要成为助长行贿受贿之风的行政权力机关，要使行政管理机关系统现代化，让其能为经济自由服务；二是加强法制，主要途径是推进司法制度现代化。2006年普京又提出，为了反腐取得成效，就必须改变公民对国家权力机关信任程度不高的问题，而要提高公民对国家机关和信任度必须建立公平的法律并在实际生活中付诸实施。

---

① 参见《普京文集》，中国社会科学出版社2008年版，第647页。

2006 年俄罗斯加入了《联合国反腐公约》缔约国行列，从而成为世界上第 52 个参加该公约的国家，这也反映了俄惩治腐败的决心。普京任总统期间虽在打击腐败方面采取了不少措施，但效果甚微，2007 年 12 月 12 日美国《时代》周刊向普京提问时说：俄"腐败蔓延，这是您的一个障碍"，他回答说："这个问题我们解决得不成功，也未能控制住局势。"①

　　梅德韦杰夫上台后，提出了更多严厉的反腐措施。2008 年 7 月 31 日，梅德韦杰夫签署了《反腐败国家计划》。该计划分四个部分：出台反腐的法律法规、完善国家管理（系指行政改革）、加强对居民进行法律意识教育与反腐措施。2008 年 12 月 25 日，俄出台了《俄罗斯联邦反腐败法》，该法明确了腐败的定义，规定了预防与打击腐败的一些基本原则。该法的另一个重要意义是扩大了反腐的监控范围，规定了公务员及其配偶、子女都必须提交收入与财产信息。2009 年 5 月 18 日，在梅德韦杰夫签署的反腐的五项总统令中，进一步明确了财产申报制度的实施细则，规定除国家与地方行政官员外，法院、检察院、警察、军队、安全部门、选举机构的工作人员都被纳入申报人之列。②另外，在签署的总统令中把财产申报主体范围还扩大到国有公司的领导人。以《反腐败国家计划》为基础，2010 年 4 月 13 日，梅德韦杰夫签署了《反腐败国家战略》与《2010—2011 年国家反腐败计划》的总统令，这标明，在俄罗斯已从国家发展前途的战略高度来对待反腐问题了。2010 年 7 月 22 日，俄罗斯总统下令成立国家反腐委员会，并由梅德韦杰夫总统亲自领导。同时，批准了"国家公务员工作守则"草案，要求公务员

① 《普京文集》，中国社会科学出版社 2008 年版，第 641 页。
② 参见《俄罗斯东欧中亚国家发展报告》(2010)，社科文献出版社 2010 年版，第 164 页。

认真履行职务。

梅德韦杰夫为了表示反腐决心，尽管法律没有要求总统申报个人与家庭收入及财产，但他在 2009 年 4 月 6 日在官方网站公布了个人与家庭财产情况。接着于 4 月 7 日普京总理公布了财产情况。梅德韦杰夫还强调，如果官员拒绝向有关机构提供收入与财产情况，将会被开除公职。他还希望以此来使官员接受公众监督。应该说，官员财产申报制度是个进步之举，国际社会称之为"阳光法案"，目前世界上已有 90 多个国家与地区建立了相对完善的官员财产申报制度。2011 年 5 月 4 日梅德韦杰夫签署对相关刑事和行政法的修正案，受贿的商业贿赂今后将面临多倍于受贿金额的罚款。该法案规定，对受贿和商业贿赂处以从 2.5 亿至 5 亿卢布的多倍罚款。这将使违法乱纪者明白，惩罚的矛头将不仅指向他本人，还将指向其财产。2012 年 12 月 4 日，普京总统批准一项法案，再次要求政府成员申报本人、配偶与子女收入。法案要求上述人员提供收入信息，包括购买土地、不动产、交通工具、有价证券的交易。该法案于 2013 年 1 月 1 日生效。据俄《观点报》2012 年 8 月 1 日报道，俄国家杜马的所有议会党团提交一份法案，禁止各级官员（包括总统、总理、内阁成员与各级议会的议员）及其配偶与未成年的子女在国外拥有各类资产和账户，包括股票、有价证券、不动产或外国账户，离职官员三年内不得拥有国外资产，违者将被追究刑责。根据该法案规定，从 2013 年 6 月 1 日前，现任官员必须将在国外的所有财产清理干净。 违反这一法律就是刑事犯罪，可以处以 500 万至 1000 万卢布（约合 15 万至 30 万美元），最多可判 5 年徒刑，3 年内不得任公职。2012 年 12 月 20 日，普京在举行的年终记者会上，又强调俄政府主张禁止官员在国外拥有资产和账户，并表示，必须加大力度惩处腐败官员，他还说，如外国官员或政治家帮助查出俄罗斯违法官员，表示感谢并甚至愿意为此发奖金。2014 年 1 月 10 日，俄罗斯政府又规定，国家官员不得收取价值超过 3000 卢布（1 元人民币兑换 5.48 卢布）的礼品，收到价值超过 3000 卢布的礼品必须在三个工作日内向专门机构发送相关通知。据俄《导报》网站 2014 年 9 月 24 日报道，普京总统在 6 月底提出了一项修改反腐法律的有关新条款。该文件明显扩大了禁止国外开设账户与拥有资产的人员范围：除高级官员外，央行、大型国企、海关、调查委员、内务部工作人员以及军人均列入禁止名单。有义务申报收入信息的人员范围也大大拓宽了。

俄罗斯高度重视反腐，一再表达了反腐的政治意愿与决心，还采取了不少严厉措施，亦取得一些效果。据一项民意调查显示，2007 年只有 12% 的人认为俄政府反腐行动是有效的，而在 2009 年这个数字为 21%。但应看到，总的来说，俄政府的反腐行动收效甚微。对此，梅德韦杰夫总统 2010 年 7 月 14 日在立法委员会会议上说："无论是国民，还是官员或者腐败者本人都对打击腐败现状不满意。国民认为腐败是最严重的问题，是对国家最大的威胁之一。但我没有看到这方面取得明显效果。"①据俄有关学者估计，腐败所涉及的金额几乎与国家财政收入相当。据俄反贪污组织 2010 年 8 月 17 日发布的最新材料显示，俄官员贪污金额总数已占 GDP 的 50%，这与世界银行公布的 48% 相差不远。还应指出的是，连国防开支亦有 20% 被贪污。据 2013 年 7 月非政府组织发布的《全球腐败晴雨表调查报告》的材料表明，俄罗斯以下领域普遍存在腐败：警察系统的比例为 89%、司法系统为 84%、立法系统为 83%、卫

---

① ［俄］《观点报》，2010 年 7 月 15 日。

生系统为 75%、教育系统为 72%、新闻媒体为 59%。①那么，俄罗斯缘何难以遏制腐败呢？应该说有其多方面的原因，下面就一些主要问题进行分析。

三、腐败难以遏制的原因

（一）俄罗斯腐败已带有制度性、普遍性与合法性的特点。

2008 年 5 月 19 日，梅德韦杰夫总统在反腐败会议上指出，在当今俄罗斯的"腐败已变成一个制度性问题，我们应该用制度性的对策来应对"。制度性因素表现在很多方面：一是行政机关系统办事效率低但权力大，对经济干预多，使得公司、公民要办成一件事就靠行贿去解决。企图参政的金融寡头虽受到打击，但那些"忠诚"的寡头依然存在，他们与官员结合，营私舞弊，成为腐败的一个重要温床；二是存在不少垄断性的国家大公司。梅德韦杰夫批评俄罗斯近几年来过度重新国有化的做法。他在 2009 年的总统国情咨文中指出，目前俄政府控制着 40% 以上的经济，这些企业效率低，又是派官员任大型企业的领导人，这容易形成官商一体的垄断组织，也是滋生腐败的重要因素。在上述体制因素影响下，在俄罗斯企业、公民个人与官员之间发生关系时，就难以避免出现贿赂。据 2010 年 8 月 17 日俄罗斯报纸网公布的一份报告说，俄企业界人士表示，行贿支出占到企业总支出的一半。

腐败的普遍性在俄罗斯显得尤为突出。普京据俄罗斯总检察院 2004 年的初步估计，俄 80% 以上的官员有腐败行为。据俄社会舆论基金会 2008 年 9 月提供的一份调查数据显示：有 29% 的

---

① 参见《国际先驱导报》，2014 年 1 月 3 日。

俄罗斯人曾被迫行贿，经常被迫行贿的企业家更高达56%，而且，即使是在那些从未行贿过的人中，也有44%准备向俄政府公职人员行贿。梅德韦杰夫总统指出，2009年查明的国家公务人员职务犯罪数量达到4.3万起，这比2008年有所增加，其中涉及审判机关滥用职权的刑事犯罪与官员收受贿赂的犯罪均上升了10%，但俄媒体与学者普遍认为，实际上尚未破获的此类案件要比已破获的多十倍甚至百倍。据俄内务部统计，2009年俄罗斯受贿金额高达3000亿美元。[1]2010年8月2日俄《每日商报》报道，根据"干净之手"社会组织的报告材料，俄商人被腐败掉的金额几乎要占其收入的一半。腐败几乎涉及所有领域，普京有一次讲话中提到，一个孕妇分娩找产科医生亦要行贿。在俄罗斯1/4的学历是伪造的。在大部分教育机关、学习机构到高校，80%的流动资金是不走账的。学历造假的新闻经常出现。2009年5月，乌里扬诺夫斯克第二儿童医院持假文凭的医师罗辛，竟然为很多小孩做手术。据全俄患者维权联盟统计，俄每年有5万人死于医生的医疗事故，其中不少就是丧命罗辛这种持假文凭的人手里。为了取得假文凭，还得造假成绩，每次取得考试的假成绩，5000美元起价，若是知名学府要价可能高达4万美元。[2]至于警察的腐败已惹民怨。拿交警来说，俄报刊是这样描述的：他们经常"埋伏"起来，抓到违规司机后，如果不严重，司机"反应快"就会"私了"。俄司法系统的腐败也是尽人皆知的(下面将论述)。俄罗斯纳税人为每英里高速路支付的价格是欧洲人的三四倍，其主要因为贿赂和回扣。而即使造价如此之高，工程质量的低劣使得修

---

① 参见［俄］《观点报》，2010年7月15日。

② 参见［俄］《消息报》，2010年7月20日。

缮成为必要，于是有了更多的腐败机会。[1]特别要指出的是，俄罗斯军队系统腐败亦十分严重，2012 年 11 月普京撤换谢尔久科夫国防部长一职，就与腐败有关。据调查，国防部所属的国防服务公司就涉及高达 30 亿卢布的腐败案。

（二）俄民众对腐败的容忍度高，有些人甚至不希望惩罚行贿行为。

在俄罗斯之所以出现上述情况，有以下的原因：

一是作为苏联继承国的俄罗斯，在叶利钦执政时期的经济社会转轨，出现了严重的混乱与制度缺失，特别在私有化过程中，腐败大肆泛滥，而在普京执政八年，在反腐方面又未取得明显成效，腐败成为十分普遍的现象，有人认为，腐败在俄罗斯已成为社会的一种顽疾，无法根治。甚至还有人认为，腐败在俄罗斯已发展成为人们的一种生活方式。在此背景下人们对反腐失去了信心，所以，笔者认为，俄民众对腐败的容忍度高，实际上是对惩治无所不在的腐败丧失信心的表现，是一种无奈。

二是由于在普京时期在经济高速增长的基础上，人民生活水平的大幅度提高与腐败的发展同时进行的。普京执政八年，坚持实行居民收入超前增长的政策。从 1999 年到 2007 年，俄 GDP 增长了68%，而居民实际收入与退休金都增加了 1.5 倍，失业率与贫困率下降了 50%。同时，普京还特别注意解决俄罗斯最紧迫的问题，提出让老百姓买得起房、看得起病与上得起学的社会政策。另外，普京提高了俄罗斯在国际社会的地位。这些因素，对缓和广大俄罗斯民众对腐败的问题的不满起了不小的作用，提高了对它的容忍度。对此，俄有学者指出："俄罗斯政治稳定在很大程度上靠金钱买来

---

[1]　参见［美］《华盛顿邮报》，2010 年 5 月 26 日。

的。"普京个人及其政府的社会支持率是靠给老百姓钱换来的。一旦钱没了，拿什么来维持社会支持率。"

三是由于行政机构官僚化，使得人们通过行贿来解决问题，并由此提出不要惩治腐败的观点。2009年5月20日，俄罗斯司法部长科诺瓦洛夫在国家杜马汇报工作时坦言，有25%的俄罗斯人希望官员腐败，愿意让腐败继续存在下去。他还认为，这是个被大大压缩的数字，实际上有更多的人不希望惩罚受贿行为，希望通过腐败机制获得非法好处，容忍官员的索贿行为。在俄罗斯之所以出现上述情况，这与俄行政机构办事效率低下，故意失职不作为，不给好处就不办事有关。据2007年列瓦达分析中心的民意调查结果，39%的俄罗斯人认为，俄罗斯腐败不会根除，因为腐败比法律途径更能解决各种日常生活和生意上的问题，而且速度更快、成本更低，所以，人们宁愿选择腐败而不是法律途径。[1]据民调材料，有53%的俄罗斯人曾通过行贿解决个人问题的，其中19%的人经常这么做的。年龄在25—44岁的人群中，有61%—64%的人有行贿的经历。

以上情况告诉我们，如果民众对腐败持宽容态度，甚至默认腐败存在的必要性，并视为生活的一个内容，更为糟糕的是，据俄一项调查报告得出一个结论说：俄有相当一部分民众认为："能够中饱私囊成了工作体面和稳定的标准。"[2]笔者认为，俄民众对腐败的这种心态，就成为反腐的一个羁绊。这对一个国家、一个民族来说也是极为可怕的。因此，加强对公民的教育，提高其自身的道德情操，培养廉洁奉公的社会风气，这对抵制腐败也是十分重要的。

---

① 参见《俄罗斯中亚东欧市场》，2009年第11期，第46页。
② 俄罗斯报纸网，2010年8月17日。

（三）俄罗斯司法弱化与严重腐败。

1993 年在俄通过了体现宪政精神的《俄罗斯宪法》，从宪法上规定和保障了司法的独立性。但从俄罗斯的实际情况看，一直存在两个问题：一是司法独立性不强，其力量在三权中最弱；二是司法腐败严重。

人所共知，司法是维护社会公正和正义的一个重要机构，它又是反腐败的主要机构，但在俄罗斯，司法腐败成了一个十分尖锐的问题，俄罗斯报纸网 2010 年 8 月 17 日公布的一份报告指出：俄"司法系统的受贿现象尤为普遍"。司法的不公与不能救助民众正义，一个重要因素是司法腐败。司法腐败主要表现在：一是个人腐败，系指法官索贿、受贿、敲诈勒索等徇私枉法行为；二是出于政治考虑或受握有经济权人士的影响，不能公正执法。这里特别要指出的是，俄司法受地方权力机构干预十分严重，这是难以行使司法独立的一个重要因素，也是至今存在"电话审判"的原因之一。据调查，在俄腐败机构排名列在首位的是地方政府。在俄罗斯这两种腐败均大量存在。据"透明国际"的调查，俄罗斯法院及其司法人员已经成为俄高腐败人群。在俄罗斯有这样一种说法："当诉讼缠身时候，最好的解决办法是和解。我们不害怕审判，但我们害怕法官，因为法官最容易被贿赂。就像鸭子的肚子，法官的口袋很难被填满。进入法院时你穿着一身衣服，出来时你会一丝不挂。"①根据俄罗斯智库的调查，在俄罗斯，当事人要赢得诉讼所花费的额外成本为 9570 卢布（相当于 358 美元）。而根据俄某社会调基金的调查，一个州法院院长每次办案平均收贿 1.5 万到 2 万美元，一个市

---

① 参见《俄罗斯中亚东欧市场》，2009 年第 11 期，第 45—46 页。

法院普通法官办案的平均受贿金额也达 4000 美元。[①]"在司法系统，决定职业威信的标准不是执法工作，而是能否持续腐败。肥缺岗位本身就成了买卖对象。'就业'已经变成司法机关的摇钱树。例如，一个区检察长助理至少值 1 万美元，而到交警支队工作可能需要花比这多 4 倍的钱。"[②]司法腐败造成了极其严重的后果：一是使人们对司法机关失去信任，普遍认为不能依赖司法求得公平与正义。2010 年 6 月 10 日俄罗斯科学院社会学所一项调查报告说："连幼儿园的儿童都不相信法律面前人人平等。"二是对国家造成重大经济损失，俄官方公布的 2007 年司法腐败案件中造成的损失为 4300 万美元，但根据俄检察院下属调查委员会的调查，实际损失是它的 2000 倍。三是司法腐败助长了政治腐败，试想，腐败的法官会去追究腐败的政府官员吗？四是司法的腐败导致破案率低，俄罗斯有 90% 的受贿者都没有受到法律严惩。这一情况，亦是造成俄腐败猖獗的一个原因。

（四）从政治体制大背景来看，俄腐败难以遏制与存在集团利益有关。

普京执政期间，一方面整治了寡头，取得了很大进展；另一方面也培养了一批新的既得集团利益阶层。这里有三个因素必须考虑：一是俄罗斯是经济垄断性很强的国家。大公司与大企业利益垄断地位支配公共资源，它们不会放弃这种特权，因此亦极力反对影响其利益的改革，并与政府部门官员结合在一起；二是俄罗斯垄断部门的大公司与企业领导人往往由政府的副总理或部长兼任，官企

---

① 参见《俄罗斯中亚东欧市场》，2009 年第 11 期，第 46 页。
② 俄罗斯报纸网，2010 年 8 月 17 日。

直接结合在一起；三是俄从 2004 年起，实际上私有化与国家化同时进行的，后者比前者的速度快，有些年份私有化实际处在停顿状态。结果是 1997—2009 年，国有经济比重从 30% 反弹至 67%，银行业、加工业、石油天然气行业中国有股份占比分别达到 60%、50% 和 45%。这样导致政府与经济的关系大大强化，随之而来的是官员权力扩大。以上因素都为腐败创造条件。

（五）缺乏有效的监督。

有些学者指出，部分民众之所以对反腐有效性持怀疑态度，是因普京没有将法令的监督工作交予联邦审计署、总检察院、调查委员会，甚至联邦安全局，而是交予自己的总统办公厅进行。俄罗斯国际科学院外籍院士、旅俄作家孙越认为，俄罗斯反腐非常必要，也有反腐的民意基础，但没有法律保障和具体的推行措施，缺乏独立"第三方"监督结构，反腐的"裁判员同时都是运动员"。缺乏有效的监督就为官员在执法过程中钻空子创造条件。俄不少人士指出，有许多方法可以避开这个法令，如把所有海外存款转到亲属户头上，如来不及转账，就搞"离婚"。这就是为什么 2013 年 4 月 2 日普京签署反腐令后没几天，就有 30 名杜马议员"假离婚"的原因。

俄罗斯腐败是严重的，治理腐败将是一件十分艰巨与复杂的事，腐败能否得到遏制，关系到俄罗斯国家发展前途的问题。

第十九讲

俄罗斯体制转型与经济现代化

苏联时不论是十月革命前的俄国还是十月革命后的苏联,都一直为实现国家现代化而努力,以达到立足于世界先进行列的目标。可以说,追求现代化贯穿俄国发展的整个历史进程,在现代化的各个阶段都取得了这样那样的进展。2010 年 8 月在复旦大学召开的新兴市场经济学术研讨会上,笔者提出,作为像长期实行传统体制的苏联继承国的俄罗斯、东欧与中国等国家,必须通过改革使制度转型才能达到国家现代化的目标。国家在转型过程中,要集中解决以下六个相互关联、相互影响的问题:(1)政治民主化,成为法治国家;(2)经济运行机制必须从高度集中的指令性计划经济体制转向市场经济体制,即经济市场化;(3)转变落后的、不可持续发展的经济增长方式,经济的增长主要依赖于科技进步,即要成为创新型经济;(4)改变经济发展模式,调整不合理的经济结构;(5)转变文化、观念与意识形态,即实现人的现代化;(6)融入世界经济体系,成为开放型国家,处理好与发达国家的关系。本讲主要从体制转型视角研究俄罗斯经济现代化问题。

一、简要的历史回顾

十月革命前的俄国,18世纪初期由彼得大帝开始的俄国现代化运动,可视为俄国现代化的起点或者说是源头。他所推动的改革涉及的领域极为广泛,这对促进经济的发展,军工实力的增强,为俄国资本主义的发展创造了条件。与此同时,彼得的改革也削弱了贵族的权力,强化了中央集权体制。作为彼得大帝现代化改革继续的亚历山大二世的改革,这次是以1861年废除农奴制为标志的现代化运动。如果从经济制度层面讲,应该说是一次深刻的变革,对社会经济的发展作用也很明显,解放了农奴,为俄国资本主义工业发展提供了劳动力。20世纪初斯托雷平的农业改革,主要目的是使农民成为自由、独立的生产者,鼓励农民独立经营。这次改革的积极作用表现在:促使农村公社瓦解,农村商品经济的发展,农村出现多种经营方式,农业生产机械化有了较快进步,这些都推动了俄国农业由传统向现代化转型。俄国现代化的共同特点是:以农业向工业化转变为中心任务;一直带有赶超性质,即赶超欧洲;都是自上而下方式推行的;每次改革都遇到强大的保守势力的阻挠;现代化往往具有军事目的,并对外推行扩张政策。

在苏联时期,如果从经济现代化角度来考察,那么以下三个问题值得研究。

(一)斯大林时期的工业化。

十月革命后的最初时期,列宁提出了并开始实施一些经济革命改造的设想与政策,后来因国外武装干涉与国内战争被迫停了下来,转入军事共产主义时期。战争结束后,实行了新经济政策,1925年农业基本上达到了战前水平,但并没有改变经济严重落后的状况，仍然是俄国遗留下来的技术经济结构。首先。表现在苏联还是一个以手工劳动为主的落后的农业国。1926年，农村人口占总人数的82.1%，农业产值占国民生产总值的56.6%，农业产值超过工业产值。其次，1925年工业总产值已达到战前的73%，但要看到，代表工业主体的机器制造业、冶金、燃料、航空、电力和建筑材料等部门很不发达。实际上，到1925年苏联还没有汽车、拖拉机和航空工业这些最重要的部门。第三，工业的设备基本上是旧式的，而且多半是磨损很大的机器与机床。现代化的设备国内又不能生产，因此，很多机器设备要靠进口解决。这严重影响了苏联经济的独立性。第四，由于运输业的严重破坏，它大大落后于国民经济发展的需要。

随着经济的恢复，斯大林认为，应该把更多的注意力放在工业化问题上来。1929年斯大林宣布，必须结束新经济政策，否则就难以实行工业化政策。从实际情况看，苏联工业化作为一个运动的全面开展始于1928年，即第一个五年计划。苏联工业化用了三个五年计划（共13年）完成的。苏联工业化是完全按照斯大林的思想进行的，其基本政策或者说主要特点是：重工业化、超高速与主要通过剥夺农民的办法用高积累来保证工业化的资金来源。

在苏联特定的历史条件下，斯大林推行的工业化政策，也取得了不少成就，主要表现在以下几个方面：工业实力大大提高。按斯大林的说法，"三五"计划提前结束的1940年时，苏联已由一个落后的农业国变成强大的工业国；基本上建立起部门齐全的工业体系，工业独立性大大增强；带动了经济落后地区工业的发展。

但随着对苏联模式研究的不断深入，对斯大林工业化道路的认识也发生了很大的变化。官方与学术界对斯大林工业化道路持简单的完全肯定的观点已不多见，而更多的是既肯定其成绩也明确指出其存在的严重问题。人们越来越清楚地看到，在战前斯大林工业化过程中取得重大成就的同时，也包藏着深刻的矛盾与积累着大量尖锐的问题。斯大林工业化存在的主要问题，突出反映在以下几个方面：通过"贡税"榨取农民的政策，导致农业破产，影响整个国民经济的正常发展；片面优先发展重工业，导致国民经济结构严重畸形；粗放型的工业化政策，造成资源的极大浪费；工业化运动对形成高度集权的斯大林模式有着十分重要的作用。从经济现代化角度分析，斯大林的工业化使苏联由农业国过渡到工业国起了决定性的作用。但经济管理体制在向集中化与行政化方面发展起了重要作用，越来越排斥市场作用，严重阻碍了经济管理现代化的进程。

（二）勃列日涅夫时期提出转变经济增长方式。

这一时期苏联经济改革的停滞，政治体制倒退，使苏联逐步地迈向衰败。但要指出的是，勃列日涅夫看到当时苏联出现的经济增长速度下降的趋势，开始认识到苏联经济的发展，必须改变粗放的经济增长方式和低效的经济。苏联在 20 世纪 70 年代以前（"二战"期间除外），经济一直以较高速度增长，这是靠不断地大量投入新的人力、物力和财力达到的，走的是粗放发展道路，是一种消耗型经济。苏联自 20 世纪 30 年代消灭失业后到 80 年代末，每年平均增加的劳动力为 200 万人。 苏联生产每单位产品的物资消耗很大，如在 70 年代末，生产每单位国民收入用钢量比美国多 90%，耗电量多 20%，耗石油量多 100%，水泥用量多 80%，投资多 50%。70年代初，苏联经济面临的主要任务是：扭转已开始出现的速度下降趋势与提高经济效益。要做到这一点，必须使经济发展由粗放转向集约化。1971 年苏共二十四大正式提出经济向集约化为主的发展道路过渡,决定改变经济增长方式,直接原因是,由于粗放因素日益缩小。表现在:第一,从60年代中期开始,苏联国民经济的许多部门已感到劳动力不足。据计算,70年代有劳动能力人口的年增长率为18%,到80年代将下降到3.8%。1961—1965年,靠农庄庄员补充劳动力的人数为310万人,1971—1975年降到150万人,1976—1980年又降到80万人。退休人员激增(从1950年的85万人增加到1970年的1900万人),使劳动资源问题更加突出。第二,由于长期实行粗放发展经济方式的结果,使原材料、燃料动力资源消耗量大量增加,出现供需之间的不平衡。苏联虽资源丰富,但地区分布极不平衡。进入70年代,集中工业生产能力80%的西部地区资源"已近于耗尽",要靠东部地区供应,从而使运输距离大大拉长。1966—1977年,燃料运输的平均距离从734公里拉长到1152公里,生产费用日益提高。另外,随着原料、燃料基地东移,开采条件恶化,开采成本大大提高,如1980—1985年,开采每吨石油的费用增加80%—100%。廉价原料与燃料的时代已一去不复返。再者,苏联每年要出口大量原料与燃料以换取外汇。这些因素,使得苏联用大量投入资源来发展经济的道路走不通了。第三,资金日益紧张。60年代中期之后,基建投资增长速度明显下降。苏联20世纪50年代基建投资年均增长率为13.3%,60年代降为7.1%,70年代降到5.3%。

另外,由于长期实行粗放的经济增长方式,使经济效益日益下降,如1960年每卢布生产基金生产的国民收入为72戈比,1970年降为55戈比。社会劳动生产率则从1961—1965年年均增长率的6.1%下降到1971—1975年的4.8%。70年代初,苏联已有大量产品产量占世界第一和第二,但质次,报废率高。如钢的产量很大(1970年为1.16亿吨),但仍需进口各种钢材。拖拉机每年的报废率有时甚至高于新增产量。苏联认识到,在不少产品数量超过美国之后,要想争取优势,必须通过科技进步,由过去的数量赶超转向质量赶超。而达到这一目标的主要途径是改变经济增长方式,实行集约化方针。

转向集约化难以取得进展的根本原因是经济体制问题。苏联从70年代初开始的转变经济增长方式的方针政策,之所以未能取得进展,根本原因是经济体制问题。勃列日涅夫时期经济体制改革的停滞,导致经济增长方式难以转变,这可从科技进步与经济集约化发展相互关系上得到反映。苏联长期把加速科技进步视为推行集约化方针最重要的措施,明确指出:加速科技进步、提高劳动生产率与实现经济集约化发展两者之间的密切关系,是"极严格的,毋庸置疑的",在这个问题上不可能有其他"可供选择的方案"。苏联拥有巨大的科技潜力,80年代末科技人员为150万人,相当于世界科技人员总数的四分之一;每年新技术发明占世界新技术发明总数的三分之一,仅次于日本,居世界第二位。但巨大的科技能力,难以在经济转向集约化发展过程中发挥作用。长期以来,只有四分之一的科技成果在经济中得到应用,一项新技术从研究到应用的周期长达10—12年之久。形成上述情况的主要原因是传统经济体制对科技进步的阻碍作用,苏联学者认为,传统体制在科技进步道路上制造着一种独特的"反促进因素"。所以,一些俄罗斯学者在后来总结科技进步与体制改革关系时明确指出:"要加速科技进步而不在经济上进行根本的改革,简直是不可思议的。"① 另外,还应指出,在勃列日涅夫时期,科技进步缓慢与当时

① [俄]格·阿·阿尔巴托夫著,徐葵等译:《苏联政治内幕:知情者的见证》,新华出版社1998年版,第217页。

"左"的封闭的思想有关。当时，苏联对60年代末开始的世界上已发生新的一轮科技革命的信号"置之不理，直到70年代初甚至还不准使用'科学技术革命'这个概念，不仅想方设法从官方文件中勾掉，而且还从报刊书籍中删掉"①。

（三）戈尔巴乔夫的加速战略。

长期以来，由于苏联片面发展重工业，特别是军事工业，从而形成了国民经济结构的比例严重失调，是一种畸形的经济。20世纪80年代中期从社会总产值的部门结构来看，农、轻、重三者的比例关系大致为2：2：6。重工业过重，轻工业过轻，农业长期落后的状况，成了影响经济正常发展、改善市场供应、提高人民生活水平的一个重要因素。

十分明显，在这种条件下，戈尔巴乔夫在推行根本性的经济体制改革时，必须同时下大决心和采取重大战略性措施来调整不合理的经济结构，即在改变旧的经济体制模式同时应及时改变发展战略，使后者与前者相适应，并为前者创造有利的条件。但是，戈尔巴乔夫在其执政后不久召开的苏共中央四月全会（1985年）上，在分析如何克服经济困难时，就提出了加速战略的思想。1986年2月召开苏共二十七大，正式提出并通过"加速战略"的方针。实现"加速战略"一个重要途径是加速科技进步。在戈尔巴乔夫执政头几年在加速科技进步方面采取的主要政策有：加速新兴工业的发展；优先发展机器制造业；调整产业结构；调整投资结构；改革科研与生产一体化的组织形式；加强对科研人员的物质刺激。

---

① ［俄］格·阿·阿尔巴托夫著，徐葵等译：《苏联政治内幕：知情者的见证》，新华出版社1998年版，第216页

要加速科技进步，除了采取以上一些具体措施外，最根本的一条还是要改革经济管理体制。

二、俄罗斯提出经济现代化的背景

叶利钦执政时期冲垮了传统的高度集中的计划经济体制模式，建立了市场经济体制框架，应该说这是使俄罗斯经济迈向现代化的重要一步。但这一时期并没有提出国家现代化的设想。2009 年 11 月，俄罗斯总统梅德韦杰夫提出的国情咨文报告，正式提出俄将以实现现代化作为国家未来十年的任务与目标。他提出的现代化是"需要全方位的现代化"的概念。梅德韦杰夫说："我们将建立智慧型经济以替代原始的原料经济，这种经济将制造独一无二的知识、新的产品和技术，以及有用的人才。我们将创造一个由智慧的、自由的和负责的人们组成的社会，以取代领袖思考决定一切的宗法式社会。"但其中经济现代化是个极其重要的内容。

（一）经济现代化的迫切性。

俄罗斯经济转型也已过二十年。在这期间，出现过严重的经济转型危机与经济快速增长的不同阶段；先后发生了 1998 年与 2008 年两次大的金融危机。俄在采取应对这次全球性金融危机措施的同时，下决心着手推行经济现代化政策，使两者衔接起来。

俄罗斯经济现代化的迫切性突出表现在：它在转变经济体制的同时未能和转变经济增长方式、经济发展模式与调整经济结构结合起来。

长期以来，苏联经济质量与效率低以及高浪费问题得不到解决，是粗放型的经济方式，即靠大量投入劳动力、资金与耗费大量原材料来保证经济的增长。一直到苏联 1991 年解体，其经济增长方式仍是粗放型的，形成这种情况的主要原因是经济体制改革没有发生根本性变革。落后的经济增长方式从一个重要的方面反映了苏联经济的脆弱性，亦是苏联与资本主义国家在竞争中被击败的一个重要因素。应该说，二十多年来俄罗斯粗放经济增长方式并未发生实质性变化。2010 年 1 月 13 日，俄罗斯联邦工商会会长叶夫根尼·普里马科夫在一次会上讲："俄罗斯每生产 1 吨钢，要比比利时、法国、意大利多消耗两倍的电力，每生产 1 吨化肥要比阿拉伯国家多耗费五倍的电力。"俄罗斯的能源效率是日本的 1/18，各经济领域的劳动生产率是先进国家的 1/4 到 1/20。农业出产率则比遍地石头且缺少阳光的芬兰还要低一半。效率是如此之低，这导致俄罗斯一方面濒临由外而来的脆弱边缘；另一方面又濒临国内社会不满爆发的边缘。①

至于经济发展模式，俄罗斯独立以来一直在努力从资源出口型向以高新技术、人力资本为基础的创新型经济发展模式转变，但并未取得多大进展。目前，俄罗斯能源等原材料出口占出口总额的 80% 左右，高科技产品出口不仅数量少，而且逐年下降。2004 年俄高新技术产品出口，占世界中的比重为 0.13%，这一比例比菲律宾少 67%，比泰国少 78%，比墨西哥少 90%，比马来西亚和中国少 92%，比韩国少 94%。

正是由于上述原因，俄罗斯强调必须把经济现代化视为主要目标。2010 年 8 月 31 日《中国改革》杂志采访俄罗斯第一副总理舒瓦洛夫，他谈到经济现代化问题时说：对当今的俄罗斯来说"现代化意味着一切"，"以现代化告别过去"。

---

① ［俄］伊·弗·拉季科夫：《俄罗斯社会怀疑心态对现代化进程的阻碍》，见《当代世界与社会主义》，2012 年第 2 期。

（二）在当今与今后相当一个时期，俄罗斯经济现代化主要问题是要着力解决由资源型向创新型转变。

不论是普京还是梅德韦杰夫，都一再强调俄罗斯现代化是其社会经济发展的总目标。而实现这一目标，必须解决俄罗斯经济从当前的资源型向创新型转变。普京在其离任前的 2008 年 2 月 8 日提出的《关于俄罗斯到 2020 年的发展战略》明确指出：第一，经济实行创新型发展。第二，增加人力资本投入。第三，积极发展高新技术。第四，调整经济结构。第五，要为实现现代化调整外交政策。

三、经济现代化过程中将会遇到的问题

应该说，这次俄罗斯提出的现代化是战略性的一项政治性的决策。但实现上述战略性的转变将是一个缓慢的过程。俄罗斯现代发展研究所所长伊戈尔·尤尔根斯指出，俄罗斯"现代化、摒弃原料经济向创新型经济发展的过程过于缓慢"[1]。之所以缓慢，是由多种原因造成的。

第一，俄罗斯企业缺乏创新的积极性。目前只有 10% 的企业有创新积极性，只有 5% 的企业属于创新型企业，只有 5% 的产品属于创新型产品成本。产生上述问题的原因是，俄罗斯现在的经济"还没有创新需求。倘若企业家投资原材料贸易可获得 50% 的年利润，而创新收益仅有 2%—3%，起初甚至会赔钱，你会选择哪个？"[2]据有关材料显示，当今俄罗斯在世界主要国家中的创新能力

---

① ［俄］《俄罗斯报》，2010 年 4 月 14 日。
② 同上。

排名第 35 位，科技集群环境排到第 41 位，与大学联系程度排到第 45 位，创新政策指数排到第 58 位，公司积极性和战略指数排到第 63 位。由于创新能力差，加上设备陈旧，俄罗斯的产品在国际市场上缺乏竞争能力。

第二，与上述因素相关，俄罗斯在实行由资源型向创新型转变时，面临着难以解决的矛盾：一方面反复强调要从出口原料为主导的发展经济模式过渡到创新导向型经济发展模式；另一方面，发展能源等原材料部门对俄罗斯有着极大的诱惑力与现实需要。要知道，在俄罗斯国家预算中几乎 90% 依赖能源等原材料产品，燃料能源系统产值占全国 GDP 的 30% 以上，占上缴税收的 50% 与外汇收入的 65%。而俄罗斯高新技术产品的出口在全世界同类产品出口占 0.2% 都不到。

第三，设备陈旧，经济粗放型发展，竞争力差，这些是老问题又是需要较长时间才能解决的问题。这在向创新型经济转变的条件下，俄罗斯更感到这些问题的迫切性。不少学者认为，俄罗斯自 2000 年以来，虽然经济一直在快速增长，但令人担忧的是，俄罗斯经济仍是"粗糙化"即初级的经济，工艺技术发展缓慢。俄罗斯科学院经济研究所第一副所长索罗金指出："俄罗斯主要工业设施严重老化，到目前至少落后发达国家二十年，生产出的产品在国际上不具有竞争力。机器制造业投资比重为 2%—3%。同发达国家相比明显存在技术差距。原料出口国对原料产业先进设备供应国的依赖令人堪忧。"

第四，投资不足。为了优化经济结构，就需要大量增加在国际市场上有竞争能力的经济部门和高新技术部门的投资。梅德韦杰夫总统成立了俄罗斯经济现代化和技术发展委员会，并确定了国家经济现代化与技术革新的优先方向，这涉及医疗、信息、航天、电信、节能等领域。发展这些领域都要求有大量的投资。解决这些问题，俄罗斯学者认为有三种选择：一是优化预算支出；二是让石油天然气企业为代表的国家自然资源垄断企业增加对科技创新的投入；三是调整税收政策，减轻高新产业区的税负。投资困难在于吸收外资不足。俄经济发展部副部长安德烈·克列奇在谈到俄罗斯缘何没有像其他发展中国家一样有大量资金流入问题时说："倘若本国投资商的意愿表明，我们自己都不大会相信俄罗斯的经济……那我们为什么还要认为外国人该相信它呢？！此外，在亚洲市场和拉美市场，经济和证券指数动态均以高于俄罗斯联邦速度增长。"

第五，俄罗斯科学院副院长涅基佩洛夫认为，在金融危机发生前，俄罗斯犯了"非常严重的错误"，即没有利用国家已有资源加速推进现代化进程。

第六，目前俄国内对现代化与建立创新型经济持有不同看法。有人认为，只有四分之一的人赞同梅德韦杰夫式的现代化即更新产能与发展创新型经济。因为在目前的俄罗斯社会经济条件下无法建立创新型经济，而当前第一步应该是消除腐败与提高国家管理效率。据"俄罗斯现代化改造和创新道路上的障碍"一项调查报告得出的结论说：俄罗斯创新道路上面临的主要制约因素是官僚主义、不完善的法律环境和缺乏对投资商的保护，以及项目融资的困难。因此，有人提出俄实现现代化的关键在社会领域，即确保法律公平，严厉打击腐败与维护社会正义。

第七，俄罗斯在创建与欧盟等西方国家现代化联盟方面，也难以取得大的实效。俄的意图是在经济现代化方面广泛吸收欧盟的技术知识，但欧盟以前与现在都不急于与俄分享技术。欧盟提出的条件是，俄应该更新经济与专制法律制度、改善投资环境、克服贪污腐败、保护人权。布鲁塞尔制订了一整套计划来应对俄提出的现代化伙伴关系设想,中心内容是建议俄建立法制国家,然后再搞自己的经济现代化。

第八,小企业发展缓慢。目前,在美国等西方发达国家,中小企业对 GDP 的贡献率可达50%,美国近50年来 GDP 的增长靠科技创新,主力是企业,特别是中小企业。2009 年,俄罗斯小企业对 GDP 的贡献率不超过15%。尤其从小企业的行业分布看,从事工业生产和科研创新的小企业仅略高于10%,且呈逐年递减趋势。因此,可以看出,俄罗斯中小企业在未来的经济现代化进程中,其作用仍然十分有限。

创新型经济发展缓慢,经济发展摆脱不了能源等原材料部门,这必然使俄罗斯经济难以在短期内实现现代化与保证稳定和可持续发展。

第二十讲

苏俄经济改革的启示

不论是苏东国家还是中国，体制改革与转型的实践表明，邓小平同志关于制度问题"更带有根本性、全局性、稳定性和长期性"这一重要理论观点具有重大意义。一个社会主义国家的成败、兴衰、归根到底取决于选择的体制模式，以及能否在不同历史时期根据变化了的情况，对选择的模式进行正确与及时的改革。经济体制是整个体制中的一个重要组成部分，它对生产力的发展起着重大的作用，研究苏联的兴衰，如果不从体制（包括经济体制）这个视角去研究，很多重大问题难以得出正确的结论，也难以有深刻的认识。

对苏联时期的经济体制改革与俄罗斯时期的经济体制转型进行研究，从中可以得到不少启示。为了对此有正确的认识与总结，笔者认为，应先从苏联剧变的根本原因谈起。

关于苏联剧变的原因问题，在国内外刊物中已做了不少论述，但是，至今在这个重要问题上认识并不一致，从而得出的经验教训也不相同。应该说，苏联剧变是各种因素综合作用的结果，即是一种"合力"的结果。但问题是，如何根据历史唯物主义、辩证法，找出苏联剧变的带有根本性的、深层次原因，或者说起主导作用的因素。因此，在分析问题时，不能简单地把各种有关的因素，甲乙丙丁地加以罗列，不分主次，更不能采取实用主义的态度，对苏联剧变过程中呈现出的种种现象，任意夸大或缩小某个因素的作用。

从时间来讲，苏联的剧变发生在戈尔巴乔夫执政的最后时期——1991年。这是无可争辩的历史事实。并且还应看到苏联的剧变与戈尔巴乔夫执政后期在体制改革政策方面的失误有联系。但我认为，苏联剧变的根本性原因是斯大林—苏联模式的社会主义制度以及体现这一模式的体制问题，就是说斯大林—苏联模式的社会主义制度由于弊病太多，已走不下去了，已走入死胡同，失去了动力机制。[1]历史唯物主义的一个基本观点是，社会变迁的原因应该从社会经济与政治制度中去寻找。苏联剧变的根本原因亦应从制度中去找，而不能简单地归结为某些领袖人物。早在1980年，小平同志在总结社会主义历史经验，特别是"文化大革命"的沉痛教训时就指出："不是说个人没有责任，而是说领导制度、组织制度问题更带有根本性、全局性、稳定性和长期性。这种制度问题，关系到党和国家是否改变颜色，必须引起全党的高度重视。""制度好可以使坏人无法任意横行，制度不好可以使好人无法充分做好事，甚至会走向反面。即使像毛泽东同志这样伟大的人物，也受到一些不好的制度的严重影响，以致对党对国家对他个人都造成很大的不幸。"小平同志还说："斯大林严重破坏社会主义法制，毛泽东同志就说过，这样事件在英、法、美这样的国家不可能发生。他虽然认识到这一点，但是由于没有在实际上解决领导制度问题以及其他一些

---

[1] 本文就这一问题提出观点，考虑到如果详细论述，与本书其他文章会有很多交叉，为此，只进行简单的分析，主要是提出一个基本看法。

原因，仍然导致了'文化大革命'的十年浩劫。这个教训是极其深刻的。"①我们党的十六届六中全会通过《中共中央关于构建社会主义和谐社会若干重大问题的决定》的第四部分，专门论述了加强制度建设问题，明确指出："制度是社会公平正义的根本保证。"

斯大林—苏联模式的社会主义是在 20 世纪二三十年代特定历史条件下逐步形成的。后来不断巩固与发展，"二战"后还推行到东欧各国。在相当一个历史时期，苏联利用高度集权的政治经济体制，保证了经济高速发展，在第三个五年计划结束时，苏联由一个落后的农业国基本上成为一个强大的工业国，战胜了法西斯德国。到 1933 年完成了生产资料所有制方面的改造。但高度集权的体制模式，随着历史的发展，它的弊端也在发展，矛盾越来越突出，越来越阻碍社会经济的发展，离科学社会主义越来越远。正如普京讲的："苏维埃政权没有使国家繁荣，社会昌盛，人民自由。用意识形态的方式搞经济导致我国远远落后于发达国家。无论承认这一点有多么痛苦，但是我们将近七十年都在一条死胡同里发展，这条道路偏离了人类文明的康庄大道。"②

不论从政治还是从经济上看，斯大林—苏联模式与马克思主义经典作家设想都相距甚远，它不可能到达科学社会主义的彼岸。因此，我们可以说，斯大林—苏联模式的社会主义在其主要方面不反映科学社会主义的本质内容。因此，这一模式的失败，并不意味科学社会主义的失败。正如胡绳同志指出的："苏东社会主义的崩溃……只是社会主义的一种特定模式即斯大林模式的失败。"③

有人认为，不应该把苏联剧变的根本原因归结为斯大林—苏联

① 《邓小平文选》第二卷，人民出版社 1983 年版，第 333 页。
② 《普京文集》，中国社会科学出版社 2008 年版，第 5 页。
③ 《胡绳全书》第三卷（上），人民出版社 1998 年版，第 275 页。

模式的社会主义制度，而认为，主要应该是党的问题。我认为，这两者并不矛盾。拿苏共来论，它是执政党，是苏联社会主义国家的领导核心力量，它本身的状况自然对苏联的兴衰起着重要作用。从这个意义上看，党的问题是十分重要的。但要指出的是党的问题本身就是政治体制的一个十分重要的组成部分。不从制度层面去分析党的问题，立即就会产生一个问题，苏共长期以来存在的严重弊端，如高度集权、缺乏民主与有效的监督机制、领导干部思想僵化、脱离群众、破坏法制、个人迷信和特权盛行、不断出现政策失误等等，是由什么造成的？十分明显这些严重的弊端是在斯大林—苏联模式的社会主义制度基础上产生的，产生后又由这种制度保证上述弊端的长期存在并发展。因此当斯大林—苏联模式被抛弃时，必然也抛弃了由这种制度模式保证其生存的苏共。这里还应指出的是，有人论证苏联剧变根本原因时，主要归咎于赫鲁晓夫特别是戈尔巴乔夫这两个社会主义"叛徒"，这并不符合史实。有人在文章中，提出了一个非常重要、令人深思的问题："一个有着将近2000万党员的大党，就这样在执政74年之后丢掉了执政地位，整个党也随之溃散。迄今为止，无论是在中央还是地方的历史档案中，人们都没有发现在敌对势力取缔共产党时遇到来自党的各级组织进行抵抗的记载，没有发现共产党员们有组织地集合起来为保卫自己的区委、市委或州委而举行的任何大规模抗议活动的记载，也没有发现人民群众为支持、声援苏共而采取任何有组织的记载。"遗憾的是，提出问题的作者并没回答这个问题。实际上，回答这个问题并不难，简单地说，那就是因为广大党员与人民对苏共以及由其领导的社会主义制度已出现信任危机。可以说，是人民抛弃了斯大林—苏联模式的社会主义与不是先进生产力、先进思想与人民利益代表的苏共。苏共成为垄断权力、垄断利益与垄断真理的党。

这里顺便讲一下，邓小平南方谈话的中心思想是中国必须坚持改革开放的大方向，绝不能动摇，并且要加大改革力度，还说出了不改革只能是死路一条的狠话。十分清楚，邓小平讲党的问题亦是从制度、体制层面去考察问题的。

另有人撰文质问笔者，为何把"苏联解体的罪过往已去世达几十年之久的斯大林身上一推了之"。这里首先要指出的是：第一，笔者从来没有把苏联剧变的根本原因简单地归咎于斯大林个人，而是由斯大林在二三十年代建立起来的苏联社会主义模式以及反映该模式的体制。笔者一直强调要从制度、体制层面分析苏联剧变的根本原因，这才是马克思主义历史唯物主义分析问题的方法。第二，斯大林去世已达几十年，为何还要归罪于斯大林。这里，前面已说过，不是归罪于斯大林个人，而是由他建立的制度与体制。这是因为，斯大林逝世后虽然历次改革，但按斯大林观点建立的苏联模式，并没有发生实质的变化。只要对苏联问题稍有研究的学者，都会看到这一历史事实。正是这个原因，我们在考察苏联剧变根本原因时，必须从斯大林创建的苏联模式的社会主义制度中去寻找，否则不可能说清楚问题，抓住问题的实质。在保加利亚主政 35 年的日夫科夫，谈到苏东剧变原因时指出，最让人失望的是对社会主义本质问题没有完全弄清楚，在很大程度上理解为像斯大林著作中所定型的那样。而这种情况，在斯大林死后一直保留下来。这里指的是斯大林所确定的社会主义原则。而几十年来，社会主义就是按照那些为它后来的垮台奠定了基础的原则建立起来的。①第三，有人质问说："斯大林社会主义模式对我国也产生过巨大影响，我国也长期实行过高度集中的计

---

① ［保］托尔多·日夫科夫著，吴锡俊等译：《日夫科夫回忆录》，新华出版社 1999 年版，第 226—229 页。

划经济体制和政治体制，但中国为什么至今也没有发生类似苏联剧变的悲剧呢？"这个问题，邓小平同志已讲得很清楚，主要是由于：一是我们实行了改革开放政策。小平同志早在十一届三中全会时就指出："如果现在不再实行改革，我们的现代化事业和社会主义事业就会被葬送。"①他还强调："坚持改革开放是决定中国命运的一招。"②"改革是中国的第二次革命。"③二是改革体制过程中，打破教条主义的束缚，排除"左"的与"右"两方面的干扰，主要是"左"的干扰，而是根据中国具体国情，在理论上与时俱进，坚定地走中国特色社会主义道路。可以设想，不搞改革，不走中国特色社会主义之路，继续按斯大林—苏联模式的社会主义那一套走下去，那也只能是死路一条。坦率地讲，有人提出的上述问题，本不该成为一个问题，应该是十分清楚的。

以上简要分析说明，苏联高度集中的指令性计划经济体模式是在20世纪二三十年代形成后，在斯大林时期不断巩固与发展，斯大林之后虽经多次改革，但一直到苏联剧变前高度集中的指令性计划经济体制模式没有发生实质性变化，这是导致苏联剧变的一个重要因素。

苏联剧变对重启改革议程、改革正站在新的历史起点上的中国来说，苏联的经济体制改革与俄罗斯时期的经济体制转型，提供的教训是十分深刻的，不少问题值得我们深思。

一、社会主义必须坚持不断地
改革才能发展，不改革只能是死路一条

这句话，对我们大多数国人来说是十分熟悉的，但结合斯大

---

① 《邓小平文选》第二卷，人民出版社1994年版，第150页。
② 同上书，第368页。
③ 《邓小平文选》第三卷，人民出版社1993年版，第113页。

林—苏联模式的实际，再考虑到我国正处在深化改革的重要历史时期，我们再来领悟这句话，可能会有更深刻的体会。

为什么社会主义必须进行不断的改革，我想有以下两个重要原因：

第一，社会主义至今尚在实践中，社会主义并未成形。在实践与探索过程中，必然要根据客观变化了的情况进行改革。关于这一点，恩格斯曾说过："所谓'社会主义'不是一种一成不变的东西，而应当和其他任何社会制度一样，把它看成是经常变化的改革的社会。"①对此，习近平谈到改革问题时指出："改革开放是一项长期的、艰巨的、繁重的事业，必须一代又一代人接力干下去。""改革开放只有进行时没有完成时。"②

第二，不断丧失改革机遇与改革失误使斯大林模式的社会主义试验失败。苏联在历史上曾痛失过多次重要的改革机遇。关于这一点，在本书论述苏联时期历次改革问题时已讲得十分清楚。

应该明确地指出，不论从社会主义存在的客观条件来讲，还是从苏联改革的实践来看，都说明，社会主义社会必须进行改革，正如胡绳同志指出的："20 世纪的历史经验，并不证明社会主义制度已经灭亡，但的确证明社会主义制度必须改革。在 20 世纪大部分时间通行的社会主义模式并不是唯一可能的模式，随着世纪的更替，新的模式正在促成社会主义的更生。"③1991 年底苏联发生剧变的历史事实，亦明确无误地证明，不改革是死路一条。30 多年来，中国的改革取得了举世瞩目的成就，与此同时亦出现不少问题，而问题的解决首先要弄清问题产生的原因，是改革过了头还是

---

① 《马克思恩格斯全集》第 37 卷，中文版第 1 版，第 443 页。
② 《习近平谈治国理政》，外文出版社 2014 年版，第 67 页。
③ 转引自《胡绳全书》第三卷（上），人民出版社 1998 年版，第 275 页。

改革不到位，是在通过总结改革经验教训基础上进行反思，还是否定改革。其次，要在弄清产生问题原因基础上，在各个领域深化改革，绝不能走"回头路"。

二、在改革经济体制的同时必须进行政治体制的改革

苏联历次改革难以取得实质性进展的一个重要原因是，不进行政治体制改革，有时还出现了倒退，如在勃列日涅夫时期。

我国在探索经济体制改革过程中，在政治体制方面也做了一些改革。在真理唯一标准的讨论期间，结合"文化大革命"的教训，邓小平同志特别强调了要发展民主与健全社会主义法制。1980年8月18日在中共中央政治局扩大会议的讲话，指出了我国政治体制存在的主要弊端是官僚主义、权力过分集中、家长制、干部的特权。随后，在选举制度方面实行了差额选举，加强了全国人大常委会制度建设，废除领导干部终身制，扩大地方权力等，这些改革主要针对"文化大革命"出现的问题进行的。但由于政治体制改革难度极大，往往出现跟不上经济体制改革的步伐，特别在1989年之后，政治体制改革徘徊不前，成为经济体制改革的主要阻碍因素。

有关我国政治体制改革的问题，不只是人们普遍关注的重要问题，也是存在不少争议的问题。在这里，我们从苏联政治体制出现的问题结合我国的情况，提出一些看法。

（一）要着力解决党政不分的问题。长期以来苏联实行中央集权的政治体制。根据斯大林的理论，实际上是实行党领导一切的做法，从而使党政合一、以党代政的制度进一步发展。关于实行党政分开的政治体制改革设想，1986年6月邓小平就提出过。[1]同年9

---

① 参见《邓小平文选》第三卷，人民出版社1993年版，第164页。

月，他又强调指出，政治体制改革的内容"首先是党政要分开，解决党如何善于领导的问题。这是关键，要放在第一位"①。1987年10月召开的中共十三大明确指出："党政分开即党政职能分开。""党的领导是政治领导，即政治原则、政治方向、重大决策的领导和向国家政权机关推荐重要干部。党对国家事务实行政治领导的主要方式是：使党的主张经过法定程序变成国家意志，通过党组织的活动和党员的模范作用带动广大人民群众，实现党的路线、方针、政策。"党政分开之所以是政治体制改革的一个关键问题，因为它关系到解决党如何领导的问题。党政分开不仅不会削弱党的领导，而是能更好地实现党的领导，提高党的领导水平，保证做到"党要管党"。为什么这么多年来未能解决党政分开的问题，固然有多种原因，但深层次的问题是，实行党政分开就会影响一些人借以获取特权利益的权力基础。

（二）正确对待斯大林与斯大林模式。在勃列日涅夫时期，政治体制倒退的一个重要原因是，不仅不把赫鲁晓夫反斯大林个人崇拜深入进行下去，即进一步揭示斯大林模式的严重弊端，而是通过各种方式悄悄地重新斯大林主义化，其主要目的是维护斯大林模式。这样就不可能对导致苏联剧变的高度集权的斯大林模式进行改革，在这个模式条件下，苏共垄断了权力、垄断了真理与垄断了利益。按理说，勃列日涅夫上台后，如果能在正确认识斯大林及其创建的社会主义模式基础上，在这不算短的18年期间对体制进行根本性的改革，在推进苏联进步方面有可能作出大的贡献。遗憾的是，他没有朝着历史发展潮流而进，结果是严重阻滞了苏联的发展。总结这一历史史实，我认为，应该认真严肃地考虑以下两个

---

① 《邓小平文选》第三卷，人民出版社1993年版，第177页。

问题：

第一，中国通过改革就是要"去苏联化"。人们普遍认识到，中国特色首先是不要苏联特色，扬弃斯大林模式的社会主义。应该说，经过30多年的改革，我们在去苏联化方面已取得很大进展。但要指出的是至今国内还有一些人认为，中国在改革过程中所出现的问题是偏离苏联模式的结果。谁要批判与否定斯大林模式就认为这是否定"无产阶级专政、社会主义基本制度、社会主义意识形态、共产党的领导"。甚至说："中国国内全盘否定斯大林的思潮，意在否定社会主义制度，使中国走上苏联剧变的道路。"这是"力图把苏联已经发生的惨痛教训在中国重演"[1]，似乎中国只有走斯大林模式的社会主义的老路才能有前途。如果有人揭示斯大林在历史上的错误，就会批判你否定党的领导，并认为这是导致苏联剧变的第一个原因。在另一些人看来，重新认识与批判斯大林在历史上犯下的种种错误乃至罪行，是历史虚无主义。说这些话的人，他们的潜台词是十分清楚的。

正当我国的改革处于深化与关系到我国实现伟大复兴的关键时期，有人为了维护从本质上、在主要方面不体现科学社会主义的斯大林模式，其观点甚至发展到不顾历史事实、不顾中国前途命运的地步。这在客观上必然阻碍中国的改革与中国特色社会主义道路进一步发展。有文章说得好："任意地或是处心积虑地美化旧体制和早已被历史证明一条死路的苏联模式，这样做，如果是不谙世事的青年，就说明在改革开放三十年之后，对年轻的一代切实加强中国特色社会主义的教育是何等紧要，如果不是青年，而是什么这个家

---

① 刘书林等著：《斯大林评价的历史与现实》，社会科学文献出版社2009年版，第2，5页。

那个家，则实不知是何居心？"①

至于对斯大林，绝不像有人说的，在俄罗斯全国掀起了"重评斯大林的高潮"，在"还斯大林伟大马克思主义者的本来面目"。②就是在2010年，在为弘扬俄罗斯大国地位、强调苏联对德战争中发挥重要作用的庆祝"二战"胜利65周年的活动期间，俄罗斯领导也一再谴责了斯大林犯下的永远不可饶恕的罪错。梅德韦杰夫总统非常明确地说，自新的俄罗斯产生以来，国家领导人对斯大林的评价非常明确。他还说，俄罗斯每个人都有权利对斯大林作出自己的评价，但"这种个人评价不应影响到国家评价"。2011年1月中旬召开的俄罗斯总统人权事务委员会会议上，梅德韦杰夫说，斯大林对自己人民犯下了大量罪行，不允许美化斯大林，今后要全面解密政治迫害档案。实在难以理解的是，时至今日有人还以"九评"作为评价斯大林的标准。读这些看法，真让人有如毛泽东所指出的只要一反斯大林就有人"如丧考妣"③的感觉。有人还引用了据说是斯大林1943年说过的话："我知道，我死后有人会把一大堆垃圾扔到我的坟上。但是历史的风一定会毫不留情把那些垃圾刮走。"有人紧接着说：这个"历史的风已经强劲地吹起来了"④。但遗憾的是，斯大林所希望的那个历史的风并没刮起，而是刮起了一阵阵要求对斯大林模式进行根本性改革之风；刮起了一阵阵要求建立给人民生活幸福和有尊严的科学社会主义之风；刮起了一阵阵要求消除独裁、暴力、践踏人权和滥杀无辜之风。可以说，这个历史的风则一直在强劲地刮着，可以肯定，这股风谁也阻挡不了，因为人类

① 中共中央党校《学习时报》，2007年7月9日，第1版。
② 刘书林等著：《斯大林评价的历史与现实》，社会科学文献出版社2009年版，第1，5页。
③ 吴冷西著：《十年论战》（上），中央文献出版社1999年版，第15页。
④ 刘书林等著：《斯大林评价的历史与现实》，社会科学文献出版社2009年版，第85页。

要进步，社会要发展。斯大林是孤独的，随着人类历史不断地向前发展，他将会更加孤独。

第二，要正确认识改革开放前中国政治体制的特点。我国在取得革命胜利后，在政治体制建设方面基本上搬用了斯大林模式，是一种高度集权的体制，但由于中国长期受封建主义的影响，这种集权往往带有封建专制主义的特点。这个特点使得各级领导在行使权力过程中往往表现为家长制，并逐步发展到对党的领袖个人崇拜。邓小平同志在谈到党和国家领导制度方面的种种弊端问题时指出："多少都带有封建主义色彩。"在中国的家长制作风有其非常悠久的历史，"陈独秀、王明、张国焘等人都是搞家长制的。""1959 年'反右倾'以来，党和国家民主生活逐渐不正常，一言堂、个人决定重大问题、个人崇拜、个人凌驾于组织之上一类家长制现象，不断滋长。""不少地方和单位，都有家长式的人物，他们的权力不受限制，别人都要唯命是从，甚至形成对他们的人身依附关系。"[①]

对改革开放前中国社会主义历史与其当政的领袖人物以及形成的理论，国人是否都有深刻的认识，是否有了一致的认识，是否下决心通过改革从根本上来解决这些问题了呢？我看未必。个人专权的家长制领导作风、官僚主义现象、种种特权等仍然存在，有些问题更加突出了。至今甚至还有人不赞成否定"文化大革命"，他们根据毛泽东过七八年再来一次的说法，认为中国早应再发动"文化大革命"了，他们利用在改革过程中出现的问题，特别是人民群众对贪污腐败的不满，拼命制造舆论，主张回到毛泽东时代。以上情况说明，如何正确认识历史与评价领袖人物，对我国今后推动政治体制改革有着十分重要的关系。

---

① 《邓小平文选》第二卷，人民出版社 1994 年版，第 330，331，334 页。

（三）实现党内民主是推行民主制度的关键。苏共作为执政党，在斯大林时期不断破坏党内民主制度，最后使苏共变成个人集权制政党，没有人敢对斯大林说半个"不"字。赫鲁晓夫虽反了斯大林个人崇拜，但后来他亦搞个人崇拜。平庸的勃列日涅夫在站稳了脚跟、大权集中在自己手里之后，也同样搞起个人崇拜。从这里可以让人得出这样一个结论：高度集权体制是产生个人崇拜的制度性基础，而个人崇拜又是党内缺乏民主的伴随物。少数人乃至一个人说了算，作出重大决策，一旦出现问题又没有人敢于提出批评意见，这是党内缺乏民主常见的普遍性的现象。在勃列日涅夫时期，重大问题往往在小圈子里决定，党内讨论问题往往流于形式，在这种条件下，苏联的民主政治无从谈起。

中国自实行改革开放政策以来，从上到下，从领导到一般群众，都赞成政治体制民主化的改革，都在说没有民主就没有社会主义，都认为民主是个好东西，但真正实行起来还是很难的。这方面的原因很多，但我认为党内民主没有很好地解决是个关键性的问题。如何实现党内民主，已发表了很多论著，提出了很多设想与建议，如实行党政分开，以建立权力制衡与完善监督机制为目的的党组织体制的改革，发挥广大党员的监督功能，等等。这些对改进党内民主无疑都是有益的。但我一直认为，最为重要的是改革干部制度，这包括两方面的内容：一是党主要管党的干部；二是党的干部由民主选举产生，不能由上级某个领导决定或上级党组织任命。不改变这种情况，党内民主只能徒具形式。试想，一个党的干部很难对上级领导提不同看法，更不用说提批评意见了，因为自己的仕途、命运掌握在上级领导与组织手里。因此，在实际生活中，我们看到的是，下级干部对上级领导往往唯命是从，唯唯诺诺，吹吹拍拍，阿谀奉承，这样使许多领导人染上沉溺于歌功颂德恶习。党内民主不能解决，也就难以防止权力的滥用，腐败的滋生，我们党也就难以成为廉洁的、公正的、现代的政党。

（四）消除政治体制改革三大障碍。从苏联的情况来看，政治体制倒退虽有多种原因，但最为重要的有：一是维护既得利益的特权阶层；二是理论上"左"的教条主义；三是忽视民主的共性。

中国政治体制难以推进，在我看来，并不是中央高层领导对政治体制改革的重要性缺乏认识，他们也有着紧迫感与危机感。党的十六届四中全会强调指出，"党的执政地位不是与生俱来的，也不是一劳永逸的"，"今天拥有，不等于明天拥有；明天拥有，不等于永远拥有"。应该说，已把问题看得十分尖锐了。影响中国政治体制改革的主要原因有三：

第一，现今国内学术界有个共识，认为政治体制改革的主要阻力来自既得利益阶层，也有人称为既得利益集团或权贵阶层。这个阶层对权力与利益的分配有相当的决策权，至少有很大的影响力。有些文章认为，这个阶层有以下几部分人组成：一是部分垄断行业高层人员，利用他们对重要的公共资源的占用和支配权，把本应归社会共享的成果变成部门利益。他们根据自身需要不断调整规则，控制市场，左右价格。为坑民肥私行为披上合法外衣。二是少数党政机关领导干部，他们把自己掌握公共权力市场化，寻租。对中央路线方针政策有利于己的就执行，不利于己的就不执行，从拖延、推诿到偷梁换柱，企图使体制缺陷长期化，既得利益固定化。三是某些有背景的民营企业，利用权力优势破坏市场规则，谋取超额利润。这些人通过收买权力以获取资源优势，他们的行贿活动从经济领域进入政治领域。① 有些学者认为："这种强势的'权贵'（资本）

---

① 参见黄苇町：《深化改革要摆脱既得利益集团的掣肘》，载《同舟共进》，2010 年第 10 期。

阶层，不但已经形成，而且似乎正在从'自在阶段'向'自为阶段'过渡或转化。反腐败斗争难以真正深入，政治体制改革难以有实质性进展，主要根源也就在此。"①根据以上的分析，中国要消除政治体制改革的阻力，最为重要的还是要从整体上加快政治体制民主化进程。只有这样才能解决公权力市场化的问题。

第二，"左"的教条主义。应该说，我国在改革过程中重视理论探讨，与时俱进。十六大报告中指出："实践基础上的理论创新是新的社会发展。"但这并不能说，中国在理论创新、活跃理论探讨方面有了很好的客观条件了，"左"的教条主义障碍消除了。至今还有些人动不动挥舞"资产阶级自由化"的帽子，把它当作用来压制别人的武器。一些人还把体制改革中出现的诸如"官僚资本主义"与用权力置换利益、经济垄断、腐败、分配不公等问题，一股脑儿全泼到自由市场经济的身上。但他们并没有认识到，出现上述问题恰恰是自由市场经济体制改革没有到位，即公民经济自由未得到保障与真正的市场主体尚未形成，垄断部门未市场化与法制建设没有跟上所造成的。

当前我国围绕改革反对"左"的教条主义，进行理论创新，笔者认为，应从以下四个方面着手：一是根据在改革与发展过程中出现的新问题、新情况，及时加以总结和研究，提出解决问题的新理论与答案。这对贯彻《中共中央关于加强党的执政能力建设的决定》中提出的要不断提高驾驭社会主义市场经济的能力，要坚持以人为本、全面协调可持续的科学发展观，更好地推动经济社会发展，具有极其重要的意义。应该用以人为本、科学发展观这一重要思想来完善与构建新的社会主义模式；二是特别要重视当代科技的

---

① 王贵秀：《"既得利益阶层"与"利益受损阶层"》，载《同舟共进》，2010 年第 10 期。

新发展，要充分估计到科技迅猛发展的年代，社会经济的变化往往是超出人们的想象。在这种情况下，不革新理论，党的思想必然失去先进性，也就不可能准确地认识当今世界；三是在结合本国国情推行改革和构建新的体制模式时，应充分考虑与吸收原本就是全人类共同的文明成果，否则，这同样会使党的思想、理论失去先进性；四是通过改革实现理论创新。改革要求用新的理论指导，同时，也只有通过改革消除理论创新的种种障碍，邓小平同志讲，改革是"决定中国命运的一招"，也可以说，改革是促进理论发展，使党始终具有先进思想的一招。不同观点的平等讨论，真正贯彻"双百"方针，言论自由是政治民主的一个重要内容，这也是创新理论的必要条件。英国思想家约翰·斯图尔特·密尔谈到言论自由是这样说的："迫使一个意见不能发表就是对整个人类的掠夺。因为，假如那意见是对的，就失去了一个以错误换真理的机会；假如意见是错的，也失去了从真理与错误的冲突中产生出来的、对于真理更加清楚的认识和更加生动的印象。"他还指出："在精神奴役的气氛中，从来没有而且永远不会有智力活跃的人民。"①说得多有哲理啊！

　　总之，在我国，不坚持不断地解放思想，不冲破传统观念，不抛弃"左"的教条，政治体制改革很难取得实质性进展。邓小平同志说得好："一个党，一个国家，一个民族，如果一切从本本出发，思想僵化，迷信盛行，那它就不能前进，它的生机就停止了，就要亡党亡国。"②我认为，这句话应该永远是我们社会科学工作者特别是理论工作者从事研究工作的座右铭。如果严密地控制文化意识形

①　转引自《读书》，2006 年第 11 期。

②　《邓小平文选》第二卷，人民出版社 1994 年版，第 143 页。

态，造成了全民的沉默，就不可能有理论创新，也不可能创造出先进文化。

第三，不恰当地、过度地强调民主的特殊性而忽视共性，这是影响我国政治民主化进程的一个因素。笔者认为，民主首先是有共性的东西，人类社会的发展都在追求民主，人本身追求自由、民主和人权。如果对民主的共性与特殊性在理解上出现偏差，以特殊性来否定共性，这样对推进民主共性改革会产生困难。

三、关于改革要坚持正确方向的问题

由于苏联长期以来把斯大林确立的一些社会主义理论视为经典，因此如果在改革过程中背离了这些"经典"理论，都视为走资本主义道路。正是这个原因，决定了苏联长期以来坚持批"市场社会主义"，坚持"一大二公三纯"的所有制结构与高度集权的政治体制，经济体制改革从来不以市场经济为取向，政治体制改革也从不朝民主化方向发展。

中国在30多年的改革过程中，也从来没有停止过姓"资"姓"社"的争论。从中国改革理论的发展来看，邓小平并没有纠缠在姓"资"姓"社"问题上。他在1992年说："改革开放迈不开步子，不敢闯……要害是姓'资'还是姓'社'的问题。判断的标准，应该主要看是否有利于发展社会主义生产力，是否有利于增强社会主义国家综合国力，是否有利于提高人民的生活水平。"[①]中国经济改革的指导思想，从邓小平理论到"三个代表"重要思想，后来又提出科学发展观，以人为本、和谐发展，这些既符合马克思主义基本理论，亦反映了中国特色社会主义的重要内容。

---

① 中共中央文献研究室编：《邓小平年谱》（下），中央文献出版社2004年版，第1342页。

我认为，所谓改革的正确方向，应该是指符合国际社会发展潮流，即人类历史发展过程中共同形成的文明成果。

　　从原来的社会主义国家来说，经济体制改革的方向应该是从传统的计划经济体制向市场经济体制过渡；而政治体制改革的方向应该是从高度集权的体制向民主制度过渡。关于这一改革大方向，已成为人们共识。而经济市场化与政治民主化，它是构成人类共同文明的重要内容。民主、自由、人权、平等、博爱等，都是人类追求的目标，但它的实现有个过程，它的实现程度取决于社会经济与文化发展水平。但我们不能因目前受经济、文化水平所限，而不去追求上述目标。中国要实现上述目标只有通过全面地改革体制才能达到，也只有这样中国才能朝着现代化迈进。民主、法制、自由、人权、平等、博爱，这不是资本主义所特有的，而是整个世界在漫长的历史过程中共同形成的文明成果。我认为，实现人类在历史发展过程中共同形成的文明成果，是与马克思、恩格斯把社会主义视为每个人的自由发展是一切人自由发展的条件的"联合体"的主张是一致的，也体现了马、恩以人道主义为核心的社会理想，在马、恩看来，共产主义与"真正的人道主义"是画等号的。从所有制来说，马克思主义的基本理论是，取代资本主义的新的社会主义生产方式将是实现劳动者与生产资料所有权的统一，它是"联合起来的社会个人所有制"，是建立在协作和共同占有生产资料的基础上的个人所有制。这也是马克思所说的："在协作和对土地及靠劳动本身生产的生产资料的共同占有的基础上，重新建立个人所有制。"①马克思在《1861—1863年经济手稿》中，把这种所有制称之为"非孤立的单个人的所有制"，也就是"联合起来的社会个人的所有

---

① 《马克思恩格斯全集》第23卷，人民出版社1972年版，第832页。

制"。①这些都说明，社会主义所有制形式的一个重要特征是：以劳动者在联合占有的生产资料中享有一定的所有权。进一步说，马克思所说的这种所有制具有以下两个方面相互密切相关的本质内含：一是劳动者集体共同占有和使用生产资料，任何个人均无权侵害生产资料；二是在用于集体劳动的生产资料中，每个劳动者都享有一定的生产资料所有权。这就是"在自由联合的劳动条件下"实现劳动者与生产资料所有权相统一的具体形式。

可以说，马、恩上述的社会主义思想，也体现了人类历史上创造的共同文明，因此，它理应是我们建设社会主义与进行改革的正确方向。

四、正确认识改革、发展与稳定三者之间的辩证关系

关于这个问题，勃列日涅夫执政 18 年的教训特别值得我们吸取。不少俄罗斯学者在分析勃列日涅夫时期出现全面停滞的原因时指出，它与一味地、片面地维持"稳定"有关。勃列日涅夫靠稳定来维持其领导地位，为此，也用稳定来压制改革，从而导致社会经济发展的停滞。"勃列日涅夫的关键问题与他成功攫取国家最高政治地位的秘密完全一致。这个秘密就叫稳定。"②我认为，这是勃列日涅夫执政时期给人们留下的一个极为重要的教训。这个时期，苏联最紧迫的任务是通过改革来推动经济的发展，从体制上解决一系列社会中存在的种种问题，缓解矛盾，达到社会稳定的目的。当然，改革的力度要根据当时社会承受的能力。但同时又应该清醒地认识到，任何改革都是权利在各阶层的一种调整，只要改革，就会打破

---

① 《马克思恩格斯全集》第 48 卷，人民出版社 1985 年版，第 21 页。
② ［俄］亚·维·菲利波夫著，吴恩远等译：《俄罗斯现代史》，中国社会科学出版社 2009 年版，第 230 页。

原来的平衡，从而也可能出现不同程度的社会波动，之后出现新的平衡。如果只是求稳怕乱，不敢冒一点风险，最后只能是问题越来越多，积重难返，走向停滞。对此，邓小平同志就讲过："强调稳定是对的，但强调得过分，就可能丧失时机。可能我们经济发展规律还是波浪式前进……'稳'这个字是需要的，但并不能解决一切问题。根本的一条是改革开放不能丢，坚持改革开放才能抓住时机上台阶。"[①]就当今的我国来说，解决在改革中出现的如腐败、贫富差距拉大、垄断等问题，也只能通过改革特别是政治体制改革来解决。政治体制改革阻滞与片面理解稳定压倒一切有关。有些人一提政治体制改革就认为会出现社会动荡。实际上，稳定不可能压倒一切，稳定也不应该以放弃改革而导致社会经济停滞为代价。我们要特别警惕勃列日涅夫时期以政治体制改革停滞乃至倒退为代价换取社会短暂的与积聚大量矛盾和问题的稳定，最后为苏联衰亡创造条件，这个惨痛的教训值得总结与吸取。

五、经济发展方式能否顺利转变，说到底取决于经济体制的改革

如果我们从经济角度来考察勃列日涅夫时期的经济缘何从增长率递减发展到停滞，那么一个十分明显的问题是，这个时期的苏联没有解决经济增长方式的转变问题，即从粗放经济转向集约道路。勃列日涅夫上台后意识到了这一点，并且在1971年苏共二十四大正式提出了这个问题。之所以在勃列日涅夫时期没有解决经济增长方式转变，说到底是受经济体制的制约，这个问题我们在前面已进行了论述。这个问题长期拖了下来，一直到苏联剧变20年后的当

---

① 中共中央文献研究室编：《邓小平年谱》(下)，中央文献出版社2004年版，第1331页。

今俄罗斯来讲，其经济仍受其严重影响，20年来粗放经济增长方式在俄罗斯也并未发生实质性变化。

中国在经济改革的相当一个时期里，并没有明确提出转变经济增长方式，到20世纪90年代初才提出这个问题，着手抓这个问题，并对世界各大国有关这一问题加以研究。应该说，到目前，中国经济的增长在相当程度上仍是粗放型的。拿能源消耗来讲，我国单位GDP能耗目前是世界水平的2.2倍、美国的4.3倍、德国和法国的7.7倍、日本的11.5倍。另据材料报道，中国的经济高速发展成本很高，主要表现在以下三个方面："一是我们付出了过多的资源能源成本，从现在看到的资料来说，我们用了占世界总量50%左右的煤、水泥、钢铁和10%左右的石油、天然气，支撑了8%以上的经济发展速度，创造了占世界GDP总量7%左右这样一个经济成就。二是我们的环境被严重污染了，这个事实有目共睹。三是劳动力价格被过分压低了，消费严重不足，劳动报酬所占比重严重偏低。"[1]可见，在转变经济体制的同时必须抓经济增长方式的转变，这样才能提高经济素质，提高经济的竞争力，才能保证经济可持续发展。

中国越来越清楚地认识到，拉动经济增长不能片面地通过加速出口增长来实现，而必须走扩大内需为主的道路，这次金融危机使中国进一步认识到转变经济发展模式的迫切性，如果经济发展模式不能改变，要保证中国经济稳定与可持续发展是不可能的。中国已把改变发展模式作为"十二五"改革的主线。在中国扩大内需的潜力很大。中国居民消费率1952年为69%，1978年降为45%，2008年进一步降至35.3%。而2008年美国居民消费率为70.1%，印度

---

① 《中国经济时报》，2010年11月29日。

为54.7%，目前世界上居民消费率平均在50%上下，只有中国低到35%的水平。

不论是改变经济增长方式，还是改变经济发展模式，都必须加快经济结构的调整。从目前中国来说，经济结构的调整涉及很多方面的内容，它包括产业结构、消费结构、区域结构、所有制结构以及企业规模结构等。

经济增长方式，发展模式与结构调整，都离不开深化改革，必须有体制机制作为保证。正如李克强在中国发展高层论坛2010年开幕式上的致词中指出的："加快经济发展方式转变，调整经济结构，关键在理顺体制机制，难点是调整利益格局，解决办法从根本上要靠改革创新。"李克强在2011年3月30日北京召开的第十二届中国发展高层论坛主旨演讲中强调，中国加快经济发展方式的转变，是经济社会领域一场广泛而深入的变革，需要健全的体制机制作为保障。中国将坚持市场化改革方向，更加注重改革的顶层设计和总体规划。

正是由于上述原因，中共十七届五中全会公报中指出："加快转变经济发展方式是我国经济社会领域的一场深刻变革，必须贯穿经济社会发展全过程和各领域，坚持把经济结构战略性调整作为加快转变经济发展方式的主攻方向，坚持把科技进步和创新作为加快转变经济发展方式的重要支撑，坚持把保障和改善民生作为加快转变经济发展方式的根本出发点和落脚点，坚持把建设资源节约型、环境友好型社会作为加快转变经济发展方式的重要着力点，坚持把改革开放作为加快转变经济发展方式的强大动力，提高发展的全面性、协调性、可持续性，实现经济社会又好又快发展。"以上"五坚持"，阐明了加快转变经济发展方式的基本方向与重点。

有些学者提出，这次全会最重要的一句话是"加快转变经济发展方式"，因为只有这样，中国才能赢得未来，这也是对未来的关键抉择。这些说法是有道理的。习近平执政以来，一再强调改变经济增长方式的重要性，他指出，中国今后的经济发展，必须"坚持以科学发展为主题，以加快转变经济发展方式为主线"。[1]

以上的情况告诉我们：第一，一个国家实现经济转型，不能只局限于由计划经济体制转向市场经济体制，而与此同时，适时地解决经济增长方式、经济发展模式的转变与经济结构调整问题；第二，经济增长方式转变的主要阻碍因素是经济体制问题；第三，无论一个国家资源条件有多么优越，不及时转变经济增长方式，就不可能保证经济可持续发展，也不可能提高经济效益，更不可能使经济现代化，最后迟早会在国际竞争中败下阵来。我们说，勃列日涅夫时期是苏联走近衰亡的时期，与他执政 18 年未能改变落后经济增长方式有着密切的关系。这个问题在研究中国经济体制改革时值得引起我们高度重视。

六、应高度重视农业问题

应该说，作为苏联继承国的俄罗斯，农业仍然是没有很好解决的问题，不稳定、效率低仍是当今俄农业的特点，农业出产率则比遍地石头且缺少阳光的芬兰还要低一半。曾在叶利钦时期任八个月总理的普里马科夫，在他 2001 年发表的著作中，谈到农民问题和农业政策时，深有感触地写下了以下一段话："尽管采取的措施（指对农民、农业——笔者注）很多，但它们带有'消防'性质，未来就不能总是这样下去。应当从整体上考虑俄罗斯农民的命运。他们不仅是忍受了各种苦难的伟大劳动者，也是民族文化、民

---

[1] 《习近平谈治国理政》，外文出版社 2014 年版，第 111 页。

族传统的保护者。俄罗斯农民蒙受了多少苦难啊！农奴的权利，给成千上万人造成致命打击的'没收富农的财产和土地'，夺去了数百万人生命的饥饿，数十年的集体农庄的无权地位。蕴藏着巨大的朝气蓬勃力量的农民忍受住了。今后怎么办？"[①]

中国很早就发现了苏联农业方面存在的种种问题。毛泽东曾指出："苏联的农业政策，历来就有错误，竭泽而渔，脱离群众，所以造成现在的困境。"[②]但是，遗憾的是，当时并没有跳出斯大林农业集体化的框框，搞"一大二公"的人民公社，结果是不少农民饿坏、饿死。

根据上述情况，以下问题值得我们思考：

第一，我国自实行改革开放总方针之后，"三农"问题有了很大的改善。特别是近几年来，对国家对农业支持的力度大大加强了，如实行农业税减免，对种粮农民实行直接补贴，对主产区重点粮食品种实行最低收购价格等政策。对农村教育事业的发展也给予了大力支持。无疑，这些政策大大调动了农民的积极性，促进了农业发展。今后我们必须进一步落实对农业"多予、少取、放活"的方针。我们要清醒地认识到，到2012年中国农村人口还有6.74亿，即使工业化与城市化进展顺利，2020年农村人口仍有6亿左右，"三农"问题仍是个大问题。再说，2012年全国农村贫困人口还有近1亿人。不解决"三农"问题，就会影响工业化与城市化的进程，也将成为制约整个国民经济进一步发展的"瓶颈"。所以，在今后的工业化与城市化进程中，一刻也不能放松解决"三农"问题，思想上认识到只有农业有了大的发展，工业化与城市化才能更快

---

① 〔俄〕叶夫根尼·普里马科夫著，高增训等译：《临危受命》，东方出版社2002年版，第40—41页。

② 《毛泽东选集》第五卷，人民出版社1977年版，第268页。

地发展。在这个问题上，列宁有很多深刻的分析，他在俄共（布）十一大的报告中说："同农民群众，同普通劳动农民汇合起来，开始一道前进，虽然比我们所期望的慢得多，慢得不知多少，但全体群众却真正会同我们一道前进。到了一定的时候，前进的步子会加快到我们现在梦想不到的速度。"[①]

第二，目前中国的农业还是个弱势的产业，农业增收缺乏重要的支撑，又面临国内外的激烈竞争。因此，在我国工业化中期阶段，农业不能再为工业化提供积累，而是国家应该给予大量补贴的部门，让农业从工业化与城市化取得的进展中分享到好处，绝不可以牺牲农民的利益来推进工业化和城市化进程，并且要采取一些有力的政策推动农业现代化，特别是要使乡镇工业得到进一步发展与提高，这既可以使它与整个工业化融合为一体，并且还可以推进农村城市化进程。

第三，吸取苏联的教训，在中国今后的工业化进程中，绝不能不顾生产力发展的实际水平，在条件不成熟的情况下，用行政的手段去改变农业生产关系。农业的生产组织形式与经营方式要由广大农民创造。

第四，目前中国工业化已进入中期，在今后的工业化进程中，更应保持农、轻、重的平衡协调发展。农业搞不好，轻工业和食品工业亦上不去，市场供应就会十分紧张。特别要指出的是，我国农村市场的需求有很大的潜力，而这个潜力只有在农业有了大的发展、农民购买力大大提高的情况下才能得以发挥。

---

① 《列宁全集》第 43 卷，人民出版社 1985 年版，第 77 页。